श्रीरामानुज चरित

लेखक
स्वामी रामकृष्णानन्द

अनुवादक
स्वामी विदेहात्मानन्द

अद्वैत आश्रम
(प्रकाशन विभाग)
५ डिही एण्टाली रोड · कोलकाता ७०००१४

प्रकाशक
स्वामी बोधसारानन्द
अध्यक्ष, अद्वैत आश्रम
मायावती, चम्पावत, उत्तराखण्ड, हिमालय
कोलकाता स्थित प्रकाशन विभाग द्वारा प्रकाशित
Email: mail@advaitaashrama.org
Website: www.advaitaashrama.org

प्रथम संस्करण, सितम्बर २००१
प्रथम पुनर्मुद्रण, जून २०१२
2M2C

ISBN 978-81-7505-221-5

मुद्रक
ट्रायो प्रोसेस
कोलकाता ७०० ०१४

प्रकाशकीय

स्वामी विवेकानन्द के अमेरिका से लौटने पर मद्रास नगर की जनता ने उनसे हार्दिक अनुरोध किया कि उस प्राचीन नगरी में भी वे अपने युगधर्म-प्रचार का कार्य आरम्भ करें। इसी के उत्तर में उन्होंने अपने गुरुभाई स्वामी रामकृष्णानन्द को वहाँ भेजा। उन्होंने वहाँ की स्थानीय आध्यात्मिक परम्परा से देशवासियों का परिचय कराने के लिए सद्यःप्रकाशित बँगला मासिक 'उद्‌बोधन' के लिए श्री रामानुजाचार्य के जीवन पर एक लेखमाला लिखी, जो बाद में पुस्तकाकार भी प्रकाशित हुई।

इस ग्रन्थ की भूमिका में 'उद्‌बोधन' के तत्कालीन सम्पादक श्रीमत् स्वामी सारदानन्द जी ने लिखा था, "कुछ वर्षों पूर्व तक उत्तरी भारत के सामान्य जन भक्ताचार्य महानुभाव श्री रामानुज स्वामीपाद के जीवन से पूर्णतः अनभिज्ञ थे। कभी कभी कोई शास्त्रज्ञ व्यक्ति ब्रह्मसूत्र पर चर्चा करते समय उनका नाम तथा उनके द्वारा किए हुए भाष्य के बारे में सुन पाते थे और श्रीरामानुज-प्रचारित विशिष्टाद्वैतवाद मत को महामहिम आचार्य शंकर के अद्वैतवाद के प्रतिद्वन्द्वी मत के रूप में हल्की-सी धारणा करके ही निश्चिन्त हो जाते थे। वर्तमान काल में आचार्य स्वामी विवेकानन्द जी ने ही सर्वप्रथम अपने व्याख्यानों में विशद भाषा में श्री रामानुज तथा उनके विशिष्टाद्वैत मत के सार का उल्लेख करके लोगों का ध्यान उस ओर आकृष्ट किया। और स्वामी रामकृष्णानन्द जी ने सर्वप्रथम आचार्य रामानुज की जन्मभूमि तमिलनाडु अंचल में दीर्घकाल तक निवास करके तथा मूल ग्रन्थों की सहायता से आचार्य के अपूर्व जीवन, मत तथा क्रियाकलापों का विस्तार से अध्ययन करके बंगाल की जनता के कल्याण हेतु उसका 'उद्‌बोधन' पत्रिका में धारावाहिक रूप से प्रकाशन कराया। कहना न होगा कि उसी को हम पुस्तक के रूप में पाठकों के सामने प्रस्तुत कर रहे हैं। 'उद्‌बोधन' में इसे प्रकाशित होने में बं.

१३०५ (१८९८ ई.) के फाल्गुन मास से १३१३ (१९०६ ई.) के कार्तिक मास तक – लगभग आठ वर्ष लगे थे ।"

हिन्दीभाषी पाठक भी इस मूल्यवान ग्रन्थ का रसास्वादन कर उपकृत हो सकें, इस हेतु इसका हिन्दी अनुवाद हमारे 'विवेक-ज्योति' मासिक के २०००-०१ ई. के अंकों में धारावाहिक रूप से प्रकाशित हो रहा है और वहीं से संग्रह करके हम इसे पुस्तकाकार निकाल रहे हैं । आशा है इन प्रातःस्मरणीय महापुरुष की जीवनी अपने पाठकों के हृदय में एक नव प्रेरणा का संचार करेगी ।

२६ अगस्त, २००१ ई. प्रकाशक

विषयसूची

प्रस्तावना – श्री-सम्प्रदाय और उसका प्रभाव, जीवनी-पाठ से लाभ। पृष्ठ १५-१७

भाग १ : आध्यात्मिक पृष्ठभूमि

अध्याय १ – गुरु-परम्परा का प्रभाव, भक्त-नाम-कीर्तन का माहात्म्य और उसकी प्रणाली – श्रीरामकृष्ण की मीमांसा; महापुरुषों के नाम-स्मरण का नियम; भक्त, भागवत और भगवान, आलवार। पृष्ठ २१-२४

अध्याय २ – पोयगै, भूत, पेय और तिरुमलिशै आलवार – वेद और वेदवित्; पांचजन्य के अंश पोयगै आलवार; गदा के अंश भूत आलवार; खड्ग के अंश पेय आलवार; चक्र के अंश तिरुमलिशै आलवार। पृष्ठ २५-२९

अध्याय ३ – शठारि, मधुर कवि और राजा कुलशेखर आलवार – विष्वकसेन के अवतार शठारि; गरुड़ के अंश मधुरकवि या नम्मा आलवार; मुकुन्दमाला-स्तोत्र के रचयिता कौस्तुभ के अंश कुलशेखर। पृष्ठ ३०-३२

अध्याय ४ – पेरिय, आण्डाल और तोंडरड़िप्पोड़ि आलवार – पेरिय और उनकी कन्या श्रीरंगनाथ की महिषी आण्डाल; श्री लक्ष्मीदेवी की तीन मूर्तियाँ – श्रीदेवी, भूदेवी और नीलादेवी; आण्डाल की नारायण के प्रति सहज प्रीति; नारायण के लिए बनी हुई तुलसी-माला का आण्डाल द्वारा अपने गले में धारण, पिता द्वारा तिरस्कार और स्वप्न दर्शन, स्तोत्र-रत्नावली; तोंडरड़िप्पोड़ि आलवार, श्रीमन्नारायण द्वारा श्री लक्ष्मीदेवी के सम्मुख तोंडरड़िप्पोड़ि की प्रशंसा; श्री लक्ष्मीदेवी द्वारा परीक्षा; तदुपरान्त श्री लक्ष्मीदेवी तथा श्रीमन्नारायण की कृपा। पृष्ठ ३३-३७

अध्याय ५ – पोयगै, भूतत्त तथा पेय आलवार का मिलन – आँधी तथा वर्षा; पोयगै का मैदान में पड़ना, घोर कष्ट के बीच दर्शन का उल्लास, विश्राम पाने कुटिया में आश्रय लेना; आँधी से पीड़ित भूतत्त का आगमन तथा आश्रय की याचना; आँधी से पीड़ित पेय आलवार का आगमन तथा आश्रय माँगना; उनमें से हर एक को श्री हरि का रूपदर्शन तथा उल्लास में स्तुति-पूजा; उनका एक-दूसरे से परिचय और अपने-अपने इच्छित स्थानों की ओर प्रस्थान। पृष्ठ ३८-४२

अध्याय ६ – तिरुप्पान आलवार – चाण्डाल वंश, संकीर्तन; श्री रंगनाथ के पुजारी द्वारा उन्हें पत्थर मारना; श्री रंगनाथ का पुजारी के प्रति क्रोध और उनके आदेश पर पुजारी द्वारा तिरुप्पान को कन्धे पर चढ़ाना। पृष्ठ ४३-४५

अध्याय ७ – तिरुमंगै आलवार और उनके द्वारा श्रीरंगनाथ के मन्दिर की स्थापना – तिरुमंगै; – तीर्थ-पर्यटन, चार सिद्ध पुरुषों द्वारा उनका शिष्यत्व ग्रहण, श्रीरंगनाथ के मन्दिर का दर्शन, श्री मन्दिर के निर्माण की इच्छा; – धनिकों से भिक्षा, दस्युता, अर्थसंग्रह, श्री मन्दिर का निर्माण; – सप्त प्राचीरों से युक्त पुरी; – दस्युओं को डुबाकर उनका विनाश; – लूटने की अभिलाषा से राजा के देवालय में प्रवेश, श्रीमन्नारायण की अंगुली से अंगूठी उतारने की व्यर्थ चेष्टा, दिव्य ज्ञान की प्राप्ति, तिरुमोली स्तोत्र। पृष्ठ ४६-५१

अध्याय ८ – नाथमुनि और यामुनाचार्य – श्री वृन्दावन-दर्शन, पौत्र का जन्म, पुत्रवियोग और संन्यास-ग्रहण, सिंहासन के अंश यामुनाचार्य। पृष्ठ ५२-५३

अध्याय ९ – यामुनाचार्य को राज्य-प्राप्ति – भाष्याचार्य की शाला में अध्ययन, कोलाहल के शिष्य का आगमन और यामुनाचार्य के साथ वाक्‌युद्ध; कोलाहल का क्रोध; राजा की आज्ञा पर यामुनाचार्य का राजगृह में जाना, शास्त्रार्थ-विचार, कोलाहल की पराजय, यामुनाचार्य को आलवन्दार की उपाधि तथा आधे राज्य की प्राप्ति। पृष्ठ ५४-६२

अध्याय १० – यामुनाचार्य का वैराग्य – पितामह नाथमुनि का देहावसान; उनके आदेश पर शिष्य नम्बी का यामुनाचार्य के पास गमन, 'तुडुवलइ' शाक खिलाना, नम्बी के साथ परिचय; धनप्राप्ति हेतु नम्बी के साथ गृहत्याग, नम्बी से गीता-श्रवण, वैराग्य का उदय, श्री रंगनाथ का दर्शन, नम्बी से दीक्षा ग्रहण, संन्यास। पृष्ठ ६३-७२

भाग २ : श्री रामानुज चरित

अध्याय १ – अवतरण का उद्देश्य – भाव तथा अभाव का मेल, प्राणियों का स्वभाव; जीव का स्वरूप; निरानन्द का कारण है अज्ञान; दुःख ही तामसिक व्यक्ति का मित्र है; – प्राचीन भारत में ज्ञान तथा कर्म का सम्मान; सुख हर प्रकार से सुखकर नहीं होता, मनुष्य कर्म के वशीभूत है; यथार्थ ज्ञान नित्य ही एकरूप रहता है; कर्मकाण्ड का मूल धर्म है; सर्वार्थ-सिद्ध बुद्ध, उनकी आस्तिकता, अधिकारी-अनधिकारी – सब जीवों पर करुणा, इसका फल; शंकराचार्य; सनातन-धर्म की पुनः प्रतिष्ठा; 'अहं ब्रह्मास्मि' वाक्य से देहात्मज्ञान; धर्म की अवनति; श्री रामानुजाचार्य का आविर्भाव। पृष्ठ ७५-८६

अध्याय २ – श्री रामानुज का जन्म – केशवाचार्य; श्री शैलपूर्ण, भूदेवी, महादेवी; केशवाचार्य से भूदेवी का विवाह, महादेवी से कमलनयन भट्ट का विवाह; पुत्रेच्छा से केशवाचार्य द्वारा यज्ञ, स्वप्न में दर्शन, श्री रामानुज का जन्म; महादेवी का पुत्र गोविन्द; श्री कांचिपूर्ण, उनका श्री रामानुज से मिलन, भिक्षा स्वीकार करना; लक्ष्मणावतार। पृष्ठ ८७-९३

अध्याय ३ – यादवप्रकाश – श्री रामानुज का विवाह; केशवाचार्य का देहान्त, श्री रामानुज का कांचीपुर में निवास, यादवप्रकाश के पास अध्ययन, श्री रामानुज द्वारा 'कप्यासम्' मंत्रांश का अर्थ करना, 'सत्यं ज्ञानमनन्तं ब्रह्म' मंत्र का अर्थ; यादवप्रकाश का कोप; श्री रामानुज की हत्या की योजना; शिष्यों के संग यादवप्रकाश की तीर्थयात्रा; गोंडारण्य में गोविन्द का श्री रामानुज को इस षड्यंत्र से अवगत कराना; श्री रामानुज का पलायन। पृष्ठ ९४-१००

अध्याय ४ – व्याध-दम्पति – वन में व्याध-दम्पति का श्री रामानुज के पास आना और आश्वासन देना; श्री रामानुज द्वारा व्याध-दम्पति का अनुसरण करना; प्यास मिटाने व्याध-पत्नी का कुँए के पास जाना; व्याध-दम्पति का अन्तर्धान होना। पृष्ठ १०१-०४

अध्याय ५ – पुनः स्वजनों के बीच – पुनः कांचीपुर जाना; माँ से मिलन, श्री रामानुज की पत्नी के साथ महादेवी का आगमन; श्री कांचिपूर्ण के साथ भेंट। पृष्ठ १०५-१०८

अध्याय ६ – राजकुमारी – यादवप्रकाश का काशी जाना; गोविन्द को बाणलिंग की प्राप्ति, मंगलग्राम में आगमन और इष्टदेवता की स्थापना; गोविन्द

की माता का पुत्र के पास आना और आशीर्वाद देना; यादवप्रकाश का पुन: आगमन, श्री रामानुज का पुन: अध्ययन आरम्भ करना; कांचीपुर में यामुनाचार्य का आगमन; उनका रामानुज को देखना और परिचय प्राप्त करना; रामानुज के लिए उनकी वरदराज से प्रार्थना; कांचीपुर की राजकुमारी का ब्रह्मराक्षस द्वारा ग्रस्त होना; उनके आरोग्य के लिए यादवप्रकाश का आगमन; ब्रह्मराक्षस की उक्ति और रामानुज को लाने का अनुरोध; रामानुज का आना; ब्रह्मराक्षस द्वारा उन्हें प्रणाम करने के बाद राजकुमारी को छोड़ देना; चोल राज्य में रामानुज का विख्यात होना। पृष्ठ १०९-११५

अध्याय ७ – श्री कांचिपूर्ण – श्री रामानुज की अपने घर में शास्त्र-चर्चा; श्री वरदराज के सेवक श्री कांचिपूर्ण का उनके पास आगमन और श्री वरदराज की अर्चना के लिए शालकूप से प्रतिदिन एक कलश जल लाने का आदेश। पृष्ठ ११६-११८

अध्याय ८ – स्तोत्ररत्न – श्री रामानुज के कल्याणार्थ यामुनाचार्य की श्रीहरि से प्रार्थना, स्तोत्रमाला। यामुनाचार्य का प्रतिदिन प्रभु के चरणों में निवेदन। पृष्ठ ११९-१३७

अध्याय ९ – आलवन्दार – यामुनाचार्य की बीमारी; शिष्यों को उपदेश; महापूर्ण तथा तिरुक्कोटियुर पूर्ण का संकल्प; श्री रंगनाथ का बहिर्गमन, देवताविष्ट एक सेवक द्वारा उन दोनों शिष्यों को आदेश; यामुनाचार्य द्वारा तिरुवरांग के हाथों में शिष्यों का समर्पण; यामुनाचार्य का स्वस्थ होना; कांचीपुर से दो ब्राह्मणों का उनके पास आना; श्री रामानुज द्वारा यादवप्रकाश को त्यागने का संवाद पाकर यामुनाचार्य का सन्तोष; उनके आदेश पर महापूर्ण का कांचीपुर की ओर प्रस्थान; आलवन्दार का पुन: अस्वस्थ होना, श्री रंगनाथ का दर्शन, भक्तों को बुलाना, शिष्यों का भार श्री रंगनाथ को अर्पण, समाधि में देहत्याग। पृष्ठ १३८-१४२

अध्याय १० – देह का दर्शन – महापूर्ण का कांचीपुर जाना, श्री रामानुज से भेंट, यामुनाचार्य रचित कुछ श्लोकों का पाठ, रामानुज के समक्ष गुरु का अभिप्राय व्यक्त करना; महापूर्ण के साथ रामानुज का कांचीपुर से प्रस्थान, यामुनाचार्य के देहत्याग का समाचार सुनना, दोनों का शोक, यामुनाचार्य का देह-दर्शन, मुट्ठी के रूप में बँधी तीन अंगुलियाँ देखकर रामानुज का शिष्यों से प्रश्न; रामानुज की प्रतिज्ञाएँ और उनके साथ ही अंगुलियों का सीधा हो जाना; रामानुज का मानपूर्वक कांचीपुर लौटना। पृष्ठ १४३-१४८

अध्याय ११ – दीक्षा – श्री रामानुज की गृहकर्म में पूर्ण उदासीनता देख जमाम्बा का क्रोध; श्री कांचिपूर्ण का शिष्यत्व ग्रहण करने को रामानुज का प्रस्ताव, कांचिपूर्ण की अनिच्छा; कांचिपूर्ण को भिक्षा हेतु निमंत्रण; रामानुज की अनुपस्थिति में कांचिपूर्ण का जमाम्बा से भिक्षा ग्रहण; श्री वरदराज के आदेश पर कांचिपूर्ण का तिरुपति जाना, वहाँ से लौटना; रामानुज का उनसे प्रश्न करना; कांचिपूर्ण द्वारा रामानुज को श्री वरदराज का आदेश बताना; तिरुवरंग द्वारा श्रीरंगम मठ की अध्यक्षता; भक्तों के समक्ष रामानुज को दीक्षा देने के बाद उन्हें मठ का भार देने की इच्छा व्यक्त करना; महापूर्ण का सपत्नीक कांचीपुर जाना; रामानुज का कांचीपुर-त्याग; मदुरान्तक नगर में दोनों की भेंट; रामानुज की दीक्षा; गुरु तथा गुरुपत्नी को अपने घर लाना; जमाम्बा की दीक्षा, रामानुज द्वारा तमिल-प्रबन्ध का अध्ययन। पृष्ठ १४९-१५५

अध्याय १२ – संन्यास – कुएँ से जल निकालते समय जमाम्बा का गुरुपत्नी के प्रति क्रोध तथा कटूक्ति; महापूर्ण का सपत्नीक श्री रामानुज के घर से चले जाना, यह सुनकर रामानुज का क्रोध तथा गृहत्याग का उपाय सोचना; भिक्षुक ब्राह्मण का उनके घर में आगमन, जमाम्बा का भिक्षा देने से इन्कार; बुद्धिमत्ता से जमाम्बा को उसके पितृगृह भेजना; संन्यास, श्री कांचिपूर्ण द्वारा उन्हें 'यतिराज' की आख्या देना। पृष्ठ १५६-१५९

अध्याय १३ – यादवप्रकाश द्वारा शिष्यत्व-ग्रहण – दाशरथि तथा कुरेश द्वारा शिष्यत्व ग्रहण; यादवप्रकाश की माता का श्री वरदराज का दर्शन करने आना; श्री रामानुज का दर्शन, उनसे अपने पुत्र को शिष्य बना लेने का अनुरोध; यादवप्रकाश का रामानुज के दर्शनार्थ जाना, रामानुज के शिष्य कुरेश के साथ उनका तर्क, तर्क के बाद अपनी माता के आदेश पर रामानुज से संन्यास ग्रहण; उनके आदेश पर 'यति-धर्म-समुच्चय' नामक ग्रन्थ की रचना। पृष्ठ १६०-१६७

अध्याय १४ – रामानुज के भ्राता गोविन्द का वैष्णवमत-ग्रहण – महापूर्ण का श्रीरंगम लौटना, श्री रामानुज के संन्यास का समाचार सुनकर उल्लास और श्री रंगनाथ से उन्हें लाने की प्रार्थना, उनका आदेश; श्री वररंग का कांचीपुर जाना और श्री वरदराज को संगीत से सन्तुष्ट कर भिक्षास्वरूप रामानुज को पाना; रामानुज का श्रीरंगम में आगमन; उनका गोविन्द के लिए व्याकुल होना और उन्हें वैष्णव मत में लाने का संकल्प करना; श्री शैलपूर्ण को पत्र भेजना; शैलपूर्ण का कालहस्ती ग्राम जाना, उनका गोविन्द से मिलना तथा उन्हें उपदेश देना, गोविन्द

द्वारा शैव-धर्म का परित्याग; भक्तिचर्चा; भक्ति के प्रकार – ज्ञानमिश्रा और शुद्धा; शुद्धा-भक्ति के प्रकार – वैधी और रागानुगा; शैव-वैष्णव द्वन्द्व; द्वन्द्व का कारण अज्ञान, भगवान श्रीरामकृष्ण द्वारा प्रदर्शित पथ – सर्वधर्म-समन्वय; शुद्धाभक्ति की प्राप्ति का उपाय। पृष्ठ १६८-१७६

अध्याय १५ – गोष्ठिपूर्ण – गोष्ठिपूर्ण से अर्थसहित वैष्णव-मंत्र प्राप्त करने का महापूर्ण द्वारा श्री रामानुज को आदेश; रामानुज का गोष्ठिपूर्ण के पास आना; मंत्रदान में गोष्ठिपूर्ण की अनिच्छा; उन्हें अट्ठारह बार लौटाया जाना, रामानुज का विलाप, मंत्रप्राप्ति, जनता के सम्मुख मंत्र का प्राकट्य; गोष्ठिपूर्ण का क्रोध, रामानुज की प्रेमगर्भित उक्ति सुनकर उन्हें अवतार समझकर उनसे क्षमा-याचना। पृष्ठ १७७-१८१

अध्याय १६ – शिष्यों को शिक्षादान तथा गुरुओं से शिक्षाग्रहण – श्री रामानुज का श्रीरंगम लौटना; कुरेश को चरम श्लोकार्थ की प्राप्ति; दाशरथि की श्लोकार्थ जानने की याचना; रामानुज के आदेश पर उनका गोष्ठिपूर्ण के पास जाना और उनके द्वारा लौटाया जाना; अभिमान दूर करने के लिए महापूर्ण की अत्तुला नामक पुत्री का दासत्व स्वीकार और रामानुज से श्लोकार्थ की प्राप्ति, वररंग से तमिल प्रबन्ध का अध्ययन; मालाधर से 'शठारि-सूक्त' का अध्ययन; रामानुज द्वारा मालाधर की भूल सुधारना; मालाधर का क्रोध और उनके प्रति गोष्ठिपूर्ण का उपदेश; पुनः शिक्षादान के समय रामानुज से श्लोक के गहन अर्थ का बोध; रामानुज द्वारा वररंग की सेवा; वररंग द्वारा उन्हें धर्मरहस्य बताया जाना; यामुनाचार्य के पाँच शिष्यों से शिक्षा पाकर रामानुज के सारे अभाव दूर होना। पृष्ठ १८२-१८७

अध्याय १७ – श्री रंगनाथ स्वामी के प्रधान अर्चक पर कृपा – प्राचीन हिन्दू शिल्पकला; श्री रंगनाथ मन्दिर की विशालता; श्री रंगनाथ के पुजारी; रामानुज के प्रति प्रधान पुजारी का द्वेष और उनकी हत्या का संकल्प; इस निमित्त रामानुज को भिक्षा के लिए निमंत्रण; रामानुज का पुजारी के घर जाना; उसकी पत्नी का उन्हें भोजन करने से मना करना; रामानुज का गोष्ठिपूर्ण से निवेदन और अर्चक के लिए शुभकामना; पुजारी द्वारा उन्हें विष मिश्रित देवस्नान का जल पीने को देना; जल का पान करके रामानुज का उल्लास; भक्तों का रामानुज को घेरकर संकीर्तन के साथ नृत्य करना; पुजारी द्वारा वह दृश्य देखना, उसका पश्चाताप तथा रामानुज के चरणों में आत्मसमर्पण; रामानुज को बाह्य दशा की प्राप्ति तथा पुजारी पर कृपा। पृष्ठ १८८-१९३

अध्याय १८ – यज्ञमूर्ति – दिग्विजयी पण्डित यज्ञमूर्ति का श्री रामानुज के पास आगमन और तर्क की याचना; तर्क में रामानुज की पराजय; श्री देवराज से निवेदन, स्वप्न में देवराज का दर्शन और आश्वासन; रामानुज का यज्ञमूर्ति के पास गमन; उनके दर्शन से यज्ञमूर्ति को दिव्यदृष्टि प्राप्ति, उसके द्वारा रामानुज के चरण-स्पर्श करके शिष्यत्व-ग्रहण, रामानुज के आदेश पर उनका पुनः यज्ञोपवीत धारण, 'ज्ञानसार' तथा 'प्रमेयसार' नामक ग्रन्थों की रचना, शुद्धा भक्ति की प्राप्ति। पृष्ठ १९४-१९८

अध्याय १९ – यज्ञेश और कर्पासाराम – श्रीशैल का माहात्म्य पाठ करके रामानुज द्वारा किसी शिष्य के वहाँ जाकर निवास करने की इच्छा व्यक्त करना; उनके आदेश पर अनन्ताचार्य का श्रीशैल जाना; रामानुज का शिष्यों के साथ श्रीशैल गमन; मार्ग में शिष्य यज्ञेश का आतिथ्य स्वीकार करना; यज्ञेश द्वारा उनके शिष्यों का अनादर, रामानुज द्वारा उनका घर छोड़ देना, 'कार्पासाराम' वरदाचार्य नामक दूसरे शिष्य के घर जाना; वरदाचार्य की पत्नी लक्ष्मीदेवी का चरित्र; गुरु-सेवा हेतु अन्न पाने के लिए उनका एक वणिक् को अपना देह-विक्रय का निश्चय; सतीत्व की महिमा; चरित्रहीन वणिक् को ज्ञानलाभ और रामानुज का शिष्यत्व स्वीकार; अनुतप्त यज्ञेश का रामानुज के पास आगमन; रामानुज का उन्हें सान्त्वना प्रदान करना। पृष्ठ १९९-२०४

अध्याय २० – श्रीशैल-दर्शन तथा गोविन्द का आगमन – श्री रामानुज द्वारा श्रीशैल-गमन तथा उसकी तलहटी में ठहरना; राजा विट्ठलदेव का शिष्यत्व ग्रहण; श्रीशैल के निवासी साधु-तपस्वियों का रामानुज के पास आगमन; उनकी प्रार्थना पर रामानुज का शैल पर आरोहण; श्री शैलपूर्ण का उनके लिए प्रसाद लाना; श्रीपति वेंकटनाथ का दर्शन, अनन्ताचार्य से भेंट, अवरोहण; गोविन्द से भेंट, शैलपूर्ण के घर में निवास, उनसे रामायण सुनना; गोविन्द की गुरुभक्ति और जीव-हित-परायणता; रामानुज का शैलपूर्ण से गोविन्द को माँगना; गोविन्द के साथ उनका कांचीपुर लौटना; गुरु के विरह में गोविन्द का दुःखी होना और रामानुज का उन्हें गुरु के पास लौटने का आदेश; गुरु का उन्हें अस्वीकार करना और गोविन्द का पुनः रामानुज के पास आना। पृष्ठ २०५-२१०

अध्याय २१ – गोविन्द का संन्यास – रामानुज के शिष्यों में गोविन्द की सेवा-निपुणता, उसकी भगवन्नाम में प्रीति; गोविन्द की माता का उनके गृहस्थ-धर्म के रक्षार्थ रामानुज से अनुरोध; रामानुज का आदेश, गोविन्द का आदेश

पालन, रामानुज के आदेश पर संन्यास ग्रहण, 'एमार' नाम की प्राप्ति। पृष्ठ २११-२१३

अध्याय २२ – श्रीभाष्य की रचना – बोधायन-वृत्ति लाने हेतु श्री रामानुज की कुरेश के साथ काश्मीर यात्रा; उनका सारदापीठ पहुँचना, सारदादेवी का श्री रामानुज को ग्रन्थ सौंपना; रामानुज का दक्षिण की ओर लौटना; पण्डित-मण्डली द्वारा रामानुज से ग्रन्थ वापस लाने के लिए कुछ लोगों को उनकी खोज में भेजना, उनका रामानुज से बलपूर्वक ग्रन्थ छीन लेना, रामानुज का विषाद, कुरेश का आश्वासन; श्रीभाष्य की रचना, 'वेदान्त-दीपम्' आदि ग्रन्थों की रचना। पृष्ठ २१४-२१७

अध्याय २३ – दिग्विजय – श्री रामानुज की कुम्भकोणम आदि की तीर्थयात्रा – द्वारावती, मथुरा, वृन्दावन, आदि के दर्शनोपरान्त उनका काश्मीर-गमन, सारदा देवी द्वारा उन्हें 'भाष्यकार' नाम देना; वाराणसी-गमन तथा अनेक दार्शनिकों को अपना मतावलम्बी बनाना; श्री पुरुषोत्तम-क्षेत्र (पुरी) गमन, 'एमार मठ' की स्थापना और पुजारियों से स्मार्त-मत त्यागकर पंचरात्र-आगम के अनुसार श्री पुरुषोत्तम की सेवा करने का अनुरोध; पुजारियों की प्रार्थना पर श्री पुरुषोत्तम द्वारा रामानुज को निद्रावस्था में कूर्मक्षेत्र में फेंकना; श्री कूर्मदेव का दर्शन; शिष्यों के साथ पुनर्मिलन और श्री नृसिंहदेव आदि के दर्शन उपरान्त श्रीरंगम लौटना। पृष्ठ २१८-२२०

अध्याय २४ – कुरेश – कुरेश की अतिथि-सेवा-परायणता, श्री लक्ष्मीदेवी की कुरेश को देखने की अभिलाषा; कांचिपूर्ण का कुरेश की खोज में निकलना और उन्हें जगदम्बा के पास ले आना; कुरेश तथा उनकी पत्नी आण्डाल द्वारा संन्यास-ग्रहण; दोनों का श्रीरंगम जाकर रामानुज का आश्रय लेना; भिक्षावृत्ति द्वारा जीवन-निर्वाह; वर्षा के कारण एक दिन कुरेश का उपवास, पत्नी आण्डाल की श्री रंगनाथ से याचना, पुजारी द्वारा प्रसाद लाना, कुरेश द्वारा उसे अपने मस्तक से लगाकर पत्नी को उसे ग्रहण करने का आदेश; जुड़वा पुत्रों का जन्म और उनका नामकरण; श्री पराशर और व्यास – रामानुज द्वारा अपनी तृतीय प्रतिज्ञा पूरी करना। पृष्ठ २२१-२२५

अध्याय २५ – धनुर्दास – श्रीरंगम में गरुड़ोत्सव – गरुड़ के कन्धों पर आसीन श्रीरंगनाथ स्वामी का विहार; वेदपाठ, संकीर्तन, आरती, लोगों द्वारा उपहार-दान, जनसमुदाय में अपनी प्रणयिनी हेमाम्बा के साथ धनुर्दास का आगमन, उसका श्री रंगनाथ की ओर ध्यान न देकर हेमाम्बा की सेवा, रामानुज

का उसे देखना, शिष्य को भेजकर अपने पास बुलाना और परिचय लेना; तदुपरान्त धनुर्दास के उद्धार हेतु उसे श्री रंगनाथ के सम्मुख ले जाना; श्री रंगनाथ के दर्शन से धनुर्दास के हृदय में वैराग्य का उदय और उसका तथा हेमाम्बा का रामानुज के शरणागत होना; धनुर्दास के प्रति श्री रामानुज का स्नेह; शिष्यों की ईर्ष्या; धनुर्दास और हेमाम्बा की गुरुभक्ति को दिखाकर रामानुज का अपने शिष्यों को शिक्षादान। पृष्ठ २२६-२३२

अध्याय २६ – कृमिकण्ठ – महापूर्ण द्वारा शूद्र भक्त के शव का संस्कार; यह सुनकर रामानुज का उनके समीप आना और महापूर्ण द्वारा उनका सन्देह-निवारण; महापूर्ण का रामानुज को साष्टांग प्रणाम करना; श्री गोष्ठिपूर्ण के ध्यान का विषय जानने के बाद रामानुज का अपने गुरु को नारायण से भी श्रेष्ठ मानना; महापूर्ण को परम पद की प्राप्ति; चोलनरेश कृमिकण्ठ का पूरे चोलराज्य को शैव-मतावलम्बी बनाने का संकल्प; रामानुज को लाने के लिए अधिकारियों को श्रीरंगम भेजना; कुरेश की सलाह; रामानुज का कुरेश के वेश में श्रीरंगम से प्रस्थान; रामानुज के वस्त्र धारणकर कुरेश का कृमिकण्ठ के पास जाना; पण्डितों के साथ उनका शास्त्रार्थ; कृमिकण्ठ के आदेश पर क्रूर अधिकरियों द्वारा कुरेश की दोनों आँखें निकाल लेना; अपने पीड़ादाताओं के कल्याण हेतु कुरेश की भगवान से प्रार्थना; एक भिक्षुक द्वारा कुरेश को श्रीरंगम ले आना। पृष्ठ २३३-२४०

अध्याय २७ – विष्णुवर्धन – श्री रामानुज का चाण्डालों की बस्ती में आगमन, चाण्डालों द्वारा उनकी सेवा, आन्ध्रपूर्ण का आतिथ्य तथा शिष्यत्व ग्रहण; बौद्ध राजा विट्ठलदेव द्वारा शिष्यत्व स्वीकार करना; बौद्ध आचार्यों के साथ रामानुज की शास्त्रचर्चा, बौद्ध भिक्षुओं का उनसे दीक्षा-ग्रहण; रामानुज द्वारा राजा विट्ठलदेव को 'विष्णुवर्धन' नाम प्रदान। पृष्ठ २४१-२४४

अध्याय २८ – यादवाद्रिपति – श्री रामानुज का यादवाद्रि-गमन और दीमकों की बाँबी के स्तूप के नीचे देवविग्रह देखना; श्री यादवाद्रिपति – मन्दिर-निर्माण और देवपूजा की व्यवस्था, श्वेत मृत्तिका का आविष्कार; यादवाद्रिपति का रामानुज को सम्पत-कुमार नामक द्वितीय विग्रह लाने का आदेश; रामानुज का दिल्ली गमन और वहाँ के सम्राट् से देवविग्रह के लिए याचना, सम्पत-कुमार के साथ दिल्ली से प्रस्थान; सम्राट् की पुत्री लचिमार और कुबेर; सम्पत-कुमार के लिए लचिमार का शोक, सम्राट् के आदेश पर सम्पत-कुमार को लाने लचिमार का सेना के साथ रामानुज के पीछे जाना; कुबेर द्वारा उसका अनुसरण; यादवाद्रि पहुँचकर रामानुज

द्वारा विग्रह को मन्दिर में गुप्त रूप से रखना; श्रीहरि का अर्चावतार; सम्पत-कुमार की खोज में लचिमार का सैनिकों को छोड़कर गहन वन में प्रवेश, कुबेर का उसके साथ जाना; लचिमार द्वारा सम्पत-कुमार का दर्शन तथा उनके श्रीअंग में विलीन हो जाना; कुबेर का वैराग्य, उसका श्रीरंगम गमन, स्वप्न देखना, श्री जगन्नाथ-क्षेत्र में जाना तथा दिव्य-नेत्र की प्राप्ति। पृष्ठ २४५-२५०

अध्याय २९ – कुरेश-प्रसंग – पत्नी-पुत्र सहित कुरेश का यादवाद्रि आगमन; रामानुज द्वारा कुरेश को अपने नेत्रों के लिए श्री वरदराज से प्रार्थना करने का आदेश; कुरेश का कांचीपुर जाना तथा अपने अत्याचारियों के मंगल हेतु प्रार्थना करना; रामानुज का पुनः आदेश देना, गुरु के सन्तोषार्थ कुरेश द्वारा नेत्रों के लिए प्रार्थना, नेत्रों की प्राप्ति। पृष्ठ २५१-२५४

अध्याय ३० – शिष्यों की अलौकिक गुणावली – सुन्दरबाहु के पूजनार्थ रामानुज का वृषभाचल-गमन और आण्डाल की प्रतिज्ञा-रक्षा; आण्डाल की जन्मभूमि विलिपुत्तुर जाना तथा कुरुका आदि के दर्शन के बाद श्रीरंगम लौटना; कुरेश का देहावसान; उनके पुत्र पराशर को राजत्व-प्राप्ति; आन्ध्रपूर्ण की गुरुभक्ति; अनन्ताचार्य का अपनी पत्नी के साथ सरोवर खोदना; उनकी पत्नी का वेश धारणकर भगवान द्वारा खनन-कार्य में सहायता; भक्तिपरायण ब्राह्मण की कथा। पृष्ठ २५५-२६०

अध्याय ३१ – मूर्ति की स्थापना और तिरोभाव – यादवाद्रि और महाभूतपुरी में अपने प्रतिरूप की स्थापना; परमपद में प्रवेश करने की इच्छा से रामानुज का मौन-धारण; शिष्यों को चौहत्तर उपदेश-रत्न प्रदान; प्रस्तर की मूर्ति का निर्माण; रामानुज द्वारा उसमें निज शक्ति संचार; देहावसान; गोविन्द द्वारा उनका अनुसरण। पृष्ठ २६१-२६४

प्रस्तावना

उत्तरी भारत के बहुत-से लोग भगवान रामानुज के बारे में अधिक नहीं जानते। इसका कारण यह है कि इस अंचल में उक्त महात्मा के अनुयायी काफी विरल हैं। श्री रामानुज के मतावलम्बी जनसमाज में 'श्री-सम्प्रदाय' के अन्तर्गत आते हैं। दक्षिण में उनका प्रभाव सर्वाधिक महत्त्वपूर्ण है। श्री रामानुज ने किन सिद्धान्तों के आधार पर अपने धर्ममत का प्रचार किया है, उनके पहले उक्त मत का प्रचार था या नहीं, उनके द्वारा प्रवर्तित पथावलम्बियों को 'श्री' सम्प्रदायी क्यों कहा जाता है, भगवान शंकराचार्य के अद्वैतवाद के साथ उनके मत में समानता है या नहीं – इन बातों से इधर के लोग बहुत कम अवगत हैं। पर समाप्तप्राय वर्तमान १९वीं शताब्दी के जड़वाद, देहात्मवाद या नास्तिकतावाद का भेदन करते हुए, स्वभाव से ही मत्स्य-मांस-प्रिय, जीव-हिंसा-लिप्त, देह की पुष्टि तथा तुष्टि के साधन में यत्नशील, अत: ब्रह्मा-विष्णु-शिव आदि के उपासक होकर भी वस्तुत: चार्वाक-मतावलम्बियों के समूह द्वारा सम्यक् परिवेष्ठित होकर भी, जिनके अनुयायी भक्त आज भी जीवहिंसा को महा दुष्कर्म मानते हैं; प्राणप्रिय प्राणियों का नाश करके अपने प्राण का पालन-पोषण करना जिनके भक्त राक्षसी वृत्ति मानकर, इसके अनुष्ठानकारियों का संसर्ग भी निर्भयतापूर्वक परित्याग करते हैं; जिनके महान् सर्वप्राण-हितकामी हृदय का पवित्र प्रतिबिम्ब स्वार्थपरायण, तमसाच्छन्न, देहपरायण मानव-मण्डली के बीच तथा स्वभक्त-वृन्द के हृदय में प्रतिफलित होकर –

स्वच्छन्दवनजातेन शाकेनापि प्रपूर्यते।
अस्य दग्धोदरस्यार्थे कः कुर्यात्पातकं महत्।।[१]

१. हितोपदेश - मित्रलाभ, ६८

– "जब वन में सहज भाव से उत्पन्न होनेवाले शाक से भी उदरपूर्ति की जा सकती है, तो फिर कौन इस जले पेट के लिए महान् पाप में प्रवृत्त हो?" – इस आर्य हृदयोच्छ्वास का अब तक जीवन्त प्रमाण बना हुआ जिनका न्यायसंगत युक्तिजाल, अपरिमित मेधासम्पन्न भगवान श्री शंकराचार्य की अकाट्य युक्तिपूर्ण अद्वैत-मत के भी घोर प्रतिद्वन्द्वी के रूप में विराज रहा है; जिनका प्रेमपूर्ण हृदय आब्रह्म-स्तम्ब तक सभी प्राणियों का आश्रय-स्वरूप है; जिनके भक्तगण उन्हें राघवानुज भक्तवीर लक्ष्मण की प्रतिमूर्ति मानकर पूजा करते हैं; उन्हीं महानुभाव की जीवनलीला तथा विशुद्ध सिद्धान्त-मंजरी से अपरिचित रहना क्या अत्यन्त अदूरदृष्टि का परिचायक नहीं है? यदि ऐसा ही है, तो क्या वह हेय एवं परित्याज्य नहीं है?

महानुभावों का जीवन सर्वदा दूसरों के लिए समर्पित होता है। वे अपने किसी उद्देश्य की सिद्धि हेतु भूतल पर अवतरित नहीं होते। उनका हृदय सर्वदा ही दीन, दरिद्र, असहाय जीवों के दुःखनाश की चिन्ता से परिपूर्ण रहता है। इसी कारण इनकी जीवन-कथा का सम्यक् अनुशीलन अतीव लाभकारी है। समग्र जीवों की मंगल-कामना में निमग्न रहकर वे लोग कल्याण-प्राप्ति के लिए जिन उपायों का निर्धारण कर गए हैं, उन्हें जान लेने तथा उनके अनुगामी होने पर इस जगत् में परम सुख के साथ जीवन-यापन किया जा सकता है और परलोक का पथ भी निष्कंटक तथा निर्बाध होकर अन्त में अतुल स्वर्गसुख या मोक्ष की उपलब्धि होती है। अतः, कहना न होगा कि इन ऐहिक तथा पारलौकिक मंगलकारी महानुभावों का चरितामृत पान करना बुद्धिमान जन का परम कर्तव्य है। महामहिम विशाल-हृदय रामानुज इन महानुभावों के बीच अग्रगण्य हैं। उनके द्वारा प्रदर्शित मार्ग सत्त्वगुण पर प्रतिष्ठित है। अतएव, वह रजस् तथा तमस्-प्रधान मार्गों के समान अस्थिर तथा क्षणभंगुर न होने के कारण, शाश्वत फल उत्पन्न करता है। यदि कोई नित्य परमानन्द का भागी होना चाहे, तो उसे भगवान रामानुज के समान महानुभावों का पदानुसरण करना चाहिए। "नान्यः पन्था विद्यतेऽयनाय" – इसके अतिरिक्त दूसरा कोई मार्ग नहीं है।

हम पहले ही कह आए हैं कि इस अंचल के लोग श्री रामानुज के जीवन के विषय में अनभिज्ञ हैं और यह अनभिज्ञता अतीव क्षतिकारक है। अतएव इस क्षति की पूर्ति हेतु हमने पाठकों को यह अमूल्य निधि उपहार-स्वरूप देने का निश्चय किया है। उक्त महात्मा द्वारा प्रदर्शित पथ धनी-

निर्धन, पण्डित-मूर्ख, उच्च-नीच आदि सबके लिए ही सुगम तथा परम लाभकारी है।

एक बात और – दुरूह एवं दुरधिगम्य उपदेशों को कण्ठस्थ करने की अपेक्षा महापुरुषों की जीवनी पढ़ना अधिक लाभकारी है। इसका कारण यह है कि निरवयव तथापि दुर्ग्राह्य उपदेशों के साधु-जीवन में सावयव अभिव्यक्त होने से वह अतीव सहजग्राह्य हो जाता है और जनसाधारण के लिए आसानी से अनुकरणीय हो जाने के फलस्वरूप वे लोग अनजाने ही उसका अनुसरण कर साधुता के पथ पर अग्रसर होते हैं और क्रमशः जीवभाव त्यागकर देवत्व का आश्रय लेने के अधिकारी हो जाते हैं। बाल्यकाल से ही हम सुनते आ रहे हैं कि सत्य बोलना ही मनुष्य का कर्तव्य है। परन्तु हम जिधर भी दृष्टि फिराते हैं, उधर ही सत्य की अवहेलना देखकर अन्ततः ऐसी धारणा बना लेते हैं कि सत्य बोलने का कर्तव्य केवल अनुशासन-ग्रन्थों में ही सीमाबद्ध है; व्यावहारिक जीवन में शुद्ध-सत्य वाणी का प्रयोग नितान्त असम्भव है। यदि इस जगत् में सत्यमूर्ति महानुभावगण जन्म न लेते, तो उक्त धारणा मानव-हृदय में 'अचल-अटल-सुमेरुवत्' बद्धमूल हो जाती। परन्तु परमपिता, सर्वशक्तिमान परमेश्वर अपनी सन्तानों के प्रति असीम स्नेह दिखाते हुए, बीच बीच में उनकी धर्मग्लानि का नाश करने हेतु साधु-विग्रह धारणकर पृथ्वी पर अवतीर्ण होते हैं; इसी से मनुष्यगण साधुता के पथ पर अग्रसर होकर ऐहिक तथा पारलौकिक सुफल प्राप्त करने में समर्थ होते हैं। अतएव पाठकवृन्द को अब और समझाने की आवश्यकता न होगी कि ऐसे साधु-चरित का अनुशीलन करना हमारा परम कर्तव्य है।

भाग १

आध्यात्मिक पृष्ठभूमि

अध्याय १

गुरु-परम्परा का प्रभाव

भक्त-नाम-कीर्तन का माहात्म्य और उसकी प्रणाली

'श्री' सम्प्रदाय के वैष्णव जब रामानुज आदि पूर्व के गुरुओं का नाम-कीर्तन करते हैं, तो उस पवित्र नामावली के प्रभाव से वे लोग अपने को सर्व-कल्मष-रहित देवता के समान पवित्र बोध करने लगते हैं। विश्वासी वैष्णव-हृदय चाहे जितने भी तमसाच्छन्न क्यों न हों, दुःख-दुर्दिन-दुर्दशा से तरंगायित संसार समुद्र में चाहे जितने भी उद्विग्न तथा भयभीत क्यों न हों, ज्योंही वे इस पवित्र नामावली का स्मरण करते हैं, त्योंही उनके सकल सन्ताप दूर हो जाते हैं। इसका कारण क्या है? श्रीरामकृष्ण ने इस प्रश्न की समुचित मीमांसा की है। कोई कमरा चाहे हजारों वर्षों से ही अन्धकाराच्छन्न क्यों न हो, दियासलाई की एक तीली घिसते ही आलोकित हो उठता है, उसमें घनीभूत तमोराशि तत्काल ही विनष्ट हो जाती है; इसी प्रकार किसी अग्नितुल्य पवित्र तथा उज्ज्वल महापुरुष का नाम एक बार भी उच्चरित करने से हृदय की समस्त ग्लानि तुरन्त भस्मसात हो जाती है। यदि महापुरुषों के नाम का इतना प्रभाव है, तो उनके स्व-स्वरूप का प्रभाव जो अनिर्वचनीय तथा अकल्पनीय होगा, इसे समझने के लिये क्या किसी अन्य प्रमाण की आवश्यकता है?

परन्तु जैसे माचिस की तीली को उल्टी दिशा में घिसने से अन्धकार दूर नहीं हो सकता, सैकड़ों वर्षों तक घिसते रहने पर भी जैसे उसका कोई फल नहीं निकलेगा, वैसे ही महापुरुषों के नाम-स्मरण का भी नियम है, जिसे जाने बिना उससे कोई फल होने की सम्भावना नहीं, बल्कि अन्ततः वह नास्तिकता का ही आनयन करता है। वह नियम

क्या है? भक्तावतार श्री चैतन्य महाप्रभु ने उसे इन शब्दों में विधिबद्ध किया है –

तृणादपि सुनीचेन तरोरिव सहिष्णुना।
अमानिना मानदेन कीर्तनीयः सदा हरिः।।[१]

– "जो अपने को तृण से भी छोटा मानते हैं, जो वृक्ष के समान सहनशील हैं, स्वयं मान के अनिच्छुक होकर भी दूसरों को मान देते हैं, वे ही हरिनाम लेने के उपयुक्त हैं।"

"भागवत, भक्त तथा भगवान – ये तीनों एक ही हैं।" अतः हरिनाम-ग्रहण के लिये जो नियम आवश्यक हैं, हरिभक्त महापुरुषों का नाम लेने के लिये भी उन्हीं नियमों का प्रयोजन होता है। भक्त और भगवान में भेद क्यों नहीं हैं? इसलिये कि सच्चे भक्त का हृदय सर्वदा ही हरि का निवास-स्थान है; भक्त उनका आज्ञाकारी दास है। दास के समस्त शारीरिक तथा मानसिक प्रयास प्रभु के ही प्रयास का नामान्तर मात्र हैं। दास अपने लिये न कुछ करता है, न कुछ सोचता है। उसके समस्त कार्य तथा विचार उसके अपने नहीं, बल्कि प्रभु के हैं। जैसे कि हाथ-पाँव मेरे आज्ञाकारी होने के कारण हाथ-पाँव द्वारा अनुष्ठित सकल कार्य हाथ-पाँव के नहीं बल्कि मेरे माने जाते हैं, वैसे ही भृत्य के कार्य तथा विचार भृत्य के नहीं बल्कि प्रभु के ही मानना उचित है। अतः भक्त और भगवान में भेद कहाँ है? भागवत-पाठ से भगवत्तत्त्व की उपलब्धि होती है। सारे भागवत भी भगवान के ही महिमा-कीर्तन में लगे रहते हैं। इसीलिए भगवान व्यास ने ब्रह्मसूत्र में "शास्त्रयोनित्वात्"[२] – इस सूत्र के द्वारा प्रतिपादित किया है कि ब्रह्म केवल शास्त्र के द्वारा ही व्यक्त एवं ज्ञात होते हैं। भगवन्मय होने के कारण भागवत भी भगवान का नामान्तरण मात्र है।

जब मानव हृदय अन्धकार से आच्छन्न रहता है, जब सभी विषयों को जानने की इच्छा चित्त पर अधिकार जमाकर उसे चंचल कर डालती है, जब उसी चंचल बुद्धि की सहायता से कुछ इन्द्रिय-सुखों की प्राप्ति के सहज उपाय का आश्रय लेकर मनुष्य अपने को कृतार्थ एवं सर्वज्ञ मानने लगता है, जब

---

१. शिक्षाष्टकम्, ३

२. ब्रह्मसूत्र, १.१.३

वह भौतिक सुखों के जनक आधुनिक विज्ञान तथा दर्शनशास्त्र का पाठ करके अपने को मानव-समाज का नेता और गुरु मानने लगता है, जब अपरा विद्या की माया से मुग्ध होकर उसकी समस्त ज्ञानपिपासा ऐहिक सुखों के सन्धान में ही लग जाती है, जब यह लघुचित्त मानव विद्याभिमान से अहंकारी होकर अपने को गुरुत्व एवं गाम्भीर्य का आदर्श स्वरूप मानने लगता है, तब कहाँ तो उसका अहंकार-मलिन, गर्वस्फीत, दुर्विनीत हृदय और कहाँ धीर-नम्र, निर्मल तथा प्रशान्त-हृदय-ग्राह्य भक्तनाम-कीर्तन? वह व्यक्ति सोचता है – "कोऽन्योऽस्ति सदृशो मया"[३] – मेरे समान और कौन है या मुझसे बड़ा और कौन है!

उसके लिये तृण की अपेक्षा लघु होना तथा वृक्ष के समान सहनशील होना किसी भी प्रकार से सम्भव नहीं है। वह व्यक्ति स्वयं ही मान-सम्मान के लिये लालायित होता है, यश की पिपासा से उसका कण्ठ सूख रहा होता है। ऐसा मनुष्य भला किस प्रकार दूसरों को मान देगा, या फिर किस प्रकार दूसरों का यश-कीर्तन करेगा?

मनुष्य जब भोग-लिप्सा के हाथ से मुक्त हो जाते हैं, जब भौतिक सुख उनके चित्त को आकृष्ट करने में असमर्थ हो जाते हैं, अत: जब संसार से परे, वाक्य-मन से अतीत पारमार्थिक सुख की आकांक्षा उन्हें सामाजिक कोलाहल से दूर ले जाकर अपने हृदय की निर्जन कन्दरा में शान्तिवारि की खोज में लगाती है, तभी वे भक्त-हृदय-निर्झर से नि:सृत भावमयी अमृत नदी में अवगाहन कर कृतार्थ एवं अमर होने का अधिकार प्राप्त करते हैं, तभी वे अपनी अकिंचनता का बोधकर स्वयं को तृण से भी तुच्छ समझने में समर्थ होते हैं, तभी वे जगत् को हरिमय देखकर कीटानुकीट की भी पूजा करने में प्रवृत्त होते हैं और तभी वे वस्तुत: वैष्णव-नाम के योग्य हो सकते हैं। ऐसे वैष्णव क्या कभी संसार की ताड़ना से क्षुब्ध हो सकते हैं? वे सब कुछ श्रीहरि का खेल समझकर खेल खेल में ही उन्मत्त या बालक के समान हँसते हुए संसार-समुद्र की तरंगों पर से होकर चले जाते हैं। ये लोग भगवान के रूपान्तर मात्र हैं। हरिनाम-कीर्तन से जो फल मिलता है, वही इनके नामानुकीर्तन से भी मिलता है। ऐसे वैष्णव – ब्राह्मण, क्षत्रिय, वैश्य या शूद्र आदि किसी भी जाति के अन्तर्गत नहीं आते। 'भक्त' नाम की नित्यशुद्ध

---

३. गीता, १६.१५

मनोबुद्धि द्वारा गोचर एक अपार्थिव स्वर्गीय जाति है, ये लोग इसी महिमाशाली जाति के हैं। इनका नाम लेने के लिये श्री चैतन्यदेव द्वारा कथित विधि का पालन आवश्यक है। भक्ति-विश्वास से पूर्ण हृदय सहज ही उक्त विधि के पालन में समर्थ होता है। जो वैष्णव विशेष जातियों के अन्तर्गत आते हैं, वे पूर्वोक्त सच्चे वैष्णव न होने पर भी वैष्णव धर्म में उनकी भक्ति, श्रद्धा एवं स्वाभाविक आस्था है। अत: जब वे लोग पूर्वकाल के गुरुओं का नाम-कीर्तन करते है, तो उसके प्रभाव से अपना हृदय आलोकित करके उसका मालिन्य व अन्धकार दूर करने में समर्थ होते हैं।

पाठकगण! आइये हम भी भक्तिपूर्ण हृदय के साथ पूर्व के आचार्यों का नाम लेते हुए पवित्र होकर श्री रामानुज के चरितामृत सागर में अवगाहन करने का अधिकार प्राप्त करें। तमिल भाषा में भक्तगण 'आलवार' नाम से विख्यात हैं। 'आल' शब्द का अर्थ है शासन करना और 'वार' शब्द का अर्थ है कर्ता अर्थात् जो करते हैं। अत: 'आलवार' शब्द का अर्थ हुआ शासनकर्ता। सम्पूर्ण जगत् इनका आज्ञाकारी होने के कारण, ये कुछ काल के लिये किसी छोटे से देश पर आधिपत्य न जमाकर, सदा के लिये पूरे विश्व का आधिपत्य कर रहे हैं, अत: इन्हीं के लिये 'शासनकर्ता' शब्द का प्रयोग करना सर्व प्रकार से सार्थक है। कितने ही सिकन्दर और नेपोलियन कालस्त्रोत में बह गए हैं, बह रहे हैं और बह जायेंगे; परन्तु यशोदा, मायादेवी तथा भाग्यवती मरियम आदि के निरीह एवं अकिंचन सन्तानों ने चिरकाल के लिये ही क्षणभंगुर पार्थिव सम्राटों के ऊपर भी अपना साम्राज्य स्थापित कर रखा है। इन्हें यदि सम्राट् न कहें, तो फिर किन्हें कहेंगे? अत: तमिल भाषा में महर्षि अगस्त्य द्वारा सच्चे भक्तों को जो 'आलवार' नाम दिया गया, वह सर्व प्रकार से उचित ही है।

अध्याय २

पौयगै, भूत, पेय और तिरुमलिशै आलवार

यह अनादि अनन्त सृष्टि-प्रक्रिया जिस ज्ञानशक्ति के प्रभाव से शृंखलाबद्ध एवं अबाध रूप से चल रही है, उसी ज्ञानराशि को वेद कहते हैं। अत: वेद भी अनादि एवं अनन्त है। उसी वेद को जो पूर्णरूपेण जानते हैं उन्हें वेदवित् कहा जाता है। अतएव जिनसे जगत् की क्रमानुसार उत्पत्ति, स्थिति एवं समाप्ति होती आ रही है, जो सर्वदा सर्वभूतों की सभी कामनाएँ पूर्ण कर रहे हैं, जो समस्त सत्यों से भी श्रेष्ठ सत्य हैं, वे परमपुरुष ही यथार्थ वेदवित् हैं। इसीलिए उन्होंने अर्जुन से कहा था, "मैं ही वेदान्त का क़र्ता एवं वेदों का ज्ञाता हूँ।"[१] समस्त भावराशि उन्हीं से उत्पन्न हुई है। इसीलिए वे अर्जुन से पुन: कहते हैं, "जो मुझे जिस रूप में पाने की इच्छा करते हैं, मैं उसी रूप में उनकी आशा पूर्ण करता हूँ। हे कुन्तिनन्दन, समस्त मानवगण मेरे ही द्वारा निर्दिष्ट पथ का अवलम्बन कर अपने अपने गन्तव्य की ओर अग्रसर हो रहे हैं।"[२] अतएव पृथ्वी पर जितने भी धर्ममत प्रचलित हैं, वे सभी भगवान के द्वारा निर्दिष्ट पथ ही हैं। इसलिए जब 'श्री' सम्प्रदाय के अनुयायी कहते हैं कि विशिष्टाद्वैतवाद सर्वप्रथम स्वयं पद्मनाभ के ही मुखपद्म से नि:स्रित हुआ था, समग्र वेद केवल विशिष्टाद्वैत की ही शिक्षा दे रहे हैं, तो नि:सन्देह वे किसी भ्रान्तिपूर्ण पक्ष का समर्थन नहीं करते। तथापि जब वे कहते हैं कि विशिष्टाद्वैत के अतिरिक्त अन्य कोई भी वाद सत्य नहीं हैं, तब वह वास्तव में संकीर्णता-

---

१. वेदान्तकृत् वेदविदेव चाहम्। गीता, १५.१५

२. ये यथा मां प्रपद्यन्ते तांस्तथैव भजाम्यहम्। मम वर्त्मानुवर्तन्ते मनुष्या: पार्थ सर्वश:।। वही, ४.११

प्रसूत असत्य वाणी है। यह कदापि सत्य नहीं हो सकता। कूपमण्डूक के समान कूप-आबद्ध-दृष्टि होने पर उन्हें हास्यास्पद के अतिरिक्त और क्या कहा जा सकता है? निर्मलचित्त के भक्तगण चाहे जिस भी वाद का अवलम्बन करें, वे कभी संकीर्णहृदय नहीं हो सकते, उनके भीतर कूपमण्डूकता रह ही नहीं सकती। वे स्वभावत: नम्र होने के कारण वस्तु के यथार्थ तत्त्व को समझने में समर्थ होते हैं। वे सभी को मान्य करना जानने के कारण सबके भीतर सौन्दर्य-राशि देख पाते हैं।

अत: यदि वे अपने अपने इष्टदेवता को विभिन्न धर्मों में भिन्न भिन्न रूप से सज्जित देख पाते हैं तो इसमें आश्चर्य ही क्या? ऐसे महापुरुष क्या कभी किसी धर्म की निन्दा कर सकते हैं? आइये पाठकगण, हम इनके पदानुवर्ती होकर मंगलाचरण के रूप में श्रीमन्नारायण से आरम्भ करके प्रधान प्रधान आचार्यों के श्रीचरणों का ध्यान करें[३] –

श्रीमद्वेदान्तसिद्धान्त-स्थापनानित्यदीक्षितम् ।
श्रीमन्नारायणं वन्दे भान्तं सूरिगुरूत्तमैः ।।१।।

– "मैं श्रीमन्नारायण के पादपद्मों की वन्दना करता हूँ, जो सर्व सौन्दर्य के आगार एवं अतीव दीप्तिमान हैं, जो सर्वदा मुक्त पुरुषों तथा निखिल जगत् के तमोनाशकारी सद्गुरुओं द्वारा परिवेष्ठित हैं और जो वेदान्त के यथार्थ तत्त्व को धराधाम पर स्थापित करने में सर्वदा तत्पर हैं।"

तुलायां श्रावणे जातं कांच्यां काञ्चनवारिजात् ।
द्वापरे पाञ्चजन्यांशं सरोयोगिनमाश्रये ।।२।।

– "जिन्होंने कार्तिक मास के श्रवणा नक्षत्र में, कांची नगरी में, एक स्वर्णपद्म के भीतर से जन्म ग्रहण किया था, जो श्री विष्णु के पाञ्चजन्य नामक शंख के अवतार हैं, जो सर्वदा सरोवर के भीतर रहकर योगध्यान में निरत रहते हैं, मैं उनकी शरण लेता हूँ।"

कांचीपुर के देव-सरोवर के बीच पानी के नीचे आज भी एक मन्दिर विद्यमान है। उसी मन्दिर के भीतर इन महापुरुष की मूर्ति ध्यान-निमीलित नेत्रों के साथ लेटी हुई है। इनका नाम पोयगै आलवार है। भगवान विष्णु

---

३. ब्रह्मतन्त्रस्वतन्त्र स्वामी कृत दिव्यसुरि स्तोत्रम् ।

ने पांचजन्य नामक एक दैत्य का संहार करके उसकी अस्थियों से जो शंख बनाया था, उसी का नाम पांचजन्य है। यह शंख उन्हें अतीव प्रिय है। इसके प्रिय होने का कारण यह है कि इसे देखते ही ये भाव स्वत: ही उनके मन में उदित होने लगते हैं कि वे दानव-दलनकारी हैं, मलिनमन हीनबुद्धि असुर-भावापन्न लोगों के लिये महाकाल-सर्प के समान और विशालमना उदारचरित देवस्वभाव निर्मलचित्त परार्थजीवी सत्पुरुषों के परम मित्र-स्वरूप हैं। जिस अस्थि-पिंजर ने कभी उनका नाश करने की कामना से उनके विरुद्ध अस्त्र-शस्त्रों का प्रयोग किया था, अब वही अपने महान् घोष से उनके शत्रुओं का हृदय-रक्त सुखा देता है। कुरुक्षेत्र में उसी की घोर आवाज ने धार्तराष्ट्रों के हृदय, समग्र पृथ्वी तथा नभमण्डल को विदीर्ण कर दिया था।

पांचजन्य इसी प्रकार सर्वदा विष्णु-शत्रुओं का तेजोहरण करके भीति उत्पन्न किया करता है। यही उसका लक्षण है। अतएव, जहाँ कहीं ये लक्षण देखने को मिलें, वहीं पांचजन्य का आविर्भाव मानने में क्या बाधा हो सकती है? महात्मा पोयगै आलवार नास्तिक, दुरात्मा तथा पाखण्डियों के हृदय के शल्य-स्वरूप थे और उनकी सद्युक्तिपूर्ण, तमोनाशकारी, श्रुतिमधुर वाणी से पापपरायण लोग विच्छिन्न हो जाते थे, अत: वे पांचजन्य के अंश के रूप में विख्यात हैं।

दुष्कर्मियों के विनाश हेतु भगवान विष्णु के एक हाथ में चक्र है, असुर प्रकृति के लोगों को चूर्ण करने के निमित्त उनके दूसरे हाथ में गदा है और अपने सेवकों के उत्साह वर्धनार्थ तथा गो-वेद-ब्राह्मण विद्वेषियों को विदीर्ण करने के लिये उनके अन्य दो हाथों में पद्म तथा शंख हैं। ये विष्णु-शक्ति के परिचायक अथवा विकासरूप होने के कारण साक्षात् विष्णु-स्वरूप हैं। जहाँ भी हम विष्णु-शक्ति का विकास देख पाते हैं, वहीं पर हम विष्णु का आंशिक आविर्भाव स्वीकार करते हैं। ऐसी स्वीकृति में जरा भी अयौक्तिकता नहीं है। जो लोग भलीभाँति विचार किए बिना ही इसका उपहास करते हैं, उनसे हम इस विषय में थोड़ी गम्भीरतापूर्वक विचार करने का अनुरोध करते हैं। पाठकगण, आइए अब हम पुन: पूर्वाचार्यगण की पादवन्दना करें –

तुलाश्रविष्ठासम्भूतं भूतं कल्लोलमालिनः।
तीरे फुल्लोत्पलान्मल्लापूर्यामीड़े गदांशकम्।।३।।

– "जो कार्तिक मास के धनिष्ठा नक्षत्र में समुद्रतटवर्ती मल्लापुरी में प्रफुल्ल कमल से कौमोदकी गदा के अंशरूप में उत्पन्न हुए थे, मैं उन्हीं भूत नामक महापुरुष की वन्दना करता हूँ।"

चेन्नै (मद्रास) से कुछ मील दक्षिण में अवस्थित तिरुकड़लमलै नामक स्थान ही पहले मल्लापुरी नाम से जाना जाता था। महात्मा भूतत्त आलवार ने वहीं जन्म लिया था। वे नास्तिकों का गर्व चूर्ण कर देते थे इसीलिए लोग इन्हें गदांश-सम्भूत कहकर पूजते हैं।

तुलाशतभिषग्जातं मयूरपुरकैरवात्।
महान्तं महदाख्यातं वन्दे श्रीनन्दकांशकम्।।४।।

– "मैं उन महात्मा की वन्दना करता हूँ, जिन्होंने कार्तिक मास के शतभिषा नक्षत्र में मयूरपुरी के किसी कूप में उत्पन्न कुमुद से श्री विष्णु के नन्दक नामक खड्ग के अंश से जन्म लिया था।"

मद्रास नगर के दक्षिणी भाग का नाम मयलापुर या मयूरपुर है। तमिल मयला शब्द मयूर का ही अपभ्रंश है, अत: मयूरपुर अब वहाँ मयलापुर के नाम से विख्यात है। अब भी वहाँ एक कूप विद्यमान है। उसी कूप से पेय आलवार ने जन्म लिया था। वे मोहान्ध लोगों का मोहपाश छेदन कर देते थे, अत: लोग उन्हें खड्गावतार कहकर पूजते हैं। 'पेय' शब्द का अर्थ है उन्मादी। वे श्री हरि के प्रेम में उन्मत्त रहा करते थे, इसलिये उनका नाम पेय आलवार हो गया।

उपरोक्त तीन आलवारों ने द्वापरयुग में अर्थात् ईसापूर्व ४२०२ सन् के पहले ही जन्म ग्रहण किया था।

मघायां मकरे मासे चक्रांशं भार्गवोद्भवम्।
महीसारपुराधीशं भक्तिसारमहं भजे।।५।।

– "जिन्होंने माघ मास के मघा नक्षत्र में सुदर्शन के अंश से भार्गव कुल में महीसारपुर के अधीश्वर के रूप में जन्म लिया और जिन्होंने भगवद्भक्ति को ही सर्वश्रेष्ठ माना, मैं उन्हीं की वन्दना करता हूँ।"

इन महापुरुष का नाम है तिरुमलिशै आलवार। इनका तीक्ष्णधार ज्ञान-विचार मोह का मूलोच्छेदन कर डालता था, इसीलिए ये चक्रांश के रूप में विख्यात हैं। इन्होंने द्वापर युग के अन्तिम वर्ष अर्थात् ईसापूर्व सन्

४२०२ में पूनामलै से दो मील पश्चिम में स्थित तिरुमलिशे नामक ग्राम में जन्म किया था। पहले यह ग्राम महीसार के नाम से विख्यात था। प्रतिदिन पुष्प तथा तुलसीदल का चयन करके मनोहर माला गूँथकर श्री गोविन्द को अर्पण करना ही इनका एकमात्र कार्य था। यद्यपि वे किसी भूभाग के शासक न थे, तथापि वे सार्वभौम सम्राट् की अपेक्षा भी अधिक सम्माननीय थे, हैं और रहेंगे। इनके भक्तिभाव पर सभी लोग मुग्ध रह जाते थे।

अध्याय ३

शठारि, मधुर कवि और राजा कुलशेखर आलवार

वैशाखे तु विशाखायां कुरुकापुरिकारिजम् ।
पाण्ड्यदेशे कलेरादौ शठारि सैन्यपं भजे ।।६।।

– "जिन्होंने कलियुग के प्रारम्भ में, वैशाख मास के विशाखा नक्षत्र में, पाण्ड्य देश में स्थित कुरुकापुरी में, महात्मा कारी के पुत्ररूप में जन्म ग्रहण किया, मैं उन्हीं सेनापति विष्वकसेन के अवतार शठारि की अर्चना करता हूँ।"

कुरुकापुरी, कुरुक्कुर या तिरुनगरी ताम्रपर्णी नदी के तट पर स्थित है। यह नदी दक्षिणी भारत के दक्षिणी भाग से होकर प्रवाहित होती है। भारतवर्ष में इसके दक्षिण में अन्य कोई नदी नहीं है। उपरोक्त कुरुक्कुर नामक स्थान तिरुनवेली नगर के निकट स्थित है। तिरुशिर:पल्ली (Trichinapalli) से लेकर कुमारी अन्तरीप तक दाक्षिणात्य के दक्षिणी मथुरा इसी पाण्ड्यदेश को कहते हैं। मदुरा या दक्षिणी मथुरा इसी पाण्ड्यदेश की राजधानी थी। कन्याकुमारी तथा त्रिवेन्द्रम (श्री महेन्द्रपुरम्) (Trivandrum) से लेकर कन्नानूर (Cannanore) तक पश्चिमी घाट से युक्त पश्चिमी भाग को मलाबार (मलयदेश) या केरलदेश कहते हैं। इसके उत्तर में कन्नड़ प्रदेश है। कन्नड़ के पश्चिम में कोंकणदेश स्थित है। कोंकण का दक्षिण-पूर्व भाग कर्नाटक प्रदेश कहलाता है। तिरुशिर:पल्ली से नेल्लोर तक का सारे पूर्वी अंचल का नाम चोलराज्य है। कांचीपुर चोलराज्य की राजधानी थी। नेल्लोर से राजमहेन्द्रपुर (Rajamundhri) तक गोदावरी नदी के दक्षिणांश को आन्ध्रप्रदेश कहते हैं। राजमहेन्द्रपुर से गंजाम तक जो प्रदेश फैला हुआ है, उसका नाम कलिंग है। कलिंग के पूर्व तथा उत्तर में ओड्रदेश या उड़ीसा है। पाण्ड्य तथा चोल प्रदेश में तमिल भाषा प्रचलित है। मलाबार प्रदेश में

मलयालम भाषा, कर्णाट तथा कन्नड़ प्रदेश में कन्नड़ भाषा और आन्ध्र तथा कलिंग प्रदेश में तेलुगू भाषा प्रचलित है। उपरोक्त चारों को द्रविड़ भाषाएँ कहते हैं। दक्षिणी भक्तों के बारे में जानने के लिए उनका ज्ञान आवश्यक है।

विष्वकसेन नारायण की द्वितीय मूर्ति हैं। ये वैष्णवी सेना के अधिनायक हैं। ये चन्द्र के समान शुभ्रकान्ति, चतुर्भुज तथा सर्व विघ्नों के विनाशक हैं। वैष्णवगण श्री गणपति तथा श्री कार्तिकेय के बदले विष्वकसेन की पूजा करते हैं।

विष्वकसेन सर्वविघ्न विनाशक और नारायण के सेनानायक हैं। एक बार महात्मा कारी ने अपनी पत्नी के साथ पुत्र के हेतु नारायण-मन्दिर में जाकर व्रत-उपवास आदि किया। इस पर सन्तुष्ट होकर भगवान विष्णु ने कहा कि वे स्वयं ही उनके पुत्ररूप में अवतीर्ण होंगे। उसी कथन के अनुसार शठरिपु का जन्म हुआ। शठरिपु, शठारि और शठकोपा एक ही अर्थ में प्रयुक्त होते हैं। वे इतने प्रेमी तथा मधुर स्वभाव के थे कि जो भी उनके साथ वार्तालाप करता, उसे ही वे परम आत्मीय के समान लगते। वे सबके आत्मीय थे, अत: सभी उन्हें नम्मा-आलवार अर्थात् 'हमारे आलवार' कहा करते थे। नम्मा शब्द का अर्थ है – हमारे। इनका एक अन्य नाम 'परांकुश' है, क्योंकि ये सर्वजनवैरी मोहमातंग के लिए अंकुश-स्वरूप थे। ये निम्न कुलोद्भव थे। इनके पिता महात्मा कारी एक समृद्ध जमींदार थे।

नम्मा आलवार ने कलियुग के प्रथम वर्ष अर्थात् ईसापूर्व सन् ३१०२ में जन्म लिया। इनके एक अति वृद्ध भक्त थे। ये भक्त मधुर भाषा में कविताएँ लिखते थे, अत: इनका नाम मधुरकवि आलवार हुआ। इन्होंने युगसन्धि काल में जन्म लिया। तमिल विद्वानों ने इनका जन्मकाल ईसापूर्व सन् ३२२४ निश्चित किया है।

चैत्रे चित्रासमुद्भूतं पाण्ड्यदेशे खगांशकम्।
श्रीपरांकुशसद्भक्तं मधुरं कविमाश्रये।।७।।

– "चैत्र मास के चित्रा नक्षत्र में जिन्होंने गरुड़ांश से पाण्ड्य देश में जन्म ग्रहण किया था, जो परांकुश शठरिपु के परम भक्त थे, मैं उन्हीं मधुरकवि का शरणागत हूँ।"

इनकी जन्मभूमि भी शठरिपु की जन्मभूमि के पास थी।

कुम्भे पुनर्वसुभवं केरले चोलपट्टने।
कौस्तुभांशं धराधीशं कुलशेखरमाश्रये।।८।।

– "जिन्होंने फाल्गुन मास के पुनर्वसु नक्षत्र में श्री विष्णु के कौस्तुभ मणि के अंश से केरल या मलाबार देश के चोलपट्टन या तिरुभञ्जिक्कोलम नामक नगर में जन्म लिया, जो केरल के अधिपति थे, मैं उन्हीं राजा कुलशेखर की शरण लेता हूँ।"

ये 'मुकुन्दमाला-स्तोत्र' के रचयिता हैं। इनके समान भक्त अति विरल हैं। ईसापूर्व सन् ३१०२ में शुक्ला द्वादशी को बृहस्पतिवार के दिन इनका जन्म हुआ। ये राजर्षि के समान दीप्तिमान थे, अतः वैष्णवगण इन्हें नारायण के कौस्तुभ मणि का अंशावतार मानकर पूजते हैं।

अध्याय ४

पेरिय, आण्डाल और तोंडरड़िप्पोड़ि आलवार

ज्येष्ठे स्वातीभवं विष्णुरथांशं धन्विनःपुरे ।
प्रपद्ये श्वशुरं विष्णोः विष्णुचित्तं पुरःशिखम् ।।१।।

– "मैं उन सर्वजनशिरोमणि भक्तश्रेष्ठ विष्णुचित्त की शरण लेता हूँ, जो ज्येष्ठ मास के स्वाति नक्षत्र में धन्विनःपुर (श्रीविल्लिपुत्तुर) नगर में विष्णु के रथांश से पैदा हुए और जो विष्णु के श्वसुर के रूप में विख्यात हैं।"

इन महापुरुष की कन्या का नाम आण्डाल था। आण्डाल बाल्यकाल से ही विष्णु की सेवा में लगी रहतीं और कहतीं कि वे नारायण के अतिरिक्त अन्य किसी के साथ विवाह नहीं करेंगी। वयस्क होने पर पिता उनके विवाह के लिए चिन्तित हुए, परन्तु उनके नारायण को ही वरण करने का संकल्प जानकर, पिता किंकर्तव्यविमूढ़ हुए और नारायण का ध्यान करने लगे। कहते हैं कि उसी रात स्वप्न में स्वयं विष्णु ने ही उन्हें अभय देते हुए कहा था, "अपनी कन्यारत्न मुझे देने में संकोच मत करना। ये साक्षात् लक्ष्मी हैं।" उसी रात श्रीविष्णु-मन्दिर के पुजारी को भी स्वप्न में आदेश मिला, "कल प्रात:काल तुम विवाहोपयोगी समस्त सामग्री लेकर आण्डाल के पिता के घर जाना और आण्डाल को सुन्दर वेशभूषा में सज्जित करके पालकी में मेरे मन्दिर ले आना।" पुजारी ने ऐसा ही किया। जब आण्डाल के पिता को यह शुभ संवाद मिला, तो उनके आनन्द की सीमा न रही। आण्डाल पालकी में बैठकर श्री पुरुषोत्तम के साथ विवाह करने चलीं। उनके पीछे पीछे असंख्य लोग भी गए। उनके मन्दिर में प्रवेश करने पर नारायण ने हाथ बढ़ाकर उन्हें ग्रहण तथा आलिंगन किया। उस आलिंगन से आण्डाल द्रवीभूत होकर श्रीविग्रह के साथ एकीभूत हो गईं। उन्हें और कोई देख नहीं सका। उनके पिता को चिन्तित देखकर श्री पुरुषोत्तम ने मन्द हास्य के साथ

कहा, "आज से आप मेरे श्वसुर हुए। आप घर लौट जायँ। आपकी कन्या सर्वदा मुझमें ही रहेंगी।" आण्डाल के पिता हर्षोत्फुल्ल चित्त तथा रोमांचित शरीर के साथ सर्वजीवों के पालनकर्ता परमपुरुष विष्णु को बारम्बार साष्टांग वन्दना करने के बाद घर लौट आए। उसी दिन से वे 'पेरिय आलवार' अर्थात् 'सर्वश्रेष्ठ भक्त' के नाम से विख्यात हो गए। उनका जन्म ईसापूर्व सन् ३०५६ में हुआ था।

आषाढ़े पूर्वफल्गुन्यां तुलसी काननोद्भवाम्।
पाण्ड्ये विश्वम्भरां गोदां वन्दे श्रीरंगनायिकाम्।।१०।।

– "आषाढ़ मास के पूर्वफाल्गुनी नक्षत्र में पाण्ड्यदेश में स्थित तुलसीकानन में जिनका जन्म हुआ, जो विश्वजननी लक्ष्मी की मूर्तिविशेष हैं, साक्षात् वाग्देवी होने के कारण वाग्विन्यास में निपुण हैं, मैं उन श्रीरंगनाथ की महिषी[१] आण्डाल की वन्दना करता हूँ।"

श्री लक्ष्मीदेवी ने स्वयं को तीन मूर्तियों में विभाजित किया है। श्रीदेवी उनका प्रथम रूप है। ये विष्णु की वक्षस्थल-विलासिनी हैं। भूदेवी उनका दूसरा रूप है। ये श्रीमन्नारायण की दृष्टि रूप विलासक्षेत्र हैं। नीलादेवी इनका तीसरा रूप है। इस रूप में वे नारायण के माधुर्य तथा महिमादि का कीर्तन करके और हरिप्रेम रूपी मदिरा पानकर निरन्तर विह्वल तथा उन्मत्त हो स्वयं को कृतार्थ मानती हैं। ये नीलादेवी ही आण्डाल के रूप में अवतीर्ण हुई थीं।

कहते हैं कि एक बार पेरिय आलवार श्री विष्णु के सेवार्थ तुलसी चुनने अपने तुलसी-कानन में गए। तुलसी चयन करते करते सहसा एक परम सुन्दरी, स्मितविकसित-आनना, चंचल छोटी-सी बालिका को भूमि पर लेटे देखकर उनके हृदय में विस्मय तथा प्रगाढ़ वात्सल्य का संचार हुआ। वे निःसन्तान थे। उन्होंने कन्या-रत्न पाकर स्वयं को कृतार्थ माना। बालिका में शैशव काल से ही नारायण के प्रति स्वाभाविक प्रीति दीख पड़ी। उन्हें अन्य बालक-बालिकाओं के साथ खेलना पसन्द न था। वे देवमन्दिर के सम्मुख बैठकर स्वगत में न जाने क्या क्या कहतीं, कभी हँसतीं, तो कभी श्रीविग्रह

१. श्रीरंगनाथ की महिषी – श्रीरंगम् क्षेत्र में सात प्राचीरों से घिरे मन्दिर के भीतर जो शेषशायी नारायण की मूर्ति है, उन्हीं का नाम श्री रंगनाथ है। उन्होंने ही आण्डाल से विवाह करके अपनी राजमहिषी बनाया था।

के प्रति नाराज होकर अभिमानपूर्वक रोते हुए आकुल हो उठतीं और सान्त्वना देने पर परम आनन्द के साथ ताली बजाते हुए नृत्य करतीं। कभी, किसी के न रहने पर, वे देवालय में प्रविष्ट होकर नारायण के लिये चढ़ाई हुई माला अपने गले में धारण करतीं और फिर वापस रख देतीं। यही उनका खेल था। एक बार उनके पिता ने देखा कि आण्डाल ने श्रीविष्णु के लिए बनी हुई तुलसीमाला को अपने गले में धारण कर लिया है। यह देखकर उन्होंने बालिका का तिरस्कार किया। उस दिन विष्णु को माला नहीं दी जा सकी। रात को विष्णु ने स्वप्न में आकर उनसे कहा, "आज मुझे तुमने तुलसी-माला क्यों नहीं दी? मैं अपने भक्तों के अंग से स्पर्श की हुई वस्तु से और भी सन्तुष्ट होता हूँ। आण्डाल को मानुषी मत समझना।" अगले दिन पेरिय आलवार ने देखा कि पिछले दिन आण्डाल द्वारा पहनी गयी तुलसीमाला शुष्क न होकर ताजी बनाई गई नई माला से भी अधिक उज्ज्वल तथा कान्तिमान होकर शोभित हो रही है। उन्होंने द्विधा छोड़कर तत्काल वह माला उठाकर श्रीविग्रह को पहना दिया और उस दिन अपने इष्टदेव के असाधारण सौन्दर्य का विकास देखकर वे रोमांचित हो गए और नेत्रों से प्रेमाश्रु बहाते हुए परम शान्ति का अनुभव करने लगे।

आण्डाल वयस्क हो जाने पर भी बालिका के समान ही सरल तथा कृष्णगतप्राण थीं। विष्णुभक्ति मानो मूर्तिमन्त होकर आण्डाल के रूप में अभिव्यक्त हो रही थी। उन्होंने मधुर वाग्विन्यास सह, प्रेमरूपी अमृत-सरोवर में निमज्जित होकर, तमिल भाषा में जिन तीन सौ अनुपम स्तोत्रों की रचना की है, वे चिरकाल तक भक्तजन की सर्वोत्कृष्ट सम्पदा के रूप में परिगणित होंगी। मानो उनके प्रेमघन हृदय ने ही द्रवीभूत होकर उन स्तोत्रों का रूप धारण कर लिया है।

वे सर्वदा मधुर वाणी ही बोलती थीं, इसीलिए उनका अन्य एक नाम गोदा है। गां (मनोहरां) वाचं ददाति (सर्वस्मै) प्रयच्छति इति गोदा। इन मधुर-भाषिणी का श्री रंगनाथ जी ने पाणिग्रहण किया था, अतः उन्हें रंगनायिका भी कहते हैं। वे ईसापूर्व सन् ३००५ में धरणीतल पर अवतीर्ण हुई थीं।

कोदण्डे ज्येष्ठानक्षत्रे मण्डङ्गुड़ि-पुरोद्भवम्।
चोलोर्व्यां वनमालांशं भक्ताङ्घ्रिरेणुमाश्रये।।११।।

–"जिन्होंने पौष मास के ज्येष्ठा नक्षत्र में चोल-राज्यस्थ (त्रिचनापल्ली के निकट) मण्डङ्गुड़िपुर में जन्म ग्रहण किया, मैं उन्हीं 'भक्तपदरेणु' नामक श्री विष्णु के वनमालांश से अवतीर्ण भक्तश्रेष्ठ की शरण लेता हूँ।"

तमिल भाषा में इनका नाम तोंडरड़िप्पोड़ि (भक्तपदरेणु) आलवार है। इन्हें श्रीविष्णु के लिये माला गूँथने से लगाव था, इसलिए भक्तों ने इन्हें श्री वनमाला का अंशावतार माना है। नारायण-सेवा के अलावा ये और कोई कार्य नहीं करते थे। भगवान उनकी पूजा से अतीव सन्तुष्ट होते थे। इन्होंने ईसापूर्व सन् २८१४ में जन्म लिया था।

कहते हैं कि एक बार श्रीमन्नारायण ने श्रीलक्ष्मी देवी के सम्मुख यह कहकर उक्त प्रेमिक-प्रवर की अतिशय प्रशंसा की थी कि त्रिभुवन में ऐसी कोई शक्ति नहीं, जो इनके मधुर हृदय के अविच्छिन्न प्रेमप्रवाह में बाधक हो सके। इस पर श्री जगज्जननी ने मृदु हास्य के साथ कहा था कि स्त्री-कटाक्ष के लिये कुछ भी असाध्य नहीं है और अपनी बात को प्रमाणित करने के लिये उन्होंने तुरन्त पति के अनजाने ही अपनी एक दासी को निर्देश दिया कि वह मनोहर वेशभूषा धारणकर सर्वदा इन भक्तप्रवर की आँखों के सामने बनी रहे। एक समय वे अपने उद्यान से पुष्प आदि चुनकर माला गूँथ रहे थे कि उसी समय एक मुनिजन-मनमोहिनी, सर्वांग-सुन्दरी, कटाक्ष-बाण-वर्षिणी युवती, हाथ में एक दिव्य माला लिये, गद्‌गद् मधुर सम्भाषण के साथ उनके समीप पहुँचकर कहने लगी, "प्रभो, दासी द्वारा निर्मित इस माला को आज कृपा करके श्री गोविन्द जी के श्रीकण्ठ में पहना देंगे? मैं परदेशी हूँ, यहाँ नई नई ही आई हूँ। यहाँ कुछ दिन रहने की इच्छा है। यहाँ मेरा सगा-सम्बन्धी कोई भी नहीं है। आप महापुरुष हैं, अतः सभी के आत्मीय हैं। इसीलिए साहस करके मैं आपके श्रीचरणों में उपस्थित हुई हूँ।"

सुन्दर माला देखते ही भक्त के मन में सहज ही उससे अपने इष्टदेव को सजाने की इच्छा हुई और युवती की मधुर वाणी सुनकर हृदय भी थोड़ा द्रवीभूत हुआ। उन्होंने बड़े आग्रहपूर्वक उसे स्वीकार किया। तब से वह सुन्दरी प्रतिदिन उनके पास एक सुन्दर माला ले आती और दासी के समान उनके पुष्पोद्यान में वारि-सिंचन किया करती। युवती की सौजन्यता तथा मधुर स्वभाव देखकर महाभक्त का मन भी क्रमशः श्री गोविन्द के चरणपथ से स्खलित होने लगा और धीरे धीरे उस युवती का चिन्तन उनके मन पर अधिकार करने लगा। अन्ततः वे ईश्वर के लिए उन्मत्त होने के स्थान पर उस

युवती के संग की इच्छा से आकुल हो उठे। युवती ने अपने हाव-भाव, कटाक्ष तथा रूप-लावण्य की सहायता से उन्हें और भी मोहित किया। आखिरकार अधीर होकर जब उन्होंने उस बाला के समक्ष अपना मनोभाव व्यक्त किया, तो उसने उनके समक्ष स्वर्णमुद्रा की माँग रखी। निर्धन ब्राह्मण निरुपाय होकर रोने लगे। उस दिन उनका मन्दिर में जाना नहीं हो सका। नारायण अपने सेवक की अनुपस्थिति का कारण समझकर स्वयं ही छद्मवेश में उनके पास पहुँचकर अपना स्वर्णपात्र देते हुए बोले, "रो क्यों रहे हो? इसे लेकर अपनी अभिलाषा पूर्ण करो।" जब ब्राह्मण ने अतीव हर्ष के साथ द्रुत वेग से वारांगना के घर में प्रवेश किया, तो वहाँ उसके स्थान पर श्री लक्ष्मी के साथ अपने इष्टदेव को आसीन देखकर वे लज्जा तथा आत्मग्लानि से मृतप्राय हो गए और बोले, "हे दयानिधे, आज आपने मेरा नरक से उद्धार किया है, आपकी कृपा का अन्त नहीं।" इतना कहकर वे प्रेमाश्रु विसर्जित करने लगे। उसी दिन से वे हरिप्रेम में पूर्णतः उन्मत्त हो गए। उनके अन्तर में यथार्थ ज्ञान का उदय हुआ। इस घटना के बाद किसी भी युवती का कटाक्ष उन्हें मोहित नहीं कर सका।

अध्याय ५

पोयगै, भूतत्त तथा पेय आलवार का मिलन

पोयगै, भूतत्त तथा पेय आलवारों के विषय में एक सुन्दर कथा सुनने में आती है। एक दिन आकाश बादलों से आच्छन्न था और बिजली की कड़क तथा ओलों के साथ घनघोर वर्षा होने लगी। वायुदेवता ने क्रोधमयी मूर्ति धारणकर आँधी की सहायता से प्रकृतिदेवी को और भयंकर बना दिया। दो दिन तक इसी प्रकार निरन्तर आँधी-पानी का राज्य चलता रहा। रास्ते सूने पड़े थे। अत्यन्त निर्धन तथा गृहहीन लोग भी पर्वतीय गुफाओं तथा वृक्षों की कोटरों में आश्रय लेकर प्रचण्ड वायु तथा बृहदाकार शिलावृष्टि के निर्दय प्रहार से बचने का प्रयास कर रहे थे।

उसी समय वृक्षलताहीन एक सुविस्तीर्ण मैदान में एक ठण्ड से काँपता, जीर्ण वस्त्र पहने, उन्मत्त-जैसा पथिक स्वभाव से ही परछिद्रान्वेषी एवं निष्ठुर वायु के हाथों का खिलौना-सा बन गया था। मानो उसकी फटी-पुरानी चादर पर ही वायु का सारा आक्रोश निकल रहा था। उसे उसी से वंचित करने के लिये वायु ने मानो अपना सारा वेग उसी पर केन्द्रित कर दिया था। परन्तु उसके निरन्तर दोनों हाथों से सावधानीपूर्वक चादर को बचाने में लगे रहने के कारण कुछ कर पाने में असमर्थ होकर वह 'गों गों' की ध्वनि के साथ अपना प्रचण्ड क्रोध तथा असन्तोष व्यक्त कर रहा था। वायु की दुर्बलता देखकर मेघमाला ने उसकी सहायता करने के निमित्त एक बड़ा-सा ओला पथिक के सिर की ओर गिराया। उसके दोनों हाथ उठाकर सिर को बचाने का प्रयास करते समय, चादर पर से उसकी पकड़ ढीली पड़ते ही वेगवान वायु उसे तुरन्त उड़ा ले गया। क्रूर प्रकृति ने यह देख उत्फुल्ल होकर विद्युत-प्रकाश तथा मेघगर्जन के द्वारा खिलखिलाकर हँसते हुए वज्रनिर्घोष के साथ वायु को शाबासी दी। प्रकृति उस सहनशील पथिक के शरीर के साथ ऐसा व्यवहार

कर रही थी मानो वह रक्त-माँस से न बना हो, सुख-दुःख परिशून्य तथा जड़पिण्ड मात्र हो। वायु द्वारा उत्तरीय छीन लेने पर जब चपला प्रकृति हँस पड़ी, तो पथिक भी मानो उस परिहास को समझकर दुःख न व्यक्त करते हुए निम्नलिखित गीत के द्वारा अपने पवित्र हृदय के विपुल हर्ष को व्यक्त करने लगा –

हे हरि, तुम चपल-स्वभाव इधर उधर दौड़ते हो,
स्वयं नाचते हो और दूसरों को भी नचाते हो।।
किसी को तुम अपने सुमधुर हास्य से भुलाते हो,
बंशी बजाकर तुमने गोपियों का मन मोहा था।।
जगत् को तो तुमने अपने पेट में भर रखा है,
तथापि क्षुधापीड़ित होकर तुम नवनीत चुराते हो।।
सरल गोपबालाएँ तुम्हारा यह छल न समझकर,
क्रोधपूर्वक तुम्हारी माँ से शिकायत करती हैं।।
कभी तुम अपने मुखचन्द्र व भृकुटि को टेढ़ाकर,
किसी सरल ग्वाल-बाल को चकित कर देते हो।।
और फिर तत्काल ही उसका आलिंगन कर,
उसके मुखमण्डल को बारम्बार चूमने लगते हो।।
कभी तुम भयंकर तो कभी मनोहर रूप लेते हो,
कभी चपल तो कभी धीर-स्थिर हो जाते हो।।
कभी तुम राजवेश धारण करते हो तो कभी दीनवेश,
वर्णन करके कोई कैसे तुम्हारा अन्त पा सकता है।।
मेरा वस्त्र छीन तुम खिलखिलाकर हँसते हो,
तुम्हारी सारी चातुरी मेरे समझ में आ चुकी है।।
हे हरि, जितना चाहो खेलो, और उपहास करो,
तुम्हारा यह चिर दास भी उसी में आनन्दित होगा।।

इस घोर कष्ट से भी वे पथिक असन्तुष्ट या क्षुब्ध न होकर पुलकित-गात आनन्दपूर्वक नृत्य करते आगे बढ़ने लगे। दो दिन से उनका पेट खाली था। दो दिन आँधी व शिलावृष्टि के दौरान खुले मैदान में खिलौने के समान विभिन्न प्रकार से प्रताड़ित होकर भी वे प्रेमिक महापुरुष उस ताड़ना के फलस्वरूप अभूतपूर्व परमानन्द से मुहुर्मुहुः पुलकित होकर नृत्य कर रहे थे। अब तक उन्हें अपने शरीर का बोध न था। परन्तु दो दिन बाद उन्हें मानो

कुछ थकान का अनुभव होने लगा। सामने उन्हें एक छोटी-सी कुटिया दीख पड़ी। वे उसी की ओर बढ़े। द्वार बन्द था। भीतर किसी के होने का आभास नहीं मिला। परन्तु द्वार भलीभाँति बन्द होने के कारण भीतर जाना सम्भव नहीं लगा। सामने एक सँकरा-सा पर्णाच्छादित छत था। उस पर बड़े कष्टपूर्वक कोई एक व्यक्ति कुत्ते की भाँति सिकुड़कर सो सकता था। थके हुए पथिक उसी छत में जाकर सो गए। सर्वसन्तापहारी निद्रा के मृदु स्पर्श से वे अभिभूत हो चुके थे। उसी समय दूसरी दिशा से उन्हीं-सी हालत वाले एक अन्य पथिक आए और उन्हें जगाकर पूछा, "महाशय, क्या यहाँ पर एक ठण्ड, वर्षा तथा आँधी से पीड़ित भूखे को विश्राम के लिये जगह हो सकती है?" इस पर वे बैठकर उनसे बोले, "आइये! शुभागमन कीजिए। जहाँ एक व्यक्ति के लिये सोने की जगह है, वहाँ दो लोगों को बैठने के लिये पर्याप्त जगह हो जाएगी।"

द्वितीय पथिक बड़े आग्रहपूर्वक जाकर उनके बगल में बैठे और थोड़ा विश्राम पाकर मानो उनके प्राण वापस लौट आए। जब निद्रादेवी दोनों के सन्ताप हरणार्थ उन्हें अपनी कोमल गोद में अभिभूत कर रही थीं, तभी पहले के दोनों पथिकों के समान ही दुर्दशाग्रस्त एक तीसरे पथिक भी उनके पास जा पहुँचे और उनसे पूछने लगे, "महाशयगण, क्या वहाँ पर तीसरे व्यक्ति के लिये भी स्थान है?" दोनों पथिक खड़े होकर आग्रहपूर्वक कहने लगे, "आइए! आइए! जिस जगह में दो जन बैठ सकते हैं, वहाँ तीन जन अनायास ही खड़े रह सकते हैं।" इस पर तीसरे व्यक्ति भी उनके पास जा पहुँचे और उनकी थकान कम होने लगी।

तृतीय पथिक के आश्रय लेने के बाद ही सहसा आँधी-पानी शान्त हो गया। ऐसा लगा कि इन तीन पथिकों को संकट में डालने के लिए ही उसने ऐसा घोर मौसम उत्पन्न किया था। आकाश निर्मल हुआ। तरुण सूर्य चारों ओर अपनी अमृतमय किरणें बिखेरने लगे। उसी समय प्रथम पथिक ने देखा कि उस हास्यमयी प्रकृति की गोद में शठ-शिरोमणि अपने चारों हाथों में शंख-चक्र-गदा-पद्म धारण किए अपने मधुर हास्य से उनके मन को मोहित करते हुए विराजमान हैं। यह दर्शन पाकर वे इन शब्दों में कुतूहलप्रिय हरि की वाङ्मयी पूजा करने लगे –

अब सखे, यह कैसा नया वेश?
वह कहाँ गया रुद्र का आवेश!
तुम्हारा मोहन रूप देख

प्राण-मन अति पुलकित हैं ।।
इस धरा पर ऐसा क्या धन है,
जो तुम्हें देकर सन्तुष्ट करूँ!
इस धरादीप में अपार तेल है
बालसूर्य उसकी शिखा है;
प्राण भरकर मैं इसी दीप से
तुम्हारी आरती उतारता हूँ ।।
प्रिय सखे मेरी यह पूजा स्वीकार करो
और अपने प्रेमडोर से इस दास को बाँध लो ।।

द्वितीय पथिक ने भी आनन्द से उत्फुल्ल होकर उन भुवनमोहन की इन शब्दों के साथ पूजा की –

अहा! क्या ही मधुर है तुम्हारा रूप
देखकर मेरा सारा सन्ताप मिट गया।
प्रेमदीप में हृदय को पिघलाकर
और उसमें ज्ञान की शिखा जलाकर
मित्र! मैं अपने उन्मत्त प्राण के साथ
तुम्हारी आन्तरिक पूजा करता हूँ;
मेरी यह पूजा ग्रहण कर लो
और इस दास को प्रेमडोर से बाँध लो।

सुषमा के आगार श्रीहरि की रूपछटा से उन्मत्त होकर तीसरे व्यक्ति पूजा आदि के बारे में भूल गए। वे प्रेमविभोर नृत्य करते हुए गाने लगे –

देखा है सखे, आज तुम्हें देखा है;
उस रूपछटा के जाल में पड़कर
छूटने के लिये सूर्य भी रोता है।
तुम्हारी सुषमा के आगे चन्द्र-तारे भी
अपना मुख ढँककर छिप जाते हैं
मैं तुम्हारा चिरदास,
आज तुम्हारे चरणों में बिक गया हूँ ।।

प्रेमोन्माद में नाचते हुए ये प्रेमिक अचेत हो गए। योगियों का चित्त हरण करनेवाले हरि भी हास्यमयी प्रकृति की गोद में छिप गए।

पक्षिगण प्रभाती सुर में उनकी स्तुति गाने लगे। तीनों पथिक एक-दूसरे का परिचय पाकर आपस में चरण-वन्दना का प्रयास करते हुए प्रेमकलह में डूब गए। उनमें से प्रत्येक बाकी दोनों के दर्शन की अभिलाषा लेकर अपने अपने आश्रम से निकले थे और आखिरकार इस अद्‌भुत घटनाचक्र में पड़कर, विभिन्न प्रकार के दैवी प्रकोपों का अनुभव करने के बाद सहसा एक ही स्थान पर उनका सम्मिलन तथा भगवद्‌दर्शन हो जाने से उन लोगों ने स्वयं को परम कृतार्थ माना और निवृत्तिलाभ के पश्चात् अलग अलग पथ से अपने इच्छित स्थानों की ओर प्रस्थान किया। प्रथम पथिक का नाम था पोयगै आलवार, द्वितीय का नाम था भूतत्त आलवार और तृतीय का नाम था पेय आलवार।

अध्याय ६

तिरुप्पान आलवार

हमने अब तक पूर्वाचार्यों का नाम-कीर्तन किया। वैष्णवगण मानते हैं कि इनमें से अधिकांश कलियुग के पूर्व तथा आरम्भिक काल में अवतीर्ण हुए थे। विशिष्टाद्वैतवाद श्रीमन्नारायण के मुखपद्म से निर्गत होकर उक्त गुरुपरम्परा के द्वारा हृदय को उद्भासित करते हुए क्रमशः कलियुग के मध्यकाल तक आ पहुँचा। हम जिसे ऐतिहासिक काल कहते हैं, जो मेरीतनय ईसा के जन्मकाल से आरम्भ हुआ है, इस दौरान भी विशिष्टाद्वैतवाद की धारा, कभी दृश्य तो कभी अदृश्य होकर, भक्तों का हृदय उद्भासित करते हुए अक्षुण्ण रूप से प्रवाहित होती रही। ईश्वर की इच्छाशक्ति से जिसका प्रादुर्भाव हुआ है, उसकी गति कभी कहीं भी थम नहीं सकती।

कार्तिके रोहिणीजातं श्रीपाणं निचुलापुरे।
श्रीवत्सांशं गायकेन्द्रं मुनिवाहनमाश्रये।।१२।।

– "कार्तिक मास के रोहिणी नक्षत्र में निचुलापुर (ओरापुर) नामक स्थान में जिनका जन्म हुआ, जिनका एक अन्य नाम मुनिवाहन था, जो संगीतशास्त्र में विशेष निपुण तथा अच्छे गायक थे, जिनका श्रीहरि के श्रीवत्स[१] से जन्म हुआ था, मैं उन तिरुप्पान आलवार की शरण लेता हूँ।"

तिरुप्पान आलवार पैरिया अथवा चाण्डाल वंश में जन्मे थे। वे सर्वदा वीणा बजाते हुए उन्मत्त के समान श्रीहरि का गुणकीर्तन करते हुए जीवन-यापन करते थे। हरि-संकीर्तन में वे इतने मग्न हो जाते कि उनका बाह्यज्ञान तक लुप्त हो जाता। एक बार वे श्री रंगनाथ के विशाल मन्दिर के सम्मुख

---

१. महर्षि भृगु द्वारा भगवान विष्णु के वक्ष पर पद-प्रहार के चिह्न।

स्थित कावेरी के तीर्थप्रदेश में एकाग्र मन से हरिगुण गाते हुए ऐसे भावविभोर हो गए कि उन्हें बाह्य जगत् का बिल्कुल भी बोध न रहा। उसी समय श्री रंगनाथ स्वामी के लोकसारंग मुनि नामक पुजारी श्रीविग्रह के अभिषेक हेतु नदी से जल लेकर श्रीमन्दिर की ओर लौट रहे थे। उन्होंने देखा कि एक चाण्डाल जाति का व्यक्ति रास्ते में बैठकर वीणा बजाते बजाते मानो निद्रित हो गया है। उन्होंने तीन-चार बार उन्हें उच्च स्वर में पुकारा, परन्तु कोई उत्तर न पाकर आखिरकार उन्होंने दूर से ही एक पत्थर मारकर उन्हें चेताया। पत्थर की चोट से चेतना लौटने पर उन्होंने देखा कि वे श्री रंगनाथ जी के सेवक का मार्ग रोके हुए हैं। इस पर उन्होंने स्वयं को बारम्बार धिक्कारते हुए ब्राह्मण से अपने अपराध के लिये क्षमा माँगी और भय से काँपते हुए शीघ्रतापूर्वक वहाँ से हट गए।

इधर मुनि ने श्री मन्दिर पहुँचकर देखा कि द्वार भीतर से बन्द है। उन्होंने बारी बारी से प्रत्येक सेवक का नाम पुकारकर द्वार खोलने को कहा, परन्तु भीतर कोई भी न था, अत: उत्तर कौन देता? श्री रंगनाथ के समस्त सेवक वहीं एकत्र हुए। वे भी श्री मन्दिर का द्वार बन्द देखकर विस्मित तथा भयभीत हुए। भीतर तो कोई भी नहीं है, फिर द्वार किसने बन्द किया? काफी सोच-विचार करने के बाद भी वे किसी निष्कर्ष पर नहीं पहुँच सके। प्रभु के स्नान का समय बीता जा रहा था। वे सभी किंकर्तव्यविमूढ़ होकर खड़े रहे। मुनि ने सोचा कि सम्भव है उनसे कोई विशेष भूल हुई हो, जिसके कारण श्री रंगनाथ ने स्वयं ही द्वार को बन्दकर उनका मन्दिर में प्रवेश पूर्णत: निषिद्ध कर दिया हो। वे प्रभु के समक्ष दोनों हाथ जोड़े अपने अपराध के लिये क्षमा माँगने लगे। उनके नेत्रों से अनुताप के अश्रु प्रवाहित होने लगे और वे बोले, "हे प्रभो, दास को बताइए कि उससे क्या अपराध हुआ है; मैं यथासाध्य उसे सुधारने का प्रयास करूँगा।" इस प्रकार काफी समय तक प्रार्थना करने के बाद मुनि ने सुना, मन्दिर के भीतर से मानो कोई कह रहा था, "मुनि, तुमने आज मुझे पत्थर फेंककर मारा है, अत: अब मैं तुम्हें अपने पास नहीं आने दूँगा।" इस पर मुनि बोले, "हे प्रभो, कब मैंने आपको पत्थर से मारा है?" भीतर से उत्तर मिला, "कावेरी तीर्थ में जो महापुरुष हाथ में वीणा लिये मेरा नाम-संकीर्तन कर रहे थे, वे मेरे द्वितीय विग्रह हैं। यदि तुम उन्हें कन्धे पर चढ़ाकर मेरे मन्दिर की प्रदक्षिणा करो, तभी मैं मन्दिर का द्वार खोलूँगा, अन्यथा नहीं।" यह अशरीरी वाणी सुनते ही मुनि उन्मत्त के समान कावेरी

तीर्थ की ओर दौड़ पड़े। वहाँ तिरुप्पान आलवार को देखकर वे भक्तिपूर्ण हृदय से हाथ जोड़े उन्हीं की ओर दौड़े। तिरुप्पान भय से दूर भागते हुए हाथ जोड़कर अनुनय करते हुए ब्राह्मण से बोले, "हे प्रभो, मैं अति हीन चाण्डाल हूँ। सचमुच मुझसे अपराध हुआ है, अतः दूर से ही पत्थर आदि के द्वारा आप मुझे सजा दें। इस चाण्डाल के स्पर्श से अपने पवित्र शरीर को आप दूषित न करें।" उनका वाक्य समाप्त होते-न-होते मुनि ने आकर शीघ्रतापूर्वक उन्हें उठाकर अपने कन्धे पर चढ़ा लिया और उसी अवस्था में श्री रंगनाथ के सात दीवारों से युक्त सम्पूर्ण मन्दिर की परिक्रमा की। तभी से तिरुप्पान आलवार का नाम मुनिवाहन हुआ।

अध्याय ७

तिरुमंगै आलवार और उनके द्वारा श्रीरंगनाथ के मन्दिर की स्थापना

कार्तिके कृत्तिकाजातं चतुष्कविशिखामणिम्।
षट्प्रबन्धकृतं शार्ङ्गमूर्तिं कालियमाश्रये।।१३।।

–''कार्तिक मास के कृत्तिका नक्षत्र में जिन कालीयम (तिरुमंगै) नामक महापुरुष ने श्री विष्णु के शार्ङ्ग धनुष के अंश से जन्म लिया, जो चार सिद्ध पुरुषों के चूड़ामणि स्वरूप थे, जिन्होंने छह प्रबन्ध-ग्रन्थों की रचना की, मैं उनकी शरण लेता हूँ।''

ईसा की आठवीं शताब्दी में जन्मे तिरुमंगै एक परम भक्त थे। युवावस्था से ही तीर्थ-पर्यटन करते हुए मन्दिरों में देवी-देवताओं के दर्शन करना उन्हें बड़ा प्रिय लगता था। वे स्वाभाविक रूप से ही प्रतिभा सम्पन्न थे। यह कहना अतिशयोक्ति न होगी कि उन दिनों उनके समान अच्छा कवि दूसरा कोई नहीं था। तीर्थ-पर्यटन के दौरान चार सिद्ध पुरुषों ने उनकी महिमा पर मुग्ध होकर उनका शिष्यत्व स्वीकार किया और तभी से उनके अनुचर होकर उनके साथ विभिन्न देशों का भ्रमण करते रहे। प्रथम शिष्य का नाम 'तोला वड़क्कन' अर्थात् तर्कशिरोमणि था। तर्क में कोई उन्हें परास्त नहीं कर पाता था और इसीलिए उन्हें यह नाम मिला था। दूसरे शिष्य का नाम 'तलुधुवन' अर्थात् द्वारोद्घाटक था। वे चाभी की सहायता के बिना ही केवल फूँक मारकर हर प्रकार के ताले खोल देते थे, इसी कारण उनका ऐसा नाम पड़ा था। तीसरे शिष्य का नाम 'निलालै मिठीप्पन' अर्थात् छायापकड़ था। ये जिसकी भी छाया को पाँव से स्पर्श करते, वह वहीं अचल हो जाता था। इसीलिए उनका ऐसा नाम हुआ था। चौथे शिष्य का नाम 'नीरमेल नड़प्पन'

अर्थात् जलोपरिचर था। ये स्थल के समान ही जल के ऊपर भी भ्रमण कर सकते थे, इसी कारण उन्हें इस नाम से सम्बोधित करते थे।

इन चार शिष्यों के साथ विभिन्न तीर्थों का दर्शन करने के बाद तिरुमंगै कावेरी की दो शाखाओं के बीच स्थित श्री रंगनाथ के मन्दिर में आ पहुँचे। उस समय वह छोटा-सा मन्दिर भग्नप्राय तथा चमगादड़ों का निवास स्थान हो रहा था। पुजारी सायंकाल के समय एक बार आकर श्री विग्रह को थोड़े फूल तथा जल आदि चढ़ाकर सियार-भेड़ियों के भय से यथाशीघ्र लौट आते थे। वह स्थान जंगल तथा झुरमुटों से परिपूर्ण था। श्री रंगनाथ की यह अवस्था देख उनके मन में उनका मन्दिर बनवाने की प्रबल इच्छा जाग उठी। उनके चित्त में यही चिन्ता अधिकार जमा बैठी कि श्री मन्दिर का निर्माण कैसे हो? वे स्वयं अकिंचन थे और निश्चित नहीं कर पाये कि इस कार्य के लिये धन कहाँ से एकत्र होगा। बाद में उन्होंने चारों शिष्यों के साथ परामर्श करके संकल्प किया कि वे देश देश में जाकर धनिकों से भिक्षा माँगकर अर्थसंग्रह करेंगे। वे जहाँ भी किसी धनी व्यक्ति का नाम सुनते, उसी के पास पहुँचकर अपना अभिप्राय व्यक्त करके धन के लिये याचना करते। परन्तु अर्थासक्त धनिक-मण्डली में से किसी ने उन्हें एक कौड़ी भी प्रदान नहीं किया, बल्कि उल्टे उन्हें चोर आदि की संज्ञा देकर वे अपने क्षुद्र तथा नास्तिक हृदय का ही परिचय देते रहे।

परम भक्त तिरुमंगै धनिकों के निन्दावाद से जरा भी क्षुब्ध नहीं हुए। परन्तु जगत्पिता प्राय: सेवाशून्य होकर सियार-भेड़ियों से परिवृत्त वन के भीतर अपनी सन्तानों से विच्छिन्न होकर एक किनारे इतनी बुरी अवस्था में पड़े हुए हैं, यह चिन्ता तीर के समान उनके हृदय में चुभकर उन्हें अतिशय पीड़ित करने लगी। जैसे नरम मिट्टी के बर्तन अग्नि के सम्पर्क में आकर कठोर हो जाते हैं, वैसे ही उनका स्वभाव से ही कोमल हृदय क्रोधाग्नि में दग्ध होकर वज्र के समान कठोर हो गया। वे अब और स्थिर न रह सके तथा अपने चारों शिष्यों को सम्बोधित कर कहने लगे, "वत्सगण! धनिकों की भगवद्भक्ति तो तुमने देख ली। वे चिरकाल ही नास्तिक और पाखण्डी बने रहेंगे। अब क्या करना उचित है? श्री रंगनाथ जी को इस प्रकार दुरवस्था में रखकर इन पाखण्डियों के पाँव चाटना अच्छा है या फिर सृष्टि-स्थिति-पालन के मूल कारण, निखिल जगत् को शरण देनेवाले ईश्वर का अभूतपूर्व, अद्वितीय तथा विराट् मन्दिर बनवाकर इन पाखण्डियों को पददलित

करना?'' शिष्यों ने कहा,''पाखण्डियों की सेवा की अपेक्षा भगवत्सेवा सर्वाधिक उचित है।'' यह सुनकर गुरु ने कहा, ''तो फिर तैयार हो जाओ। आज से ऐसा प्रयत्न करो, जिससे इन निष्ठुरहृदय, अर्थलोभी धनिकों का सारा धन श्री मन्दिर के निर्माण में व्यय हो सके। निष्ठुर धनिकगण दूसरों के मुख से अन्नग्रास छीनकर अपने कोषों की परिपुष्टि में लगे हैं। निर्धन लोग अन्न के अभाव में बड़े कष्टपूर्वक दिन बिता रहे हैं। आओ, हम वह धन बलपूर्वक छीनकर श्री मन्दिर के निर्माण तथा निर्धनों के पालन में लगाएँ।'' शिष्यों ने कहा, ''प्रभु का जो आदेश होगा, हम वही करने को प्रस्तुत हैं।'' तोला वड़क्कन बोले, ''हे प्रभो, तर्क में कोई भी मुझे परास्त करने में समर्थ नहीं है। जब मैं धनिकों तथा उनके पार्षदों को अपने तर्कजाल में फँसाकर उन्हें सब कुछ विस्मृत करा दूँगा, उस समय आप अनायास ही अपने दल-बल के साथ उनका सम्पूर्ण धन-रत्न लूट सकेंगे।''

तलुधुवन ने कहा, ''हे प्रभो, द्वार चाहे जितने भी अच्छी तरह बन्द हो, मैं फूँक मारकर उसे खोल सकता हूँ। धनिकों का कोषद्वार मेरे लिये सदा ही उन्मुक्त है। मेरी सहायता से आप जितने भी चाहें रत्न संग्रह करने में समर्थ होंगे।''

निलालै मिठीप्पन ने कहा, ''हे प्रभो, मैं जिसकी भी छाया को अपने पाँव के द्वारा स्पर्श करूँगा, वह चलने-फिरने में असमर्थ हो जायेगा। अत: मेरी सहायता से आज से धनवान पथिकों का सारा धन आपका हुआ।''

नीरमेल नड़प्पन ने कहा, ''हे प्रभो, खाइयों से घिरी हुई राजपुरी मेरे लिये सर्वदा उन्मुक्त है, क्योंकि मैं अनायास ही पानी के ऊपर चल सकता हूँ। अत: आज से राजाओं का सारा धन आपका हुआ।''

तिरुमंगै अपने शिष्यों की इन अद्भुत शक्तियों की बात सुनकर अतीव हर्षित हुए। वे तुरन्त एक विशाल दस्युदल के सरदार हो गए और प्रतिदिन अपने चारों शिष्यों की सहायता से अपार धनराशि लाकर द्वीप के एक गुप्त स्थान में संचित करने लगे।

इसके बाद उन्होंने विपुल धन व्यय करके देश-विदेश से सर्वश्रेष्ठ कारीगरों को बुलवाकर श्री मन्दिर की नींव रखी। एक शुभ दिन मन्दिर-निर्माण का कार्य आरम्भ हुआ।

दो वर्ष में श्री गर्भगृह तथा प्रथम प्राचीर से वेष्ठित, अत्युच्च गोपुर से युक्त अन्त:पुर का निर्माण पूरा हुआ। सहस्रों कारीगरों द्वारा निरन्तर परिश्रम करके

अन्त:पुरी का निर्माण हो जाने के बाद प्रथम बहि:पुरी का निर्माण आरम्भ हुआ। चार वर्ष निरन्तर परिश्रम के बाद प्रथम बहि:पुरी बनी। इसी प्रकार छह वर्ष में द्वितीय, आठ वर्ष में तृतीय, दस वर्ष में चतुर्थ, बारह वर्ष में पंचम और अट्ठारह वर्ष में षष्ठ बहि:पुरी निर्मित हुई। इसके लिये लाखों कारीगरों को निरन्तर परिश्रम करना पड़ा था। इस प्रकार पूरा मन्दिर बनकर तैयार होने में कुल मिलाकर साठ वर्ष लगे। तिरुमंगै ने उस समय अपनी आयु के अस्सीवें वर्ष में प्रवेश किया था। उनके चारों प्रिय शिष्य उनसे दो-एक वर्ष ही छोटे थे।

अन्त:पुरी निर्मित हो जाने के बाद आसपास के राजागण भी अपने-आप धन तथा कारीगर भेजकर तिरुमंगै की सहायता करने लगे। क्योंकि प्रथमत: तो तिरुमंगै के मन्दिर-निर्माण की प्रणाली देखकर सबको विश्वास हो गया कि वे दुष्ट नहीं, बल्कि एक सच्चे भक्त हैं; और द्वितीयत: वे हजार से भी अधिक दस्युओं के सरदार थे। उनके प्रताप से राजागण भी काँपते थे। आर्थिक सहायता न करने पर हो सकता है कि तिरुमंगै किसी दिन आकर सब कुछ लूट ले जाय – इसी भय से अनेक लोग उन्हें स्वेच्छापूर्वक धन-जन से सहायता करने लगे। कारीगरों को वे यथायोग्य वेतन देकर सन्तुष्ट रखते थे। उनका यश व प्रताप राजाधिराज के समान चारों दिशाओं में फैल गया। वास्तव में वे अपने समय के एकछत्री राजा थे। बाकी राजागण उनके करदाता तथा मित्रों के समान थे। उनकी मान-यश की सीमा न थी, परन्तु उनका आचार-व्यवहार एक सामान्य भिक्षुक के समान था। दिन के अन्त में केवल एक बार भिक्षालब्ध अन्न को स्वयंपाक के बाद ग्रहण करके वे परम सन्तोष का अनुभव करते थे। उनके समान इन्द्रियजित् व्यक्ति उस समय सम्भवत: और कोई नहीं था। भगवत्प्रेम से उनके नेत्र अश्रु विसर्जन करते हुए वक्षस्थल को भिगा डालते थे। उनके शासनकाल में किसी को निर्धनता का कष्ट नहीं उठाना पड़ा, केवल धनी लोग ही उनसे सर्वदा शंकित रहा करते थे। सप्त प्राचीरों से घिरी श्रेष्ठ पुरी का निर्माण पूरा हो गया। तिरुमंगै ने कारीगरों को यथायोग्य पारिश्रमिक देकर सन्तुष्ट किया। हाथ में एक कौड़ी तक नहीं बची थी। इस बीच और भी कुछ लोग आकर धन माँगने लगे। ये उनके सहकारी दस्युगण थे। उनकी संख्या एक हजार से कम न थी; उनके लिये क्या किया जाय, यह वे निश्चित नहीं कर सके। बाद में सहसा उठकर उन्होंने नीरमेल नड़प्पन को बुलाकर उनके कान में कुछ कहा। उक्त शिष्य ने

कुछ कहे बिना कावेरी की उत्तरी शाखा में एक बृहत् पोत मँगवाया। पुरी निर्माण के समय इसी पोत में दूरस्थित पर्वत से बड़े बड़े शिलाखण्ड लाए गए थे। पोत आ जाने पर नड़प्पन उसमें प्रविष्ट हुए और दो घण्टे बाद उसमें से निकलकर अपने गुरुदेव के पास लौट आए। दस्युओं ने इसी बीच तिरुमंगै को अकिंचन मानकर उन्हें मार डालने की योजना बना ली थी। वे लोग अपने संकल्प को कार्यरूप में परिणत करने की तैयारी कर ही रहे थे कि उसी समय नीरमेल नड़प्पन वहाँ आ पहुँचे और समवेत लोगों से कहने लगे, "भाइयो, कावेरी की उत्तरी शाखा के पार हमारे स्वामी का बहुत-सा गुप्त धन है; आओ हम सभी वहाँ जाकर सारा धन बाँट लें, पोत तैयार है। मैं तुम लोगों के साथ जाकर समुदय रत्न बाहर निकाल दूँगा। तुम लोग यथेच्छा बँटवारा कर लेना। तुम लोग जो भी दोगे, मैं उतना ही लूँगा। साठ वर्षों से हम देश को लूट रहे हैं। अब लूटने को और कुछ नहीं बचा है। अब जो समस्त रत्न बचे हैं, हम उन्हें लाकर सुखपूर्वक दिन बिताएँगे।" यह सुनकर सभी अतिशय आनन्दित हुए और तिरुमंगै को मारने के अपने गुरु-गम्भीर संकल्प को छोड़कर चुपचाप नड़प्पन के अनुगामी हुए।

सभी नौका में बैठ गए। वर्षा का मौसम था। गहरी कावेरी नदी अपने शरीर को आधे कोस से भी अधिक दूरी तक फैलाए भीषण गर्जना के साथ उफनते हुए तीव्र वेग से प्रवाहित हो रही थी। संध्या हो चुकी थी। आकाश मेघावृत्त होने के कारण सायंकाल ही रात के समान प्रतीत होने लगा। पोत अब कावेरी के मध्य भाग तक जा पहुँचा था। तिरुमंगै अपने तीन शिष्यों के साथ तट पर खड़े पोत की ओर देख रहे थे। वह अब अन्धकार के कारण अस्पष्ट-सा दिख रहा था। सहसा नदी के बीच से सैकड़ों लोगों का एक भीषण आर्तनाद उठा। बाद में सब शान्त हो गया। नौका फिर देखने में नहीं आई। उस विपुल तरंगाकुल भीषण गर्जनकारी कावेरी के वक्ष पर अब और कुछ दिखाई नहीं दे रहा था। थोड़ी देर बाद धीर-स्थिर पदविक्षेप के साथ जल के ऊपर से होकर चलते हुए एक व्यक्ति तिरुमंगै की ओर अग्रसर होने लगे। क्रमशः वे भक्तवीर दस्युपति के चरणों में आकर अवनत हुए। ये उनके चतुर्थ शिष्य नीरमेल नड़प्पन थे।

तिरुमंगै ने दीर्घ निःश्वास छोड़ते हुए कहा, "उठो वत्स, श्री रंगनाथ जी ने अपनी सन्तानों को निश्चय ही अपनी गोद में ग्रहण किया है, इस विषय में चिन्तित मत होना। ये सभी इहलोक त्यागकर वैकुण्ठधाम चले गए हैं;

यही अच्छा है या फिर जीवित रहकर दस्युवृत्ति करते हुए जीवन-यापन करना? आओ, हम लोग अपने जीवन का अवशिष्ट काल श्री रंगनाथ जी की सेवा में लगा दें। जिस कार्य के लिये मुझे दस्युवृत्ति स्वीकार करनी पड़ी थी, वह सम्पन्न हो चुका है। अब हमारे लिये भगवत्सेवा के अतिरिक्त अन्य कोई भी कर्तव्य बाकी नहीं रहा है।''

अपने चारों प्रिय शिष्यों के साथ जीवन का शेष भाग श्री रंगनाथ जी की सेवा में व्यतीत करने के बाद तिरुमंगै ने यथासमय 'तद्विष्णोः परमं पदम्' का आश्रय लिया।

कावेरी की उत्तरी शाखा में एक हजार दस्युओं का विनाश हुआ था, अतः तभी से वह 'कोलिड़म' अर्थात् हत्यास्थल के नाम से विख्यात है।

कहते हैं कि एक दिन तिरुमंगै किसी राजभवन को लूटने जाकर राजा के देवालय में प्रविष्ट हुए। वहाँ श्रीमन्नारायण का विग्रह प्रतिष्ठित था। हीरे आदि बहुमूल्य रत्नों द्वारा श्री विग्रह के सज्जित होने के कारण तिरुमंगै ने उनके समस्त अलंकार उतार लिये। उन्होंने सभी आभूषण ले लिये, परन्तु हीरक-जड़ित एक अंगूठी उनके चम्पाकली के समान उँगली में इतनी दृढ़तापूर्वक स्थित थी कि उसे उतारने का सारा प्रयास व्यर्थ सिद्ध हुआ। तब उन्होंने अपने दाँतों की सहायता से उसे उतारने का प्रयास किया। दाँतों से भगवान की उँगली का स्पर्श होते ही उनमें दिव्य ज्ञान का उदय हुआ और वे प्रेमोन्मत्त होकर एक सहस्र श्लोकों के साथ उनका स्तवन करने लगे। वह स्तोत्र आज भी तिरुमोली अर्थात् मधुर स्तोत्र के नाम से प्रसिद्ध है।

अध्याय ८

नाथमुनि और यामुनाचार्य

लगभग ९०८ ई. में पूर्वकथित (छठे अध्याय में) विशिष्टाद्वैत साधना की धारा श्री नाथमुनि नामक एक महापुरुष के हृदय में प्रबल वेग से प्रवाहित होकर भविष्य के महाप्लावन का संकेत देने लगी।

ज्येष्ठेऽनुराधासम्भूतं वीरनारायणे पुरे।
गजवक्त्रांशमाचार्यं आद्यं नाथमुनिं भजे।।१४।।

–"मैं उन्हीं गुरुश्रेष्ठ आचार्य नाथमुनि की अर्चना करता हूँ, जो गजवदन के अंश से ज्येष्ठ मास के अनुराधा नक्षत्र में वीरनारायणपुर में विष्वक सेन के दरबारीरूप में जन्मे थे।''

नाथमुनि एक सद्ब्राह्मण-कुल में उत्पन्न हुए थे। उनके ईश्वरमुनि नामक एक पुत्र भी हुआ था। यह पुत्र सर्वांग-सुन्दर तथा अतीव मेधावी था। युवावस्था में ईश्वरमुनि ने विवाह करके कुछ काल तक संसार-सुख का भोग किया। परन्तु शीघ्र ही उन्हें अपनी इहलीला का संवरण करना पड़ा। नाथमुनि को अपने पुत्र से बड़ा लगाव था। उसकी अकाल मृत्यु हो जाने से उन्हें अपार कष्ट हुआ। परन्तु अपने निर्मल ज्ञान के प्रभाव से वे शीघ्र ही इस मानसिक पीड़ा से मुक्त हो गए।

ईश्वरमुनि की नवोढ़ा सहधर्मिणी की कोख से एक पुत्र का जन्म हुआ। यही शिशु बाद में यामुनाचार्य के नाम से विख्यात हुआ। कहते हैं कि एक बार नाथमुनि अपनी पत्नी, पुत्र तथा पुत्रवधू के साथ तीर्थदर्शन के निमित्त आर्यावर्त का भ्रमण कर रहे थे। श्री वृन्दावन के निकटवर्ती यमुनातट पर उनके पुत्रवधू का गर्भसंचार हुआ था, अतः पौत्र का जन्म होने पर उन्होंने उसका नाम यामुनाचार्य रखा था। नाथमुनि अपने समकालीन पण्डितों

अग्रगण्य थे। उनके समान धीसम्पन्न तथा मेधावी उन दिनों दूसरा कोई न था।

पुत्र के देहावसान के उपरान्त उन्होंने गृहस्थाश्रम त्यागकर संन्यास ग्रहण किया। वे प्राचीन मुनियों के समान पवित्र जीवन बिताते थे, इसीलिए लोगों ने उन्हें 'मुनि' की आख्या प्रदान की थी। इसी कारण उनका नाम 'नाथमुनि' हुआ और योग में सिद्धि प्राप्त करने के कारण लोग उन्हें योगीन्द्र भी कहते थे। उन्होंने कुछ ग्रन्थ रचकर उनमें अपना मत निरूपित किया है। उनमें से 'न्यायतत्त्व' तथा 'योगरहस्य' नामक दो ग्रन्थ चिरकाल से श्रीवैष्णव-सम्प्रदाय के परम रत्न तथा परम आदर के पात्र बने हुए हैं।

दस वर्ष की अल्प आयु में यामुनाचार्य अपने पिता को खो बैठे थे, पितामह नाथमुनि ने भी संसार छोड़कर संन्यास ले लिया था। अतएव वे अपनी वृद्ध पितामही तथा माता के साथ रहकर बड़े कष्टपूर्वक पलने लगे। परन्तु अपनी असीम विद्या-बुद्धि की सहायता से उन्होंने शीघ्र ही लक्ष्मी देवी को अपने वश में कर लिया। बारह वर्ष की आयु में उन्होंने पाण्ड्य राज्य के आधे सिंहासन पर अधिकार कर लिया था।

आषाढ़े चोत्तराषाढ़ासम्भूतं तत्र वै पुरे।
सिंहासनांशं विख्यातं श्रीयामुनमुनिं भजे।।१५।।

–"जो आषाढ़ मास के उत्तराषाढ़ा नक्षत्र में उसी वीरनारायणपुर (मदुरा) में जन्मे, जो विष्णु के सिंहासन के अंशावतार के रूप में विख्यात हैं, मैं उन्हीं यामुनमुनि का पूजन करता हूँ।"

श्री यामुन मुनि के हृदय में केवल श्री विष्णु ही आसीन रहते थे और वह उनके सिंहासन-स्वरूप था। इसीलिए वैष्णण-गण उन्हें सिंहासनांश कहकर पूजते हैं। सम्भवतः ईसवी सन् ९५३ में पाण्ड्यों की राजधानी मदुरा में इनका जन्म हुआ था। किशोरावस्था के प्रारम्भ में ही उनके पिता ईश्वरमुनि ने परलोक-गमन किया, परन्तु बाल्यकाल से ही उनकी मेधाशक्ति इतनी प्रबल थी कि समस्त शास्त्रों में उन्होंने अपने सहपाठियों के बीच श्रेष्ठता दिखाई थी। उनके गुरु का नाम श्रीमद्-भाष्याचार्य था। शिष्य की सर्वशास्त्रों में पटुता देखकर भाष्याचार्य उनसे अतिशय स्नेह करते थे। उनके मधुर स्वभाव ने सहपाठियों के चित्त को भी आकृष्ट किया था, वे उनसे अपना पाठ पूछने में किसी प्रकार के संकोच या अपमान का अनुभव नहीं करते थे।

अध्याय ९

यामुनाचार्य की राज्य-प्राप्ति

भाष्याचार्य के पास अध्ययन करते समय यामुनाचार्य की आयु केवल बारह वर्ष की थी। उन्हीं दिनों पाण्ड्य राज्य के एक सभा-पण्डित ने अपनी विद्या-प्रभा से दक्षिण के समस्त पण्डितों के गौरव को क्षीण कर दिया था। उक्त दिग्विजयी पण्डित जिस सभा में भी जाते, वहाँ के विद्वानों को परास्त कर उनके बीच एक प्रकार का कोलाहल उत्पन्न कर देते थे। इसी कारण उनका नाम 'विद्वज्जन-कोलाहल' हो गया था। पाण्ड्यनरेश की उनके प्रति अपार भक्ति एवं श्रद्धा थी और वे अपनी सभा का अमूल्य अलंकार मानकर उनकी पूजा करते थे। राजा के आदेशानुसार जो भी पण्डित विद्वज्जन-कोलाहल के साथ तर्क में हार जाते, दिग्विजयी दण्डस्वरूप उनसे कुछ वार्षिक 'कर' भी वसूलते थे। यामुनाचार्य के गुरु श्रीमद्-भाष्याचार्य भी उन्हें इसी भाँति 'कर' देते आ रहे थे, पर धनाभाव के कारण कुछ वर्षों से उनका 'कर' देना बाकी था। अतः कोलाहल के एक शिष्य बाकी 'कर' की वसूली के लिये एक बार भाष्याचार्य के विद्यालय में आए। उस दिन व्यवस्था का भार यामुनाचार्य को सौंपकर भाष्याचार्य किसी कार्यवश बाहर गए हुए थे। बाकी शिष्य भी पाठ समाप्त कर अपने अपने घर जा चुके थे। यामुनाचार्य अकेले ही अपने आसन पर बैठे हुए थे।

कोलाहल के शिष्य ने आकर तीक्ष्ण स्वर में उनसे पूछा, "तुम्हारे गुरुदेव कहाँ हैं?" इस पर यामुनाचार्य ने धैर्य तथा नम्रता के साथ पूछा, "आप कहाँ से आ रहे हैं?" कोलाहल-शिष्य ने और भी रुखाई के साथ उत्तर दिया "जानते नहीं, मैं कहाँ से आ रहा हूँ? यदि नहीं जानते तो सुन लो – जिनकी विद्याप्रभा से सारा दक्षिणी भारत उद्भासित हो रहा है, जो अन्य बुध-भुजंग के लिये गरुड़-स्वरूप हैं, जो सर्वशास्त्र-विशारद हैं, पाण्ड्य-नरेश जिनके

अनुगत दासानुदास हैं, जो विद्याभिमानियों का गर्व चूर करनेवाले हैं, जिन्होंने सम्पूर्ण विद्वन्मण्डली पर एकाधिपत्य स्थापित कर उनमें से प्रत्येक को अपना करदाता बना लिया है, जिन्हें कर न चुकाने पर पाण्ड्यनरेश के हाथों बचा नहीं जा सकता, मैं उन्हीं महानुभाव महामना का परम सौभाग्यशाली शिष्य हूँ। लगता है तुम्हारे गुरु का सिर फिर गया है, तभी तो दो-तीन वर्षों का कर उन्होंने अब तक बाकी रख छोड़ा है। वे चाहते क्या हैं? क्या वे मेरे सर्वजयी गुरु के साथ तर्क में उतरना चाहते हैं? जैसे पतंग मूढ़तावश स्वयं को अग्नि में समर्पित कर देता है, क्या तुम्हारे गुरु में भी वैसे ही भाव का उदय हुआ है?''

गुरुनिन्दा सुनने के भय से यामुनाचार्य ने अपने कानों में अँगुली डाल ली और अत्यन्त घृणापूर्वक वे कोलाहल-शिष्य से बोले, ''छी, छी, तुम कैसे मूर्ख हो! वैसे, मूर्ख गुरु का शिष्य भी मूर्ख नहीं तो और क्या होगा? जैसे फल को देखकर वृक्ष के गुण-अवगुण का अनुमान किया जाता है, वैसे ही तुम्हें देखकर तुम्हारे गुरु का पाण्डित्य समझना भी मेरे लिये बाकी नहीं रहा। जो गुरु अपने शिष्य को दम्भ की शिक्षा देता है, वह शिष्य के मन को शुद्ध करने के स्थान पर उसे और भी मलिन कर डालता है, वह गुरु पूर्णतः अन्तःसार-शून्य है, इसमें भला क्या किसी को सन्देह रह सकता है? एक तिनके को उड़ाने के लिये यदि कोई प्रबल आँधी को चुनौती देता है, तो उसे महामूर्ख नहीं तो और क्या कहा जायेगा? विद्वज्जन-कोलाहल को तर्क में हराने के लिये मेरे गुरुदेव को चुनौती देकर तुमने उसी प्रकार महामूर्ख का कार्य किया है। सियार को भगाने के लिये क्या सिंह की जरूरत पड़ती है? तुम जाकर अपने पाण्डित्य-अभिमानी गुरु से बता दो कि सर्वशास्त्रविद् पूज्यपाद महानुभाव भाष्याचार्य का एक क्षुद्रातिक्षुद्र शिष्य उनके साथ तर्क करना चाहता है। यदि क्षमता और साहस हो, तो यथाशीघ्र तैयार होकर वे समाचार भेजें, मैं प्रस्तुत हूँ।''

कोलाहल-शिष्य क्रोध से अधीर, दिशाज्ञान-शून्य होकर और प्रत्युत्तर देने में अत्यन्त घृणा का बोध करते हुए, लाल आँखें लिये अपने गुरु के पास पहुँचा और क्रोध-कम्पित-गात के साथ उन्हें क्रमशः सब कह सुनाया। विद्वज्जन-कोलाहल अपने प्रतिद्वन्द्वी की आयु सुनकर हँसी न रोक सके। राज्यसंभा में उपस्थित सबने कहा कि भाष्याचार्य के शिष्य ने केवल बालसुलभ चपलता ही व्यक्त की है, इसके लिये उसे सजा देना उचित है।

वह बालक उन्मादग्रस्त है या स्वस्थचित्त और क्या वह सचमुच ही तर्क करना चाहता है – इसका निर्णय करने के लिये पाण्ड्यनरेश ने और भी एक व्यक्ति को भेज दिया और साथ ही कहला भेजा, "यदि वह सचमुच ही तर्क करना चाहता हो, तो उसे यथाशीघ्र यहाँ ले आना। मूर्ख की मूर्खता को ज्यादा समय तक प्रश्रय देना उचित नहीं, उसे तत्काल सजा देना ही उचित होगा।"

राजदूत द्वारा आकर राजाज्ञा से अवगत कराने पर यामुनाचार्य ने उत्तर दिया, "मैं पूरी तौर से राजा का आदेश पालन करने को तैयार हूँ, पर महाराजा से जाकर कहो कि जब मैं पण्डित के समान पण्डित के साथ तर्क करने जा रहा हूँ, तो फिर वे मुझे पण्डित के योग्य सम्मान देकर यहाँ से ले जायँ; तात्पर्य यह कि या तो वे पालकी आदि भेजें या फिर विद्वज्जन-कोलाहल को ही यहाँ भेजें; यहीं पर हम दोनों का तर्क हो जाय।"

दूत ने लौटकर राजा तथा उनके सभासदों को इस बात से अवगत कराया। काफी वाग्वितण्डा के बाद निश्चित हुआ कि पालकी आदि भेजना ही उचित होगा। तदनुसार सौ पहरेदारों के साथ एक पालकी भेज दी गयी।

इधर भाष्याचार्य ने जब घर लौटकर सुना कि उनके शिष्य ने कालसर्प रूपी विद्वज्जन-कोलाहल पर पदाघात किया है, तो वे अपने जीवन की आशा छोड़कर मानो अचेत हो गए। क्योंकि वे जानते थे कि पाण्ड्यनरेश, दयावान होने के बावजूद, जो भी उनके परमप्रिय सभापण्डित की अवहेलना करता है, उसके प्रति अत्यन्त निर्दयतापूर्ण आचरण करते हैं, यहाँ तक कि उसे प्राणदण्ड देने से भी नहीं हिचकते। शिष्य यामुनाचार्य उन्हें बारम्बार सान्त्वना देते हुए कहने लगे, "आपके भयभीत होने का कोई कारण नहीं है। आपके आशीर्वाद से मैं निश्चय ही कोलाहल का गर्व चूर्ण करूँगा, आप निश्चिन्त रहें।" उसी समय प्रहरियों के साथ पालकी विद्यालय के सम्मुख आ पहुँची। बालक यामुनाचार्य एक महापण्डित के समान गम्भीरतापूर्वक श्रीगुरुदेव की चरण-वन्दना करके पालकी में सवार हुए। मार्ग में और भी बहुत-से लोग साथ हो लिये।

यह एक अभूतपूर्व घटना थी। एक बालक सर्वप्रधान सभापण्डित के साथ शास्त्रीय द्वन्द्व करने निकला था; अतएव चारों ओर से बाल-वृद्ध-वनिता सभी शीघ्रतापूर्वक उस अद्‌भुत बालक को देखने आ जुटे। ब्राह्मण पण्डितगण उन्हें हृदय खोलकर आशीर्वाद देते हुए कहने लगे, "हे बालक, जैसे भगवान ने वामन का रूप धारणकर बलि को राज्य और पद से च्युत

कर दिया था, हमारा आशीर्वाद है कि तुम भी उसी प्रकार आज उस दम्भी पाण्डित्याभिमानी विद्वज्जन-कोलाहल के गर्वगिरि को चूर्ण करके लौटो।'' इसी प्रकार सहस्रों नर-नारी उनकी पालकी के पीछे पीछे राजद्वार तक जा पहुँचे।

इस बीच राजसभा में राजा और रानी के बीच यामुनाचार्य के विषय में मतभेद उत्पन्न हो चुका था। राजा ने कहा, "जैसे बिलाव चूहे का नाश कर डालता है, वैसे ही कोलाहल भी इस बालक को विध्वस्त और परास्त कर डालेगा।'' इस पर रानी ने उत्तर दिया, "जिस प्रकार रूई के विशाल ढेर को एक चिनगारी ही भस्मीभूत कर डालती है, वैसे ही यह छोटा-सा बालक आज कोलाहल के गर्वप्रासाद को धराशायी कर डालेगा।'' राजा ने कहा, "हे रानी, तुम स्त्री हो, अल्पबुद्धि हो, इसीलिए तुम कोलाहल की गहन विद्वत्ता की धारणा नहीं कर पा रही हो। इसी कारण बालक ने तुम्हारा चित्त आकृष्ट कर लिया है।'' रानी ने उत्तर दिया, "महाराज, आप चाहे जो कहिए, पर आज विद्वज्जन-कोलाहल का गौरवसूर्य चिरकाल के लिये अस्त होगा और उसके स्थान पर समस्त नर-नारियों को पुलकित करते हुए नवीन बालसूर्य की मधुर आभा से दिग्दिगन्त आलोकित होगा, इस पर मुझे कण मात्र भी सन्देह नहीं है।'' राजा ने नाराज होकर कहा, "यदि ऐसा ही है, तो क्या तुम शर्त लगाओगी?'' रानी ने उत्तर दिया, "यदि ऐसा न हो तो मैं आपकी क्रीतदासी की भी क्रीतदासी बन जाऊँगी।'' राजा ने कहा, "अरी मुग्धे, तूने बड़ा कठिन शर्त लगाया। अब मैं भी कहता हूँ कि यदि बालक कोलाहल को परास्त कर देगा, तो मैं उसे अपना आधा राज्य दे दूँगा।''

राजा और रानी के बीच इसी भाँति वाद-विवाद चल रहा था कि उसी समय यामुनाचार्य ने पालकी से उतरकर राजा, रानी तथा सभासदों का अभिवादन किया और उनका आदेश पाकर वे विद्वज्जन-कोलाहल के सामने स्थित आसन पर बैठ गए। बालक का छोटा शरीर और कम आयु देखकर कोलाहल ने उच्च हास्य के साथ रानी पर कटाक्ष करते हुए कहा, "अल वन्दारा?'' अर्थात् "क्या यही लड़का मुझे जीतने आया है?'' उन्होंने उत्तर दिया, "अल वन्दार।'' अर्थात् "हाँ, ये ही तुम्हें जीतने आए हैं।''

आरम्भ में उन्हें बालक समझकर कोलाहल ने व्याकरण, अमरकोष आदि ग्रन्थों से सरल सरल प्रश्न पूछे। परन्तु यामुनाचार्य को सहज ही उनका उत्तर देते देख वे क्रमशः कठिन से कठिनतर प्रश्न पूछने लगे। यामुनाचार्य खेल

खेल में ही उन सबका उत्तर देते हुए कोलाहल से बोले, ''आप मुझे बालक देखकर मेरी अवज्ञा कर रहे हैं, इसी से मुझे आपकी बुद्धिमत्ता का परिचय मिल चुका है। जब महर्षि अष्टावक्र ने जनक-सभा में 'बन्दी' को परास्त किया, उस समय वे बालक थे या आपके समान वृद्ध? क्या आप आकार देखकर ही पाण्डित्य का तारतम्य निर्धारित करते हैं? तब तो आपकी युक्ति के अनुसार एक बड़ा बैल आपसे भी बड़ा पण्डित होगा। मेरा धारणा थी कि आप एक महाविज्ञ हैं, पर आपके सिद्धान्त की निस्सारता देख अब मेरी धारणा पलट गयी है।''

ऐसा श्लेष एवं कटाक्ष सुनकर मर्माहत होने के बाद भी कोलाहल ने अपने हृदय का भाव छिपाकर हँसते हुए कहा, ''वाह, अच्छा उत्तर दिया है; अब तुम प्रश्न करो और मैं उत्तर दूँगा।'' बालक ने कहा, ''आपने मानो दया करके ही मुझे छोड़ दिया है! यथासाध्य प्रश्न करके जब आपने देख लिया कि यह बालक परास्त होनेवाला नहीं है, तभी आपने मुझे प्रश्न करने का मौका दिया है। अस्तु, आपकी इच्छानुसार मैं आपके सामने तीन बातें रखता हूँ। उन तीनों का खण्डन कर देने से ही मैं आपके समक्ष पराजय स्वीकार कर लूँगा।'' कोलाहल ने अधीर होकर कहा, ''बोलो, अब विलम्ब करने की जरूरत नहीं।''

बालक यामुनाचार्य ने कहा, ''मेरा पहला प्रश्न यह है कि आपकी माता वंध्या नहीं हैं – आप मेरे इस कथन का खण्डन करें।'' कोलाहल ने सोचा – यदि मेरी माता वंध्या होतीं, तो फिर मेरा जन्म ही असम्भव है। तथापि बालक के मत का खण्डन न कर पाना भी बड़े लज्जा की बात है। अब क्या करना उचित है? हो सकता है कि इस दुष्ट ने मुझे ठगने के लिये ही ऐसा अनुचित और असम्भव प्रश्न किया हो। तो भी इस समय मौन धारण किए रहना ही उचित होगा।

कोलाहल के किंकर्तव्यविमूढ़ के समान मौनवृत्ति का अवलम्बन कर लेने पर सभासदगण अत्यन्त विस्मित रह गए। इस दाम्भिकाग्रगण्य पाण्डित्याभिमानी ने अपने वाग्जाल को फैलाकर समस्त विद्वन्मणडली को अपने अधीन कर लिया था और आज़ एक बालक के प्रश्न पर निरुत्तर होकर धूप में कुम्हलाई हुई लता के समान अवसन्न हो रहा था। कोलाहल द्वारा अपना मनोभाव यथासाध्य गुप्त रखने का प्रयास करने पर भी, वस्तुतः उस समय उनका आरक्त गाल और उनका थोड़ा झुका हुआ मुखमण्डल उनकी

असीम पीड़ा का सुस्पष्ट परिचय दे रहा था। कुछ काल इसी प्रकार बीत जाने के बाद यामुनाचार्य ने अपना दूसरा प्रश्न उपस्थित किया, "महाशय, आप मेरे पहले मत का अपनी दिग्विजयी बुद्धि के द्वारा खण्डन करें; इसके बाद दूसरा मत भी बता रहा हूँ – मेरा मत है कि पाण्ड्यनरेश महा धर्मशील हैं। आप इसका खण्डन करें।"

बालक की वाक्चातुरी को समझ कोलाहल को अब सब कुछ अन्धकारमय दीखने लगा। क्या कहें – सोचकर वे कुछ भी निश्चित नहीं कर पाये। यदि वे कहें कि राजा अधार्मिक हैं, तो सम्भव है सामने बैठे राजा उन्हें तुरन्त प्राणदण्ड की सजा सुना दें। जो राजा उनके प्रति इतनी श्रद्धा-भक्ति प्रदर्शित करते हैं, क्या वे उन्हीं राजा को अकृतज्ञ के समान कभी अधार्मिक कह सकेंगे? उन्होंने सोचा – बालक वास्तव में मेरा सर्वनाश करने आया है। यह विचार आते ही उनका चेहरा उतर गया। वे अपने हृदय का भाव अब छिपाकर नहीं रख सके। उनके मुख पर क्रोध के चिह्न उभर आए। तभी यामुनाचार्य ने अपना तीसरा प्रश्न रखा, "हे पण्डित-सन्तापक, तीसरे प्रश्न के रूप में मेरा कथन है कि सामने बैठीं रमणी-कुल-गौरव महारानी सावित्री के समान साध्वी हैं। आप इसका खण्डन करें।"

कोलाहल अब लज्जा और क्रोध से बिल्कुल ही अभिभूत हो उठे थे और अपनी नाराजगी व्यक्त करते हुए वे बोले, "हे बालक, तुमने जो प्रश्न किए हैं, उन सबका उद्देश्य केवल मेरे मुख को बन्द करना है। कोई भी राजभक्ति-परायण व्यक्ति क्या कभी अपने राजा और रानी को अधार्मिक तथा असती कह सकता है? अत:, भले ही मेरा मुख बन्द हो गया है, परन्तु इसी कारण मैं परास्त हो गया, ऐसी बात नहीं है। अपने इन षड्यंत्रपूर्ण मतों का खण्डन अब तुम्हें ही करना होगा। यदि नहीं कर सके, तो राजा के आदेश से तुम्हारा प्राणदण्ड होना उचित है, क्योंकि अपने अन्तिम दोनों प्रश्नों के द्वारा तुमने परोक्ष रूप से राजा और रानी दोनों के प्रति कटु बातें कही हैं। अतएव, अब बेकार समय न गँवाकर तुम स्वयं ही अपने मतों का खण्डन करो।" क्रोध में अधीर लाल आँखों के साथ जब कोलाहल ऊँची आवाज में इस प्रकार बोल उठे, तो उनके पक्ष के लोग 'धन्य' 'धन्य' कह उठे और यामुनाचार्य के पक्षधर कहने लगे, "कोलाहल की पहले ही पराजय हो चुकी है, क्योंकि उन्होंने प्रश्न उठाने के पहले ही वचन दिया था कि वे यामुनाचार्य के तीनों मतों का खण्डन कर डालेंगे; खण्डन न कर पाने के कारण वे

क्रोधित हो गए हैं। क्रोध पराजय का चिह्न है, यह कभी विजय का लक्षण नहीं हो सकता।'' इस प्रकार कोलाहल के विषय में चारों ओर कोलाहल उत्पन्न हो जाने पर यामुनाचार्य ने मृदु हास्य के साथ कहा, ''आप सभी शान्त हों। मैं इन मतों का एक एक कर खण्डन करूँगा, आप लोग मौन धारण करके सुनें।

''हे पाण्डित्याभिमानी कोलाहल, आप तीन सरल मतों का भी खण्डन न कर सके, तथापि आप स्वयं को विद्वन्मण्डली का अग्रणी कहकर गर्व करते हैं। आज आपका वह अहंकार नष्ट हुआ। मैं एक एक कर प्रत्येक मत का खण्डन करता हूँ, सुनिए –

''प्रथमत: आपकी माता पुत्रवती होकर भी एकपुत्रा होने के कारण वंध्या हैं। शास्त्रों में कहा है कि जिन नारी के केवल एक ही सन्तान हो, वे अपुत्रा या वंध्या मानी जाएँगी –

एकपुत्रो ह्यपुत्र इति लोकवादात्।[१]

अत: आपकी माता आपके समान महागुणवान पुत्र का प्रसव करके भी शास्त्रों के अनुसार वन्ध्या के रूप में ही गण्य होंगी।

''द्वितीयत: कलि में धर्म एकपाद तथा अधर्म त्रिपाद होता है। धर्मशास्त्र में है –

सर्वतो धर्मषड्भागो राज्ञो भवति रक्षत:।
अधर्मादपि षड्भागो भवत्यस्य ह्यरक्षत:।।[२]

अर्थात् प्रजापालक राजा प्रजा द्वारा अनुष्ठित धर्म का छठवाँ भाग प्राप्त करता है और प्रजापालन में अक्षम होने पर उनके पाप का छठवाँ हिस्सा भी उसे ग्रहण करना पड़ता है। जैसा कि पहले ही कहा जा चुका है कि कलिकाल में अधर्म का ही प्राबल्य होता है, अत: राजा चाहे जितने भी अच्छे शासक क्यों न हों, वे प्रजा को कभी पूर्ण रूप से धार्मिक नहीं कर सकते। कलि के प्रभाव से प्रजा स्वाभाविक रूप से ही अधर्मशील होती है। इसलिए प्रजावर्ग द्वारा अनुष्ठित अधर्म का छठवाँ हिस्सा राजा को ग्रहण

---

१. मनुसंहिता, ९.६१ (मेधातिथि भाष्य)

२. वही, ८.३०४

करना ही पड़ता है। अतएव राजा को सर्वाधिक पापभार वहन करना पड़ता है, इस विषय में शास्त्र ही प्रमाण हैं।

"तृतीयत: मनु कहते हैं –

सोऽग्निर्भवति वायुश्च सोऽर्कः सोमः स धर्मराट्।
स कुबेरः स वरुणः स महेन्द्रः प्रभावतः।।[३]

अर्थात् राजा साक्षात् अग्नि, वायु, सूर्य, चन्द्र, यम, कुबेर, वरुण तथा इन्द्र हैं। ये उन्हीं के प्रभाव से प्रकाशित होते हैं। अतएव रानी एकमात्र राजा की ही पाणिगृहीता हों, ऐसी बात नहीं। राजा के अतिरिक्त वे अष्ट-लोकपालों की भी पत्नी होकर रहती हैं। इसलिए उन्हें सती किस प्रकार कहेंगे?"

यामुनाचार्य के इस मनोहर खण्डन-चातुर्य को देखकर सभासदगण विस्मय तथा हर्ष से उत्फुल्ल हो उठे। रानी आनन्दाश्रु बहाते हुए, "आलवन्दार, आलवन्दार" अर्थात् "कोलाहल, बालक सचमुच ही तुम्हें जय करने आया है" – कहकर मनोहारी हर्षध्वनि कर उठीं। तब से यामुनाचार्य 'आलवन्दार' नाम से विख्यात हुए।

इसके बाद रानी उन्हें गोद में बैठाकर बारम्बार उनका मुख चूमने लगीं। राजा ने भी परम स्नेहपूर्वक उनसे कहा, "हे आलवन्दार, आज अपने पाण्डित्य तथा वाक्चातुरी से तुमने सबको मुग्ध कर लिया है। दम्भी कोलाहल पूरी तौर से परास्त होकर सूर्य के सामने एक क्षुद्र तारे के समान स्वयं को इस विशाल सभा में छिपाने का प्रयास कर रहा है। अपने विद्याभिमान में मोहित होकर कोलाहल साधुहृदय विद्वानों के मनस्ताप का कारण हो गया था, आज उन्हीं के दीर्घ नि:श्वास से उसका मर्मस्थल दग्ध हो रहा है। जिस व्यक्ति ने अभी अभी क्रोधान्ध होकर तुम्हारे प्राणदण्ड की कामना की थी, मैं उसी मूढ़ात्मा पण्डित को तुम्हारे हाथों में सौंपता हूँ; उसे लेकर तुम्हारी जो इच्छा हो वही करो। इसके साथ ही अपनी विजय के फलस्वरूप मेरा आधा राज्य लेकर मेरी प्रतिज्ञा से मेरा उद्धार करो।" यह कहकर उन्होंने रानी के पास से लेकर उन्हें अपने सिंहासन के एक अंश पर आसीन कराया। सभी सभासद तुमुल हर्षध्वनि कर उठे।

---

३. वही, ७.७

कहना न होगा कि आलवन्दार ने दिग्विजयी को क्षमा कर दिया। पाण्ड्य राज्य का आधा भाग प्राप्त करने के बाद, बालक होने के बावजूद वे बड़ी दक्षतापूर्वक राज्य का शासन चलाने लगे। पड़ोस के दो-एक राजा उन्हें बालक समझकर उनके राज्य पर आक्रमण करने की योजना बनाने लगे। उनके दलबल सहित चढ़ आने के पूर्व ही, आलवन्दार ने अपने गुप्तचरों से इसकी सूचना पा ली और सहसा उनके राज्य में पहुँच कर इतने कौशल तथा दक्षता के साथ आक्रमण किया कि उन लोगों ने किंकर्तव्यविमूढ़ होकर आखिरकार पराजय स्वीकार कर ली तथा उनके करदाता व मित्र बनकर स्वयं को कृतार्थ मानने लगे।

अध्याय १०

यामुनाचार्य का वैराग्य

आलवन्दार काफी काल तक राज्य करते रहे। वे विविध प्रकार के भौतिक सुखों में मुग्ध होकर नश्वर जीवन को शाश्वत-सा समझने लगे। स्वभाव से आस्तिक होने के बावजूद उन्हें धर्म-कर्म के अनुष्ठान हेतु अधिक समय नहीं मिलता था। उनके शासन के दौरान प्रजा बड़े सुखपूर्वक दिन बिताती थी।

इस बीच उनके पितामह का देहावसान हुआ। पितामह का उनके प्रति अतिशय स्नेह था, अत: अपनी मानवी लीला समाप्त करने के पूर्व उन्होंने राम मिश्र या मनक्कल नम्बी नामक अपने प्रधान शिष्य से कहा, "देखना, यामुनाचार्य कहीं विषय-भोग में रत होकर अपना कर्तव्य न भूल जाय। मैं उसका भार तुम पर सौंपता हूँ।" यह कहकर वे स्वोपार्जित पुण्यलोक चले गए।

आलवन्दार की आयु क्रमश: पच्चीस वर्ष की हुई। उसी समय यतिवर नम्बी अपने गुरु के आदेशानुसार उनका दर्शन करने के लिये राजद्वार पर उपस्थित हुए। परन्तु राजद्वार पर सामन्तों के वाहन, सेना का जमघट तथा राज्य के सम्भ्रान्त लोगों को भी काफी विलम्ब से राजभवन में प्रवेश की अनुमति पाते देखकर और अपने को सामान्य वेशधारी संन्यासी जानकर, उन्होंने सिंहद्वार से राजभवन में प्रवेश पाने की आशा बिल्कुल ही छोड़ दी। उन्होंने सोचा कि भले ही द्वारपाल लोग उन्हें भीतर चले जाने दें, तो भी सामन्तों तथा नगर के सम्भ्रान्त लोगों से घिरे और निरन्तर बहुविध राजकार्यों में व्यस्त महाराज आलवन्दार को उनके साथ वार्तालाप करने का अवसर नहीं मिल सकेगा। अतएव वे उनसे मिलने का कोई दूसरा उपाय सोचने लगे।

'तुड़ुवलइ' नामक एक प्रकार का शाक बुद्धिवर्धक होने के कारण यतियों को अतिशय प्रिय है। उसे ग्रहण करने से सत्त्वगुण की वृद्धि होती है। उन्होंने वही शाक एकत्र किया तथा राजभवन के पिछले द्वार पर जाकर प्रधान रसोइये से मिलकर अनुनयपूर्वक बोले, "भाई, नारायण तुम्हारा मंगल करें; तुम कृपा करके यह सत्त्वबुद्धि-वर्धनकारी शाक हर रोज पकाकर हमारे परम धार्मिक राजा को भोजन में देना। इससे वे दीर्घायु होंगे तथा उनकी बुद्धिमत्ता दिनों-दिन और भी बढ़ेगी। मैं नित्य यह शाक तुम्हारे पास ला दिया करूँगा।" रसोइया धर्मशील था और शाक के महागुण से परिचित था। अत: अतिशय प्रीति के साथ उसने उसे ग्रहण किया और प्रतिदिन उसे पकाकर राजा को खिलाने को राजी हुआ।

महात्मा नम्बी कम-से-कम दो महीने तक वह शाक प्रतिदिन जुटाते रहे; रसोइया भी उस शाक के बहुविध व्यंजन राजा के भोजनपात्र में सजा देता। आलवन्दार बड़ी प्रीति के साथ उस शाक के साथ भोजन करते। नम्बी ने यह बात सुनी। एक दिन उन्होंने जान-बूझकर शाक लाना बन्द कर दिया। उसी दिन राजा ने व्यंजनों में उस शाक को न देखकर रसोइये से पूछा, "आज तुमने 'तुड़ुवलइ' का शाक नहीं पकाया?" इस पर उसने उत्तर दिया, "जो साधु प्रतिदिन उसे ला दिया करते थे, आज वे लेकर नहीं आए; इसीलिए व्यंजन नहीं बन सका।" साधु का उल्लेख सुनकर उन्होंने पूछा, "वे साधु कौन हैं? क्या तुम उनसे मूल्य देकर उसे खरीदते हो?" रसोइये ने उत्तर दिया, "महाराज, मैं उन साधु का नाम-धाम आदि कुछ भी नहीं जानता। वे धन आदि कुछ नहीं लेते। आपके ऊपर उनकी अतिशय प्रीति है और भक्तिवश वे प्रतिदिन स्वेच्छया कहीं से उसे संग्रह कर लाते हैं। सत्त्व तथा आयु में वृद्धि करना उस शाक का गुण है। आपकी आयुवृद्धि की कामना से वे प्रतिदिन वह शाक लाकर आपके भोजनार्थ मुझे देते हैं। परन्तु न जाने क्यों, आज वे आए नहीं।" यह सुनकर राजा थोड़े विचारमग्न हुए और फिर रसोइये से बोले, "कल यदि वे पुन: शाक लेकर आएँ, तो उन्हें सादर मेरे पास ले आना।" रसोइया 'जो आज्ञा' कहकर अपने घर चला गया।

अगले दिन महात्मा नम्बी के शाक ले आने पर रसोइये ने उनसे सम्मानपूर्वक कहा, "हे साधुवर, महाराज आपसे मिलना चाहते हैं। यदि अनुमति दें तो मैं आपको उनके पास ले जाऊँ।" नम्बी ने बिना कोई आगा-पीछा किए उसे रास्ता दिखाने को कहा। रसोइया उन्हें राजा के पास ले

गया। राजा उस समय तक एक निर्जन कमरे में बैठे अनन्यमन से उन्हीं साधु के विषय में विचार कर रहे थे। सहसा रसोइये के साथ उन्हें अपने सम्मुख उपस्थित देखकर वे अतिशय पुलकित हो उठे और बोले, ''महाशय, मैं आपकी चरण-वन्दना करता हूँ। मैं आपका दास हूँ, मेरे समक्ष कोई संकोच मत कीजिएगा। बोलिए, आप किस उद्देश्य से बिना मूल्य के वह उपयोगी शाक मेरे लिये लाते हैं। यदि मैं आपके किसी काम आ सका, तो स्वयं को कृतार्थ मानूँगा।'' यह सुनकर नम्बी ने कहा, ''मैं आपसे अकेले में कुछ कहना चाहता हूँ।'' राजा ने रसोइये को तत्काल रसोईघर में जाने को कहा और कमरे का द्वार बन्द करके साधु को बैठने के लिये आसन दिया; इसके बाद उनकी अनुमति पाकर वे स्वयं भी बैठे।

राजा के बैठ जाने पर नम्बी बोले, ''हे महाराज, काफी काल पूर्व आपके पितामह नाथमुनि वैकुण्ठ-लोक चले गए। शायद आप उन्हें भूले न होंगे। मैं उन्हीं का एक दास हूँ। देहत्याग के समय वे उचित समय पर आपको सौंपने के लिये बहुत-सा अमूल्य धन मेरे पास रख गए हैं। आप वही धन स्वीकार करके मुझे छुटकारा प्रदान करें।'' आलवन्दार धन की बात सुनकर बड़े हर्षित हुए, क्योंकि उन्हीं दिनों वे किसी सामन्त राजा पर चढ़ाई करने की तैयारी में लगे हुए थे और इस कार्य के लिये उन्हें धन की विशेष जरूरत थी। पितामह द्वारा धन रख जाने की बात पर उन्हें जरा भी सन्देह नहीं हुआ, क्योंकि उनके पितामह एक ख्यातनामा महापुरुष थे और उनके लिये कुछ भी असम्भव न था। अतएव जब उन्होंने सुना कि पितामह उनके लिये काफी धन छोड़ गए हैं, तो वे बड़े आग्रहपूर्वक महात्मा नम्बी से बोले, ''महाराज, सचमुच ही आप महात्यागी साधु हैं, क्योंकि उस प्रभूत धनराशि को आप स्वयं ही न पचाकर मुझे सौंपने के लिये इतने काल तक प्रतीक्षा करते रहे। अब कृपा करके बताइये कि वह धन है कहाँ?'' नम्बी ने उत्तर दिया, ''आप यदि मेरा अनुगमन करें, तो मैं आपको जहाँ धन रखा है, वहीं ले चलूँगा। दो नदियों के बीच स्थित सात दीवारों के अन्दर वह धन रखा हुआ है। एक महानाग सर्वदा उसकी रक्षा करता है और हर बारह वर्ष पर दक्षिणी सागर से एक राक्षस आकर उसका निरीक्षण कर जाता है। वह एक मंत्र के बल से घिरा हुआ है और उसी मंत्र तथा एक विशेष पत्ते की महान् शक्ति के प्रभाव से वह पुनः प्रकट होगा, तब आप उसे ग्रहण करने में समर्थ होंगे।'' सुनकर राजा ने कहा, ''मैं अभी अपनी चतुरंगिनी सेना लेकर वहाँ

जाने को तैयार हूँ। आप पथ-प्रदर्शक बनें।'' इस पर नम्बी ने कहा, ''हे राजन्, वहाँ बहुत-से लोगों का समावेश होना उचित नहीं है। आप अकेले ही मेरे पीछे पीछे चलें।'' इस पर वीरवर आलवन्दार ने, ''आप जो आज्ञा देते हैं, मैं वही करने को तैयार हूँ। अत: यथाशीघ्र चलिये'' – यह कहकर अपनी अनुपस्थिति में राजकार्य शृंखलाबद्ध रूप से चलाने की व्यवस्था की और नम्बी का अनुसरण किया।

वे लोग मदुरा से उत्तर की ओर चलने लगे। दोपहर हो जाने पर किसी स्थान पर रुककर जब राजा स्नानादि के बाद विश्राम करने लगे, उसी समय नम्बी ने मधुर स्वर में भगवद्गीता का पाठ आरम्भ किया। राजा को काफी काल से अध्यात्म-राज्य पूर्णत: विस्मृत हो गया था; गीता की मधुर ध्वनि से उनकी पूर्वस्मृति धीरे धीरे जागने लगी। जगत् उन्हें नश्वर बोध होने लगा और क्रमश: उनके मन में स्वत: ही ऐसा भाव उदित होने लगा कि वे मानो इस धरती के व्यक्ति नहीं हैं, उनका घर इस संसार-सागर के उस पार स्थित है और अब तक मानो वे भ्रमान्ध होकर मिथ्या को ही सत्य मान रहे थे, धर्मशाला को ही स्वगृह समझ रहे थे। गीता के मधुर पाठ का वे अमृत के समान उपभोग करने लगे। नम्बी का दैनन्दिन पाठ समाप्त हो जाने पर आलवन्दार ने उनसे हाथ जोड़कर कहा, ''हे साधुवर, यदि कोई आपत्ति न हो, तो कृपा करके इस दास को भी श्री गीतामृत पान का अधिकारी बनाएँ। आपके श्री मुख से गीता की मधुर ध्वनि सुनकर आज मेरे हृदय में नवीन भाव-तरंगों का आलोड़न हो रहा है – इच्छा होती है कि राजपाट सब त्यागकर मैं भी आपके पीछे पीछे इस जगत् में पथिक के समान इधर-उधर विचरण करूँ। वास्तव में मुझे बोध हो रहा है कि मैं एक पथिक हूँ और मेरा घर कहीं अन्यत्र है। आप कृपा करके मुझे गीतामृत का अधिकारी बनाइये। आज से मैं आपका शिष्य हुआ।''

यह सुनकर नम्बी के मुखमण्डल पर विस्मय का भाव प्रकट हुआ और उनकी ओर स्नेहपूर्ण दृष्टि से देखते हुए वे कहने लगे, ''हे राजन्, मुझे पहले से ही आशा थी कि आपके समान महापुरुष के मुख से ऐसी ही कामना व्यक्त होगी। अपनी आशा पूरी होते देख मुझे असीम आनन्द हुआ है। आप मेरे शिष्य होने के उपयुक्त नहीं हैं, बल्कि मैं ही आपका शिष्य होने के योग्य हूँ। आपके निर्देशानुसार मैं यथासाध्य गीता की व्याख्या करूँगा। आप अनुग्रह करके सुनें, तो मैं स्वयं को कृतार्थ मानूँगा। यदि कोई महत्वपूर्ण कार्य न

अटके, तो कुछ दिन यहीं रहकर गीताचर्चा करने में कोई हर्ज है क्या?'' इस पर आलवन्दार ने उत्तर दिया, ''कोई महत्वपूर्ण कार्य हो या न हो, आपके साथ रहकर मुझे बोध हुआ है कि गीताध्ययन ही सर्वश्रेष्ठ कर्म है। गीताध्ययन ही प्रथम कर्तव्य है, अन्य कर्मों का बाद में अनुष्ठान हो सकता है।'' राजा की इच्छानुसार नम्बी प्रतिदिन गीता का पाठ करने लगे। उनकी भक्तिरस-भीनी मधुर व्याख्या सुनकर आलवन्दार को राजकार्य आदि सब विस्मृत हो गया। जिन भाग्यवान को एक बार भी भगवान के सौन्दर्य की उपलब्धि हो जाती है, उन्हें उसी क्षण जगत् का विस्मरण हो जाता है। इसी कारण गोपिकाओं ने श्रीकृष्ण के विरह में आकुल होकर – ''इतररागविस्मारणं नृणाम्''[१] – ''लोगों की अन्य आसक्तियाँ भुला देनेवाली'' – कहते हुए उनकी अतुल्य रूप-माधुरी का वर्णन किया है। गीता उन्हीं भगवान की द्वितीय मूर्ति है। उन्होंने स्वयं कहा है, ''गीता मे हृदयं पार्थ गीता मे सारमुत्तमम्'' – अर्थात् ''हे पार्थ, गीता मेरा हृदय है और गीता ही मेरा सार-सर्वस्व है।'' श्रीकृष्ण के हृदय-सागर मथित होने से गीतारूपी अमृतमय नवनीत प्रकट हुआ है।

इस गीता का मर्म जिन पुण्यशील भाग्यवान व्यक्ति ने एक बार भी पा लिया है, वे क्या किसी अन्य रस से आकृष्ट हो सकते हैं? यह सत्य है कि आजकल बालक भी गीता कण्ठस्थ कर लेते हैं और विधर्मी धर्मप्रचारक उसके प्रत्येक वर्ण में भ्रम के अतिरिक्त और कुछ भी नहीं देख पाते, अतः आप कह सकते हैं कि गीता यदि इतनी ही मनोहर है, तो इससे सभी लोग क्यों आकृष्ट नहीं होते? इसके उत्तर में हमारा कहना है कि जिस प्रकार रूप, रस, गन्ध, स्पर्श या शब्द की माधुरी का आस्वादन करने के लिये क्रमशः नेत्र, जिह्वा, नासिका, त्वचा तथा कर्ण की आवश्यकता होती है, उसी प्रकार गीता-माधुरी का आस्वादन करने के लिये शुद्ध बुद्धि तथा भक्तिपूर्ण हृदय आवश्यक है। जिनके पास इनका अभाव है, उनके लिये गीता के माधुर्य की उपलब्धि का प्रयास वैसे ही है, जैसे अन्धे द्वारा चाँद को देखकर आनन्दलाभ की आशा करना। अनेक जन्मों तक सत्कर्मों का अनुष्ठान करने पर चित्त निर्मल होने के बाद आस्तिक बुद्धि का उदय होता है और ऐसे चित्त में भगवद्भक्ति स्वतः ही प्रकट होती है। वैसा भक्तिपूर्ण हृदय ही गीतारूपी

---

१. श्रीमद्भागवतम्, १०.३१.१४

अमृत के रसास्वादन का अधिकारी होता है। श्रीरामकृष्ण देव ने एक मनोहर उदाहरण देकर इस बात को और भी सहज ढंग से समझा दिया है। तोता यदि सर्वदा पवित्र 'राधाकृष्ण' नाम का उच्चारण करता रहे, तो भी उसमें उस पवित्र नाम की रसास्वादन-क्षमता का अभाव होने के कारण, जब उसे बिल्ली पकड़ती है, तब वह जैसे उस निखिल-लोक-शरण युगलनाम को भूलकर अपनी जातिसुलभ 'टें' 'टें' की ध्वनि के द्वारा ही अपने मर्मान्तक भय को व्यक्त करता है, वैसे ही यद्यपि अनेक लोग आसानी से गीता की आद्योपान्त आवृत्ति कर लेते हैं, तथापि चूँकि वे पक्षी के समान ही पाठ करते हैं, इस कारण उसका कोई फल नहीं होता। तो भी इसमें कोई सन्देह नहीं कि भगवान के मुखपद्म से निःस्रित पवित्र वचनावली का उच्चारण करने से हृदय थोड़ा-बहुत निर्मल अवश्य होता है।

परन्तु आलवन्दार पक्षी के समान श्रोता या वक्ता न थे। उनकी असीम धी-शक्ति का परिचय हमें पहले ही मिल चुका है। राज्यकार्य के निर्वाह हेतु रजोवृत्ति का आश्रय लेने के बावजूद पितृ-पितामहों की सात्त्विक प्रकृति ने कभी उनका परित्याग नहीं किया था। वह राजसिक आवरण से ढँका हुआ मात्र था। महात्मा नम्बी के सान्निध्य तथा सम्भवतः उनके द्वारा प्रदत्त शाक का आहार करने से वे उस रजः के आवरण से मुक्त हो गए थे। अतः इसमें क्या सन्देह कि उस समय उनके सत्त्वोद्भासित हृदय में गीतार्थ की सम्यक् उपलब्धि तथा धारणा करने की क्षमता विद्यमान थी? नम्बी के भक्तिमय हृदय-सरोवर में उत्पन्न प्रेम-कमलिनी के मधु-सौरभ से उनका मनोभृंग मुग्ध हो गया। वही मधुरिमा उनके लिये "इतरराग-विस्मारणं नृणाम्" के समान हो गयी। अतः उनके हृदय से राजकर्म तथा राज्यभोग की लिप्सा क्रमशः धुलने लगी। जब नम्बी प्रेमाश्रु बहाते हुए गाने लगे –

मय्येव मन आधत्स्व मयि बुद्धिं निवेशय।
निवसिष्यसि मय्येव अत ऊर्ध्वं न संशयः ।।[२]

तो राजा भी अधीर होकर पश्चाताप करते हुए कहने लगे, "हाय! हाय! इतने दिनों से मैं केवल क्षणभंगुर 'काम-कांचन' में ही मन-बुद्धि को सौंपकर पशुवत् जीवन बिता रहा हूँ! तथापि अपनी बुद्धिमत्ता का मुझे बड़ा अभिमान

२. गीता, १२.८

है! धिक्कार है मेरी बुद्धिमत्ता को! जैसे कौए की बुद्धि उसे विष्ठा खाने को प्रवृत्त करती है, वैसे ही मेरी बुद्धि ने मुझे विषयविष्ठा का कीट बना रखा है। ऐसी बुद्धि की मुझे कोई जरूरत नहीं। हाय! मैं कब विषय से अपने मन को उठाकर ईश्वर को समर्पित कर सकूँगा? हे गुरो! मेरा वह दिन कब आएगा?'' यह कहकर वे शोकमग्न हो गए। नम्बी बोले, ''हे राजन्, आपकी सात्त्विक बुद्धि सर्वदा ही नारायण के श्री पादपद्मों में आबद्ध है। पर जैसे मेघ सूर्य को ढँक लेता है, उसी प्रकार बीच में विषय-वासना ने कोटिसूर्यप्रभ, सर्वभूतजीवन, आनन्दघनविग्रह, अनुच्छिष्टधर्मा, अविच्छिन्न प्रेमप्रवाह के स्रोत, निखिल जीवों के मनोहारी श्री भगवान के विग्रह को केवल कुछ काल के लिये आवृत्त कर रखा था। अब वह मेघ हटने ही वाला है। अत: आप चिन्तित न हों। शीघ्र ही सुखसूर्य आपके हृदय के समस्त अन्धकार को मिटा देगा।'' आलवन्दार थोड़े शान्त हुए।

यामुनाचार्य बाल्यकाल से ही बड़े स्नेहपूर्वक लालित-पालित हुए थे। कष्ट किसे कहते हैं, यह उन्हें ज्ञात ही न था। राजा होने के बाद से ही वे राजकीय ऐश्वर्य में जीवन बिता रहे थे। प्रजा की उनके प्रति अतिशय भक्ति थी। सभी उन्हें अष्ट लोकपालों के अंशरूप मानकर उन्हें भगवान के समान पूजते थे। उनकी असीम मेधा तथा धीशक्ति के कारण ही सभी उन्हें गुरु-स्वरूप मानते थे। कोई उनके मत के विपरीत आचरण नहीं करता था, क्योंकि सभी जानते थे कि महाराज जो निर्णय लेंगे, वह पूर्णरूपेण भ्रम-प्रमादरहित होगा। इस प्रकार बचपन से ही वे केवल आधिपत्य करते आए थे। उनका अधिपति कोई भी न था। अब नम्बी को पाकर उनके हृदय में दास्यभाव जाग्रत हो उठा। ''माँ अब और उन्हें चुसनी देकर भुलाए न रख सकीं।''

शुद्ध बुद्धि की प्रभा से उनका हृदय उद्भासित हो उठा। उन्होंने सोचा, ''जो व्यक्ति विषयभोग की लिप्सा से इधर-उधर दौड़ता है, जो काम-क्रोध का दास है, वह क्या कभी प्रभु हो सकता है? दास क्या कभी स्वामी हो सकता है? मैं इतने दिन अपने को प्रभु समझकर कितने भ्रम में पड़ा था! दास के लिये दासतुल्य वस्त्र ही धारण करना उचित है। आज मैं प्रभु का वेश त्यागकर महात्मा नम्बी का दासत्व स्वीकार करके अपने को कृतार्थ करूँगा।'' यह निश्चय करके अपना अभिप्राय नम्बी के सामने व्यक्त करते हुए वे बोले, ''हे स्वामी, आप मुझे अपना दास बना लें। यदि मैं काम-कांचन

के दासत्व से मुक्त होकर आपके समान नारायण-शरण महापुरुष का दास हो सकूँ, तो मेरे लिये इससे बढ़कर गौरव की दूसरी कौन-सी बात होगी? अतएव आप मुझ पर कृपा करें। मुझे धन आदि की कोई जरूरत नहीं। धन से केवल अभिमान तथा अहंकार की ही वृद्धि होती है। अपने पितामह का धन पाने की अब मुझे कोई इच्छा नहीं। आप मुझे अपने दास के रूप में स्वीकार कर काम-क्रोधादि के दासत्व से मेरा उद्धार कीजिए।''

आलवन्दार के हृदय में वैराग्य का तीव्र अनल प्रज्ज्वलित हुआ देखकर नम्बी के आनन्द की सीमा न रही। उन्होंने हृदय के उल्लास को अपनी स्वाभाविक गम्भीरता के आवरण में छिपाकर राजा से कहा, ''हे राजन्, आपके समान वीर महापुरुष क्या कभी इन्द्रियों के दास हो सकते हैं? आप ॠषीकेश के नित्यदास हैं, मैं आपके जैसे महानुभाव की थोड़ी-सी सेवा करके स्वयं को कृतार्थ समझ रहा हूँ। आपके पितामह भगवद्भक्तों में अग्रगण्य थे। आपने उसी महाकुलीन वंश में जन्म लिया है। आज मैं आपके भीतर अपने प्रभु महात्मा नाथमुनि का आविर्भाव देख रहा हूँ। आज मैं धन्य हुआ।'' नम्बी के चुप हो जाने पर आलवन्दार ने गद्गद् कण्ठ से कहा, ''हे गुरो, आप मेरी ऐसी प्रशंसा मत करें। मैंने सचमुच ही संकल्प कर लिया है कि अपने बाकी जीवन के लिए मैं आपका अनुगामी होकर संसार के प्रलोभन से मुक्त हो जाऊँगा। इस संसाररूपी भयंकर तरंगाकुल महासमुद्र में आपके समान कर्णधार के अभाव में मेरी जीर्ण नौका डूब जाएगी और अन्त में विषय रूपी मगर मुझे निगल डालेंगे। अतः आप दया कीजिए।''

नम्बी बिना कोई उत्तर दिये मधुर वाणी में गीता के १८वें अध्याय का पाठ करने लगे। क्रमशः वे गीता के चरम श्लोक तक जा पहुँचे। वे परम भक्ति के साथ आलवन्दार को लक्ष्य कर धीरे धीरे उसे गाने लगे –

सर्वधर्मान् परित्यज्य मामेकं शरणं व्रज।
अहं त्वा सर्वपापेभ्यो मोक्षयिष्यामि मा शुचः।।[३]

– ''सभी कर्तव्यों को त्यागकर एकमात्र मुझमें शरण लो और चिन्ता छोड़ दो, क्योंकि मैं तुम्हें समस्त पापों से मुक्त कर दूँगा।'' श्री नारायण के मुखचन्द्र से निःस्रित इस आशावाणी ने उनके हताशायुक्त हृदय को पुनर्जीवन प्रदान

३. गीता, १८.६६

किया। वे यह सोचकर व्याकुल थे कि इन्द्रियों के बन्धन से उन्हें कैसे छुटकारा मिलेगा। अब परित्राण का उपाय सुनकर उनके चित्त में आशा का संचार हुआ, उनके मुख पर छाई कालिमा लुप्त हो गई। वे कृतज्ञ हृदय से बारम्बार नम्बी की वन्दना करने लगे। अब उनकी चिन्ता दूर हो चुकी थी।

पाठ समाप्त कर नम्बी ने कहा, ''महाराज, कल हम लोग अपने गन्तव्य स्थान की ओर चल पड़ेंगे।'' इस पर आलवन्दार ने क्षुब्ध होकर कहा, ''आप मुझे 'महाराज' कहकर सम्बोधित न करें। मुझे अपना शिष्य और दास बना लीजिये।'' नम्बी बोले, ''हे सत्पुरुष, पहले मुझे अपनी प्रतिज्ञा पूर्ण कर लेने दीजिए। जब तक मैं आपके पितामह का धन आपको लौटा नहीं दूँगा, तब तक उऋण नहीं हो सकूँगा।'' नम्बी ने इतनी गम्भीरतापूर्वक ये बातें कहीं कि आलवन्दार इस पर कुछ और नहीं कह सके।

अगले दिन वे लोग अपने गन्तव्य की ओर चल पड़े। चार दिन बाद वे कावेरी के तट पर जा पहुँचे और वहाँ स्नानादि करके अपने को कृतार्थ माना। फिर उन्होंने कावेरी पारकर उस पवित्र भूमि में पदार्पण किया, जिसके दक्षिण की ओर कावेरी तथा उत्तर की ओर कोल्लिड़म् नदियों ने प्रवाहित होकर द्वीपाकार बना दिया है और सप्त प्राकारों से घिरा हुआ श्री रंगनाथ का विशाल मन्दिर जिसका अलंकार-स्वरूप है। नम्बी आगे आगे चल रहे थे और आलवन्दार प्रेमोन्मत्त हृदय के साथ हाथ ज़ोड़े शेषशायी, लक्ष्मीपति जगदादि विश्वोदर विश्वबीज सर्वशोभा-सम्पन्न श्री मन्दिर की ओर उनके पीछे पीछे अग्रसर होने लगे। एक एक कर छह तोरण पार हो गए। सातवें तोरण के द्वार पर जाकर नम्बी ने श्री रंगनाथ जी की ओर देखते हुए आलवन्दार से कहा, ''हे निर्मलात्मा, आपके पितामह द्वारा प्रदत्त धन सामने शेषशय्या पर लेटे हुए हैं, ग्रहण कीजिए। लक्ष्मी जिनके चरण दबा रही हैं, जगत्कारण ब्रह्म जिनके नाभिकमल में आसीन हैं, विश्व-ब्रह्माण्ड जिनके भीतर निहित है, जो परमानन्द तथा परम शान्ति के स्वरूप हैं, जो सर्वश्रेष्ठ रत्न हैं, आपके पितामह उन्हीं के अधिकारी थे। आप उनके पौत्र होने के कारण उस धन के एकमात्र अधिकारी हैं। अपना धन ग्रहण कर मुझे ऋणमुक्त करें। यह वही धन है, जिसके लिये आप राज्य छोड़कर यहाँ आए हैं।''

नम्बी का अन्तिम वाक्य समाप्त होते-न-होते आलवन्दार उन्मत्त की भाँति मन्दिर के भीतर प्रविष्ट हुए और श्री रंगनाथ के अंग पर पड़कर अचेत हो गए। पितामह द्वारा प्रदत्त धन को आलवन्दार ने पूर्णरूपेण ग्रहण किया।

वे अब श्री रंगनाथ जी के ही होकर रह गए, उनसे अलग नहीं हो सके। विश्व-ब्रह्माण्ड के राजा के साथ अपनत्व की उपलब्धि करने के बाद आलवन्दार को अपने क्षुद्र राज्य में लौटने की रुचि न रही। उन्होंने महात्मा नम्बी से दीक्षा ली और जीवन का शेषभाग श्री रंगनाथ जी की सेवा में बिताने लगे। जिस मंत्र के द्वारा आच्छादित रत्न मुक्त होकर ग्रहणीय हो जाता है, वही अष्टाक्षरी मंत्र नम्बी से पाकर, उसके द्वारा मोह का आवरण हटाकर आलवन्दार ने श्री रंगनाथ के स्वरूप का साक्षात्कार किया और प्रतिदिन तुलसीदल के साथ उनकी पूजा करने लगे। अनन्त नाग ने जिन पर छत्र के रूप में अपना फन फैला रखा है, हर बारह वर्ष में राक्षसराज महात्मा विभीषण जिनकी पूजा करने आते हैं, उन्हीं परमपुरुष परमेश्वर के नित्य सेवकों में गण्य होकर आलवन्दार ने स्वयं को धन्य माना।

उन्होंने अपने जीवन के अन्तिम भाग में स्तोत्र-रत्नम्, सिद्धि-त्रयम्, आगम-प्रामाण्यम् तथा गीतार्थ-संग्रह नामक चार ग्रन्थ लिखे। इन ग्रन्थों में विशिष्टाद्वैतवाद का सविस्तार वर्णन है। उनकी और भी अनेक ग्रन्थ लिखने की इच्छा थी, परन्तु शरीर क्रमशः जीर्ण हो जाने के कारण यह श्रमसाध्य कार्य पूरा कर पाना उनके लिये असम्भव हो गया। परन्तु शीघ्र ही मानो उनकी अमोघ इच्छा ने ही श्री रामानुज का विग्रह धारण करके उनकी उक्त कामना को रूपायित किया था। श्री रामानुज आलवन्दार के ही पूर्ण विकास मात्र थे।

भाग २

श्री रामानुज चरित

अध्याय १

अवतरण का उद्देश्य

'श्री' सम्प्रदाय के प्रणेता श्री रामानुज का चरितामृत पान करने के पूर्व हम अखिल ब्रह्माण्ड की अधिष्ठातृ श्रीदेवी के चरणों में साष्टांग प्रणाम करते हैं–

आकारत्रय-सम्पन्नामरविन्द-निवासिनीम् ।
अशेषजगदीशस्त्रीं वन्दे वरदवल्लभाम् ।।[१]

–"जो श्रीदेवी, लीलादेवी तथा भूदेवी इन तीन रूपों में नित्य विराजमान हैं, प्रस्फुटित कमल में जिनका निवास है, जो सम्पूर्ण भुवन के अधिपति की सहधर्मिणी हैं, मैं उन विश्वबन्धु की हृदयविलासिनी के पादपद्मों की वन्दना करता हूँ। उनकी कृपा से यह ग्रन्थ निर्विघ्न पूरा हो।"

चैत्रार्द्रासम्भवं विष्णोर्दर्शनस्थापनोत्सुकम् ।
तुण्डीरमण्डले शेषमूर्तिं रामानुजं भजे ।।[२]

–"जो चैत्रमास के आर्द्रा नक्षत्र में तुण्डीर या चोलराज्य में विष्णुभक्तिप्रधान शारीरक-मीमांसा नामक दर्शन का प्रचार करने की इच्छा से अवतीर्ण हुए थे, मैं उन्हीं अनन्तावतार भगवान श्री रामानुज की पूजा-वन्दना करता हूँ।"

विश्व-ब्रह्माण्ड में हम जहाँ भी दृष्टि डालते हैं, उसी ओर हमें भाव तथा अभाव का विषम मेल दीख पड़ता है। अभाव के प्रकोप से भावराशि इधर-उधर संचरित होकर विविधतामय संसार-मरीचिका का विकास कर रही है। जीवगण अन्न, पेय, आच्छादन आदि के अभाव के भय से उनके संग्रहणार्थ

---

१. श्रीयामुनाचार्यकृत श्रीस्तुति, ५

२. दिव्यसुरिस्तोत्रम्, १६

कितने ही प्रकार के शारीरिक व मानसिक उपायों की खोज और उनका सहारा लेकर उस पर विजय प्राप्त करने का प्रयास कर रहे हैं। शीत-उष्ण रूपी द्वन्द्व के चलते असंख्य परमाणु साम्यावस्था खोकर अनन्त आकाशगर्भ में कितनी ओर बिखरते जा रहे हैं, इसकी भला कौन धारणा कर सकता है? अभाव ही सतत संचरणशील संसारतरु का मूल है। अभाव दूर हुए बिना भला कौन संसार-बन्धन को पारकर चिर शान्ति पाने की आशा कर सकता है? इस कारण इस अभाव को दूर करना ही समस्त शान्तिप्रिय जड़-चैतन्यात्मक भाव-वस्तुसमूहों का एकमात्र उद्देश्य है और इसीलिए अनादि काल से भाव-अभाव के बीच संघर्ष होता आया है। इसी का नाम संसार है। आखिरकार इस युद्ध में किसकी विजय होती है? भाव की या अभाव की? भगवान श्रीकृष्ण कहते हैं कि इस प्रश्न का उत्तर 'अभाव' शब्द के अर्थ पर विचार करने से अनायास ही मिल जायेगा। "नासतो विद्यते भावो नाभावो विद्यते सत:"[३] – असत् या अभाव पदार्थ की कोई सत्ता नहीं है, केवल भाव पदार्थ ही चिरस्थायी है। अतएव हे मानव, तुम जो 'संसार, संसार' कहकर भय पा रहे हो, यह तुम्हारा भ्रम है; क्योंकि जो अभाव की जड़ पर खड़ा है, वह अभाव को छोड़ कभी भाव नहीं हो सकता। शून्य के ऊपर केवल शून्य ही आश्रित रह सकता है। तुम्हारा समस्त युद्ध-विग्रह केवल शून्य के साथ है, यह बात जिस दिन तुम्हारी समझ में आ जाऐगी, उस दिन से इस युद्ध में तुम्हारी वैसी प्रवृत्ति नहीं रह जाऐगी और उसी दिन तुम्हें चिर शान्ति-निकेतन जाने का अधिकार मिल जाएगा, उसी दिन तुम्हारे सारे अभाव दूर हो जायेंगे, उसी दिन तुम अपनी पूर्णता का बोध करके परमानन्द लाभ कर सकोगे, उसी दिन तुम सच्चे दार्शनिक बनोगे, क्योंकि "उभयोरपि दृष्टोऽन्तस्त्वनयो: तत्त्वदर्शिभि:"[३] – केवल तत्त्वदर्शीगण ही भाव-अभाव के पार्थक्य से अवगत हो सकते हैं।

अभाव को दूर करना ही प्राणिमात्र का स्वभाव है। जगत् में सर्वत्र अभाव होते ही उसकी पूर्ति का प्रयास दिखता है। जीव भाव-पदार्थ होने के कारण ही, अभाव के प्रति उसकी सतत कुदृष्टि बनी रहती है, वह अभाव को क्षण भर के लिये भी अपने हृदय में स्थान देने को तैयार नहीं है। पूर्णावस्था में रहना ही उसका नित्य स्वभाव है, अतएव वह अक्षर-स्वरूप, अनादि और अनन्त है। यही जीव का परमार्थ तत्त्व है।

---

३. गीता, २.१६

हम विचार के द्वारा जीव के सम्बन्ध में इस धारणा तक पहुँचे। अब देखें कि वही जीव अपने को क्या समझता है। प्रत्येक जीव जो स्वयं को देहस्वरूप मानता है, यह बात इतनी स्पष्ट है कि इसके लिये किसी प्रमाण की आवश्यकता नहीं। इसी कारण वह देह के जन्म तथा लय के साथ ही अपना भी जन्म-लय मानता है। इसीलिए श्रुति कहती है –

न साम्परायः प्रतिभाति बालं प्रमाद्यन्तं वित्तमोहेन मूढ़म्।
अयं लोको नास्ति पर इति मानी पुनः पुनर्वशमापद्यते मे।।[४]

–"धन के मद में चूर प्रमादग्रस्त मानव को परलोक में विश्वास नहीं हो सकता। वह परलोक के अस्तित्व को नकारते हुए इहलोक को ही सत्य मानकर बारम्बार मृत्यु के पाश में आबद्ध होता है।"

वस्तुतः मृत्यु का भय किस प्राणी को नहीं होता? मृत्यु से किसी को प्रेम नहीं होता, क्योंकि सामान्य लोग मृत्यु शब्द का अर्थ भाव का अभाव या जीवन की समाप्ति ही समझते हैं। इसी कारण अभाव-विद्वेषी भावरूप जीव मृत्यु को सर्वदा भीति एवं घृणा की दृष्टि से ही देखता है। यह भी जीव की नित्यता का एक प्रमाण है। जीव यदि स्वभावतः अनित्य या अभाव-रूप होता, तो मृत्यु के प्रति उसमें ऐसी भीति तथा घृणा का उदय नहीं होता।

श्रीरामकृष्ण देव ने एक अति सुन्दर तथा सरल उपमा के द्वारा स्पष्ट रूप से समझा दिया है कि यह भीति पूर्णतः निराधार है। हरि के पिता ने उसे बाघ का एक मुखौटा ला दिया। मुखौटा पाकर हरि बड़ा आनन्दित हुआ और उसे पहनकर वह अपनी छोटी बहन सरला को डराने लगा। सरला उस समय अपनी गुड़िया के विवाह को लेकर बड़ी व्यस्त थी। तभी हरि सहसा भयानक चीत्कार करते हुए उसके सम्मुख कूद पड़ा। बालिका वह भीषण आवाज सुनकर और भयंकर मुख देखकर भय से अधमरी हो गई और 'माँ' 'माँ' चिल्लाती हुई भागने का मौका देखने लगी, परन्तु दुर्भाग्यवश हरि घर के दरवाजे पर ही जमकर बैठा था। अतः सरला किंकर्तव्यविमूढ़ होकर भय से काँपती हुई और भी उच्च स्वर में माँ को पुकारती हुई रोने लगी। हरि ने बहन को अतिशय भयभीत देखकर तुरन्त अपना मुखौटा खोल डाला। सरला बाघ के स्थान पर अपने भैया को देखकर उसके शरीर पर उछल पड़ी और भय का वेग कम हो जाने पर उसे

४. कठोपनिषद्, १.२.६

आलिंगन में जकड़कर हँसने लगी। उसकी समस्त भय व व्याकुलता दूर हो गई और वह निश्चिन्त मन के साथ पुनः अपने खेल में जुट गई।

हे मानव, त्रितापहारी हरि भी इसी प्रकार बीच बीच में भयानक माया का मुखौटा पहनकर डराते रहते हैं। उस समय तुम स्वयं को दुःख-दुर्दशा से ग्रस्त समझकर अतीव चिन्तित हो जाते हो। यह चिन्ता केवल अज्ञानजन्य है, इसका कारण है कि तुम अपने अन्तर में स्नेहमय हरि का हँसता हुआ मुखमण्डल नहीं देख पाते। बीच बीच में तुम्हारे प्राण दुःख-कष्ट से आकुल हो जाते हैं, तुम पीड़ा से विचलित हो जाते हो, तथापि प्राण त्यागना क्यों नहीं चाहते? इसका कारण यह है कि बीच बीच में कौतुकप्रिय हरि 'बाघ का मुखौटा' हटा देते हैं, अपनी रुद्रमूर्ति को त्यागकर दक्षिणामूर्ति प्रकट करते हैं और तुम्हारे प्राण-मन को पुलकित करके तुम्हें चिरकाल के लिये बाँध रखते हैं। इसी का नाम माया है। इसीलिए श्री कृष्णद्वैपायन व्यास कहते हैं – "हासो जनोन्मादकरी च माया"[५] – अर्थात् उनकी निखिल-भुवन-जनमोहिनी मधुर हँसी ही माया है। शिशु के प्रफुल्ल मुखमण्डल पर खेलता मधुमय हास किस पिता-माता का चित्त आनन्दोन्मत्त नहीं कर देगा? युवती नारी के अधरों पर थिरकती मुस्कान किस युवक के हृदय को विक्षिप्त नहीं करेगी? यदि पार्थिव सौन्दर्य में ही ऐसी शक्ति हो, तो निःसन्देह ईश्वर का स्वर्गीय सौन्दर्य इससे भी अनन्तगुना शक्तिशाली होगा।

प्राचीन ऋषिगण उनके माधुर्य का निरन्तर आभास पाते थे, भीषण रुद्रमूर्ति के अन्तराल में उनकी मनोहर, प्रफुल्ल, नित्य-स्नेहमय, परम मधुर मूर्ति का साक्षात् करना चाहते थे और अन्ततः सफल भी होते थे। विश्वनियन्ता के चरणों में वे निरन्तर प्रार्थना करते थे –

मधुवाता ऋतायते मधुक्षरन्ति सिन्धवः। माध्वीर्नस्सन्त्वोषधीः।
मधु नक्तमुतोषसि मुधमत् पार्थिवं रजः। मधुद्यौरस्तु नः पिता।
मधुमान्नो वनस्पतिर्मधुमां अस्तु सूर्यः। माध्वीर्गावो भवन्तु नः॥[६]

– अर्थात् हे विश्वविधाता, जैसे वायु माधुर्य का वर्षण करते हुए प्रवाहित हो रही है; सागर तथा नदियाँ जैसे माधुर्य का क्षरण कर रही हैं, उसी प्रकार

---

५. श्रीमद्भागवतम्, २.१.३१
६. तैत्तिरीय आरण्यक, १०.३९

धान-जौ आदि सुफल उत्पन्न कर हमारे बीच माधुर्य फैलाएँ; रात्रि व उषाकाल मधुमय हों; पृथ्वी की धूलि मधुमय हो; उच्च तथा महिमामय आकाश पिता के समान हम पर मधु का वर्षण करता रहे; बड़े बड़े वृक्ष विभिन्न फलों से सुशोभित होकर हमारे लिये मधुमय हों, सूर्यदेव मधु का विकिरण करते रहें, हमारी गायें मधुमय दुग्ध प्रदान करती रहें।

मनुष्य स्वभाव से ही आनन्दमय है, इसीलिए आनन्द की आशा में वह परमानन्द विराट् पुरुष की शरण लेता है। आप पूछ सकते हैं कि स्वभाव से ही आनन्दमय में निरानन्द कहाँ से आता है? यह सत्य है कि आलोक के सामने अन्धकार नहीं टिक सकता, पर जैसे नेत्रहीनता के दोष से आलोक भी अँधेरा-सा प्रतीत होता है, वैसे ही अज्ञान के दोष से आनन्दमय पुरुष भी स्वयं को निरानन्द समझता है। अज्ञानवश वैसी भ्रम-बुद्धि उत्पन्न होने पर भी, इससे वस्तुशक्ति में कोई ह्रास नहीं होता; आनन्दमय आनन्दमय ही रहते हैं; रज्जु रज्जु ही रहता है, सर्प के जैसा प्रतीत होने से ही कभी सर्प नहीं बन जाता।

परन्तु यह भी स्वीकार करना होगा कि जब तक मानव मन अज्ञान से आवृत्त रहेगा, तब तक उसे निरन्तर स्व-स्वरूप की उपलब्धि के प्रयास में लगे रहना होगा, वह एक क्षण के लिये भी शान्त नहीं रह सकेगा। इस अशान्ति का नाम ही जीवन है। जिस व्यक्ति का यह प्राण-स्पन्दन अतिशय सबल है, वह शीघ्र ही अपने नित्यत्व तथा आनन्दमयता की उपलब्धि कर कृतकृत्य हो जायेगा। जिसका प्राण-स्पन्दन दुर्बल है, वह अज्ञानशक्ति से अभिभूत है, अतः वह अपने तमसाच्छन्न हृदय में कभी स्व-स्वरूप को प्रतिबिम्बित नहीं देख सकेगा। रजस् के बल से तमस् को दूर करना होगा और अन्ततः इन दोनों का परित्याग कर शुद्ध सत्त्वालोक में अपनी पूर्णता की अनुभूति कर जन्म-मृत्यु-जरा-व्याधि रूपी संसार के हाथ से छुटकारा पाना होगा। यही एकमात्र पथ है – "नान्यः पन्था विद्यतेऽयनाय"[७] – इसे छोड़ अन्य कोई मार्ग नहीं। तमसाच्छन्न मानव त्रिविध ताप के हाथों का खिलौना है। उसी के ऊपर त्रिताप का आधिपत्य क्यों होता है? इसका कारण, हम पहले जो कह आए हैं, उसी का स्मरण करने से सहज ही समझ में आ जायेगा। जो पूर्ण है, वह अज्ञान के प्रभाव से अपने को अपूर्ण समझता है।

---

७. ऋग्वेद, १०.९०.१७

अतः राजा यदि स्वयं को भिक्षुक समझकर उसी के समान आचार-व्यवहार करे, तो जैसे उसके कष्ट की सीमा नहीं रहती, वैसे ही सच्चिदानन्द-स्वरूप मानव भी अपने को जन्म-मृत्यु-जरा-व्याधि-ग्रस्त मानकर असीम कष्ट का भोग करता है। रजस् के प्रभाव से तमस् का नाश होने पर सत्त्व का उदय होता है। तब मनुष्य अपने सच्चे स्वरूप को जानकर परमानन्द की अनुभूति करता है। तब विराट् पुरुष बाघ का मुखौटा पहनकर उसे भयभीत नहीं करते। तब सम्पूर्ण जगत् उसे मधुमय प्रतीत होता है।

दुःख ही तामसिक व्यक्ति का परम मित्र है। दुःख से प्रताड़ित होकर वह उससे निवृत्ति के उपाय की खोज में मन लगाता है। वह ऐसे व्यक्ति की तलाश में लग जाता है, जिसकी कृपा से उसे इस पीड़ा से छुटकारा मिल सके। जैसे अन्धा नेत्रवान की सहायता के बिना अपना मार्ग ढूँढ़ने में असमर्थ होता है, वैसे ही वह भी अपने को नितान्त दुर्बल व असहाय समझकर किसी बलवान महापुरुष के श्री चरणों में आश्रय पाने का प्रयास करता है। जैसे भूख मनुष्य को भोजन की तलाश में लगाती है, प्यास जैसे उसे जल के अन्वेषण में लगाती है, गरीबी जैसे उसे धन की तलाश में लगाती है, वैसे ही त्रिताप उसे सुख-शान्ति की खोज में प्रवृत्त करते हैं। यह भी देखने में आता है कि अभाव के साथ-ही-साथ अभावनाशक वस्तुएँ भी जगत् में सर्वत्र बिखरी हुई हैं। भूख के साथ भोजन, प्यास के साथ जल, दारिद्र्य के साथ धन-धान्य और दुःख के साथ सुख भी सर्वदा सर्वत्र विद्यमान रहते हैं। अभाव होते ही भाव आकर उसके स्थान पर अधिकार जमा लेता है। यही प्रकृति का नियम है। वायु जब गर्मी से हल्की होकर ऊपर उठ जाती है और नीचे अभाव की सृष्टि करती है, तो तुरन्त चारों ओर से हवा आकर उस अभाव को पूरा करने का प्रयास करती है। इसी से बड़े बड़े झंझावतों की सृष्टि होती है। अतएव कोई अभाव होते ही तत्काल उसका समाधान भी आ पहुँचता है, यह सबके अनुभव की बात है। जैसा जड़ जगत् में है, वैसा ही आध्यात्मिक जगत् में भी होता है। आध्यात्मिक जगत् के सन्दर्भ में इस पर विचार करने से इसकी और भी अच्छी धारणा हो जाएगी।

अति प्राचीन काल से ही भारतवर्ष में ज्ञान तथा कर्म दोनों मार्गों को समुचित सम्मान दिया जाता था। कर्मकाण्ड या ज्ञानकाण्ड – दोनों में ही प्रवेश पाने के लिये अधिकारी होना आवश्यक था। धर्म या कर्तव्य-पालन ही कर्मकाण्ड में प्रवेश का द्वार है और पूर्णतः निष्काम होकर इन्द्रिय-संयम करना

ही ज्ञानकाण्ड में प्रवेश का द्वार है – इस बात को सब लोग स्वीकार करते थे और तदनुसार कर्म या ज्ञान में प्रवेश का अधिकार अर्जित करते थे। सभी जानते हैं कि कर्तव्य-पालन कामना-त्याग की अपेक्षा काफी सहज-साध्य है। मनुष्य ने कामना के साथ जन्म लिया है और वह अनादि काल से उसे अपने हृदय में स्थान देता आ रहा है; अतः कामनाशून्य होना क्या कभी उसके लिये सम्भव हो सकता है? कामना पर ही संसार टिका है। कामना की पूर्ति से ही उसे परम आनन्द मिलता है। भले ही कामना उसके चित्त को चंचल करती है, तो भी क्या हुआ। चंचलता तो चित्त का धर्म या स्वभाव ही है। सामान्य लोगों की धारणा है कि स्वभावसिद्ध कर्म से दुःख नहीं होता, अस्वाभाविक कर्म ही दुःख का कारण है; अतः कामना दुःखजनक नहीं अपितु सुखदायी है। स्वर्गसुख प्राप्त करना ही उसका चरम लक्ष्य हो जाता है। जैमिनीय स्मृति कहती है –

यन्न दुःखेन सम्भिन्नं न च ग्रस्तमनन्तरम्।
अभिलाषोपनीतञ्च तत्सुखं स्वःपदास्पदम्।।

–"जो दुःख से पूर्णतः मुक्त है, जो भविष्य में भी कभी दुःख से ग्रस्त न होगा और जो कामना की सर्वोच्च परिपूर्ति है, उसे स्वर्ग-सुख कहते हैं।" "स्वर्गकामो यजेत"[८] – उसी स्वर्ग की कामना से मनुष्य याग-यज्ञादि का अनुष्ठान करते हैं। यही कर्मकाण्ड का मुख्य उद्देश्य है। सुखप्रिय मानव इससे बढ़कर और कुछ नहीं चाहता।

परन्तु यह सुखकर होने पर भी हर प्रकार से सुखकर नहीं होता, क्योंकि यह संस्पर्शजन्य है। अतः सुख की सामग्री बाहर रहने के कारण वह सर्वदा पूर्णरूप से किसी के अधीन नहीं रहती। इधर मनुष्य की सुखलिप्सा का कहीं अन्त नहीं, परन्तु संस्पर्शजनित सुख आदि-अन्तवान हैं; ऐसे सुख से क्या उसकी अनन्त पिपासा मिट सकती है? उस पिपासा को मिटाने के लिये अविच्छिन्न सुख की जरूरत है, उसके सुख की सामग्री बाहर रहने से काम नहीं चलेगा, अपने भीतर ही उसकी उपलब्धि करनी होगी, अर्थात् आत्माराम हुए बिना नित्य सुख का अधिकारी नहीं हुआ जा सकता। गीता में भगवान ने इसे सुन्दर ढंग से समझा दिया है। आत्माराम होने के लिये कामनाओं का

८. तैत्तिरीय संहिता, २.५.५

त्याग करना होगा, क्योंकि कामना बाह्य वस्तुओं की ही होती है। निरविच्छिन्न सुख का अधिकारी होने के लिए बाह्य सम्बन्ध त्यागना होगा, इसके बिना अभाव नहीं मिटेगा और अभाव रहने पर दुःख भी दूर नहीं होंगे। अत: कामनात्याग ही परमानन्द-प्राप्ति का एकमात्र उपाय है। साधारण मनुष्य इसकी धारणा करने में सक्षम नहीं है। सुख की सामग्री के बिना सुख-प्राप्ति उसकी समझ के परे है। इसीलिए अधिकांश लोगों की कर्मकाण्ड में ही रुचि होती है।

कर्ममय मनुष्य सर्वदा ही कर्म के वशीभूत रहता है। अतएव यद्यपि आजकल वेदोक्त याग-यज्ञों का प्राचीन काल के समान सर्वत्र प्रचार नहीं है, तथापि मानव-समाज में कर्म की महत्ता को घटाया नहीं जा सकता। काल के साथ ही कर्मकाण्ड भी अक्षुण्ण भाव से चला आ रहा है और चलता रहेगा। तो भी कर्म के रूप में परिवर्तन हो सकता है। पुराकाल में परम पवित्र द्युतिमान अग्नि को वेदी पर प्रज्ज्वलित कर उसमें 'स्वाहा' 'स्वधा' आदि मंत्रों के साथ देवपितृगण को हव्य-कव्य समर्पित करते हुए उनकी पूजा का अनुष्ठान किया जाता था और आजकल सर्वत्र विविध प्रकार के मन्दिर बनाकर उनमें विभिन्न देवी-देवताओं की मूर्तियाँ स्थापित कर उनकी गन्ध-पुष्प-धूप-दीप-नैवेद्य आदि के साथ पूजा हो रही है। समाज की अभिरुचि के अनुसार कर्म के रूप एवं गति में भी परिवर्तन आता है, इसीलिए वैदिक काल के कर्मकाण्ड अब प्राय: देखने में नहीं आते। वर्तमान रीति ही वर्तमान काल के लिये उपयोगी है। कर्म का उद्देश्य एक होने पर भी कालभेद से पथ अनेक हो गए हैं।

परन्तु ज्ञानकाण्ड में कोई परिवर्तन नहीं आया है, क्योंकि यथार्थ ज्ञान नित्य ही एकरूप रहता है। यूक्लिड के स्वत:सिद्ध प्रमाण करोड़ों वर्ष पूर्व जैसे सत्य थे, करोड़ों वर्ष बाद भी वैसे ही सत्य रहेंगे। एक सौ आठ उपनिषद् भी जैसे पहले विद्यमान थे, वैसे ही अब भी हैं और भविष्य में भी रहेंगे। उन सबका एकमत से कहना है – "त्यागेनैके अमृतत्त्वमानशुः"[९] – महात्माओं ने त्याग के द्वारा ही जन्म-मृत्यु को पारकर अमृतत्व को पाया था। त्याग ही मनुष्य के अभाव-रूपी भ्रम को दूरकर उसे परमानन्द का अधिकारी बनाने में सक्षम है।

---

९. कैवल्योपनिषद्, २

हमारे उपरोक्त कथन से स्पष्ट हो जाता है कि पृथ्वी पर ज्ञानमार्ग के पथिक अति विरल हैं। जिनमें कर्म-वासना बलवती है, वे यदि उक्त पथ पर चलने का प्रयास करें, तो वह अनधिकार चेष्टा होगी और इसमें सन्देह नहीं कि इससे उनकी तथा समाज की विशेष क्षति होगी।

हम पहले ही कह आए हैं कि कर्मकाण्ड का मूल धर्म या कर्तव्यपालन है; अतः जो कर्तव्यपालन अर्थात् धर्म से विमुख हैं, उनका कर्म में अधिकार नहीं है। कर्तव्य-परायण लोग सक्षम होने के कारण अपनी इन्द्रियों पर भी किंचित् परिमाण में विजय प्राप्त कर चुके हैं। इन्द्रियों द्वारा परिचालित व्यक्ति सतत् स्वेच्छाचारी होता है। किसी काल में पुरोहित तथा यजमान इन्द्रियों के वशवर्ती हो गए थे। यज्ञ का भार उन्हीं के हाथों में था, अतः उन लोगों ने अपनी उदरपूर्ति तथा इन्द्रिय-तुष्टि के लिये अत्यधिक मद्य-मांसमय हिंसासाध्य यज्ञों की सृष्टि की तथा उसे वेदोक्त कहकर जनसमाज में प्रचारित किया। धर्ममूला वेदमाता मानो अपनी छाया को मानव-समाज में स्थापित करके, स्वयं लज्जित हो हिमालय की कन्दरा में छिप गईं। इसी छाया-श्रुति को आधार बनाकर वेदोक्त देवी-देवताओं के नाम पर पुरोहित-कुल भारत का वक्ष पशुरक्त से कलंकित करने लगे। कर्म-ज्ञानमय वेद सर्वत्र लुप्त हो गया। दुर्नीति, पशुभाव, हिंसा, द्वेष ने इस देश को वन्य पशुओं की निवास-भूमि बना दी। सर्वत्र ही सात्त्विक आचार, दया, करुणा, उदारता आदि का अभाव दिखने लगा।

हमने पहले ही देखा कि अभाव होने से उसकी पूर्ति भी होती है। उसी स्वाभाविक नियमानुसार सत्त्वगुण, दया, करुणा, उदारता आदि ने हिमालय अंचल में सर्वार्थ-सिद्ध बुद्ध नाम से सजीव मूर्ति ग्रहण किया। वे जन्म-मृत्यु-जरा-व्याधि-दुःख-दोषमय जीवन के ऊपर से विश्वास खोकर युवावस्था में ही भिक्षु-संन्यासी हो गए। आखिरकार उन्होंने दुःख-क्लेशशून्य शान्तिधाम का पथ ढूँढ़ निकाला और त्रितापदग्ध मानवजाति को उस पर परिचालित करके उन्होंने आचाण्डाल सबको अमृत का अधिकारी बनाया। उनके सुविशाल हृदय में आब्रह्मस्तम्ब तक सभी जीवों को समभाव से स्थान मिला। छायाश्रुति की विभीषिकामयी मूर्ति और यज्ञकर्ताओं के कपोलकल्पित राक्षसतुल्य जगत्कर्ता – दोनों ही उनकी दृष्टि में हेय प्रतीत हुए। जो जगत्कर्ता दुर्नीति, पशु-आचार, हिंसा, द्वेष आदि के पृष्ठपोषक-स्वरूप हैं, वे क्या कभी जगत्कर्ता का वास्तविक आसन ग्रहण कर सकेंगे? अतः उन्होंने तत्कालीन

श्रुति और ईश्वर – दोनों को निर्वासित कर सत्कर्म की पूजा का प्रचार किया। भला-बुरा कर्म भले-बुरे फल को ही जन्म देता है; अतः हे मानव, भले कर्मों का ही अनुष्ठान करो, तो सुखपूर्वक रह सकोगे। अज्ञानी लोग बुद्ध को नास्तिक कहते हैं, क्योंकि उन्होंने ईश्वर को नहीं माना। वे जिस ईश्वर को नहीं मानते थे, उस ईश्वर को न मानना ही अच्छा है। वैसे ईश्वर को मानकर आस्तिक होने की अपेक्षा नास्तिक होना हजारों गुना अच्छा है, इससे समस्त पाठक सहमत होंगे।

बुद्धदेव क्या वास्तव में नास्तिक थे? उनके समान ईश्वर-परायण आस्तिक जगत् में दुर्लभ है, क्योंकि कर्ता के बिना कर्म कहीं दिखाई नहीं देता। उन्होंने सुकर्म को माना है, अतः उसके साथ सत्कर्ता को भी मानना हो गया। ईश्वर ही हेय गुणों से हीन सर्व-कल्याण-गुण-समन्वित सत्कर्ता हैं। अतएव बुद्ध को हम भला किस प्रकार नास्तिक कह सकते हैं?

उनका सर्वतोमुखी उदार हृदय समभाव से समस्त जीवकुल के परम मंगल हेतु सर्वदा जागरूक रहता था। अतएव अनधिकारी ढूँढ़ना उनके लिये एक तरह से असम्भव-सा हो गया था। उन्होंने साधु-असाधु, बालक-वृद्ध, स्त्री-पुरुष, धनी-गरीब, पण्डित-मूर्ख सबको निर्वाण-पथ का पथिक बनाया। परन्तु जैसे कोई पेट का रोगी प्रचुर घी में पके अन्न को पचाने में सक्षम नहीं होता, वैसे ही अनधिकारीगण उनके महामूल्य उपदेशों के भाव हृदयंगम करने में विफल रहे। इस कारण उनका परम पवित्र आस्तिक-धर्म नास्तिकता एवं शून्यवाद में परिणत हुआ। "सत्य-असत्य, धर्म-अधर्म सभी मिथ्या है। जगत् का सृष्टिकर्ता कोई भी नहीं हैं, अतः किसका भय करेंगे?" – ऐसी धारणा के वशीभूत होकर बौद्धगण यथेच्छाचार में प्रवृत्त हुए। जगत् में पुनः सुख-शान्ति का अभाव हो गया। पृथ्वी बौद्ध-असुरों के भार से पीड़ित होने लगीं। अतः जगत् के दुःखों को दूर करने के लिये मंगलमय विधाता श्री शंकर का नाम लेकर लोकगुरु के रूप में पुनः अवतरित हुए।

भगवान शंकराचार्य १६ वर्ष के युवक मात्र थे। पर जैसे उदीयमान सूर्य के समक्ष जगत् की तमोराशि कभी ठहर नहीं पाती, वैसे ही दिव्य प्रतिभा-सम्पन्न इन परम मनोहर तेजस्वी युवक के समक्ष नास्तिकता, यथेच्छाचार आदि कुछ भी न टिक सके। दिन होने पर तारों की जैसी अवस्था होती है, वैसे ही बौद्ध भी भारत गगन से चिर दिन के लिये डूब गए। चारों दिशाएँ निर्मल ज्ञानालोक से उद्भासित हो उठीं। आर्यभूमि पर पुनः शान्ति का राज्य

स्थापित हो गया। धर्मजननी श्रुतिदेवी ने हिमालय की गुफा से निकलकर उन दिव्यकान्ति नवीन संन्यासी के कण्ठ में वरमाला डालकर उन्हें पति रूप में वरण किया। श्रुतिनाथ शंकर ने अधिकारी-निर्वाचन में अग्रसर होकर पुनः वेदमार्ग को प्रकट किया। हिमालय से कन्याकुमारी तक सर्वत्र सनातन-धर्म की जयपताका लहराने लगी। देव-पितृगण पुनः 'स्वाहा' 'स्वधा' मंत्र से तर्पित होने लगे। दीर्घ काल से सुप्त, विज्ञानविग्रह ऋषिगण उपनिषदों की पवित्र ध्वनि से फिर जाग्रत हो उठे। भारतमाता के आनन्द की अब सीमा न रही।

बत्तीस वर्ष की आयु में अपना कार्य पूरा हो जाने पर शिवमूर्ति शंकर ने अपने परम धाम को प्रस्थान किया। काल, एक ओर जैसे सुन्दर सुन्दर नवीन वस्तुओं को लाकर चित्त को हृष्ट एवं आकृष्ट करता है, वैसे ही दूसरी ओर उस चित्ताह्लादकारी पदार्थ को छिन्न-विच्छिन्न करके उसे हेय से भी हेय बना देता है। काल का यही धर्म है। फिर इसी कालधर्म के अनुसार शंकर-कथित चारों वेदों के सार चार महावाक्यों का गलत अर्थ लगाकर उनके अनेक इन्द्रियपरक संन्यासी-वेशधारी अनुयायियों ने अपना तथा समाज का काफी अमंगल किया। "अहं ब्रह्मास्मि"[१०] वाक्य के द्वारा उन लोगों ने इस साढ़े तीन हाथ के सप्तधातुमय, विष्ठामूत्रवाही, जन्म-मृत्यु-जरा-व्याधि के आगार, संकीर्णदृष्टि, नश्वरजीवन, अतीत-भविष्य के विषय में अज्ञानी तथा अल्पबुद्धि मनुष्य को ही अनादि, अनन्त, सर्वव्यापी, सर्वज्ञ, सर्वाश्रय, परमानन्दमय, अच्युत ब्रह्म निर्धारित किया।

जैसे पद्मपत्र को जल स्पर्श नहीं कर सकता, वैसे ही ब्रह्मवस्तु से पुण्य-पाप, आचार-अनाचार, सत्य-मिथ्या आदि कुछ भी युक्त नहीं हो सकता। मैं ही ब्रह्म हूँ – मैं चाहे जो भी करूँ, मुझ पर कोई दाग नहीं लग सकता – इससे बढ़कर पैशाचिक सिद्धान्त और क्या हो सकता है? यह सहज ही समझा जा सकता है कि ऐसी धारणा के वशवर्ती लोग शीघ्र ही अपने तथा स्वदेश के सर्वनाश के कारण हुए। वस्तुतः शंकर द्वारा प्रतिपादित परम निर्मल धर्म की धारणा करने में असमर्थ होकर स्व-कपोलकल्पित दुरर्थकारियों ने भारतवर्ष में पुनः दुर्नीति, हिंसा, द्वेष, असत्य आदि का राज्य स्थापित कर दिया। सर्वत्र ही सुख, शान्ति तथा सत्य का अभाव दृष्टिगोचर होने लगा।

---

१०. बृहदारण्यक उपनिषद्, १.४.१०

हे पाठक, इसी अभाव को दूर करने के लिये जो महापुरुष अवतरित हुए, आइए अब हम उन्हीं विशिष्टाद्वैतवाद के प्रचारक भगवान श्री रामानुजाचार्य के निर्मल जीवनचरित की चर्चा में अग्रसर हों। इस भावराज्य में अभाव वस्तु का अस्तित्व नहीं रह सकता। सुख, शान्ति, सत्य, करुणा, धर्म आदि भाव वस्तु हैं और दुःख, अशान्ति, मिथ्या, हिंसा, संकीर्णता, ईर्ष्या, द्वेष, अधर्म आदि अभाव वस्तु हैं। जिनके न रहने पर मनुष्य को कष्ट होता है, वही भाव पदार्थ है। अतएव सुख-शान्ति आदि भाव वस्तु हैं, और उनका अभाव दुःख-अशान्ति आदि अभाव वस्तु हैं। हम पहले ही प्रमाणित कर चुके हैं कि अभाव होते ही भाव आकर उसका समाधान करता है। इसी नियम के अनुसार भारतभूमि पर श्री रामानुजाचार्य का आविर्भाव हुआ।

अध्याय २

रामानुज का जन्म

मद्रास से तीस मील दक्षिण-पश्चिम में श्री पेरम्बुदुर नाम का एक समृद्ध ग्राम है। संस्कृत में इसे श्री महाभूतपुरी कहते हैं। ग्रामवासियों में ब्राह्मणों की संख्या ही अधिक है। गाँव के भीतर एक सुन्दर और विशाल विष्णु-मन्दिर भी है। उसमें केवल त्रिलोकभर्ता विष्णु श्री आदिकेशव पेरुमल नाम धारणकर विराजमान हैं और सबके प्रति उनकी समान भाव से कृपादृष्टि है। मन्दिर-प्रांगण के दूसरे छोर पर एक अन्य देवालय भी सुशोभित होता है। इसमें यतिराज, भक्तवीर, भक्तवत्सल, वेदान्तपद्मार्क, भाष्यकार श्रीमत् रामानुजाचार्य हाथ जोड़े सेवकराज के आसन पर बैठे हैं। सामने एक निर्मल, निस्तरंग, सुविशाल सरोवर पवित्र-भक्त-हृदय के समान इस वैकुण्ठोपम सम्पूर्ण देवालय को अपने हृदय में धारण किए हुए है। इसके अतिरिक्त वहाँ की नैसर्गिक शोभा भी सबका हृदय बरबस आकृष्ट कर लेती है। यह स्थान नाना प्रकार की वृक्ष-लताओं से आच्छादित, विहग कुलों के कलरव से मुखरित, यत्र-तत्र प्रस्फुटित पुष्पों के सौरभ से उद्भासित, शान्ति-माधुर्य-सौन्दर्य का निलय और हृष्ट-पुष्ट लोगों से परिपूर्ण है। वहाँ जाते ही ऐसा बोध होता है कि निरन्तर विश्व के पालनकार्य में लगे रहकर जब कमलापति बीच बीच में थक जाते हैं, तो विश्राम करने हेतु अपने प्रिय सेवकों के साथ यहीं पधारते हैं।

लगभग १००० वर्ष पूर्व आसुरी केशवाचार्य नामक एक धर्मनिष्ठ सद्ब्राह्मण का इसी ग्राम में निवास था। उन दिनों श्रीमत् यामुनाचार्य या आलवन्दार ने राजसिंहासन का परित्याग कर नम्बी का शिष्यत्व स्वीकार कर लिया था और श्रीरंग-क्षेत्र में संन्यासी के रूप में निवास कर रहे थे। गुरु के वैकुण्ठ गमन के पश्चात् आलवन्दार ही तत्कालीन समग्र वैष्णव-मण्डली के नेता के रूप में स्वीकृत हुए। उनका असाधारण त्याग, वैराग्य, पाण्डित्य,

नम्रता, इष्टनिष्ठा आदि समस्त वैष्णवों के लिये अनुकरणीय हो उठा। उनके द्वारा रचित स्तोत्रों को सबने कण्ठस्थ करके तथा अपने अन्तर में स्थान देकर अपने को धन्य माना। वस्तुतः उन स्तोत्रों में महात्मा यामुनाचार्य ने ऐसी उत्कट भक्ति एवं प्रीति के साथ श्री भगवान के पादपद्मों में आत्मनिवेदन किया है कि उसे पाठ करने पर धर्मविद्वेषी के हृदय में भी भक्ति का संचार होता है। चारों ओर से दल-के-दल भक्तिपरायण वैष्णवों ने आकर उनका शिष्यत्व ग्रहण किया और अपने को परम भाग्यवान माना। उनमें से दो-एक संन्यास लेकर उनके साथ रहकर उनकी सेवा में दिन बिताते हुए स्वयं को सर्व प्रकार से धन्य मानने लगे।

पेरिय तिरुमलै नम्बी उर्फ वृद्ध श्री शैलपूर्ण यामुनाचार्य के प्रधान शिष्य हुए। उन्होंने अपने जीवन के अन्तिम भाग में गृहस्थाश्रम त्यागकर उक्त महापुरुष से संन्यास ग्रहण किया और उनके सान्निध्य में रहने लगे। उनकी दो बहनें थीं। बड़ी का नाम था भूमि पेराट्टी, भूदेवी या कान्तिमती और छोटी का नाम था पेरिय पेराट्टी या महादेवी।

श्री पेरम्बुदुर निवासी आसुरी केशवाचार्य ने कान्तिमती का पाणिग्रहण किया था। छोटी बहन महादेवी निकटस्थ अहरम ग्राम के निवासी कमलनयन भट्ट के साथ विवाह-शृंखला में आबद्ध हुईं। दोनों बहनों का विवाह सम्पन्न हो जाने के पश्चात् श्री शैलपूर्ण ईश्वर के ध्यान में तन्मय हुए और अन्ततः महात्मा यामुनाचार्य के समान सद्गुरु प्राप्तकर वृद्धावस्था में उन्हीं के साथ रहकर परमानन्द का उपभोग करने लगे।

आसुरी केशवाचार्य के अतिशय यज्ञनिष्ठ होने के कारण पण्डितों ने उन्हें 'सर्वक्रतु' की उपाधि दी थी। अतः उनका पूरा नाम श्रीमद् आसुरी सर्वक्रतु दीक्षित हो गया था। विवाह के बाद उन्होंने अपनी सहधर्मिणी के साथ अनेक वर्ष श्री पेरम्बुदुर में सुखपूर्वक बिताए, परन्तु बाद में कोई सन्तान न होने के कारण भक्त केशवाचार्य थोड़े चिन्तित हुए। आखिरकार उनके मन में यज्ञ के द्वारा श्री भगवान को प्रसन्न कर उनकी कृपा से पुत्रलाभ की आशा जाग्रत हुई।

यज्ञ एव परो धर्मो भगवत्प्रीतिकारकः।
अभीष्टकर्मधुग् यज्ञस्तस्मात् यज्ञः परा गतिः।।[१]

---

१. यज्ञ करना सर्वोच्च कर्म है, यह ईश्वर को प्रसन्न करनेवाला है। समस्त कामनाओं को पूर्ण करनेवाला होने के कारण यज्ञ ही परम आश्रय है।

इस प्रकार के सन्तापहारी शास्त्र-वाक्यों ने उनकी आशा को और भी प्रबल कर दिया। उन्होंने समुद्र-तट पर स्थित वृन्दारण्यवासी श्री पार्थसारथी के मन्दिर में जाकर अपने हृदय की कामना व्यक्त की और उक्त उद्देश्य से यज्ञ करने का संकल्प किया। तदनुसार वे अपनी धर्मपत्नी के साथ वृन्दारण्य गए और श्री पार्थसारथी के कुमुद-सरोवर या तिरुवल्लि केनी (तिरुश्री, इल्लिकुमुद, केनी सरोवर) के किनारे उन्होंने पुत्र-कामना से यज्ञ किया। आज मद्रास में हम लोग जिस स्थान को त्रिप्लिकेन कहते हैं, वह उसी तिरुवल्ली केनी का आंग्ल अपभ्रंश है। जो उन दिनों वृन्दारण्य के नाम से विख्यात था, वह अब उसी सरोवर के नाम पर त्रिप्लिकेन हो गया है। मद्रास, मथुरा या मदुरा का अपभ्रंश है, जो वृन्दारण्य या त्रिप्लिकेन के उत्तर में स्थित है।

यज्ञ सम्पन्न हो जाने पर रात में केशवाचार्य को स्वप्न में श्री पार्थसारथी के दर्शन हुए। भगवान उन्हें सम्बोधित करते हुए बोले, "हे सर्वक्रतो, मैं तुम्हारे सदाचार, निष्ठा एवं भक्ति से अतीव प्रसन्न हूँ। तुम चिन्तित मत होना। मैं स्वयं तुम्हारे पुत्र के रूप में जन्म लूँगा। लोग दुर्बुद्धि के कारण पूर्वाचार्यों का यथार्थ अभिप्राय समझने में असमर्थ होकर स्वयं को ही ईश्वर मान रहे हैं और अहंकार के वशीभूत होकर कुकर्म-परायण तथा यथेच्छाचारी हो गए हैं। अत: मेरे आचार्य रूप में अवतीर्ण हुए बिना उनके लिये कोई उपाय नहीं है। तुम पत्नी के साथ घर लौट जाओ। शीघ्र ही तुम्हारी मनोकामना पूर्ण होगी।" ऐसा स्वप्न देखकर केशवाचार्य के उल्लास की सीमा न रही। उन्होंने अपनी धर्मपत्नी को सब कह सुनाया और अगले दिन प्रात:काल दोनों अपने ग्राम की ओर लौट चले।

इस घटना के एक वर्ष बाद भाग्यशालिनी कान्तिमती ने सर्व-सुलक्षण-सम्पन्न एक पुत्र को जन्म दिया। कलि संवत् ४११८, शकाब्द ९३९ या ई. सन् १०१७ के आर्द्रा नक्षत्र में चैत्र मास के द्वादश दिवस, शुक्ला पंचमी तिथि को, बृहस्पतिवार के दिन, कर्कट लग्न तथा पिंगला वर्ष में, हारित गोत्रिय, यजु:शाखाध्यायी भगवान श्री रामानुजाचार्य बालसूर्य के समान अज्ञान अन्धकार को अपसारित करते हुए सर्व लोगों के समक्ष उदित हुए। उनके जन्म से दुर्बुद्धि का नाश होकर सद्बुद्धि का विकास हुआ था, अत: पण्डितों ने 'धीर्लब्धा' कहकर उनके जन्मकाल का निर्णय किया था। 'अंकस्य वामा गति' – अर्थात् अंकों को उल्टी दिशा से गिना जायेगा। उक्त वाक्य में ध,

ल तथा ध ये तीन प्रधान अक्षर हैं। क से, ट से तथा य से प्रारम्भ होनेवाली अक्षरमाला १ से ९ तक की संख्या का द्योतक है। ट से शुरू करने पर ध नवीं संख्या है और य से आरम्भ करें, तो ल तृतीय संख्या का वाचक है। अतः ध, ल, ध ये अक्षर ९३९ शकाब्द को सूचित करते हैं।

उसी समय उनकी छोटी बहन महादेवी को भी एक पुत्ररत्न की प्राप्ति हुई। सूतिकागृह से बाहर आने के कुछ दिन बाद दीदी कान्तिमती के पुत्र को देखने की इच्छा से वे अपने नवजात पुत्र के साथ श्री पेरम्बुदुर आईं। दोनों बहनें एक-दूसरे के पुत्र का मुखावलोकन कर अतीव आनन्दित हुईं। इसी बीच लोगों के मुख से समाचार पाकर श्री रंगनाथ क्षेत्र से वृद्ध श्री शैलपूर्ण भी दोनों बहनों से मिलने वहाँ आ पहुँचे। काफी काल बाद भाई से मिलकर कान्तिमती तथा महादेवी दोनों ही बड़ी हर्षित हुईं। सर्व-सुलक्षण-युक्त भानजों को देखकर वृद्ध संन्यासी भी बड़े प्रसन्न हुए। कान्तिमती के पुत्र के विविध दैवी लक्षण देखकर उन्हें तत्काल नम्मा आलवार द्वारा कथित श्री पेरम्बुदुर के आदि शेषावतार की बात का स्मरण हो आया। बृहत् पद्मपुराण के ३२वें अध्याय, नारदपुराण, स्कन्दपुराण के २३वें अध्याय और श्रीमद्-भागवतम् के एकादश स्कन्ध में कलियुग के अनन्त देवों की कथा वर्णित है। इस विषय में उन्हें कोई सन्देह नहीं रहा कि यह शिशु ही वह लक्ष्मण-अवतार है। तदनुसार उन्होंने उसका नाम रामानुज रखा और महादेवी के पुत्र को गोविन्द की आख्या प्रदान की। महादेवी को बाद में एक पुत्र और हुआ, जिसे छोटे गोविन्द का नाम मिला।

आदि कवि महर्षि वाल्मीकि ने लिखा है – "सार्पे जातौ तु सौमित्री कुलीरेऽभ्युदिते रवौ"[२] – चैत्र मास के अश्लेषा नक्षत्र में रवि के कर्कट राशि में चले जाने पर लक्ष्मण तथा शत्रुघ्न का जन्म हुआ था। श्री रामानुजाचार्य का जन्ममास व राशि भी दोनों सुमित्रा-पुत्रों के समान ही थी।

दोनों शिशुओं के चार माह के हो जाने पर दोनों माताएँ उन्हें गोद में लेकर बाहर निकलीं और उन्हें आदित्य का दर्शन कराया। बाद में यथासमय उनके अन्नप्राशन, कर्णवेध, चूड़ाकरण, विद्यारम्भ तथा उपनयन-कर्म सम्पन्न हुए। बाल्यकाल से ही रामानुज ने अपनी असाधारण धीशक्ति का परिचय

---

२. वाल्मीकि रामायण, १.१८.१५

दिया था। चाहे जैसा भी दुरूह पाठ क्यों न हो, शिक्षक के मुख से एक बार सुनकर ही वे अनायास उसका मर्म समझ जाते, इस कारण वे सभी शिक्षकों के अतिशय प्रिय थे।

उनकी धी-शक्ति केवल बहिर्मुखी ही नहीं थी, बल्कि कुतुबनुमा की सूई के समान वह सदा उत्तर-दक्षिण के रूप में धर्म-अर्थ दोनों को ही समान रूप से प्रदर्शित किया करती थी। धर्म का अनुशीलन तथा धार्मिक लोगों का सान्निध्य उन्हें बड़ा प्रिय था। अवसर पाते ही वे साधुसंग में विलम्ब नहीं करते थे।

उन्हीं दिनों श्री कांचिपूर्ण नाम के एक परम भक्त कांची नगरी के प्रधान रत्न के रूप में विख्यात थे। ये सज्जन प्रतिदिन देवपूजा के लिये कांची से पुनामलै नामक ग्राम जाया करते थे। श्री पेरम्बुदुर उन्हीं दो स्थानों के बीच स्थित था। अत: वे प्रतिदिन रामानुज़ के घर के पास से होकर आवागमन करते थे। जाति के शूद्र होने पर भी उनका प्रगाढ़ ईश्वरानुराग देखकर ब्राह्मणगण भी उन्हें श्रद्धा एवं भक्ति की दृष्टि से देखते थे। एक दिन सायंकाल विद्यालय से लौटते समय रामानुज पथ में सहसा इन भक्तप्रवर से मिले और उनकी दिव्य मुखकान्ति देखकर सहज ही उनकी ओर बड़े आकृष्ट हो गए। उन्होंने अति विनयपूर्वक उनसे उस रात अपने घर ही भिक्षा पाने का अनुरोध किया। श्री कांचिपूर्ण भी बालक की दिव्यकान्ति तथा भगवल्लक्षण देखकर आमंत्रण को अस्वीकार नहीं कर सके। परमभक्त को अतिथि के रूप में पाकर रामानुज के आनन्द की सीमा न रही; उन्हें सुचारु रूप से भोजन कराने के बाद वे उनके पाँव दबाने को उद्यत हुए। परन्तु अतिथि ने मना करते हुए कहा, "मैं नीच हूँ, शूद्र हूँ और आप ब्राह्मण हैं, परम वैष्णव हैं। कहाँ तो मुझे ही आपकी चरणसेवा करनी चाहिये और उसकी जगह पर आप ही दास की सेवा करना चाह रहे हैं।" इस पर रामानुज दु:खी होकर बोले, "समझ गया, मेरा भाग्य ठीक नहीं है; इसीलिए आपके समान महापुरुष का सेवाधिकार नहीं पा सका। महाशय, क्या यज्ञोपवीत धारण करने मात्र से ही कोई ब्राह्मण हो जाता है? जो हरिभक्ति-परायण है, वही सच्चा ब्राह्मण है। देखिए, तिरुप्पान आलवार चाण्डाल होकर भी ब्राह्मणों के पूज्य हैं।"

बालक की ऐसी भक्ति देखकर श्री कांचिपूर्ण उन्हें साधारण मनुष्य नहीं मान सके। विविध प्रकार की सच्चर्चा के बाद रात में रामानुज के घर

सुखपूर्वक विश्राम करके अगले दिन प्रातःकाल वे अपने घर लौट गए। उसी दिन से दोनों चिरकाल के लिए एक-दूसरे के प्रेम में आबद्ध हो गए।

हम पहले संकेत कर आए हैं कि पूर्व के आचार्यों ने क्यों रामानुज को लक्ष्मण का अवतार कहा था और इसे पुराणों के द्वारा प्रमाणित भी किया था। सौमित्र के साथ केशवनन्दन के स्वभाव की तुलना करने पर भी हमें उनमें काफी सादृश्य दीख पड़ता है। लक्ष्मण की कर्तव्य-परायणता, इष्टनिष्ठा, रामभक्ति, जितेन्द्रियता एवं धर्मानुराग धरणी तल पर अतुलनीय है। एकमात्र श्री रामचन्द्र ही उनके हृदय-राज्य के अधीश्वर थे। रामरस के अतिरिक्त किसी अन्य रस में उन्हें आस्था ही न थी, अतः वे पार्थिव प्रलोभनों से दूर रहें, तो इसमें आश्चर्य ही क्या है? इसके भूरि भूरि प्रमाण हमें – "वाल्मीकिगिरिसम्भूता राम-सागरगामिनी"[३] – रामायणी गंगा में अवगाहन करते ही प्राप्त होता है। जब मायामय स्वर्णमृग ने रमणीकुल-गौरव जनकनन्दिनी को मोहित करके, सर्व-कल्याण गुण समन्वित भगवान श्रीराम को भी भ्रमित कर दिया था, उस समय श्री लक्ष्मण ने अपने हृदय के एकमात्र अभीष्टदेव को सावधान करते हुए कहा था –

तमेवैनमहं मन्ये मारीचं राक्षसं मृगम्।।
चरन्तो मृगयां हृष्टाः पापेनोपाधिना वने।
अनेन निहता राम राजानः कामरूपिणा।।
अस्य मायाविदो माया मृगरूपमिदं कृतम्।
भानुमत् पुरुषव्याघ्र गन्धर्वपुरसन्निभम्।।
मृगो ह्येवंविधो रत्नविचित्रो नास्ति राघव।
जगत्यां जगतीनाथ मायैषा हि न संशयः।।[४]

–"हे पुरुषव्याघ्र! मुझे तो लगता है कि मारीच नामक राक्षस ही मृग के रूप में आया है। अपनी इच्छानुसार रूप धारण करनेवाले इस पापी ने कपट वेश धारणकर वन में शिकार के लिये आए कितने ही हर्षोत्फुल्ल राजाओं का वध कर दिया है। यह जो गन्धर्वनगरी के समान प्रकाशमान मायामृग सामने दृष्टिगोचर हो रहा है, यह उसी मायावी की माया है। हे राघव, पृथ्वी पर ऐसा

---

३. वाल्मीकि रामायण, ध्यान श्लोक (स्मार्त सम्प्रदाय)
४. वही, ३.४३.५-८

विचित्र रत्नमय मृग कहीं भी दिखाई नहीं देता, अतः यह निःसन्देह माया ही है।''

सीता सहित राम की सेवा करना ही सुमित्रानन्दन के जीवन का एकमात्र उद्देश्य था। रावणवध के उपरान्त देवताओं के साथ स्वर्ग से आकर पिता दशरथ ने उन्हें आशीर्वाद देते तथा उनकी प्रशंसा करते हुए कहा था –

अवाप्तंधर्माचरणं यशश्च विपुलं त्वया।
एवं शुश्रूषताव्यग्रं वैदेह्या सह सीतया।।[५]

–''हे वत्स! तुमने वैदेही सीता के साथ शान्तभाव से इन रामचन्द्र की सेवा करते हुए सम्पूर्ण धर्म तथा महान् यश प्राप्त किया है।''

श्री रामानुज के जीवन का भी एकमात्र उद्देश्य श्री नारायण-सेवा ही था। जब तमस् प्रकृति के समाज-नेताओं ने, अहंकार में उन्मत्त होकर, रावण द्वारा सीता के हरण के समान ही मानव-हृदय से भगवद्भक्ति का अपहरण कर लिया था, तब श्री रामानुज ने वास्तविक लक्ष्मण के समान भक्ति-सीता के उद्धार हेतु आजीवन पाखण्डियों के साथ युद्ध करते हुए, अन्ततः सफलता प्राप्त की थी। उन्होंने नारायण के अंक में श्री को बैठाकर श्रीहीन भारत में पुनः समृद्धि का आनयन किया था। श्री के साथ नारायण का नित्य सम्बन्ध जोड़कर उन्होंने महर्षि वाल्मीकि के ही वाक्य को प्रमाणित किया है। आदि कवि ने बन्दी के मुख से गवाया है – ''श्रीश्च धर्मश्च काकुत्स्थ त्वयि नित्यं प्रतिष्ठितौ''[६] – हे सूर्यकुलनन्दन, ऐश्वर्य और धर्म आपमें नित्य प्रतिष्ठित हैं।

श्री सम्प्रदाय के प्रवर्तक महात्मा ने अपनी असाधारण धीशक्ति तथा अकाट्य युक्तियों की सहायता से इसी बात को स्पष्ट रूप से समझाया है। जैसे लक्ष्मण धर्म के विग्रह-स्वरूप थे, वैसे ही श्री रामानुज भी धर्मप्राण थे – यह उनकी जीवन-लीला का अनुसरण करने से अनायास ही समझा जा सकेगा। लक्ष्मण के समान ही वे भय तथा प्रलोभन के परे निवास करते थे।

---

५. वही, ६.११९.३३
६. वही, ७.३७.९

अध्याय ३

यादवप्रकाश

सर्व-सुलक्षण-सम्पन्न श्री रामानुज ने जब अपनी आयु के १६वें वर्ष में पदार्पण किया, तो उनके पिता श्री आसुरी केशवाचार्य ने उन्हें विवाह-शृंखला में आबद्ध करने का निश्चय किया। शीघ्र ही एक सर्वांग सुन्दरी कन्या के साथ उनका विवाह सम्पन्न हुआ। पिता, माता, सगे-सम्बन्धियों तथा पड़ोसियों के आनन्द की सीमा न रही। दीन-दरिद्र भरपेट भोजन पाकर निहाल हो गए। पूरे सप्ताह भर उत्सव चलता रहा। नववधू का मुख देखकर देवी कान्तिमती तथा उनके स्वामी ने परम सन्तोष का अनुभव किया। एक महीने तक सभी इसी प्रकार सांसारिक आनन्द का उपभोग करते रहे, उसी समय विधाता के चिरन्तन नियमानुसार सुख के बाद दुःख का आगमन हुआ। वृद्ध केशवाचार्य ने भीषण रोग से आक्रान्त होकर शीघ्र ही अपनी इहलीला का संवरण कर लिया। आचार्य-परिवार मेघाच्छन्न पूर्णिमा की रात के समान शोक से म्लान हो उठा। विपुल आनन्द के बीच दुःख का आघात और भी तीव्रतर प्रतीत हुआ। कविगुरु वाल्मीकि के हृदय को पीड़ा देनेवाली क्रौंचवधू के समान ही कान्तिमती बिल्कुल अधीर हो उठीं। पितृहीन रामानुज भी कुछ काल के लिये शोकविह्वल हो पड़े, परन्तु प्रज्ञा के सहारे उन्होंने धीरे धीरे अपने को सँभालने का प्रयास किया। वे बाहर से किंचित् शान्त होकर अपनी माता को सान्त्वना प्रदान करने लगे।

शीघ्र ही सम्बन्धियों की सहायता से पिता की अन्त्येष्टि सम्पन्न कर वे घर लौटे। यथासमय श्राद्ध आदि भी पूरा हुआ। तदुपरान्त वे कुछ दिन श्री पेरम्बुदुर में जाकर रहे, मगर उनकी माता तथा उन्हें वहाँ शान्ति न मिलने पर उन्होंने कांचीपुर जाने का निश्चय किया। तदनुसार रामानुज ने उक्त नगरी में

एक मकान का निर्माण कराया और सपरिवार वहीं जाकर निवास करने लगे। कालक्रम से उनका शोकावेग शान्त हुआ।

उन दिनों कांची नगरी में यादवप्रकाश नामक एक सुविख्यात अद्वैतवादी आचार्य अपने अनेक शिष्यों के साथ निवास करते थे। उनके पाण्डित्य पर सभी मुग्ध हो जाते। अदम्य विविदिषा (ज्ञानपिपासा) के कारण रामानुज भी शीघ्र उन्हीं के शिष्य हो गए। नए शिष्य का रूप-लावण्य तथा मुखमण्डल पर प्रतिभा की छाप देखकर यादवप्रकाश बड़े ही प्रसन्न हुए। अति अल्प काल में ही रामानुज उनके प्रधान शिष्य के रूप में परिगणित होने लगे और उनके अतिशय प्रीतिभाजन हुए।

परन्तु यह प्रीति अधिक काल नहीं टिक सकी। यादवप्रकाश अद्वितीय प्रतिभाशाली थे। उनके द्वारा प्रतिपादित अद्वैतवाद आज भी 'यादवीय सिद्धान्त' के नाम से विख्यात है। वे एक प्रकार के शुद्धाद्वैतवादी थे, परन्तु ईश्वर का साकार रूप नहीं मानते थे। उनके मतानुसार जगत् ईश्वर की परिवर्तनशील, नित्य-नश्वर विराट् मूर्ति है। इसके पीछे जो देश-काल-निमित्त से अतीत, अक्षर सच्चिदानन्द सत्ता है, वही उसकी स्वराट् सत्ता है और वही स्वीकार करने तथा जानने के योग्य है। पूज्यपाद शंकराचार्य के समान वे विराट् को माया अथवा रज्जु को सर्प का विवर्त, एक में अन्य का बोध नहीं कहते थे। जगत् उनकी दृष्टि में मरीचिका के समान निराधार तथा पूर्णतः महत्त्वहीन नहीं, बल्कि ईश्वर का ही एक नित्य परिवर्तनशील स्वरूप लगता था। सतत अस्थिर होने के कारण ही यह हेय है तथा सतत स्थिर होने के कारण स्वराट् स्वरूप ग्रहणीय है। विराट्दर्शी आत्मा जीव है और स्वराट् आत्मा ही ब्रह्म है।

भक्तिमय रामानुज दास्यभाव की प्रतिमूर्ति थे। अतः यादवीय सिद्धान्त उनके लिये कभी प्रीतिकर नहीं हो सकता था। परन्तु गुरु की गौरवरक्षा के लिये वे कभी उनकी शिक्षा का दोष बताने का दुस्साहस नहीं करते थे। इच्छा होने पर भी वे उसका दमन कर डालते थे।

एक दिन प्रातःकाल का पाठ समाप्त हो जाने पर जब शिष्यगण मध्याह्न का भोजन करने अपने अपने घर चले गए, तो यादवप्रकाश ने अपने परमप्रिय शिष्य रामानुज को अपने शरीर पर तेल मल देने का आदेश दिया। उस समय भी एक शिष्य पाठ के दुरूह अंशों को समझने के लिये गुरुदेव से प्रश्न कर रहे थे। वे छान्दोग्य उपनिषद् का अध्ययन करते थे। उसके प्रथम अध्याय के

छठें खण्ड के सातवें मंत्र के पूर्वांश में जो 'कप्यासम्' शब्द आया है, उसी का ठीक ठीक अर्थ शिष्य को हृदयंगम नहीं हो पा रहा था। वह मंत्रांश इस प्रकार है – "तस्य यथा कप्यासं पुण्डरीकमेवमक्षिणी।" यादव पूज्यपाद शंकराचार्य के मतानुसार 'कप्यासम्' शब्द का अर्थ बन्दर के अधोभाग से लगाकर मंत्रांश की इस प्रकार व्याख्या करने लगे, "उन स्वर्णिम पुरुष के दोनों नेत्र बन्दर के अधोदेश के सदृश लाल कमल के तुल्य है।" यह असंगत हीन-उपमायुक्त व्याख्या सुनकर तैलमर्दन में निरत रामानुज का कोमल व भक्तिपूर्ण हृदय विगलित हुआ और नेत्रों से अश्रु के रूप में अग्निशिखा के समान प्रवाहित होकर यादव के जाँघ पर गिर पड़ा। ज्वलन्त अंगारे के समान तप्त अश्रुधारा के स्पर्श से यादव चौंक गए और दृष्टि उठाकर देखने पर उनके लिये समझना बाकी नहीं रहा कि यह अंगारा नहीं, अपितु उनके प्रिय शिष्य रामानुज की गरम अश्रुधारा है। जब उन्होंने विस्मयपूर्वक शिष्य से दुःख का कारण पूछा, तो रामानुज बोले, "भगवन्, आपके समान महानुभाव के मुख से ऐसी असंगत व्याख्या सुनकर मैं मर्माहत हुआ हूँ। सर्वमंगलमय, अखिल सौन्दर्य के आधार, सच्चिदानन्दमय विग्रह, परात्पर भगवान के साथ बन्दर के अधोप्रदेश की तुलना कितना असम्भाव्य व पापजनक लगता है, यह किस मुख से कहूँ? आपके समान प्राज्ञ के मुखारविन्द से ऐसा दुरर्थ सुनने की आशा मुझे कभी न थी।"

यादव ने कहा, "वत्स, तुम्हारी दाम्भिकता से मेरे हृदय को असीम पीड़ा हुई है। ठीक है, क्या तुम इससे उत्तम व्याख्या कर सकोगे?" रामानुज बोले, "आपके आशीर्वाद से सब कुछ सम्भव हो सकता है।" किंचित् घृणासूचक हास्य के साथ गुरु ने कहा, "अच्छी बात है, तुम अपना नया अर्थ बताओ, थोड़ा हम भी सुनें। लगता है कि तुम शंकराचार्य के भी ऊपर उठ जाना चाहते हो।" रामानुज अति विनयपूर्वक फिर कहने लगे, "प्रभो, आपके आशीर्वाद से सब सम्भव है। 'कप्यासम्' शब्द से यदि बन्दर के अधोभाग का अर्थ न लगाकर 'कं जलं पिबतीति कपिः सूर्यः' और अस् धातु विकसनार्थक होने के कारण 'विकसित' अर्थ सिद्ध करना अच्छा होगा। इससे पूरे 'कप्यासम्' शब्द का अर्थ 'सूर्य द्वारा प्रस्फुटित' निकलता है। अतः उक्त मंत्रांश का अर्थ इस प्रकार होगा, "उन स्वर्णिम सवितृमण्डल-मध्यवर्ती पुरुष के दोनों नेत्र सूर्य द्वारा प्रस्फुटित पद्म के समान सुन्दर हैं।"

ऐसा अर्थ सुन यादव ने कहा, "यह मुख्यार्थ नहीं, गौणार्थ मात्र है। अस्तु, इसमें तुम्हारा विशेष व्याख्या-कौशल है।"

इस घटना के बाद शिक्षक ने रामानुज को एक महा द्वैतवादी भगवद्भक्त मान लिया और उनके प्रति उनके लगाव में भी किंचित् न्यूनता आ गई।

एक अन्य दिन तैत्तिरीय उपनिषद् के "सत्यं ज्ञानमनन्तं ब्रह्म"[१] – मंत्र का अर्थ बताते समय यादवप्रकाश ने ब्रह्म को सत्यस्वरूप, ज्ञानस्वरूप तथा आनन्दस्वरूप कहकर व्याख्या की, तो श्री रामानुज इसका प्रतिवाद करते हुए बोले, "ब्रह्म सत्यधर्म विशिष्ट हैं, असत्य-धर्मविशिष्ट नहीं, ज्ञान ही उनका धर्म है अज्ञान नहीं और वे अनन्त हैं सान्त नहीं। वे सत्य, ज्ञान और अनन्त गुणों के गुणी हैं। इन्हें उनका स्वरूप कहना किसी प्रकार युक्तिसंगत नहीं है, वैसे ही जैसे कि देह मेरा है, मैं देह नहीं हूँ।" यह व्याख्या सुनकर अध्यापक रोषपूर्वक बोले, "रे धृष्ट बालक, यदि तू मेरी व्याख्या नहीं सुनना चाहता, तो फिर यहाँ आता ही क्यों है? अपने घर एक नयी पाठशाला क्यों नहीं खोल लेता?" फिर थोड़े शान्त होकर बोले, "तुम्हारी व्याख्या आचार्य शंकर या किसी अन्य पूर्व गुरु के मतानुरूप नहीं है। अत: आगे कभी ऐसी धृष्टता मत दिखाना।"

रामानुज स्वभाव से ही अतिविनम्र तथा गुरुभक्त थे। पाठ के दौरान वे यथासाध्य मौन धारण किए रहने का प्रयास करते थे। प्रतिवाद करना उनका बिल्कुल भी अभिप्रेत न था। परन्तु क्या करें, जब वे देखते कि अध्यापक की व्याख्या से सत्य का अवरोध हो रहा है, तो वे सत्यप्राणता के वशीभूत होकर अनिच्छा होते हुए भी उनका प्रतिवाद कर बैठते। यादव यद्यपि उनकी आपत्तियों को अन्य शिष्यों के समक्ष तुच्छ कहकर उड़ा देते थे, तथापि क्रमश: रामानुज के प्रति उनके मन में एक तरह की भीति उत्पन्न होने लगी। उन्होंने सोचा कि हो सकता है कि यह बालक भविष्य में अद्वैतमत का खण्डन कर द्वैतमत की स्थापना करे। इसके हाथ से कैसे छुटकारा पाया जाय? सनातन अद्वैतमत की रक्षा के लिये इसका प्राणनाश तक करना उचित है। वे केवल अद्वैतमत के प्रति अगाध प्रीति के कारण ही इस पाशवी निष्कर्ष पर पहुँचे हों, ऐसी बात नहीं; प्रबल ईर्ष्या ही इसका मूल कारण था। कवि का कहना है–

प्रकृतिः खलु सा महीयसः
सहते नान्य समुन्नतिं यया।।[२]

---

१. तैत्तिरीय उपनिषद्, २.१

२. भारवीकृत किरातार्जुनीय, २.२१ (उत्तरार्ध)

अनुहुंकुरुते घनध्वनिं
न तु गोमायुरुतानि केसरी ।।[३]

– "दूसरों की उन्नति सहन न करना ही तथाकथित महान् लोगों का स्वभाव है। सिंह मेघों के गर्जन पर ही प्रतिनाद करता है, गीदड़ों के शोर पर नहीं।" वैसे यह सच्चे महात्मा का लक्षण नहीं है। वे तो "तुल्यनिन्दास्तुतिर्मौनी सन्तुष्टो येन केनचित्"[४] – निन्दा-स्तुति में समभाव रखनेवाले, मौन तथा जो मिले उसी में सन्तुष्ट रहते हैं। कोई भी उनका शत्रु-मित्र नहीं होता। वे सबके मंगल की कामना करते हैं। वे चिर सन्तुष्ट और सर्वत: पूर्ण होते हैं। कवि तो यहाँ लौकिक महात्माओं की बात कह रहे हैं, जिन्हें हम 'बड़े आदमी' की आख्या दिया करते हैं, जो तमोगुण के प्रभाव से सोचा करते हैं – "कोऽन्योऽस्ति सदृशो मया"[५] – "मेरे समान दूसरा कौन है।"

यादवप्रकाश भी इसी प्रकार के 'बड़े आदमी' थे। अत: यदि उनके ईर्ष्यापूर्ण हृदय में रामानुज के वध की कामना हुई हो, तो इसमें आश्चर्य की क्या बात है? यद्यपि उन्होंने अपनी अतुल्य धीशक्ति की सहायता से वेदान्त के कूट तर्कों पर अधिकार कर लिया था, यद्यपि वे "ब्रह्म सत्यं जगत् मिथ्या" – को सबके समक्ष स्पष्ट रूप से प्रमाणित कर सकते थे, यद्यपि उनकी यशप्रभा पूरे कांचीपुर में व्याप्त थी, यद्यपि उनके शिष्य उन्हें शंकर की प्रतिमूर्ति मानकर पूजते थे, तथापि साधना के अभाव-दोष से उनका ज्ञान केवल शब्दों तक ही सीमित था; वे क्षुधा-पिपासा आदि वासनाओं के दासत्व से स्वयं को मुक्त करने में समर्थ नहीं हो सके थे।

एक दिन यादव ने अन्य शिष्यों को एकान्त में बुलाकर कहा, "देखो, तुम सभी मेरी व्याख्या में कोई दोष नहीं पाते, परन्तु यह धृष्ट रामानुज जब-तब मेरे अर्थों का प्रतिवाद करता रहता है। केवल बुद्धिमान होने से क्या होगा, उसका मन तो द्वैतवाद के पाखण्ड से परिपूर्ण है। इस पाखण्डी के हाथ से छुटकारा पाने का क्या उपाय हो सकता है?" एक शिष्य ने कहा, "उसे पाठशाला आने से मना कर देना ही काफी होगा।" इस पर दूसरे

---

३. माघ कृत शिशुपालवध, १६.२५ (उत्तरार्ध)

४. गीता, १२.१९

५. वही, १६.१५

शिष्य ने प्रतिवाद करते हुए कहा, ''फिर तो गुरु महाशय को जो भय है, वही होगा अर्थात् रामानुज अपनी एक पाठशाला खोलकर द्वैतवाद का प्रचार करने लगेगा। पहले ही वह 'सत्यं ज्ञानमनन्तं ब्रह्म' मंत्र की एक विस्तृत टीका लिखकर उसमें अद्वैतमत का खण्डन कर चुका है, क्या तुमने सुना नहीं?''

वास्तव में रामानुज तब तक उस मंत्र की विशद सुविस्तृत टीका लिखकर बुधमण्डली के अतिशय प्रिय हो चुके थे। थोड़ी देर इसी प्रकार वाद-विवाद के बाद सबने मिलकर निश्चित किया कि रामानुज के प्राणनाश के सिवा दूसरा कोई उपाय नहीं है। यह निश्चित हो जाने के बाद अब इस बात पर मंत्रणा होने लगी कि कैसे किसी के जाने बिना यह कार्य सहज ही सम्पन्न हो जाय। अन्त में यादव ने कहा, ''चलो, हम सभी कलुषनाशिनी गंगा में स्नानकर अपना सारा मालिन्य दूर करने तीर्थयात्रा पर जायेंगे। तुम लोग रामानुज से भी यह बात कहो और विशेष प्रयास करो कि वह भी हमारे साथ चले। इस तीर्थयात्रा का उद्देश्य और कुछ नहीं, बस उस पाखण्डी के हाथ से छुटकारा पाना है। रास्ते में उसकी इहलीला समाप्त करने के बाद हम भागीरथी में स्नान करके अनायास ही इस पाप के फल से मुक्त हो जायेंगे। और अद्वैतमत का काँटा भी निकल जायेगा।'' अध्यापक की युक्तिपूर्ण बातें सुनकर शिष्यगण बड़े प्रसन्न हुए और तदनुसार वे रामानुज को भागीरथी-स्नान के पुण्य का लोभ दिखाने चल पड़े।

हम पहले ही बता आए हैं कि रामानुज के गोविन्द नामक एक मौसेरे भाई थे। वे रामानुज को प्राणों से भी प्रिय मानते थे। जब आचार्य का परिवार श्री पेरम्बुदुर से कांचीपुर में आकर निवास करने लगा, तो गोविन्द भी आकर उन्हीं के साथ रहते थे। वे रामानुज के समवयस्क थे और उन्हीं के साथ यादवप्रकाश की पाठशाला में अध्ययन कर रहे थे। बाकी छात्रों ने रामानुज को भागीरथी-यात्रा पर जाने को राजी कर लिया। अतः कहना न होगा कि गोविन्द भी अतीव आग्रह के साथ जाने को तैयार हुए।

शुभ दिन-काल देखकर यादव अपनी शिष्य-मण्डली के साथ तीर्थ करने आर्यावर्त की ओर चल पड़े। पुत्र-बिछोह की असीम पीड़ा का बोध होने पर भी धर्मशील कान्तिमती अपने पुत्र के सत्कर्म अनुष्ठान में बाधक नहीं हुईं। कुछ दिन चलने के बाद यादव अपने शिष्यों के साथ विन्ध्याचल के पादप्रदेश में स्थित गोंडारण्य में पहुँचे। वहाँ लोगों का आवागमन इतना विरल था कि उसे निर्जन कहना ही उपयुक्त होगा। स्थान-काल की उपयुक्तता देखकर दुर्वृत्त

अध्यापक ने अपने शिष्यों से उस नृशंस कार्य के सम्पादन हेतु तैयार हो जाने को कहा। गोविन्द को यह जानकारी मिल गई थी, परन्तु सरल स्वभाव रामानुज को इस षड्यंत्र का जरा-सा भी आभास नहीं मिला। क्या उनके निर्मल, स्नेहपूर्ण कोमल हृदय में कभी किसी भयंकर दानवोचित भाव को प्रश्रय मिल सकता था? पवित्र व्यक्ति सबको पवित्र ही समझते हैं।

एक दिन रामानुज तथा गोविन्द पथ के किनारे एक सरोवर में पाँव धोने गए थे। वहीं गोविन्द ने एकान्त पाकर रामानुज को सब कुछ बता दिया। किस प्रकार ये नराधम तीर्थदर्शन के बहाने लाकर उनका वध करने को कटिबद्ध हैं, यह विशेष रूप से समझाने के बाद गोविन्द ने कहा, "ये दुराचारी शीघ्र ही निर्जन वन में तुम्हें मार डालेंगे, अतः तुम पीछे जाकर कहीं छिप जाओ।" यह कहने के बाद गोविन्द जाकर अन्य शिष्यों में मिल गए। थोड़ी देर बाद यादवप्रकाश को पता चला कि रामानुज शिष्यों के बीच उपस्थित नहीं है। सब मिलकर उनकी खोज में लग गए। परन्तु उस निर्जन, वृक्ष-लताओं से परिपूर्ण घने वन के भीतर किसी को उनका कोई सुराग नहीं मिला। वे लोग उच्च स्वर में उनका नाम लेकर उन्हें चारों ओर पुकारने लगे, परन्तु उनका उत्तर नहीं मिला। अन्त में सभी यह समझकर बड़े आनन्दित हुए कि रामानुज अवश्य ही किसी हिंस्र जन्तु का शिकार हो गया है। गोविन्द को उनका सम्बन्धी जानकर केवल उसे दिखाने के लिये ही, वे लोग बाहर से शोक का अभिनय करने लगे। यादव अपने उपदेशों के द्वारा शिष्यों को जीवन की असारता समझाने लगे और 'इस दुनिया में कोई किसी का नहीं है' – कहकर गोविन्द को दिलासा देने लगे। ईर्ष्या मनुष्य को पशु से भी गया-बीता बना देती है, अध्यापक यादवप्रकाश का जीवन इसका एक सच्चा दृष्टान्त है।

अध्याय ४

व्याध-दम्पति

गोविन्द के मुख से वह हृदयविदारक, भयानक तथा अशुभ समाचार सुनकर रामानुज क्षण भर के लिये तो किंकर्तव्यविमूढ़ रह गए। जगत् उन्हें अन्धकारमय प्रतीत होने लगा। क्षण भर बाद उन्होंने देखा कि उनके प्रिय मित्र गोविन्द भी उन्हें छोड़कर तेज कदमों के साथ यादव के शिष्यों में मिल जाने के लिये चले जा रहे हैं। रात होने में बस आधे घण्टे की देरी थी। उस निर्जन वन में एकाकी तथा नि:सहाय १८ वर्षीय रामानुज क्या करें, यह निश्चित नहीं कर पाए। पहले तो उन्होंने सोचा – गोविन्द को पास बुलाऊँ, फिर विचार आया कि इससे बाकी शिष्य भी जान जाएँगे। गोविन्द धीरे धीरे चलकर वृक्षों के पीछे अदृश्य हो गए। तभी उनमें एक अभूतपूर्व ओज का संचार हुआ और भीतर से मानो कोई कह उठा, "भय कैसा? नारायण तो हैं ही।"

रामानुज ने अब विलम्ब न करके अपने दस्यु-स्वभाव सहपाठियों से बचने के लिये मार्ग छोड़ दिया और दक्षिण की ओर के गहन वन में प्रवेश किया। एक बार भी पीछे मुड़कर देखे बिना ही वे लगातार तेजी के साथ दो प्रहर (छह घण्टे) चलते रहे। बीच बीच में मानो कोई उनका नाम लेकर उच्च स्वर में पुकार रहा था, जिसे सुनकर उनकी गति और भी बढ़ जाती थी। आखिरकार भूख, प्यास तथा थकान से अचल होकर वे एक वृक्ष के नीचे बैठ गए। बैठने में भी कष्ट हो रहा था, अत: वे लेट गए और सर्वसन्ताप-हारिणी निद्रादेवी की गोद में जाकर सब भूल गए। जागने पर पता चला कि अपराह्न हो चुका है और निशानाथ अस्ताचल की ओर उन्मुख हैं। उनमें भूख तथा थकान का नामो-निशान तक न था और शरीर में काफी बल का बोध हो रहा था। उन्होंने त्रितापहारी हरि को हृदय से धन्यवाद दिया।

हाथ-पाँव तथा मुख धोने के बाद रामानुज सोच रहे थे कि अब वे किस ओर जाएँ। तभी उन्होंने देखा कि एक व्याध-दम्पति उन्हीं की ओर चला आ रहा है। निकट पहुँचकर व्याध की पत्नी ने उनसे पूछा, ''बेटा, तुम इस निर्जन वन में अकेले कैसे बैठे हो? क्या तुम रास्ता भूल गए हो? देखने में तो ब्राह्मण की सन्तान लगते हो, तुम्हारा घर कहाँ है?''

रामानुज बोले, ''मेरा घर यहाँ से बहुत दूर है। क्या तुमने दक्षिण देश के कांचीपुर का नाम सुना है? वहीं।''

यह सुनकर व्याध ने कहा, ''दस्युओं से आक्रान्त इस भयानक वन में तुम कैसे आए? यहाँ से तो दिन में भी कोई यात्रीदल गुजरने का साहस नहीं जुटा पाता। इसके अतिरिक्त यहाँ हिंस्र जन्तु भी सर्वदा निर्भयतापूर्वक घूमते रहते हैं। कांचीपुर को मैं जानता हूँ। हम लोग भी उसी ओर जा रहे हैं। इस भयानक जंगल में तुम्हें एकाकी देखकर हम तुम्हारी खोज-खबर लेने चले आए।''

रामानुज ने पूछा, ''तुम्हारा घर कहाँ है और तुम किस हेतु कांचीपुर जा रहे हो?''

व्याध कहने लगा, ''विन्ध्याचल के पादप्रदेश में स्थित किसी वन्य ग्राम में मेरा जन्म हुआ था। आजीविका के लिए हमने पूरा जीवन व्याध के रूप में नृशंसतापूर्वक बिताया है – यही सोचकर हम दोनों पारलौकिक कल्याण के लिए तीर्थ-दर्शन को निकले हैं। हमारी कांचीपुर होते हुए रामेश्वरम् जाने की इच्छा है। अच्छा हुआ कि तुम्हारे समान सत्पुरुष का संग मिल गया। लगता है तुम रास्ता भूल गए हो, पर डरने की बात नहीं। सर्वजनशरण परमेश्वर मानो तुम्हारी रक्षा के लिये ही तुम्हें इस ओर ले आए हैं।''

कृष्णवर्ण, दीर्घकाय तथा लाल नेत्रोंवाले व्याध को देखकर पहले तो रामानुज थोड़े भयभीत हुए थे, परन्तु उसके मुख पर एक प्रकार की स्नेहमिश्रित गम्भीरता एवं चित्ताकर्षक मधुरता और उसकी पत्नी की सरलता देखकर धीरे धीरे रामानुज के हृदय का संशय दूर हुआ और वे उन दोनों के साथ चलने को सहमत हुए। दिन ढलने में अब देर न थी। व्याध ने कहा, ''चलो, हम शीघ्रतापूर्वक इस वन्य प्रदेश को पार कर लें। थोड़ी दूर पर एक बड़ी अन्तःसलिला नदी है, उसी के तट पर आज हम रात बिताएँगे।'' घण्टे भर चलकर वे लोग नदीतट पर जा पहुँचे। व्याध ने वहाँ कुछ लकड़ियाँ एकत्र करके आग जला दी और निकट की ही थोड़ी-सी भूमि

समतल करने के बाद उसने रामानुज को वहाँ विश्राम करने को कहा। उसी के एक किनारे पर वह स्वयं भी अपनी पत्नी के साथ लेट गया।

व्याध से उसकी पत्नी ने कहा, "मुझे बड़े जोर की प्यास लगी है, यहाँ कहीं जल मिले, तो खोजकर लाओगे?" व्याध बोला, "रात हो गई है। अब यहाँ से उठना ठीक नहीं होगा। यहाँ से थोड़ी ही दूरी पर एक सुन्दर सीढ़ियोंवाला कुँआ है। कल प्रात:काल उसका निर्मल जल पीकर तुम अपनी प्यास मिटाना।" व्याध-पत्नी सहमत हुई।

अगले दिन सुबह उठकर रामानुज ने प्रात:कृत्य समाप्त किया और व्याध-दम्पति के पीछे पीछे चल पड़े। शीघ्र ही वे उस कूप के निकट जा पहुँचे। रामानुज ने सीढ़ियों से नीचे उतरकर हाथ-मुँह धोया और शीतल निर्मल जल से अपनी तृष्णा मिटाने के बाद उन्होंने अंजलि में पानी लाकर व्याध-पत्नी को पिलाया। इस प्रकार तीन बार अंजलि भर-भरकर पानी लाने पर भी व्याध-पत्नी की पिपासा शान्त नहीं हुई। वे जब चौथी बार जल लेकर ऊपर आए, तो उन्होंने देखा कि वहाँ कोई भी नहीं है। इधर-उधर दृष्टि फिराकर देखने पर भी उनका कोई चिह्न उन्हें दृष्टिगोचर नहीं हुआ। उनकी समझ में नहीं आया कि इन दो-चार मिनटों के भीतर ही वे लोग कहाँ लुप्त हो गए। बाद में वे इस निष्कर्ष पर पहुँचे कि ये लोग मनुष्य नहीं, देवता थे। व्याध-दम्पति के रूप में लक्ष्मी-नारायण ही उन्हें पथ दिखाने तथा रक्षा करने आए थे। उन्होंने समीप ही मन्दिर का कलश तथा अनेक मकानों को देखकर अनुमान लगाया कि वह कोई नगर होगा।

निकट से होकर गुजरते एक यात्री को देखकर उन्होंने पूछा, "महाशय, इस स्थान का क्या नाम है?" पथिक ने विस्मयपूर्वक उनके मुख की ओर निहारते हुए कहा, "क्यों जी, तुम आकाश से उतरे हो क्या, जो इस सुविख्यात कांची नगरी को नहीं पहचानते? वेशभूषा से तो तुम इधर के ही लगते हो, परन्तु बातें परदेशियों के समान कर रहे हो। क्या तुम महात्मा यादवप्रकाश के शिष्य नहीं हो? मैंने तो तुम्हें कितनी ही बार इसी कांचीपुरी में देखा है। यह जो कुँआ देख रहे हो, जिसके जल से तुमने हाथ-मुँह धोया है, जिसके निकट वह विशालकाय प्राचीन वृक्ष विद्यमान है, इसके विषय में शायद तुम नहीं जानते। इसका नाम शालकूप है। इसका जल त्रितापनाशक है, अत: अनेक स्थानों से लोग इसे तीर्थ मानकर इसका जल पीने को आया करते हैं।"

इतना कहकर वह पथिक चला गया। रामानुज निद्रा से उठे हुए के समान थोड़ी देर तक कुछ समझ न सके और अवाक् खड़े रहे। पर दूसरे ही पल व्याध-दम्पति का स्मरण हो आने से उनकी जड़ता दूर हुई। इस विषय में उन्हें कोई सन्देह न रहा कि लक्ष्मी-नारायण की अपार कृपा से ही उनकी प्राणरक्षा हो सकी है। प्रेमविह्वल चित्त से अश्रुपात करते हुए वे श्रीमन्नारायण की इस प्रकार वन्दना करने लगे –

ॐ नमो ब्रह्मण्यदेवाय गोब्राह्मणहिताय च।
जगद्धिताय कृष्णाय गोविन्दाय नमो नमः ।।[१]

---

१. श्री विष्णु पुराण, १.१९.६५

अध्याय ५

पुनः स्वजनों के बीच

भगवत्प्रेम में उन्मत्त होकर रामानुज बारम्बार उस शालकूप की प्रदक्षिणा करने लगे और चारों तरफ इस आशा के साथ देखते रहे कि सम्भव है श्री और हरि पुनः व्याध-दम्पति के रूप में प्रकट होकर उनके नयन-मन को सार्थक करें। सुबह हुए लगभग एक घण्टा बीत चुका था। नगर की ओर से दो-चार महिलाएँ बगल में कलश दबाए जल लेने उसी कूप की दिशा में चली आ रही थीं। कांचीपुर वहाँ से प्रायः एक मील दूर था। पूर्व, पश्चिम तथा उत्तर की ओर वृक्ष-लताओं से आच्छादित वन होने के कारण वहाँ लोगों का आवागमन अति विरल था। अतः उस निर्जन स्थान में रामानुज उन्मुक्त हृदय के साथ अपने प्राणास्पद प्रभु की अपार महिमा का कीर्तन करते हुए उसका पूर्ण रूप से रसास्वादन करने लगे। उन्होंने कुन्ती के मधुर स्तव के साथ प्रभु की वन्दना की –

कृष्णाय वासुदेवाय देवकीनन्दनाय च।
नन्दगोपकुमाराय गोविन्दाय नमो नमः।।
नमः पंकजनाभाय नमः पंकजमालिने।
नमः पंकजनेत्राय नमस्ते पंकजाङ्घ्रये।।[१]

– "कृष्ण, वासुदेव, देवकीनन्दन, नन्दकुमार, गोविन्द को मेरा बारम्बार प्रणाम है। कमलनाभ, कमलनयन, कमलचरण तथा कमलमाला-धारी प्रभु को मैं बारम्बार प्रणाम करता हूँ।"

इसके उपरान्त वे कुन्ती के ही समान प्रभु के पादपद्मों में प्रार्थना करने लगे –

---

१. श्रीमद्भागवतम्, १.८.२१-२२

विपदः सन्तु नः शश्वत्तत्र तत्र जगद्गुरो।
भवतो दर्शनं यत्स्याद् अपुनर्भवदर्शनम्।।
जन्मैश्वर्यश्रुतश्रीभिरेधमानमदः पुमान्।
नैवार्हत्यभिधातुं वै त्वामकिञ्चनगोचरम्।।
नमोऽकिञ्चनवित्ताय निवृत्तगुणवृत्तये।
आत्मारामाय शान्ताय कैवल्यपतये नमः।।[२]

– "हे जगद्गुरो! तुम्हारी कृपा से हमारे जीवन में सर्वदा विपत्तियाँ आती रहें, क्योंकि विपत्तियों में ही तुम्हारे दर्शन हुआ करते हैं और तुम्हारा दर्शन हो जाने पर पुनर्जन्म से छुटकारा मिल जाता है। जो लोग ऐश्वर्य, रूप तथा विद्या के साथ उच्च कुल में जन्म लेकर स्वयं को बड़ा गौरवशाली मानते हैं, वे तुम्हारा नाम लेने के अधिकारी नहीं हैं, क्योंकि अकिंचन लोगों को ही तुम्हारे दर्शन मिलते हैं। हे प्रभो! इस जगत् में जिनके पास अपना कहने को कुछ भी नहीं है, उन सभी भक्तों के एकमात्र धन तुम्हीं हो। धर्म, अर्थ, काम के परे रहकर तुम सतत अपनी आत्मा में रमण करते हो। वासनाहीन होने के कारण तुम सर्व प्रकार से शान्त हो, अखिल जीवों के मुक्तिदाता हो, मैं तुम्हारी वन्दना करता हूँ।"

जब भाग्यवान रामानुज प्रेमविभोर होकर अश्रु-पुलक-कम्प आदि सात्त्विक विकारों से परिपूर्ण हो रहे थे, उसी समय बगल में कलश दबाए तीन स्त्रियाँ कुँए के निकट आ पहुँचीं। उन्हें देखकर रामानुज ने अपना भाव संवरण किया और स्वस्थ होकर कांची की ओर प्रस्थान किया।

माता कान्तिमती पुत्र के वियोग में रुदन कर रही थीं। उसी समय प्रिय पुत्र को सहसा सम्मुख देखकर पहले तो उन्हें अपनी आँखों पर विश्वास ही नहीं हुआ। परन्तु जब रामानुज ने उनके चरणों में अवनत होकर अपनी मधुर वाणी में कहा, "माँ, मैं आ गया। तुम कुशलपूर्वक हो न?" तब उनका सारा सन्देह दूर हो गया। उन्होंने पुत्र का मस्तक सूँघकर बैठाते हुए पूछा, "बेटा, तू इतनी जल्दी अकेले ही लौट आया? गोविन्द कहाँ है? सुना है कि गंगा-स्नान करके लौटने में छह महीने लग जाते हैं। तू क्या रास्ते से ही लौट आया है?" रामानुज ने आद्योपान्त सब कह सुनाया। यादवप्रकाश के षड्यंत्र की बात सुनकर वे बिल्कुल सिहर उठीं और ईश्वर

२. वही, १.८.२५-२७

की कृपा का स्मरण करते हुए पुत्र का मुख देखकर आनन्द से विह्वल हो उठीं।

वे नारायण का भोग तैयार करने तुरन्त पाकशाला में गईं। आनन्द में वे यह निश्चित नहीं कर पाईं कि क्या पकाएँ। चूल्हे के पास जाकर देखा, तो जलावन नहीं था। दो-तीन दिन पूर्व ही लकड़ियाँ समाप्त हो चुकी थीं। रामानुज घर में नहीं थे और नववधू भी पित्रालय को गई हुई थी, अत: भोजन किसके लिये बनता? उन्होंने थोड़ा-सा फल-मूल ही भगवान को निवेदित कर आहार करके दो दिन बिता दिये थे। अत: लकड़ी की बात वे बिल्कुल ही भूल गई थीं। विशेषकर आज उनका मन रामानुज के लिए अत्यन्त चंचल हो गया था और वे एकान्त में बैठकर रो रही थीं। घर की बातें उन्हें कुछ भी याद नहीं रह गई थीं। दासी अब तक आई न थी और पुत्र काफी भ्रमण करके लौटा है, अत: उसे कष्ट देना उचित न होगा, अत: वे स्वयं ही जाकर लकड़ियाँ खरीद लाने का विचार कर रही थीं। उसी समय उनकी छोटी बहन दीप्तिमती बहू के साथ दूसरे दरवाजे से घर में आईं और उन्हें प्रणाम करके कहने लगीं, "दीदी, तुम ठीक से हो न? दासी ने आकर समाचार दिया कि तुम आहार-निद्रा छोड़कर दिन-रात पुत्र के लिये रो रही हो। इसीलिए मैं तुम्हें देखने चली आई। चिन्ता की क्या बात है? नारायण तो हैं ही। वे बालक की रक्षा करेंगे। कितने ही लोग गंगास्नान करके लौट आते हैं। तुम निश्चिन्त रहो। रामानुज और गोविन्द के न लौट आने तक मैं तुम्हारे पास ही रहूँगी। मैं बहू को भी साथ ले आई हूँ। दासी स्वयं ही लकड़ी आदि खरीदकर...।" उनकी बात पूरी होने के पूर्व ही रामानुज ने आकर मौसी के चरणों में प्रणाम किया। सहसा भानजे को सामने पाकर दीप्तिमती के आनन्द की सीमा न रही। रामानुज को पकड़कर उठाते हुए उन्हों ने, "बेटा, चिरंजीवी रहो" कहकर आशीर्वाद दिया और गोविन्द के बारे में पूछकर सब कुछ जान लिया। बहन तथा बहू को पाकर कान्तिमती परम हर्षित हुईं। लज्जाशील बहू भी अप्रत्याशित रूप से पतिदेव का सान्निध्य पाकर आनन्दविभोर हो गई और उनके चरणों में अवनत होकर प्रेमाश्रु से उनका अभिषेक करने लगी। आचार्य के घर में उस समय मानो स्वर्ग ही उतर आया था।

इसी बीच दासी घी, चीनी, चावल, शाक, नमक, लकड़ी आदि रसोई की विविध सामग्रियाँ ले आई थी। दोनों बहनों ने परम प्रीति के साथ

नारायण के लिये अनेक प्रकार के भोग पकाए। नारायण को भोग निवेदन करने के पश्चात् रामानुज घर के बाहर आए। उन्होंने देखा कि उनके आगमन का समाचार पाकर श्री कांचिपूर्ण उन्हें देखने आए हैं और वहाँ प्रतीक्षा कर रहे हैं। जैसे पूर्णचन्द्र को देखकर समुद्र आनन्द से उत्फुल्ल होकर अपने असंख्य तरंगों रूपी करमाला उठाकर सुधाकर के करसमूह को प्रीतिपूर्वक ग्रहण करता है, उसी प्रकार श्री कांचिपूर्ण ने भी पुलकित-गात होकर अपने हाथों से प्रणाम को उद्यत रामानुज के हाथ पकड़ लिये और अपने शूद्रत्व का उल्लेख करते हुए परम प्रीति के साथ उन्हें उठाकर ऐसे लोकाचार-विरुद्ध कर्म से विरत किया। तब रामानुज उनसे बोले, ''मेरा परम सौभाग्य है कि आज आपका भी दर्शन प्राप्त हो गया। कृपा करके आज यहीं प्रसाद ग्रहण करें। सब कुछ तैयार है।'' श्री कांचिपूर्ण ने सहमति व्यक्त की।

पिता के परलोक-गमन के बाद से रामानुज के घर में उस दिन के जैसा आनन्द कभी नहीं मना था। गोविन्द की अनुपस्थिति के कारण यद्यपि दीप्तिमती को किंचित् क्षुब्ध होना चाहिये था, तथापि रामानुज के प्रति उनका ऐसा प्रगाढ़ स्नेह तथा नारायण की कृपा में ऐसा दृढ़ विश्वास था कि उनके मन में कणमात्र भी क्षोभ होना तो दूर, उस दिन उन्होंने ही सर्वाधिक आनन्द का उपभोग किया था।

अध्याय ६

राजकुमारी

श्री रामानुज ने अब घर में ही अपना अध्ययन जारी रखा। उन्होंने अपनी माता तथा मौसी को यादवप्रकाश के बारे में सारी बातें बताकर उन्हें गोपनीय रखने को कहा और स्वयं भी उन्हें किसी के सामने व्यक्त नहीं किया। यादवप्रकाश तीन माह बाद अपने शिष्यों के साथ कांचीपुर लौटे। गोविन्द के सिवा सभी शिष्य उनके साथ लौट आए थे। पुत्र के बारे में पूछताछ करने पर दीप्तिमती को पता चला कि रामानुज के वन में खो जाने के बाद बाकी तीर्थयात्री भारी हृदय से निरन्तर काशीधाम की ओर चलते रहे। आखिरकार बिना किसी विघ्न के गन्तव्य स्थान पर पहुँचने के बाद विश्वनाथ का दर्शन करके उन लोगों ने स्वयं को कृतार्थ माना। उन लोगों ने एक पखवारे तक वाराणसी में निवास किया। एक बार वहाँ गंगास्नान करते समय गोविन्द को जल के भीतर एक सुन्दर वाणलिंग प्राप्त हुआ। यादवप्रकाश ने उसे देखकर गोविन्द को अशेष धन्यवाद देते हुए कहा, "बेटा, उमापति तुम्हारे ऊपर अतीव प्रसन्न हैं और इस अमूल्य लिंग के रूप में तुम्हारी सेवा ग्रहण करने को स्वयं ही तुम्हारे समक्ष आए हैं। तुम प्राणपण से यत्नपूर्वक इनकी सेवा करो, तुम्हें भक्ति-मुक्ति दोनों ही प्राप्त होंगी।" गुरु के आदेश पर गोविन्द उसी दिन से शिव-सेवा-परायण हो गए। क्रमशः उनकी भक्ति ऐसी प्रगाढ़ हो गई कि कालहस्ती के समीप पहुँचकर उन्होंने अपने गुरु तथा सहपाठियों से कहा, "मैं अपने जीवन का शेष भाग उमापति की सेवा में ही बिताना चाहता हूँ। यह स्थान अतीव मनोरम तथा निर्जन है। यहीं रहकर मैं अपने इष्टदेव की उपासना करूँगा। आप लोग जाकर मेरी माता तथा मौसीजी को इसकी सूचना दे देंगे।" यह कहकर गोविन्द ने उन लोगों से विदा ली और निकट ही मंगलग्राम में एक जगह खरीदकर वहाँ अपने इष्टदेव की

स्थापना की। तदुपरान्त वे तन-मन से उनकी सेवा में समर्पित होकर समस्त पार्थिव बन्धनों से मुक्त हो गए।

पुत्र के ऐसे सौभाग्य की बात सुनकर दीप्तिमती के आनन्द का ठिकाना न रहा। वे सामान्य महिलाओं की भाँति पुत्रासक्त न थीं। उनकी भी ईश्वर में प्रगाढ़ प्रीति थी; अतः उनके मन में पुत्र के लिये क्षोभ का उदय तो हुआ ही नहीं, बल्कि उन्होंने सत्पुत्र की माता के रूप में स्वयं को कृतार्थ माना। बहन की अनुमति लेकर वे पुत्र को देखने मंगलग्राम गयीं और अपने आत्मज की भगवद्भक्ति देखकर परम सन्तुष्ट हुईं। अपने पुत्र को सीने से लगाने तथा आशीर्वाद देने के बाद वे पुनः बहन के पास लौट आईं।

यादवप्रकाश ने पुनः अपना अध्यापन-कार्य शुरू किया। रामानुज को देखकर पहले तो वे थोड़े भयभीत हुए, परन्तु यह सोचकर कि उसे तो उनके षड्यंत्र के बारे में कुछ भी ज्ञात नहीं है, उन्होंने मौखिक आनन्द व्यक्त करते हुए उनकी माता की उपस्थिति में कहा, "बेटा, तुम जीवित हो, इससे बढ़कर मेरे लिये सुख की क्या बात होगी! कैसे बताऊँ कि विंध्यारण्य में हम लोग तुम्हारी खोज में कितने परेशान हुए थे!" रामानुज ने उन्हें प्रणाम करते हुए कहा, "सब आपकी अनुकम्पा है।"

जो व्यक्ति समस्त मतों के ऊपर अपने मत की स्थापना कर सकता है, वह विभिन्न विषयों में चाहे जितना भी उन्नत क्यों न हो, उसे संकीर्ण ही होना पड़ेगा। यादवप्रकाश में असंख्य गुण थे, परन्तु अद्वैतवाद को अपनाकर वे अन्य मतों की सुन्दरता, मधुरता एवं सहजता के विषय में बिल्कुल अन्धे हो गए थे। आज रामानुज की विनम्रता एवं सुशीलता देखकर और अपने राक्षसी आचरण को यादकर वे अतीव लज्जित महसूस करने लगे। बाद में उन्होंने रामानुज से सस्नेह कहा, "बेटा, आज से तुम मेरे पास पढ़ने आना। ईश्वर तुम्हारा मंगल करें।" उसी दिन से रामानुज अध्ययन के लिये पुनः यादव की पाठशाला में जाने लगे।

इसके कुछ दिन बाद वृद्ध आलवन्दार श्री वरदराज का दर्शन करने की इच्छा से अपने अनेक शिष्यों के साथ कांचीपुर आए। एक बार श्री वरदराज का दर्शन कर लौटते समय महात्मा आलवन्दार ने देखा कि अद्वैतकेसरी यादवप्रकाश रामानुज के कन्धे पर हाथ रखे अपने अन्य शिष्यों के साथ चले आ रहे हैं। वृद्ध यामुनाचार्य रामानुज की सात्त्विक प्रभा, अतुल्य सुन्दरता तथा प्रतिभा-मण्डित मुख देखकर अत्यन्त आकृष्ट हुए। पूछने पर पता चला

कि यह युवक ही 'सत्यं ज्ञानमनन्तं ब्रह्म' मंत्र की भक्तिप्रधान सुविस्तृत व्याख्या का रचनाकार है। इस पर वे परम आनन्दित तो हुए, परन्तु शुष्क तार्किक यादव के सान्निध्य में उन्हें देखकर चिन्तित भी हुए और वरदराज से उन्होंने प्रार्थना की –

यस्य प्रसादकलया बधिरः श्रृणोति
पंगुः प्रधावति जवेन च वक्ति मूकः।
अन्धः प्रपश्यति सुतं लभते च वन्ध्या
तं देवमेव वरदं शरणं गतोऽस्मि।।
लक्ष्मीश पुण्डरीकाक्ष कृपां रामानुजे तव।
निधाय स्वमते नाथ प्रविष्टं कर्तुमर्हसि।।[१]

– "जिनकी थोड़ी-सी कृपा होने पर भी बहरा सुन सकता है, लँगड़ा दौड़ सकता है, गूँगा बोल सकता है, अन्धा देख सकता है तथा वन्ध्या को पुत्रलाभ हो सकता है; मैं उन्हीं वरददेव की शरण लेता हूँ। हे कमलाक्ष लक्ष्मीनाथ! रामानुज पर कृपा करके आप उसे अपने मत में प्रवेश कराइये।"

यामुनाचार्य विष्णु-प्रेम की चित्ताह्लादकारी कमनीय मूर्ति को भक्तिहीन शुष्कहृदय यादव के सान्निध्य में देखकर अति उद्विग्न थे। रामानुज से वार्तालाप करने की उन्हें तीव्र इच्छा थी, तथापि मधु-विष से युक्त आहार के समान ही वे भारी हृदय से उसे त्याग देने को बाध्य हुए। भविष्य में ईश्वर ने यदि अवसर दिया, तो एकान्त में उसके साथ भेंट करूँगा – अपने चित्त को इस भाँति समझाकर भक्तिपरायण, ज्ञानवृद्ध, शताधिक-वर्ष की आयु के वैष्णव-चूड़ामणि, पूज्यपाद आलवन्दार श्रीरंगम लौटे।

यादवाचार्य वेदान्त के अतिरिक्त मंत्रशास्त्र में भी विशेष पारंगत थे। भूत-पिशाच तथा ब्रह्मराक्षसों द्वारा ग्रस्त व्यक्तियों के लाए जाने पर वे उन्हें मंत्रबल से नीरोग कर देते थे। इस विषय में उनकी ख्याति दूर दूर तक फैली हुई थी।

एक बार जब कांचीपुर की राजकुमारी ब्रह्मराक्षस द्वारा ग्रस्त हो गयी, तो चारों ओर से विख्यात मांत्रिकों को बुलवाया गया, परन्तु कोई भी राजकुमारी को स्वस्थ कर पाने में समर्थ नहीं हुआ। बाद में वेदान्ताचार्य यादवप्रकाश को भी बड़े मान-सम्मान के साथ लाया गया। ब्रह्मराक्षस से आक्रान्त राजकुमारी

---

१. अनन्ताचार्य कृत 'प्रपन्नामृतम्', ७.३०-३१

यादव को देखते ही अट्टहास करते हुए बोली, "अरे यादव, यहाँ तुम्हारे मंत्र आदि से कुछ भी काम नहीं बनेगा, बेकार क्यों कष्ट उठा रहे हो, घर लौट जाओ।" यादव ने उस बात पर ध्यान न देते हुए कई घण्टों तक विविध प्रकार के मंत्रों की आवृत्ति की, पर उन्हें कोई सफलता नहीं मिल सकी।

ब्रह्मराक्षस ने उनसे फिर कहा, "क्यों बेकार तकलीफ पा रहे हो? तुम मुझसे दुर्बल हो, अतः किसी प्रकार से भी मुझे हटा पाने में अक्षम हो। यदि तुम मुझे कोमलांगी राजकुमारी के शरीर से हटाने पर बिल्कुल ही तुले हुए हो, तो जाकर अपने सर्वाधिक अल्पवयस्क, आजानुबाहु, विस्तृत-ललाट, विशाल-नेत्र, प्रतिभादेवी के विश्राम-स्थल, यौवन-उद्यान के सर्वोत्तम पुरुष, माधुर्यनिलय श्रीमान् रामानुज को यहाँ ले आओ। मेघाच्छन्न अमावस्या की रात का सघन अन्धकार जैसे सूर्योदय होने पर चला जाता है, वैसे ही उन महानुभाव के आने पर ही मैं जाऊँगा, अन्यथा मैं नहीं जा सकता।"

यादव के आदेश पर तुरन्त ही श्री रामानुज वहाँ लाए गए। जब उन्होंने ब्रह्मराक्षस को राजकुमारी के शरीर से निकल जाने को कहा, तो वह बोला, "आप कृपा करके मेरे मस्तक पर अपने श्रीचरण स्थापित करें, नहीं तो मैं नहीं जाऊँगा। दास की यह अभिलाषा पूर्ण कीजिए।" गुरु के आदेश पर रामानुज ने राजकुमारी के सिर पर अपने दोनों चरण स्थापित करते हुए कहा, "अब तुम राजपुत्री को छोड़ दो और अपने चले जाने का कोई प्रमाण दिखाते जाओ।" ब्रह्मराक्षस बोला, "मैंने इसे छोड़ दिया है। प्रमाण के रूप में मैं समीपवर्ती अश्वत्थ वृक्ष की एक ऊँची शाखा तोड़ते हुए जाऊँगा।"

देखते-ही-देखते अश्वत्थ की एक ऊँची डाल चरमराकर टूट गई और राजकुमारी भी मानो निद्रा से उठकर इधर-उधर देखने लगीं। बाद में पूरी चेतना लौट आने पर अपनी अवस्था के विषय में किंचित् अवगत होकर उसने लज्जा से सिर झुका लिया और दासियों से आवृत्त होकर अन्तःपुर में चली गई।

कन्या के स्वस्थ हो जाने की खबर सुनकर कांचीनरेश भी द्रुतवेग से वहाँ आ पहुँचे और रामानुज की चरण-वन्दना करते हुए उनके प्रति अपनी हार्दिक कृतज्ञता व्यक्त की। उसी दिन से श्री रामानुज का नाम पूरे चोल राज्य में विख्यात हो गया।

पूर्वोक्त भूतावेश की बात हमें केवल रामानुज के चरित में ही सर्वप्रथम देखने को मिली हो, ऐसा नहीं है। ईसा की जीवनी से भी हमें ऐसी घटनाओं

का पता चलता है। बंगाल आदि प्रदेशों में अब भी अनेक स्थानों पर महिलाओं के प्रेतग्रस्त होने की बात सुनने में आती है। पाश्चात्य वैज्ञानिक ऐसी अवस्था-प्राप्त व्यक्ति को हिस्टीरिया-ग्रस्त कहते हैं। इसका कारण स्नायविक दुर्बलता है। स्वभाव से कोमल नारी-जाति में स्नायविक दुर्बलता का आधिक्य होता है। इस कारण बहुधा वे ही हिस्टीरिया रोग से आक्रान्त होती हैं। उक्त वैज्ञानिकों का यही सिद्धान्त है। स्नायु ही मानव को मानवत्व प्रदान करता है। स्नायु की दुर्बलता या सबलता से मनुष्य भी दुर्बल या सबल हो जाता है। इस प्रकार उपरोक्त विचारधारा के अनुसार हम इस निष्कर्ष पर पहुँचते हैं कि स्नायु के नाश से मानव का भी नाश हो जाता है।

हमारे देश में काफी काल पूर्व चार्वाक मतावलम्बी भी आधुनिक वैज्ञानिकों के समान ही उपरोक्त निष्कर्ष पर पहुँचे थे। परन्तु आत्मा की नित्यता माननेवालों को वह सिद्धान्त गलत मानना होगा। आत्मा देह की रक्षा करती है, न कि देह आत्मा की रक्षा करती है, क्योंकि यह सर्वजन विदित है कि आत्मसत्ता के द्वारा ही देह सजीव और आत्मसत्ता के अभाव में निर्जीव हो जाती है। अतएव मानव या आत्मा देह के अधीन नहीं, अपितु देह ही मानव के अधीन है। देह के सहारे मनुष्य जगत् के सुख-दुःख आदि का भोग करता है। इच्छामय आत्मा सर्वदा ही देह की सहायता से विषय-भोग के लिये आतुर रहती है। यह आत्मा स्थूल देह से युक्त होने पर पशु-पक्षी-कीट-पतंग आदि के रूप में विराजती है और उससे वियुक्त होने पर अपने गुणों के अनुसार उपदेवता, ब्रह्मराक्षस, भूत-प्रेत आदि का रूप धारण करती है। शेषोक्त रूप सूक्ष्म होने के कारण पंचेन्द्रिय द्वारा ग्राह्य नहीं है। यह पागलों का सिद्धान्त है कि जो कुछ इन्द्रिय-ग्राह्य नहीं है, उसका अस्तित्व नहीं हो सकता। अतएव सूक्ष्म शरीर के अस्तित्व को नकारना भी पागलपन है।

महात्मा ईश्वरकृष्ण ने इसकी बड़ी सुन्दर मीमांसा की है। वे लिखते हैं –

अतिदूरात् सामिप्यादिन्द्रिय घातान्मनोऽनवस्थानात्।
सौक्ष्म्यात् व्यवधानात् अभिभवात् समानाभिहाराच्च।।
सौक्ष्म्यात् तदनुपलब्धिः नाभावात् कार्यतस्तदुपलब्धेः।[२]

---

२. सांख्यकारिका, ७-८

– "जो इन्द्रियग्राह्य नहीं है, उसके अस्तित्व से इन्कार नहीं किया जा सकता, क्योंकि अति दूर होने पर, अति निकट होने पर, इन्द्रियों के विकल होने पर, मनःसंयोग न रहने पर, वायु के समान सूक्ष्म होने पर, अन्य द्रव्य का व्यवधान होने पर, सूर्य के आलोक में ग्रह-नक्षत्र आदि के समान अन्य वस्तु द्वारा अभिभूत होने पर, जल में जल के मिश्रण जैसी एकाकारता प्राप्त होने पर अथवा केवल अतिसूक्ष्म योगबुद्धि के गोचर होने पर सामान्य मनुष्य विद्यमान वस्तु का भी पंचेन्द्रियों द्वारा बोध नहीं कर सकता, उसकी असत्ता के कारण नहीं, क्योंकि कार्य द्वारा उनकी सत्ता का बोध होता है।"

सूक्ष्म शरीर सत्त्वप्रधान हो तो देव-शरीर में, रजःप्रधान हो तो उपदेव आदि के शरीर में और तमःप्रधान हो तो ब्रह्मराक्षस, भूत-प्रेतादि के शरीर में परिणत होता है। सूक्ष्म शरीरी जीव स्थूल शरीर में प्रवेश कर सकते हैं। इसलिये सात्त्विक लोगों में देवता का, राजसिक लोगों में उपदेवता का तथा तामसिक लोगों में भूत-प्रेतादि का आवेश होना सम्भव है।

उपरोक्त घटना के बाद भी यादवप्रकाश पूर्ववत् ही अध्यापन करते रहे। प्रतिदिन रामानुज आदि शिष्य उन्हें घेरकर बैठते और उनके मुख से शास्त्रों के सूक्ष्म अर्थ सुनकर आनन्द प्राप्त करते। एक बार "सर्वं खल्विदं ब्रह्म"[३] तथा "नेह नानास्ति किंचन"[४] मंत्रों की व्याख्या करते समय यादव ने बड़े सुन्दर ढंग से अति प्रांजल भाषा में आत्मा और ब्रह्म की एकता का प्रतिपादन किया। उनकी व्याख्या-कुशलता पर रामानुज को छोड़ सभी शिष्य मुग्ध हो गए। पाठ समाप्त हो जाने के बाद रामानुज ने मंत्रों के विषय में अपना मत इस प्रकार व्यक्त किया –

"सर्वं खल्विदं ब्रह्म" का अर्थ "सम्पूर्ण जगत् ब्रह्मस्वरूप है" तब होता, यदि उसके बाद का "तज्जलान्" उस अर्थ को विशेषित न करता। यह जगत् ब्रह्म द्वारा उत्पन्न हुआ है, ब्रह्म द्वारा जीवित है और उसी में लय हो जाता है, अतः इसे निश्चय ही ब्रह्ममय कहा जा सकता है। मछली जल से उत्पन्न होती है, जल द्वारा ही जीवन धारण करती है और जल में ही लय हो जाती है, अतः उसे निश्चय ही जलमय कहा जा सकता है। परन्तु जैसे मछली कभी जल नहीं हो सकती, वैसे ही जगत् भी कभी ब्रह्म नहीं हो

---

३. छान्दोग्य उपनिषद्, ३.१४.१

४. कठोपनिषद्, २.१.११

सकता। "नेह नानास्ति किंचन" – इसका अर्थ – जगत् में एक के अतिरिक्त अन्य कोई वस्तु नहीं है – ऐसा नहीं है, बल्कि "इस संसार में वस्तुएँ अलग अलग नहीं हैं, जैसे विभिन्न मनके एक सूत्र में आबद्ध होकर माला के रूप में परिणत हो जाते हैं, उसी प्रकार भिन्न भिन्न वस्तुएँ एक ब्रह्मसूत्र में आबद्ध होकर एक जगत् के रूप में परिणत हो गई हैं। अनेक संयुक्त होकर एक हो गया है, पर इससे बहुत्व को कोई हानि नहीं पहुँचती।"

यह व्याख्या सुनकर यादव अत्यन्त नाराजगी व्यक्त करते हुए रामानुज से बोले, "यदि मेरी व्याख्या रुचिकर न लगती हो, तो अब से मेरे पास मत आना।" रामानुज ने 'जो आज्ञा' कहकर सविनय गुरु के चरणों में प्रणाम किया और उसी दिन से यादव के घर जाना बन्द कर दिया।

अध्याय ७

श्री कांचिपूर्ण

अगले दिन श्री रामानुज अपने घर में बैठे शास्त्र-अध्ययन कर रहे थे। उसी समय श्री कांचिपूर्ण वहाँ आ पहुँचे। ईश्वर के दास्यभाव की प्रतिमूर्ति श्री कांचिपूर्ण का आनन्दपूर्ण मुखमण्डल देखकर रामानुज के हर्ष की सीमा न रही। उन्होंने उठकर उन्हें बैठने को आसन देते हुए कहा, "मेरे भाग्य से ही आज आपका आगमन हुआ है। करुणामय वरदराज का मुझ पर अपार स्नेह है, तभी तो उन्होंने इस अज्ञ बालक को भयंकर संसार अरण्य में असहाय विचरण करते देख आपको पथ-प्रदर्शक के रूप में भेज दिया है। आपने सुना होगा कि विद्वद्वर यादवप्रकाश ने मुझे अपने चरणों की छाया से वंचित कर दिया है, परन्तु ऐसा इसलिए हुआ है ताकि मुझे आपके समान महान् चन्दन वृक्ष की सुशीतल छाया प्राप्त हो सके, यह बात अब मैं स्पष्ट रूप से समझ पा रहा हूँ। आप मेरे गुरु हैं, कृपा करके मुझे अपने शिष्यरूप में स्वीकार कीजिए।"

यह सुनकर श्री कांचिपूर्ण बोले, "वत्स रामानुज, मैं शूद्र तथा अज्ञानी हूँ और तुम सद्ब्राह्मण तथा महापण्डित हो। अत: तुम्हारा ऐसा कहना उचित नहीं। मैं वयोवृद्ध हूँ, पर तुम ज्ञानवृद्ध हो। शास्त्र आदि में मेरी वैसी गति नहीं है, इसीलिए मैं श्री वरदराज की दासता करते हुए जीवन बिता रहा हूँ। मैं तुम्हारा दास हूँ, तुम्हीं मेरे गुरु हो।"

इस पर रामानुज बोले, "महाशय, आप ही यथार्थ पण्डित हैं। शास्त्रों के अनुशीलन से पता चलता है कि एकमात्र ईश्वर ही सत्य हैं और उनकी सेवा ही परम पुरुषार्थ है। शास्त्रज्ञान यदि भगवद्भक्ति न उत्पन्न कर केवल पाण्डित्य का अभिमान ही बढ़ाए, तो फिर वह मिथ्या-ज्ञान है, बल्कि अज्ञानी रह जाना ही उससे अच्छा है। आपने ही शास्त्रों का सच्चा सार ग्रहण किया

है, बाकी पण्डितगण तो चन्दन ढोनेवाले गधे के समान ज्ञान का वहन मात्र कर रहे हैं। मैं सर्व प्रकार से आपके पादपद्मों का आश्रय लेता हूँ, आप मेरा परित्याग मत कीजिए।'' इतना कहने के बाद रामानुज सहसा उनके चरणों में पड़ गए और दीन भाव से रुदन करने लगे।

श्री कांचिपूर्ण ने तत्काल ही उन्हें भूमि से ऊपर उठाया और स्नेहपूर्वक उनका आलिंगन करते हुए बोले, ''वत्स, तुम्हारी भगवद्भक्ति देखकर आज मैं कृतार्थ हुआ। आज से तुम प्रतिदिन शालकूप से एक कलश पवित्र जल श्री वरदराज की अर्चना के लिये स्वयं लेकर आना। हस्तिगिरिपति शीघ्र ही तुम्हारा मनोरथ पूर्ण करेंगे।''

रामानुज ने कहा, ''आपकी आज्ञा मुझे शिरोधार्य है।'' और वे घर के भीतर से एक नया कलश लेकर शालकूप की ओर चले। कांचिपूर्ण ने भी श्री वरदराज के सेवार्थ उनके श्री मन्दिर की ओर प्रस्थान किया।

श्री कांचिपूर्ण कौन थे? पूनामलै में उनका जन्म हुआ था। उन्होंने बाल्यकाल से ही स्वयं को श्री वरदराज की सेवा में लगा दिया था। उन्हें सर्वदा यही चिन्ता रहती थी कि वे कैसे वरदराज को सुख पहुँचा सकें। ग्रीष्मकाल में वे सदा शीतल जल से सिक्त पंखा लिये अपने परमप्रिय प्रभु को मन्द मन्द व्यजन करते रहते थे। वे विशेष ध्यान रखते थे कि कहाँ पर उत्तम फूल खिल रहे हैं, कहाँ मधुर फल पक रहे हैं और यथासमय उचित मूल्य देकर या भिक्षा में माँगकर उन्हें अपने प्राणाधीश के लिये ले आते। सामान्य लोग तो उन्हें मनुष्य ही नहीं मानते थे, कहते कि ये श्री वरदराज के नित्यदास हैं, वैकुण्ठ से आए हैं।

कांचीपुर-वासियों का उन पर अतिशय स्नेह तथा भक्ति का भाव था। उनका स्वभाव बालक के समान था। अभिमान किसे कहते हैं, इसका उन्हें पता ही न था। उनके मुखमण्डल पर सदा हास्य की रेखा दीख पड़ती थी। जो भी उन्हें देखता, उसके हृदय में दुःख की छाया के स्थान पर प्रफुल्लता की दीप्ति फैल जाती। मनोमालिन्य, हृदय-सन्ताप, दुःख, द्वेष, दारिद्र्य आदि उन्हें देखते ही अन्तर्हित हो जाते। जैसे वसन्त ऋतु जहाँ भी प्रकट होता है, वहीं मधुवर्षण करता है, वैसे ही श्री कांचिपूर्ण भी जहाँ कहीं जाते, वहीं स्वर्गीय सुख-शान्ति का वातावरण फैल जाता। सभी लोग उन्हें अपना परम आत्मीय समझते, परन्तु कोई भी उन्हें सामान्य मनुष्यों की श्रेणी का नहीं सोचता, क्योंकि अधिकांश समय उनके स्वभाव में अलौकिकता की झलक

दिखाई दे जाती थी। कोई अदृश्य पुरुष निरन्तर उनके साथ रहा करते थे। लोगों के साथ वार्तालाप करते समय भी वे बीच बीच में सब कुछ भूलकर उन्हीं पुरुष की बातें सुनते, सुनकर कभी हँसते और कभी न जाने क्या क्या कहने लगते। देखकर सभी विस्मित रह जाते। परन्तु कोई भी उन्हें उन्मादी नहीं कहता, क्योंकि उनका मुखमण्डल एक ऐसे माधुर्य एवं गाम्भीर्य से परिपूर्ण था कि उन्हें देखकर कठोर-से-कठोर व्यक्ति भी द्रवित हो जाता।

उनके साथ रहनेवाले वे अदृश्य पुरुष कौन थे? सभी एक स्वर में कहते, "साक्षात् श्री वरदराज! वे श्री हस्तिगिरिपति के साथ वार्तालाप करते हैं, वे श्रीहरि के मुख-स्वरूप हैं, उन्हीं के द्वारा प्रभु अपना मनोभाव व्यक्त करते हैं।" सबका यही मत था, तथापि वे शूद्र कहकर अपना परिचय देते थे और ब्राह्मणों के प्रति विशेष श्रद्धा-भक्ति प्रदर्शित करते थे। अधिकांश ब्राह्मण भी उनका विशेष आदर-यत्न करते थे और शूद्र मानकर घृणा नहीं करते थे। केवल कुछ शास्त्र-व्यवसायी अहंकारी पण्डित ही उन्हें उन्मादी या पाखण्डी मानकर निश्चिन्त थे। यादवप्रकाश भी उन्हीं में से एक थे।

अध्याय ८

स्तोत्ररत्न

श्री रामानुज को देखने के बाद से ही आलवन्दार सदा उनके लिये चिन्तित रहा करते थे। उनके कल्याणार्थ वे सर्वदा श्रीहरि से प्रार्थना करते। यामुनाचार्य प्रतिदिन प्रभु के चरणों में निवेदन करते कि वे यादव का शिष्यत्व छोड़कर परम वैष्णव मार्ग अपना लें। रामानुज के प्रति उनका पुत्रवत् स्नेह था। एक दिन उनकी कल्याण-कामना करते हुए उन्होंने एक अपूर्व माधुर्यपूर्ण स्तोत्ररत्न रचकर त्रिलोकपति के चरणों में अर्पित किया। आज भी इस स्तोत्रमाला के सौरभ से दिग्दिगन्त सुवासित है। अपने हृदय का गम्भीर अनुराग तथा प्रगाढ़ प्रेम शायद ही अन्य किसी ने इतने सुमधुर भाव से व्यक्त किया होगा। सुहृदय भावुकजन इसका आस्वादन करके ही समझ जाएँगे कि इसमें विष्णु-पाद-निःस्रित पुण्यसलिला गंगा की पवित्रता तथा शीतलता विद्यमान है और इसका प्रत्येक वर्ण मानो सुधासिक्त होकर श्लोक के रूप में परिणत हुआ है। इसमें प्रारम्भ के कुछ श्लोक उनके गुरुदेव पितामह नाथमुनि की श्रीपाद-वन्दना में रचित हुए हैं –

भगवद्वन्दनं स्वाद्यं गुरुवन्दनपूर्वकम्।
क्षीरं शर्करया युक्तं स्वदते हि विशेषतः ।।[१]

– "दूध स्वभाव से ही मधुर होने पर भी शक्कर मिलाने से वह और भी स्वादिष्ट हो जाता है, इसी प्रकार गुरु-वन्दना के साथ ईश्वर की वन्दना करने पर वह परम सुस्वादु हो जाता है।"

---

१. वेदान्तदेशिक कृत स्तोत्ररत्न भाष्यम्, १

समग्र स्तोत्र इस प्रकार है –

नमोऽचिन्त्याद्भुताक्लिष्ट-ज्ञानवैराग्यराशये ।
नाथाय मुनयेऽगाध भगवद्भक्ति-सिन्धवे ।।१।।

– "मैं अपने उन प्रभु नाथमुनि को नमन करता हूँ, जिनकी ज्ञान-वैराग्यराशि अकल्पनीय, अद्भुत तथा अवच्छिन्न है और जो भगवद्भक्ति के अतल सागर के स्वरूप हैं।"

तस्मै नमो मधुजिदंघ्रिसरोजतत्त्व-
ज्ञानानुराग-महिमातिशयान्तसीम्ने ।
नाथाय नाथमुनयेऽत्र परत्र चापि
नित्यं यदीयचरणौ शरणं मदीयम् ।।२।।

– "मैं अपने उन प्रभु नाथमुनि को नमन करता हूँ, जो भगवान विष्णु के पादपाद्मों की ज्ञान-भक्ति से जनित परम महिमा की चरम सीमा-स्वरूप हैं और जिनके चरण इहलोक तथा परलोक में मेरे नित्य आश्रय हैं।"

भूयो नमोऽपरिमिताच्युतभक्तितत्त्व-
ज्ञानामृताधि-परिवाहशुभैर्वचोभिः ।
लोकेऽवतीर्ण-परमार्थ-समग्रभक्ति-
योगाय नाथमुनये यमिनां वराय ।।३।।

– "मैं पुनः उन नाथमुनि को नमन करता हूँ, जो संयमी जनों में श्रेष्ठ हैं और जो हरिभक्ति के तत्त्वज्ञान रूपी अपार सुधासमुद्र से उत्थित महाप्लावन स्वरूप लोकहितकर उपदेशों को लेकर जीवों के परमार्थसाधन हेतु समग्र भक्तियोग के रूप में इस जगत् में अवतीर्ण हुए थे।"

तत्त्वेन यश्चिदचिदीश्वरतत्स्वभाव-
भोगापवर्ग-तदुपायगतीरुदारः ।
सन्दर्शयन्निरमिमीत-पुराणरत्नं
तस्मै नमो मुनिवराय पराशराय ।।४।।

– "मैं उन उदारचित्त महर्षि पराशर को प्रणाम करता हूँ; जिन्होंने जड़-चेतन, ईश्वर तथा उनका स्वरूप, भोग-मोक्ष तथा उनकी प्राप्ति के उपयुक्त उपायों का वर्णन करते हुए पुराणरत्न (विष्णु पुराण) की रचना की है।"

माता-पिता-युवतयस्तनया विभूतिः
सर्वं यदेव नियमेन मदन्वयानाम् ।
आद्यस्य नः कुलपतेर्बकुलाभिरामं
श्रीमत्तदंघ्रियुगलं प्रणमामि मूर्ध्ना ।।५।।

– "मैं अपने आदि कुलगुरु महात्मा परांकुश के बकुलपुष्प के समान सुशोभित उन चरणों में मस्तक रखकर प्रणाम करता हूँ, जो चिरकाल से मेरे वंश के माता, पिता, युवती, सन्तान, दास, धन, रत्न आदि के रूप में विराज रहे हैं।"

यन्मूर्ध्नि मे श्रुतिशिरस्सु च भाति यस्मिन्
अस्मन्मनोरथपथः सकलः समेति ।
स्तोष्यामि नः कुलधनं कुलदैवतं तत्
पादारविन्दमरविन्द-विलोचनस्य ।।६।।

– "जो मेरे तथा वेदों के मस्तक पर (उपनिषदों में) सर्वदा विराजते हैं, जो मेरे कुलदेवता तथा मेरे वंशपरम्परा से प्राप्त धन हैं और हमारी समस्त कामनाओं की धारा जिनमें पहुँचती हैं, मैं उन्हीं कमलनयन प्रभु के पादपद्मों का गुणगान करूँगा।"

तत्त्वेन यस्य महिमार्णव-शीकराणुः
शक्यो न मातुमपि शर्वपिता-महाद्यैः ।
कर्तुं तदीय-महिमस्तुतिमुद्यताय
मह्यं नमोऽस्तु कवये निरपत्रपाय ।।७।।

– "जिनके महिमासागर का बिन्दुमात्र भी यथार्थ रूप से आकलन करने में ब्रह्मा, शिव आदि भी समर्थ नहीं हैं, मेरे समान निर्लज्ज कवि उनकी महिमा-कीर्तन करने को उद्यत हुआ है, अतः मुझे भी नमस्कार है।"

यद्वा श्रमावधि यथामति वाप्यशक्तः
स्तौम्येवमेव खलु तेऽपि सदा स्तुवन्तः ।
वेदाश्चतुर्मुखमुखाश्च महार्णवान्तः
को मज्जतोरणुकुलाचलयोर्विशेषः ।।८।।

– "अथवा अक्षम होने पर भी मैं यथासाध्य यथामति उनकी स्तुति करूँगा,

क्योंकि वेद तथा ब्रह्मा आदि देवगण भी ऐसा ही किया करते हैं। महासागर में तो अणु हो या विशाल पर्वत, दोनों ही समान रूप से डूब जाते हैं।''

किं चैष शक्त्यतिशयेन न तेऽनुकम्प्यः
स्तोतापि तु स्तुतिकृतेन परिश्रमेण।
तत्र श्रमस्तु सुलभो मम मन्दबुद्धेः
इत्युद्यमोऽयमुचितो मम चाब्जनेत्र ।।९।।

– ''अन्य स्तोता भी अपनी कवित्व-शक्ति के कारण तुम्हारी कृपा के पात्र होते हों, ऐसी बात नहीं, बल्कि उनके परिश्रम के कारण ही तुम उन पर अनुग्रह करते हो। यदि ऐसा ही है, तो मैं सचमुच ही तुम्हारी कृपा पाने की आशा करता हूँ, क्योंकि मन्दबुद्धि होकर भी हे नलिननेत्र, श्रम मेरे लिये सुलभ होने के कारण यह उद्यम मेरे लिये उचित ही है।''

नावेक्ष्यसे यदि ततो भुवनान्यमूनि
नालं प्रभो भवितुमेव कुतः प्रवृत्तिः।
एवं निसर्गसुहृदि त्वयि सर्वजन्तोः
स्वामिन्न चित्रमिदमाश्रितवत्सलत्वम् ।।१०।।

– ''हे प्रभो, यदि तुम्हारी दृष्टि न हो तो तीनों लोकों में कोई भी रह पाने में समर्थ नहीं है, फिर सभी प्राणी अपने अपने कार्य करने में भी कैसे सक्षम हो सकते हैं? अतः हे स्वामी, सर्व जन्तुओं के स्वाभाविक मित्र होने के नाते आश्रित जनों के प्रति तुम्हारे ऐसे स्नेह में कुछ भी आश्चर्यजनक नहीं है।''

स्वाभाविकानवधिकातिशयेशितृत्वं
नारायण त्वयि न मृष्यति वैदिकः कः।
ब्रह्मा शिवः शतमखः परमस्वराडि-
त्येतेऽपि यस्य महिमार्णवविप्रुषस्ते ।।११।।

– ''हे नारायण, कोई वेदज्ञ पण्डित भला कैसे तुम्हें सहज, अनन्त तथा अद्वितीय ईश्वर के रूप में स्वीकार नहीं करेगा? क्योंकि ब्रह्मा, शिव, इन्द्र तथा परब्रह्म भी तुम्हारी महिमा रूपी समुद्र के एक एक बिन्दु के समान हैं।''

कः श्रीः श्रियः परमसत्त्वसमाश्रयः कः
कः पुण्डरीकनयनः पुरुषोत्तमः कः।

कस्यायुतायुतशतैक-कलांशकांशे
विश्वं विचित्र-चिदचित्प्रविभागवृत्तम् ।।१२।।

– "तुम्हारे अतिरिक्त लक्ष्मीजी को श्री कौन प्रदान कर सकता है? तुम्हारे सिवा शुद्धसत्त्व का आश्रय और कौन हो सकता है? और किसके नेत्र कमल के समान मनोहर हो सकते हैं? पुरुषों में सर्वोत्तम दूसरा कौन है? तुम्हारे सिवा अन्य किसके अरबवें भाग के अति छोटे अंश के भी अंश से यह जड़-चेतन में विभक्त वैचित्र्यमय विश्व रचित हुआ है?"

वेदापहार-गुरपातक-दैत्यपीड़ा-
द्यापद्विमोचनमहिष्ठ फलप्रदानैः
कोऽन्यः प्रजाः पशुपतिः परिपाति कस्य
पादोदकेन स शिवः स्वशिरोधृतेन ।।१३।।

– अपहृत वेद का उद्धार करके, ब्रह्मा के शिरच्छेदन के हेतु महापातक से शिव का उद्धार करके, दैत्यपीड़ा आदि बहुविध संकटों से त्रिभुवन को मुक्त करके और भक्तों को उत्कृष्टतम फल प्रदान करके अन्य किसने विशिष्टता प्राप्त की है? अपने मस्तक पर स्थित अन्य किसके चरणोदक द्वारा शिव प्रजाजन का प्रतिपालन किया करते हैं?"

कस्योदरे हरविरिंचिमुखः प्रपंचः
को रक्षतीममजनिष्ट च कस्य नाभेः ।
क्रान्त्वा निगीर्य पुनरुद्गिरति त्वदन्यः
कः केन चैष परवानिति शक्यशङ्कः ।।१४।।

– "शिव-ब्रह्मा सहित ये तीनों लोक किसके उदर में स्थित है, कौन इनकी रक्षा कर रहा है? किसकी नाभि से इनका जन्म हुआ है? तुम्हारे अतिरिक्त अन्य कौन इसे निगलकर पुन: उगलने में समर्थ है? किसके कारण सृष्टिकर्ता ब्रह्मा भी पराधीन माने जाते हैं?"

त्वां शीलरूपचरितैः परमप्रकृष्ट-
सत्त्वेन सात्त्विकतया प्रबलैश्च शास्त्रैः ।
प्रख्यात-दैवपरमार्थविदां मतैश्च
नैवासुर-प्रकृतयः प्रभवन्ति बोद्धुम् ।।१५।।

–"तुम परम उत्कृष्ट सत्त्वगुण द्वारा रचित रूप, शील तथा चरित्र से सम्पन्न हो, अतः तम:प्रधान आसुरी स्वभाव के जीव तुम्हें जानने में समर्थ नहीं हैं। सात्त्विक शास्त्रों द्वारा ही तुम ज्ञेय हो और वे उन (आसुरी) लोगों के लिये अति दुरूह हैं। जैमिनी, व्यास आदि सुविख्यात धर्माचार्यों तथा आत्मवेत्ताओं की मीमांसा की सहायता से ही तुम्हें जाना जा सकता है, अतः वे किसी भी हालत में तुम्हें नहीं जान सकते।"

उल्लङ्घित त्रिविध सीमसमातिशायि-
सम्भावनं तव परिब्रढिमस्वभावम्।
मायाबलेन भवतापि निगूह्यमानं
पश्यन्ति केचिदनिशं त्वदनन्यभावाः ।।१६।।

– "देश-काल-निमित्त की तीनों सीमाओं के परे तुम्हारा जो महेश्वर स्वभाव सम तथा विषम रूप में स्थित है और तुमने भी जिसे माया द्वारा आच्छन्न कर रखा है, कोई कोई भाग्यवान सर्वदा केवल तुम्हीं में (चित्त को) स्थापित करके उसका दर्शन पाते हैं।"

यदण्डमण्डान्तरगोचरं च यत्
दशोतराण्या-वरणानि यानि च।
गुणाः प्रधानं पुरुषः परं पदं
परात्परं ब्रह्म च ते विभूतयः ।।१७।।

– "अखिल ब्रह्माण्ड, उसके भीतर जो कुछ भी दृष्टिगोचर होता है; जल, अग्नि, वायु, आकाश, अहंकार तथा बुद्धितत्त्व आदि दशाधिक आवरण; सत्त्व, रजस्, तमस्, मूल प्रकृति, पुरुष, परमपद तथा परात्पर ब्रह्म – ये समस्त तुम्हारी शक्ति के प्रभाव हैं।"

वशी वदान्यो गुणवानृजुश्शुचिः
मृदुर्दयालुर्मधुरः स्थिरस्समः।
कृती कृतज्ञस्त्वमसि स्वभावतः
समस्तकल्याण-गुणामृतोदधिः ।।१८।।

– "तुम स्वभाव से ही क्रोधजित्, दानशील, गुणवान, सरल, पवित्र, शान्त, दयालु, माधुर्यपूर्ण, समदर्शी, कर्मकुशल, कृतज्ञ और सद्‌गुणामृत के सागर हो।"

उपर्युपर्यब्जभुवोऽपि पुरुषान्
प्रकल्प्य ते ये शतमित्यनुक्रमात् ।
गिरस्त्वदेकैकगुणावधीप्सया
सदा स्थिता नोद्यमतोऽतिशेरते ।।१९।।

– "जो समस्त वेदवाक्य, पद्मयोनि ब्रह्मा से सौ गुना अधिक और उससे भी सौ गुना अधिक, इस प्रकार असंख्य पुरुषों की कल्पना किया करते हैं, वे सर्वदा तुम्हारे एक एक गुण की सीमा निर्धारण करने में ही लगे हैं। उनका यह उद्यम कभी समाप्त नहीं होगा।"

त्वदाश्रितानां जगदुद्भवस्थिति-
प्रणाशसंसारविमोचनादयः ।
भवन्ति लीला विधयश्च वैदिका-
स्त्वदीय-गम्भीर-मनोऽनुसारिणः ।।२०।।

– "जगत् के सृष्टि-स्थिति-प्रलय, जन्म-मरण से मुक्ति और तुम्हारे चित्त के दुर्बोध्य इच्छा से होनेवाले वैदिक कर्म – ये सब तुम्हारी शरण लेनेवाले भक्तों को लीलामात्र लगते हैं।"

नमो नमो वाङ्मनसातिभूमये
नमो नमो वाङ्मनसैकभूमये ।
नमो नमोऽनन्त महाविभूतये
नमो नमोऽनन्तदयैक-सिन्धवे ।।२१।।

– "मन-वाणी से अतीत पुरुष को बारम्बार नमस्कार है, मन-वाणी के एकमात्र आधार को बारम्बार नमस्कार है। अनन्त, अचिंत्य प्रभावशाली को बारम्बार नमस्कार है, अपार करुणा के एकमात्र सागर को बारम्बार नमस्कार है।"

न धर्मनिष्ठोऽस्मि न चात्मवेदी
न भक्तिमांस्त्वच्चरणारविन्दे ।
अकिंचनोऽनन्यगतिः शरण्यं
त्वत्पादमूलं शरणं प्रपद्ये ।।२२।।

– "मैं सत्कर्मों का अनुष्ठाता नहीं हूँ, न आत्मज्ञानी हूँ और न ही तुम्हारे पादपद्मों में मेरी भक्ति है। मैं अकिंचन हूँ, तुम्हारे अतिरिक्त मेरी अन्य कोई गति नहीं है। अतएव तुम्हारे शरणागत-रक्षक चरणों के तले मैं शरण लेता हूँ।"

न निन्दितं कर्म तदस्ति लोके
सहस्त्रशो यन्न मया व्यधायि ।
सोऽहं विपाकावसरे मुकुन्द
क्रन्दामि सम्प्रत्यगतिस्तवाग्रे ।।२३।।

– "हे मुकुन्द! पृथ्वी पर ऐसा कोई भी गर्हित कर्म नहीं है, जिसे मैंने हजारों बार न किया हो, अब उनके विषमय फल का भोग करने का समय आ पहुँचा है, अब निरुपाय होकर मैं तुम्हारे ही समक्ष क्रन्दन कर रहा हूँ।"

निमज्जतोऽनन्त भवार्णवान्तः
चिराय मे कूलमिवासि लब्धः ।
त्वयापि लब्धं भगवन्निदानीम्
अनुत्तमं पात्रमिदं दयायाः ।।२४।।

– "अनन्त भवसागर में काफी काल से डूबते डूबते अन्त में मैंने तुम्हीं को तट के रूप में प्राप्त किया है। हे भगवन्! तुम्हें भी तो अब दया का सर्वोत्कृष्ट पात्र मिल गया है!"

अभूतपूर्वं मम भावि किं वा
सर्वं सहे मे सहजं हि दुःखम् ।
किन्तु त्वदग्रे शरणागतानां
पराभवो नाथ न तेऽनुरूपः ।।२५।।

– "अथवा यदि इसमें कोई अभूतपूर्व दुःख आ पहुँचे, तो मैं उसे सहन करूँगा, क्योंकि दुःख तो मेरा चिर सहचर है। परन्तु शरणागत यदि तुम्हारे सम्मुख निराश हो, तो वह तुम्हारे अनुरूप नहीं होगा।"

निरासकस्यापि न तावदुत्सहे
महेश हातुं तव पादपङ्कजम् ।
रुषा निरस्तोऽपि शिशुः स्तनन्धयो
न जातु मातुश्चरणौ जिहासति ।।२६।।

– "हे महेश्वर! तुम्हारे भगाने पर भी तुम्हारे पादपद्म त्यागने की इच्छा नहीं होती, क्योंकि माता यदि नाराज होकर स्तनपायी शिशु को भगाना चाहे, तो भी वह कभी माँ के चरण नहीं छोड़ता।"

तवामृतस्यन्दिनि पादपंकजे
निवेशितात्मा कथमन्यदिच्छति ।
स्थितेऽरविन्दे मकरन्दनिर्भरे
मधुव्रतो नेक्षुरकं हि वीक्षते ।।२७।।

– "तुम्हारे अमृतस्रावी चरण कमलों में एक बार भी जिनका मन लग गया है, वे क्या किसी अन्य वस्तु की इच्छा कर सकते हैं? क्योंकि भ्रमर मधुमय कमल को छोड़कर तिल के फूल की ओर देखता तक नहीं।"

त्वदङ्घ्रिमुद्दिश्य कदापि केनचित्
यथा तथा वापि सकृत्कृतोऽञ्जलिः ।
तदैव मुष्णात्यशुभान्यशेषतः
शुभानि पुष्णाति न जातु हीयते ।।२८।।

– "चाहे जैसे भी हो, यदि कोई तुम्हारे पादपद्मों की ओर उन्मुख होकर अंजलि बनाता है, तो वही अंजलि उसके समस्त अमंगल को दूर कर देती है, प्रभूत मंगल का आनयन करती है और वह कभी विफल नहीं जाता।"

उदीर्ण संसार-दवाशुशुक्षणिं
क्षणेन निर्वाप्य परां च निर्वृतिम् ।
प्रयच्छति त्वच्चरणारुणाम्बुज-
द्वयानुरागामृत-सिन्धुशीकरः ।।२९।।

– "तुम्हारे दोनों लाल चरणकमलों में भक्तिरूपी सुधासमुद्र का एक छोटा-सा कण भी भयंकर संसार-दावानल को क्षण भर में बुझाकर परमानन्द प्रदान करता है।"

विलास-विक्रान्त-परावरालयं
नमस्यदार्तिक्षपणे कृतक्षणम् ।
धनं मदीयं तव पादपंकजं
कदा नु साक्षात्करवाणि चक्षुषा ।।३०।।

– "कब मैं अपने नेत्रों से तुम्हारे उन पादपद्मों का अवलोकन करूँगा, जिन्होंने लीलामात्र से ही स्वर्ग तथा मर्त्य को ढँक लिया था, जो भक्तों के दुःखनाश में सदा व्यस्त रहते हैं और मेरे एकमात्र धन हैं।"

कदा पुनः शङ्खरथाङ्गकल्पक-
ध्वजारविन्दाङ्कुश वज्रलाञ्छनम् ।
त्रिविक्रम त्वच्चरणाम्बुजद्वयं
मदीय मूर्धानमलङ्करिष्यति ।।३१।।

– "हे त्रिविक्रम! तुम्हारे दोनों चरण-कमल शंख, चक्र, कल्पवृक्ष, ध्वजा, पद्म, अंकुश तथा वज्र के चिह्नों द्वारा सुशोभित हैं। कब तुम उन्हें मेरे मस्तक पर अलंकृत करोगे?"

विराजमानोज्ज्वलपीतवाससं
स्मितातसीसूमनसामलच्छविम् ।
निमग्ननाभिं तनुमध्यमुन्नतं
विशालवक्षःस्थलशोभिलक्षणम् ।।३२।।

– "तुम उज्ज्वल पीत वस्त्र से सुशोभित हो; प्रस्फुटित अतसी पुष्प के समान तुम्हारा निर्मल रूप है; तुम्हारी नाभि गहन है, मध्यस्थल क्षीण है, आकार उन्नत है और विशाल वक्ष सुलक्षणों से शोभित है।"

चकासतं ज्याकिणकर्कशैः शुभैः
चतुर्भिराजानुविलम्बिभिर्भुजैः ।
प्रियावतंसोत्पल-कर्ण-भूषण-
श्लथालकाबन्ध-विमर्दशंसिभिः ।।३३।।

– "तुम्हारी चारों भुजाएँ प्रत्यंचा के आघात से कठोर, मंगलमय तथा आजानु सुशोभित होती हैं; उन्हें देखकर स्पष्ट बोध होता है कि तुमने उनके द्वारा अपनी प्रिया के मस्तक-पद्म, कुण्डल तथा बिखरे केशों का मर्दन किया है।"

उदग्रपीनांसविलम्बिकुण्डला-
लकावलीबन्धुरकम्बुकन्धरम् ।
मुखश्रिया न्यक्कृतपूर्णनिर्मला-
मृतांशुबिम्बाम्बुरुहोज्ज्वलश्रियम् ।।३४।।

– "तुम्हारे उच्च व विशाल कन्धों तक पहुँचती केशराशि तथा कुण्डलों से तुम्हारी शंख के समान ग्रीवा सुशोभित हो रही है। तुम्हारे मुखमण्डल की शोभा से तुलना करने पर निर्मल पूर्ण चन्द्र तथा कमल की उज्ज्वल कान्ति भी तुच्छ हो जाती है।"

प्रबुद्धमुग्धाम्बुजचारुलोचनं
सविभ्रमभ्रूलतमुज्ज्वलाधरम् ।
शुचिस्मितं कोमलगण्डमुन्नसं
ललाटपर्यन्त-विलम्बितालकम् ।।३५।।

– "तुम्हारे सुन्दर नेत्र प्रस्फुटित मनोहर पद्म के समान हैं, भौंहें लताओं के समान टेढ़ी हैं, होठ उज्ज्वल हैं, हास्य निर्मल है, कपोल कोमल हैं, नाक ऊँची है तथा अलकें ललाट तक झुकी हुई हैं।"

स्फुरत्किरीटाङ्गदहारकण्ठिका-
मणीन्द्रकाञ्चीगुणनूपुरादिभिः ।
रथाङ्गशङ्खासिगदाधनुर्वरैः
लसत्तुलस्या वनमालयोज्ज्वलम् ।।३६।।

– "तुम दीप्तिमान मुकुट, भुजाबन्द, कण्ठिका हार, मणिश्रेष्ठ, कमरबन्द, नूपुर आदि और चक्र, शंख, खड्ग, श्रेष्ठ धनुष तथा सुन्दर तुलसीपत्र सहित वनफूलों की माला से सुशोभित हो रहे हो।"

चकर्थ यस्या भवनं भुजान्तरं
तव प्रियं धाम यदीय जन्मभूः ।
जगत्समस्तं यदपाङ्गसंश्रयं
यदर्थमम्भोधिरमन्थ्यबन्धि च ।।३७।।

– "तुम्हारा वक्षस्थल जिनका भवन है, जिनकी जन्मभूमि क्षीरसागर तुम्हारा प्रिय आवास है, जिनकी कटाक्ष का आश्रय लेकर समग्र जगत् स्थित है, जिन्हें प्राप्त करने के लिये समुद्र का मन्थन तथा बन्धन किया गया था।"

स्ववैश्वरूप्येण सदानुभूतया-
प्यपूर्ववद्विस्मयमादधानया ।
गुणेन रूपेण विलासचेष्टितैः
सदा तवैवोचितया तव श्रिया ।।३८।।

– "उन लक्ष्मीदेवी का संगसुख यद्यपि तुम अपने विश्वरूप द्वारा सर्वदा अनुभव करते रहते हो, तथापि वे नित्य नव नव रूप धारण करके तुम्हें विस्मित करती रहती हैं और गुण, रूप, विलास तथा चेष्टाओं के द्वारा सदैव तुम्हारे सुयोग्य हुआ करती हैं।"

तया सहासीनमनन्तभोगिनि
प्रकृष्टविज्ञानबलैकधामनि ।
फणामणिव्रातमयूखमण्डल-
प्रकाशमानोदरदिव्य धामनि ।।३९।।

–"जो अनन्त नाग परम उत्कृष्ट ज्ञान तथा बल के एकमात्र धाम हैं, जिनके फनों पर स्थित मणियों की किरणावलि से उनके पेट का दिव्य सौन्दर्य प्रकट हो रहा है, तुम उन लक्ष्मीदेवी के साथ उन्हीं के ऊपर आसीन रहा करते हो।"

निवासशय्यासनपादुकांशुको-
पधानवर्षातपवारणादिभिः ।
शरीर भेदैस्तव शेषतां गतैः
यथोचितं शेष इतीर्यते जनैः ।।४०।।

– "वे शेषनाग अपने शरीर के विभिन्न अंगों से निवास, शय्या, आसन, पादुका, वस्त्र, तकिया और धूपवर्षा निवारक छत्र आदि के आकार धारण कर तुम्हारी अनन्त प्रकार से सेवा किया करते हैं, अत: लोगों ने उन्हें 'शेष' की उचित आख्या ही दी है।"

दासः सखा वाहनमासनं ध्वजो
यस्ते वितानं व्यजनं त्रयीमयः ।
उपस्थितं तेन पुरो गरुत्मता
त्वदङ्घ्रिसम्पर्क किणाङ्कशोभिना ।।४१।।

– "जो तुम्हारे चरण-घर्षण के चिह्न से शोभायमान हैं; जो तुम्हारे नित्य दास, सखा, वाहन, आसन, ध्वजा, चँदोवा तथा व्यजन हैं और जो वेदमय विग्रह हैं, वे गरुड़ सर्वदा तुम्हारे सम्मुख उपस्थित रहते हैं।"

त्वदीयभुक्तोज्झितशेषभोजिना
त्वया विसृष्टात्मभरेण यद्यथा ।
प्रियेण सेनापतिना निवेदितं
तथानुजानन्तमुदारवीक्षणैः ।।४२।।

– "जो तुम्हारे भोजन से बचा हुआ आहार ग्रहण करते हैं और जिनके ऊपर तुम पालन का भार देकर निश्चिन्त हो, वे प्रिय सेनापति (विष्वक सेन) जो

कुछ तुम्हारे सामने प्रस्तुत करते हैं, उसका तुम अपनी उदार दृष्टि से अनुमोदन कर देते हो।''

हताखिलक्लेशमलैः स्वभावतः
सदानुकूल्यैकरसैस्तवोचितैः।
गृहीततत्तत्परिचारसाधनैः
निषेव्यमानं सचिवैर्यथोचितम् ।।४३।।

– ''जिनके समुदय दुःख तथा मालिन्य का नाश हो गया है, स्वभाव से ही तुम्हारी इच्छा के अनुरूप रहना जिनका एकमात्र लक्ष्य है, जो लोग सर्व प्रकार से तुम्हारे लिये उपयोगी हैं, जो सर्वदा अपने सेवाकर्म के साधन धारण किए रहते हैं, तुम उन समस्त सचिवों द्वारा उचित प्रकार से सेवित होते हो।''

अपूर्वनानारसभावनिर्भर-
प्रबुद्धया मुग्धविदग्धलीलया।
क्षणाणुवत् क्षिप्तपरादिकालया
प्रहर्षयन्तं महिषीं महाभुजम् ।।४४।।

– ''हे महाभुजासम्पन्न! तुम अपने विभिन्न नव नव रसों तथा भावों से युक्त मनोहर चतुरतापूर्ण क्रीड़ा द्वारा, जो कल्पव्यापी सुदीर्घ काल को क्षणमात्र से भी छोटा बोध कराता है, अपनी महिषी को आनन्दित करते रहते हो।''

अचिन्त्यदिव्याद्भुतनित्ययौवन-
स्वभावलावण्य मयामृतोदधिम्।
श्रियः श्रियं भक्तजनैकजीवितं
समर्थमापत्सखमर्थिकल्पकम् ।।४५।।

– ''तुम अचिन्त्य हो, दिव्य हो, अद्भुत हो, नित्ययुवा हो, लावण्यमय सुधासागर हो, श्रीदेवी को भी शोभायमान करने-वाले हो, भक्तों के एकमात्र आधार हो, सामर्थ्यवान हो, विपत्ति काल के मित्र हो और याचकों के लिये कल्पवृक्ष-स्वरूप हो।''

भवन्तमेवानुचरन्निरन्तरं
प्रशान्तनिःशेषमनोरथान्तरः।
कदाहमैकान्तिकनित्यकिङ्करः
प्रहर्षयिष्यामि सनाथजीवितः ।।४६।।

– "कब मैं अपने समुदय कामनाओं को शान्त करके, एकमात्र तुम्हारा ही नित्यदास होकर इस जीवन को सार्थक करते हुए, सर्वदा तुम्हारी सेवा में निरत रहकर तुम्हें प्रसन्न करने में समर्थ होऊँगा?"

धिगशुचिमविनीतं निर्दयं मामलज्जं
परमपुरुष योऽहं योगिवर्याग्रगण्यैः ।
विधिशिवसनकाद्यैर्ध्यातुमत्यन्तदूरं
तव परिजनभावं कामये कामवृत्तः ।।४७।।

– "मुझ अपवित्र, अविनीत, निर्दय, निर्लज्ज को धिक्कार है, क्योंकि हे पुरुषोत्तम! श्रेष्ठ योगियों में अग्रगण्य ब्रह्मा-शिव-सनकादि जिसे ध्यान में नहीं ला पाते, मैं कामभाव से परिपूर्ण होकर भी तुम्हारे उस दास्यभाव के लिये प्रार्थना कर रहा हूँ।"

अपराध सहस्रभाजनं
पतितं भीमभवार्णवोदरे ।
अगतिं शरणागतं हरे
कृपया केवलमात्मसात्कुरु ।।४८।।

– "मैं हजारों अपराधों का कर्ता हूँ, भीषण भवसमुद्र में पड़ा हुआ हूँ। हे हरि! मेरी अन्य गति नहीं, तुम्हारा चरणाश्रित हूँ, कृपा करके मुझे अपना लीजिये।"

अविवेकघनान्धदिङ्मुखे
बहुधा सन्तत दुःखवर्षिणी ।
भगवन् भवदुर्दिने पथः
स्खलितं मामवलोकयाच्युत ।।४९।।

– "इस संसार रूपी प्रबल वर्षा के आगमन से, अज्ञानमेघ द्वारा सभी दिशाएँ अन्धकाराच्छन्न हो गई हैं, विभिन्न प्रकार के दुःखवारि के निरन्तर वर्षण से मैं रास्ता भी भूल गया हूँ; हे भगवन्! हे अच्युत! मुझ पर कृपादृष्टि करो।"

न मृषा परमार्थमेव मे
शृणु विज्ञापनमेकमग्रतः ।
यदि मे न दयिष्यसे ततो
दयनीयस्तव नाथ दुर्लभः ।।५०।।

– "हे नाथ पहले तो मेरा एक निवेदन सुनिए, मैं झूठ नहीं केवल सत्य ही कह रहा हूँ। यदि मुझ पर दया न करो, तो ऐसा दयनीय पात्र तुम्हें अन्यत्र नहीं मिलेगा।"

तदहं त्वदृते न नाथवान्
मदृते त्वं दयनीयवान्न च।
विधिनिर्मितमेतमन्वयं
भगवन् पालय मास्म जीहपः ।।५१।।

– "अतः तुम्हारे अतिरिक्त मेरे लिये कोई अन्य उपयुक्त स्वामी नहीं हो सकता और तुम्हें भी मुझसे अधिक उपयुक्त कृपापात्र नहीं मिलेगा। तुम्हारे तथा मेरे बीच का यह प्रभु-भृत्य सम्बन्ध विधाता द्वारा ही रचा हुआ है। अतः हे भगवन्! मुझे परित्याग नहीं, स्वीकार करो।"

वपुरादिषु योऽपि कोऽपि वा
गुणतोऽसानि यथातथाविधः।
तदयं तव पादपद्मयो-
रहमद्यैव मया समर्पितः ।।५२।।

– "देहादि के सम्बन्ध में मैं चाहे जो भी क्यों न होऊँ, गुणों के विषय में मैं चाहे जैसा भी क्यों न होऊँ, आज मैं अपने इस 'अहं' को तुम्हारे श्री पादपद्मों में समर्पित करता हूँ।"

मम नाथ यदस्ति योऽस्म्यहं
सकलं तद्धि तवैव माधव।
नियतं स्वमिति प्रबुद्धधी-
रथवा किं नु समर्पयामि ते ।।५३।।

– "हे नाथ! हे माधव! मैं जो भी हूँ और जो कुछ मेरा है, वह सब वस्तुतः तुम्हारा ही है। जब मुझे ऐसा ज्ञान हो गया है कि सदा सब कुछ तुम्हारा है, तो फिर मैं तुम्हें क्या समर्पित करूँगा।"

अवबोधितवानिमां यथा
मयि नित्यां भवदीयतां स्वयम्।
कृपयैवमनन्य भोग्यतां
भगवन् भक्तिमयि प्रयच्छ मे ।।५४।।

– ''हे भगवन्! जैसे तुमने स्वयं ही मेरे भीतर 'मैं चिरकाल से तुम्हारा ही हूँ' – यह भाव जगा दिया है; वैसे ही अब कृपा करके मुझे वह भक्ति प्रदान करो, जिसके द्वारा मैं तुम्हारे अतिरिक्त अन्य किसी वस्तु का भोग करने में समर्थ न होऊँ।''

तव दास्यसुखैकसङ्गिनां
भवनेष्वस्त्वपि कीटजन्म मे।
इतरावसथेषु मा स्म भूदपि
मे जन्म चतुर्मुखात्मना।।५५।।

– ''जो केवल तुम्हारे दास्यसुख के ही आकांक्षी हैं, उनके घर मैं कीट रूप में जन्म लूँ तो भी अच्छा है, परन्तु अन्य भाववाले लोगों के घर मैं चतुर्मुख ब्रह्मा होकर भी जन्म लेना नहीं चाहूँगा।''

सकृत्त्वदाकारविलोकनाशया
तृणीकृतानुत्तमभुक्तिमुक्तिभिः।
महात्मभिर्मामवलोक्यतां नय
क्षणेऽपि ते यद्विरहोऽतिदुस्सहः।।५६।।

– ''जिन महात्माओं ने केवल एक बार तुम्हारे श्री विग्रह के दर्शन की आशा में सर्वोत्कृष्ट भोगों तथा मोक्ष को तृण के समान समझा है, उन्हीं के समान मुझे भी उस दर्शन की योग्यता प्रदान करो; क्योंकि क्षण भर के लिये भी तुम्हारा विरह मुझे दुःसह प्रतीत हो रहा है।''

न देहं न प्राणान्न च सुखमशेषाभिलषितं
न चात्मानं नान्यत्किमपि तव शेषत्वविभवात्।
बहिर्भूतं नाथ क्षणमपि सहे यातु शतधा
विनाशं तत्सत्यं मधुमथन विज्ञापनमिदम्।।५७।।

– ''हे नाथ! तुम्हारे दासत्व रूपी ऐश्वर्य को छोड़कर मैं क्षण मात्र के लिये भी देह, प्राण, सर्वजन वांछित सुख, आत्मा या अन्य किसी वस्तु की इच्छा नहीं करता। ये सभी सैकड़ों प्रकार से विनष्ट हो जायँ। हे नाथ! हे मधुसूदन! यह सत्य है, यही मेरा तुम्हारे श्रीचरणों में निवेदन है।''

दुरन्तस्यानादेरपरिहरनियस्य महतो
निहीनाचारोऽहं नृपशुरशुभस्यास्पदमपि।

दयासिन्धो बन्धो निरवधिकवात्सल्य जलधे
तव स्मारं स्मारं गुणगणमितीच्छामि गतभीः।।५८।।

– "हे दयासागर! हे बन्धु! हे अनन्त स्नेहसिन्धु! यद्यपि मैं दुश्छेद्य, अनादि, अनिवार्य, महान् अमंगल का पात्र हूँ, अतीव दुराचारी और नरपशुतुल्य हूँ; तो भी बारम्बार तुम्हारे अशेष गुणों का स्मरण करते हुए निर्भय होकर ऐसी प्रार्थना करता हूँ।"

अनिच्छन्नप्येवं यदि पुनरितीच्छन्निव रज-
स्तमश्छन्नश्छद्म स्तुति वचनभङ्गीमरचयम्।
तथापीत्थं रूपं वचनमवलम्ब्यापि कृपया
त्वमेवैवम्भूतं धरणिधर मे शिक्षय मनः ।।५९।।

– "हे धरणीधर! यद्यपि रजस् तमस् से आच्छन्न होकर इच्छा न होते हुए भी इच्छा का भान करते हुए मैंने इस मौखिक स्तव की रचना की है, तथापि कृपया मेरे इस वचन को ग्रहण करके तुम मेरे ऐसे मन को शिक्षा प्रदान करो।"

पिता त्वं माता त्वं दयिततनयस्त्वं प्रियसुहृत्
त्वमेव त्वं मित्रं गुरुरसि गतिश्चासि जगताम्।
त्वदीयस्त्वद्भृत्यस्तव परिजनस्त्वद्गतिरहं
प्रपन्नश्चैवं सत्यहमपि तवैवास्मि हि भरः ।।६०।।

– "तुम्हीं पिता हो, माता हो, दुलारे पुत्र हो, प्रिय सुहृद हो, मित्र हो, तुम्हीं जगत् के गुरु तथा आश्रय हो। मैं तुम्हारा भृत्य हूँ, तुम्हारा स्वजन हूँ; तुम मेरे आधार हो, मैं तुम्हारा शरणागत हूँ; ऐसी हालत में सचमुच ही मैं तुम्हारे लिये भार-स्वरूप हूँ।"

जनित्वाहं वंशे महति जगति ख्यातयशसां
शुचीनां युक्तानां गुणपुरुषतत्त्वस्थितिविदाम्।
निसर्गादेव त्वच्चरणकमलैकान्तमनसाम-
धोऽधः पापात्मा शरणद निमज्जामि तमसि ।।६१।।

– "यद्यपि मैंने सुप्रसिद्ध, पवित्र, योगियों, त्रिगुण तथा पुरुष का यथार्थ तत्त्व जाननेवालों और तुम्हारे पादपद्मों में स्वभावतः अनन्य भक्ति रखनेवालों के

महान् वंश में जन्म लिया है; तथापि हे शरणदाता! मैं दुष्टात्मा अन्धकार से और भी अन्धकार में डूबता जा रहा हूँ।''

अमर्यादः क्षुद्रश्चलमतिरसूयाप्रसवभूः
कृतघ्नो दुर्मानी स्मरपरवशो वञ्चनपरः।
नृशंसः पापिष्ठः कथमहमितो दुःखजलधे-
रपारादुत्तीर्णस्तव परिचरेयं चरणयोः।।६२।।

– ''मैं उच्छृंखल, क्षुद्र, चंचलमति, ईर्ष्या की जन्मभूमि, कृतघ्न, अभिमानी, कामपरायण, धोखेबाज, निष्ठुर तथा पापी हूँ। भला मैं कैसे इस दुःखसागर से उत्तीर्ण होकर तुम्हारे पादपद्मों की सेवा कर सकूँगा?''

रघुवर यदभूस्त्वं तादृशो वायसस्य
प्रणत इति दयालुर्यच्च चैद्यस्य कृष्ण।
प्रतिभवमपराद्धुर्मुग्ध सायुज्यदोऽभू-
र्वद किमपदमागस्तस्य तेऽस्ति क्षमायाः।।६३।।

– ''हे रघुवर! जब ऐसा दुष्ट कौआ भी प्रणत हुआ तो तुम उस पर दयालु हो गए थे; हे कृष्ण! जब प्रति जन्म में तुम्हारे प्रति अपराधी होने पर भी तुमने चेदिराज शिशुपाल को आनन्दमय कैवल्य प्रदान किया था, तो बताओ ऐसा कौन-सा पाप है, जिसे तुम क्षमा नहीं कर सकते?''

ननु प्रपन्न सकृदेव नाथ
तवाहमस्मीति च याचमानः।
तवानुकम्प्यः स्मर तत्प्रतिज्ञां
मदेकवर्ज्यं किमिदं व्रतं ते।।६४।।

– ''शरणागत व्यक्ति यदि एक बार भी 'मैं तुम्हारा हूँ' कहकर प्रार्थना करे, तो वह तुम्हारा कृपापात्र होगा – अपनी यह प्रतिज्ञा याद करो और बताओ कि क्या तुमने ऐसा व्रत लिया है कि यह मेरे अतिरिक्त अन्य सभी पर लागू होगा।''

अकृत्रिमत्वच्चरणारविन्द-
प्रेमप्रकर्षावधिमात्मवन्तम्।
पितामहं नाथमुनिं विलोक्य
प्रसीद मद्वृत्तमचिन्तयित्वा।।६५।।

– "तुम्हारे चरणकमलों में स्वाभाविक प्रकृष्ट प्रेम के जो सीमास्वरूप हैं, उन आत्मवान् पितामह नाथमुनि का स्मरण करके मेरे दुश्चरित्र पर ध्यान न देकर मुझ पर प्रसन्न होओ।''

इति श्रीयामुनाचार्यविरचितं स्तोत्ररत्नं सम्पूर्णम् ।

अध्याय ९

आलवन्दार

कुछ दिन बाद वृद्ध आलवन्दार बीमार होकर शय्याशायी हुए। शिष्यगण उनके पास रहकर सेवा-सुश्रूषा में लग गए। ज्ञान-भक्ति के विग्रह, महासात्त्विक यामुनमुनि पीड़ा भोगते हुए कभी क्षण मात्र के लिये भी भगवद्दास्य की महिमा-गान से विरत नहीं होते थे। शिष्यों से वे बारम्बार कहते, "जैसे पुष्प का सार मधु है, गाय का सार घृत है, वैसे ही त्रिलोक के सार नारायण हैं। उनकी शरण लेने से चारों पुरुषार्थों की प्राप्ति होती है।" महापूर्ण, तिरुक्कोटियुर-पूर्ण आदि शिष्यों ने अपने अपने सन्देहों के निवारणार्थ आलवन्दार के समवयस्क न्यासिचूड़ामणि तिरुवरांग पेरुमल आरियार से अनुरोध किया कि वे उनकी तरफ से यामुनमुनि के समक्ष दो-एक प्रश्न रखें। इस पर तिरुवरांग ने उनके प्रतिनिधि के रूप में शय्याशायी महापुरुष से पूछा, "महाराज, श्रीमन्नारायण मन-वाणी के अतीत हैं। उनकी किस प्रकार सेवा की जा सकती है?"

यामुनाचार्य ने उत्तर दिया, "भक्तों की सेवा करने से भगवान की सेवा हो जाती है। भक्तों का जाति-कुल नहीं होता; वे ईश्वर के प्रत्यक्ष विग्रह हैं। तुम सभी चण्डाल-कुलोद्भव तिरुप्पान आलवार की अर्चामूर्ति की सेवा करना, इसी से नारायण की सेवा होगी।" उन्होंने और भी कहा, "श्रेष्ठ भक्तगण निरन्तर निष्ठा-भक्ति के साथ नारायण तथा उनके भक्तों की मूर्ति की सेवा करते रहते हैं। देखो, तिरुप्पान आलवार ने अनन्य मन से श्री रंगनाथ की सेवा में जीवन बिताया है; श्री कांचिपूर्ण की भी वरदराज की सेवा में कैसी निष्ठा है! ये सभी महापुरुष हैं; इनके समान आचरण करने से कल्याण होगा। 'महाजनो येन गतः स पन्थाः'[१]।" इसके बाद वे तिरुवरांग की ओर देखते हुए बोले, "रंगनाथ के

---

१. महाभारत, ३.३२.६८

भक्त तिरुप्पान आलवार मेरे एकमात्र आश्रय हैं, वे मेरे भवसागर के कर्णधार होंगे।'' यह सुनकर तिरुवरांग ने व्यथित हृदय के साथ पूछा, ''आपने क्या देहत्याग करने का निश्चय कर लिया है?''

यामुन बोले, ''भले ही ईश्वर की इच्छा से मुझे शरीर छोड़ना पड़े, इस पर तुम्हारे जैसे महापुरुष के लिये व्यथित होना उचित नहीं। ईश्वर की इच्छा से जो भी होता है, वही परम मंगलकारी है, इसमें निश्चित विश्वास होना चाहिए। अहंकार को उनके श्रीपादपद्मों में बलिस्वरूप अर्पित करके सदा के लिये निश्चिन्त हो जाओ। अहंकार ही समस्त दुःखों और निरहंकार ही सकल सुखों का मूल है। निरहंकारी व्यक्ति को कर्म कभी बन्धन में नहीं डाल सकते। 'मैं उनका दास हूँ' – यही भाव मन में दृढ़मूल हो जाने पर अहंकार के हाथ से छुटकारा मिल जाता है। ऐसा होने से ही मनुष्य समझ सकता है कि वह जन्म-मृत्यु के अधीन नहीं, बल्कि श्रीमन्नारायण का नित्यदास है; तब वह 'हे प्रभो, मेरी रक्षा करो' – कहकर श्री भगवान के पादपद्मों में प्रार्थना नहीं करता। तभी वह निष्काम भाव से उनकी सेवा कर सकता है। तभी उसकी भक्ति अहैतुकी होती है। तभी वह ईश्वर का यथार्थ दास होता है।'' तिरुप्पान आलवार की सेवा में तिरुवरांग की अनन्य निष्ठा देखकर यामुनमुनि उनसे बोले, ''तुम जो कर रहे हो, उसके द्वारा तुम शीघ्र ही अहैतुकी भक्ति पाकर कृतार्थ हो जाओगे।''

जिस समय ये सब बातें हो रही थीं, उस समय महापूर्ण तथा तिरुक्कोटियुर पूर्ण ने मन-ही-मन संकल्प किया कि आलवन्दार के देहत्याग करते ही वे आत्महत्या कर लेंगे। उसी समय एक अन्य शिष्य ने कहा, ''आपके चले जाने पर हम किसके आश्रय में निवास करेंगे? कौन हमें ऐसी मधुर वाणी में आश्वस्त करेगा?'' यह कहकर वे आँसू बहाने लगे। उन्हें सान्त्वना देने हेतु यामुनाचार्य बोले, ''वत्स, तुममें से कोई भी उद्विग्न न हो। श्री रंगनाथ ने तुम्हें आश्रय दिया है, दे रहे हैं और देंगे। सर्वदा उनका दर्शन करना; बीच बीच में तिरुपति के बालाजी तथा कांचीपुर के वरदराज का दर्शन करना। श्रीरंगम नारायण का धाम है; तिरुपति नारायण के पादपद्म-प्राप्त करानेवाला चरम श्लोक[२] और कांचीपुर तारक मंत्र हैं।''

---

२. सर्वधर्मान् परित्यज्य मामेकं शरणं व्रज।
अहं त्वा सर्वपापेभ्यो मोक्षयिष्यामि मा शुचः।। गीता, १८.६६
– समस्त कर्तव्यों को छोड़कर मेरी शरण लो। शोक मत करो, मैं तुम्हें समस्त पापों से मुक्त कर दूँगा।

तिरुवरांग ने जब पूछा कि उनके अवसान के पश्चात् उनके शरीर का दाह किया जायगा या समाधिस्थ, तो उन्होंने कोई उत्तर नहीं दिया, क्योंकि उस समय उनका मन प्रभु के पादपद्मों में विलीन हो गया था। कई शिष्यों ने उनके देहत्याग के उपरान्त आत्महत्या करने का निश्चय किया।

अगले दिन जब श्री रंगनाथ अपने असंख्य भक्तों के साथ मन्दिर के बाहर निकलकर चौराहे पर आए, तो श्रीरंगम के समस्त नर-नारी भगवान का दर्शन करने को वहाँ एकत्र हुए। पूरा चौराहा लोगों से भर गया था। यामुनाचार्य के शिष्यगण भी गुरु के आदेश पर मठ से रंगनाथ का दर्शन करने आए थे। उसी समय भगवान के एक सेवक ने देवताविष्ट होकर महापूर्ण तथा तिरुक्कोटियुर पूर्ण को सम्बोधित करते हुए कहा, "तुम लोग आत्महत्या का संकल्प छोड़ दो। इसमें मेरी सहमति नहीं है।" यह कहकर उन्होंने दोनों को तिरुवरांग के हाथों में समर्पित किया। वे उन्हें यामुनाचार्य के पास ले गए और सारी बातें कहीं। सुनकर ज्ञानगम्भीर महापुरुष ने कहा, "आत्महत्या महापाप है। तुम लोगों पर ईश्वर का अतिशय स्नेह है, इसीलिए उन्होंने स्वयं ही तुम्हें मना किया है। उस संकल्प को पूर्णतः त्याग दो।" कुछ काल मौन रहने के बाद उन्होंने फिर कहा, "तुम लोगों के प्रति मेरा अन्तिम उपदेश यह है कि सर्वदा श्री भगवान के पादपद्मों में कुसुमाञ्जलि अर्पित करना, गुरु द्वारा निर्दिष्ट मार्ग पर विचरण करना और भक्तसेवा द्वारा अहंकार का नाशकर परम-पुरुषार्थ (मोक्ष) प्राप्त करने का प्रयास करते रहना।" यह कहते हुए उन्होंने अपनी शिष्य-मण्डली को तिरुवरांग के हाथों में सौंप दिया।

आलवन्दार उस बार स्वस्थ हो उठे और स्वयं भी एक दिन श्री रंगनाथ के उत्सव में सम्मिलित हुए। वे अपनी सम्पूर्ण शिष्य-मण्डली के साथ प्रसाद ग्रहण करके मठ में लौट आए और पूर्ववत् ही शास्त्र-व्याख्या करते हुए सबकी उन्नति करने लगे। एक दिन वे शास्त्र के रहस्य समझाने में लगे हुए थे कि उसी समय कांचीपुर से दो ब्राह्मण आ पहुँचे। ये यामुनमुनि की अस्वस्थता का संवाद पाकर उनका दर्शन करने आए थे। उनसे मिलकर आलवन्दार अतिशय सन्तुष्ट हुए और रामानुज का समाचार पूछने लगे। ब्राह्मणों ने कहा, "रामानुज अब यादवप्रकाश का शिष्यत्व त्यागकर स्वयं ही शास्त्रचर्चा कर रहे हैं और श्री कांचिपूर्ण के निर्देशानुसार प्रतिदिन भगवान की पूजा के लिये शालकूप से एक घड़ा जल भरकर लाया करते हैं। यह

सुनकर यामुनाचार्य के आनन्द की सीमा न रही। उन्होंने तत्काल आठ प्रणाम श्लोकों की रचना कर भगवान की अर्चना की और महापूर्ण को सम्बोधित करते हुए बोले, "वत्स, तुम व्यर्थ समय न गँवाकर रामानुज को शीघ्र यहाँ ले आओ। उसका ईश्वरत्व अभी छिपा हुआ है। उसे अपनी मण्डली में सम्मिलित करना नितान्त उत्तम होगा।" यह सुनकर महापूर्ण ने श्रीगुरु के पादपद्मों में प्रणाम किया और तुरन्त कांचीपुर की ओर प्रस्थान किया।

कुछ दिनों बाद आलवन्दार पुनः अस्वस्थ हुए। शिष्यगण फिर उनके लिये अतीव उद्विग्न हो उठे। इस बार उनका रोग कुछ अधिक ही क्लेशकारक था। उस पीड़ित दशा में ही एक दिन वे स्नान करके मन्दिर में गए, रंगनाथजी का दर्शन किया और प्रसाद ग्रहण करके मठ में लौट आए। शिष्यों का मध्याह्न भोजन समाप्त हो जाने पर उन्होंने उनमें से कुछ को गृही भक्तों को बुला लाने भेजा। उन सबके समवेत हो जाने पर उन्होंने अपने से यदि कोई भूल-त्रुटि हुई हो, तो उसके लिये सबसे क्षमा माँगी। उन सबने कहा, "यदि ईश्वर द्वारा भूल करना सम्भव हो, तो फिर आपके द्वारा भी भूल होना सम्भव है।" उन्होंने उन लोगों के ऊपर तिरुवरांग तथा अन्य शिष्यों का भार अर्पण करते हुए कहा, "प्रतिदिन नियमित रूप से रंगनाथ जी की सेवा, दर्शन और प्रसादी पुष्प ग्रहण करना। इससे मन-बुद्धि निर्मल होगी और शीघ्र भगवान की प्राप्ति होगी। सर्वदा गुरुभक्ति-परायण तथा अतिथि-सेवक होना।" सभी विदा हुए। आलवन्दार का यह अभिनव भाव देखकर सब लोग विस्मित रह गए थे।

गृही भक्तों के चले जाने पर आलवन्दार पद्मासन में बैठे। उन्होंने मन को ऊपर उठाकर हृदय में सन्निविष्ट किया। उस समय उनके शिष्यगण मधुर स्वर में भगवन्नाम-माहात्म्य का संकीर्तन कर रहे थे। मृदु वाद्यों के साथ वंशी की ध्वनि ने उस संकीर्तन को और भी मधुर कर दिया था। एक तरह की स्वर्गीय शान्ति एवं सुख से सबका मुखमण्डल उद्भासित हो रहा था। सभी भगवद्भक्ति में विभोर हो उठे। क्रमशः आलवन्दार ने मन को हृदय से उठाकर भ्रूमध्य में स्थापित किया। उनके नेत्रों के दोनों किनारों से आनन्दाश्रु प्रवाहित होने लगे। उनका पूरा शरीर रोमांचित एवं कण्टकित हो उठा। अन्ततः ब्रह्मरन्ध्र के मार्ग से देहनिर्मोक को त्यागकर वे परमपद में विलीन हो गए। संकीर्तन अचानक ही थम गया। तिरुक्कोटियुर तथा अन्य

शिष्यगण उच्च स्वर में रुदन करने लगे। कोई कोई अचेत होकर धरती पर गिर पड़े।

थोड़ी देर बाद शोक का वेग कम हो जाने पर शिष्यगण आलवन्दार के पुत्र छोटे पूर्ण को साथ लेकर अन्तिम संस्कार सम्पन्न करने की व्यवस्था में लग गए। मृतदेह को शीतल पवित्र जल से स्नान कराया गया; तदुपरान्त नये वस्त्र पहनाकर सुसज्जित अरथी पर लिटाया गया और उन्हें लेकर सभी धीमे कदमों के साथ कावेरी तट पर स्थित श्मशान क्षेत्र की ओर चले। श्रीरंगम के निवासी समस्त नर-नारी शव के पीछे पीछे जा रहे थे। श्मशान क्षेत्र लोगों से भर गया।

अध्याय १०

देह का दर्शन

महापूर्ण गुरुचरणों से विदा लेकर कांचीपुर की ओर चले। भिक्षामात्र के लिये किसी गृहस्थ के घर ठहरकर वे दिन भर यात्रा करते। रात वे किसी भाग्यवान गृहस्थ के बरामदे में बिताते। इस प्रकार चार दिनों में वे कांचीपुर जा पहुँचे और भगवान वरदराज का दर्शन करने के बाद महात्मा कांचिपूर्ण से मिलने गए। उस समय संध्या हो चुकी थी। उनके आगमन का कारण जानने के बाद कांचिपूर्ण ने उनसे वह रात अपने आश्रम में बिताने का अनुरोध किया। विभिन्न प्रकार के उदात्त विषयों पर चर्चा करते हुए वहाँ रात बिताने के बाद महापूर्ण प्रात:काल कांचिपूर्ण के साथ शालकूप की ओर गए।

मार्ग में कन्धे पर कलश उठाये रामानुज को उन्होंने दूर से ही देखा। कांचिपूर्ण बोले, "मुझे अभी मन्दिर में जाना होगा, अत: मैं चलता हूँ। आप रामानुज के पास जाकर अपना अभिप्राय व्यक्त करें।" यह कहकर उन्होंने प्रस्थान किया। दूर स्थित, कन्धे पर पूर्ण कलश लिये, परम मनोहर, दिव्य आभायुक्त, विष्णुभक्ति के अनुपम आधार, नररूप देवता का दर्शन कर महापूर्ण प्रेम से पुलकित हो उठे। उनके मुख से स्वत: ही भगवद्-गुणावली स्फुरित होने लगी –

वशी वदान्यो गुणवानृजुश्शुचिः
मृदुर्दयालुर्मधुरः स्थिरस्समः ।
कृती कृतज्ञस्त्वमसि स्वभावतः
समस्त-कल्याण-गुणामृतोदधि ।।[१]

---

१. स्तोत्ररत्न, १८

– "आप अपने स्वभाव से सबल, उदार, भले, सरल, पवित्र, कोमल, दयावान, मधुर, स्थिर, समदृष्टि, धन्य, कृतज्ञ और समस्त सद्गुणों के अमृतसागर हैं।"

क्रमशः रामानुज अति निकट आ पहुँचे। महापूर्ण ने आनन्द-विह्वल होकर भगवत्पादपद्मों में प्रणत होते हुए कहा –

नमो नमो वाङ्मनसातिभूमये
नमो नमो वाङ्मनसैकभूमये ।
नमो नमोऽनन्त-महाविभूतये
नमो नमोऽनन्त-दयैकसिन्धवे ।।[२]

– "मन-वाणी से अतीत और मन-वाणी के एकमात्र आधार पुरुष को बारम्बार प्रणाम है। अनन्त, महाविभूति रूप अपार दया के एकमात्र अनन्त सागर आपको बारम्बार प्रणाम है।"

उन्होंने यामुनाचार्य रचित और भी कुछ श्लोकों का पाठ किया। रामानुज चित्रलिखे-से ठहर गए और एकाग्र चित्त से उनका श्रवण करने लगे; तदुपरान्त उन्होंने उन पूजनीय, काषायधारी, वयोवृद्ध महात्मा से अतीव विनयपूर्वक मधुर वाणी में पूछा, "इन अतुलनीय श्लोकों का रचयिता कौन है? मैं उन्हें बारम्बार प्रणाम करता हूँ और आपके समान महानुभाव को भी बारम्बार प्रणाम करता हूँ। आज का प्रभात मेरे लिये बड़ा ही शुभ है, जो आपके पवित्र मुख से यह पवित्र गाथा सुनकर मैं अपने को पवित्र अनुभव कर रहा हूँ।" महापूर्ण ने कहा, "ये श्लोक मेरे प्रभु श्रीमत् यामुनाचार्य द्वारा रचित हैं।" यामुनाचार्य का नाम सुनकर रामानुज ने अत्यन्त आग्रहपूर्वक पूछा, "महाशय, सुना है कि महर्षि बीमार पड़ गए हैं। उनका स्वास्थ्य ठीक तो है न? आप कितने दिनों से उनकी पदछाया से वंचित हैं?" महापूर्ण ने कहा, "मैं अभी उन्हीं के पास से चला आ रहा हूँ। मैंने जिस समय उनसे विदा ली, उस समय तक उन्हें आरोग्य-लाभ हो चुका था।" इस पर रामानुज बोले, "आपका इधर आने का क्या प्रयोजन है? आज आप भिक्षा कहाँ ग्रहण करेंगे? यदि कोई आपत्ति न हो, तो मेरी प्रार्थना है कि इसी अधम के घर भिक्षा प्राप्तकर दास को कृतार्थ करें।" महापूर्ण ने कहा, "महर्षि

---

२. वही, २१

यामुन मुनि जिनका सर्वदा चिन्तन किया करते हैं, उनसे बढ़कर भाग्यवान और कृतार्थ व्यक्ति और कौन होगा? हे महात्मन्! अपने प्रभु के आदेश से मैं आप ही के पास आया हूँ।'' रामानुज ने अतीव विस्मित होकर कहा, ''मेरे समान क्षुद्रातिक्षुद्र जीव का उन देवतुल्य महापुरुष ने स्मरण किया है! मैं क्या उनके स्मरणयोग्य हूँ? किस अभिप्राय से उन्होंने मेरा स्मरण किया है?'' महापूर्ण ने कहा, ''हमारे प्रभु आपसे मिलना चाहते हैं। इसीलिए उन्होंने मुझे आपके पास भेजा है। रोग के प्रकोप से उनका शरीर अत्यन्त जीर्ण हो गया है। वैसे अब वे थोड़े स्वस्थ हैं। अतएव यदि आप उनकी अभिलाषा पूर्ण करना चाहें, तो अविलम्ब उनके दर्शनार्थ चल देना ही उचित होगा।''

यह सुसंवाद पाकर श्री रामानुज के आनन्द की सीमा न रही। उन्होंने महापूर्ण से कहा, ''थोड़ी देर ठहरिये, मैं इस जल-भरे कलश को मन्दिर में रख आऊँ, उसके बाद हम दोनों श्रीरंगम के लिये प्रस्थान करेंगे।'' यह कहकर रामानुज द्रुत वेग से मन्दिर की ओर चले गए। रामानुज की यामुनाचार्य के प्रति सहज प्रगाढ़ भक्ति देखकर महापूर्ण विस्मित हुए और ऐसे शुद्ध भक्त के साथ वार्तालाप करके स्वयं को धन्य मानने लगे। उन्होंने गाया–

तव दास्यसुखैकसङ्गिनां
भवनेष्वस्त्वपि कीटजन्म मे।
इतरावसथेषु मा स्म भूत्
अपि मे जन्म चतुर्मुखात्मना।।[३]

– ''जो एकमात्र तुम्हारे दास्यसुख के ही आकांक्षी हैं, उनके घर में मैं कीट रूप में जन्म लूँ तो भी अच्छा है, परन्तु अन्य भाव रखनेवाले लोगों के गृह में मैं चतुर्मुख ब्रह्मा होकर भी जन्म लेना नहीं चाहूँगा।''

रामानुज शीघ्र ही लौट आए। वे यात्रा के लिये तैयार थे। महापूर्ण ने पूछा, ''घर में समाचार नहीं देंगे? आपकी अनुपस्थिति में भी घर का काम सुचारु रूप से चलता रहे, इसकी व्यवस्था करके ही चलना क्या उचित नहीं होगा?'' रामानुज ने उत्तर दिया, ''पहले भगवान तथा उनके भक्त का आज्ञापालन और उसके बाद गृहकर्म। मेरा मन यामुनमुनि का दर्शन करने

३. वही, ५५

को अतिशय उद्विग्न हुआ है। कृपया तत्काल यात्रा करने की अनुमति दीजिए।''

महापूर्ण यह सुनकर आनन्द से विभोर हो उठे। उन्होंने रामानुज को प्रगाढ़ आलिंगन में बाँधकर अपनी परम प्रीति व्यक्त की। दोनों ही महापुरुष-दर्शन को व्यग्र हो द्रुत पद से अपने गन्तव्य की ओर चलने लगे। दिन में वे लोग किसी गृहस्थ के घर भिक्षा करते और रात हो जाने पर किसी के बरामदे में विश्राम करते, इस प्रकार चार दिनों में वे कावेरी तट पर स्थित श्रीशिर:पल्ली (तिरुचिरापल्ली) जा पहुँचे। शीघ्र ही वे कावेरी पार हुए और श्री रंगनाथ जी के मन्दिर के समीप स्थित मठ की ओर जाने लगे। उसी समय सामने काफी भीड़ देखकर उन्होंने पूछा, ''इतने लोगों के एकत्र होने का कारण क्या है?'' एक व्यक्ति ने उत्तर दिया, ''महाशय, और क्या कहूँ – पृथ्वी आज अपने सर्वोत्कृष्ट अलंकार से वंचित हो गयी है। महात्मा आलवन्दार ने परमपद पा लिया है।''

यह सुनते ही रामानुज अचेत होकर भूतल पर गिर पड़े और महापूर्ण उच्च स्वर में रुदन के साथ अपना सिर पीटते हुए कहने लगे, ''हाय प्रभो, दास को क्या इसी प्रकार वंचित किया जाता है? इसीलिए क्या मुझे कांचीपुर भेजा था?'' यह कहकर वे अधीरतापूर्वक रोने लगे। थोड़ी देर बाद किंचित् धीरज बँधने पर उन्होंने मूर्छित रामानुज की ओर देखा। अपने शोकावेग का संवरण करते हुए उन्होंने पानी लाकर रामानुज के मुख-नेत्रों पर डाला और धीरे धीरे उनकी चेतना लौटाने के बाद सांत्वना देते हुए वे बोले, ''वत्स, क्या करोगे? जो होना है, वही होगा। सब नारायण की इच्छा है। जिन महापुरुष के लिए हम शोक में अभिभूत हो पड़े हैं, उन्हीं के कथनानुसार सब कुछ मंगल के लिए ही होता है। उन्होंने हमें सदैव ही श्रीमन्नारायण की इच्छा का अनुगामी होने का उपदेश दिया है। उनके प्रयाण के पश्चात् उनके उपदेश पर अविश्वास करना बिल्कुल भी उचित नहीं। चलो, समाधिगर्भ में अदृश्य हो जाने के पूर्व चलकर हम उनके पवित्र विग्रह का अन्तिम दर्शन कर लें।'' रामानुज भी किंचित् धैर्य पाकर महापूर्ण के पीछे चल पड़े। शीघ्र ही वे शिष्यों से घिरे आलवन्दार के देहमन्दिर के समीप जा पहुँचे और देखा कि महापुरुष दीर्घनिद्रा में लीन हैं। महापूर्ण उनके चरणों में पड़कर अपने नयनजल से उन्हें धोने लगे। रामानुज अवाक् होकर चित्रलिखे-से खड़े रहे। उनके नेत्रों से अविरल अश्रुधारा बह रही थी।

कुछ काल बाद दोनों का शोकावेग थोड़ा प्रशमित हुआ। रामानुज स्थिर नयनों से उन परम पवित्र परमवैष्णव के श्रीविग्रह का दर्शन करने लगे। चिरनिद्रा में लीन मुखमण्डल पर पूर्ण मात्रा में गाम्भीर्य तथा सौन्दर्य विराजित था, सर्व-लावण्यहर मृत्यु की तामसिक छाया उस पवित्र देह पर नहीं पड़ी थी। मृत्यु की भला क्या बिसात, जो वह इन भगवद्भक्त का स्पर्श कर पाती? रामानुज एकटक उन महापुरुष की ओर देखे जा रहे थे, मानो अन्तर-ही-अन्तर में दोनों के बीच कोई बात हो रही हो। सभी निस्तब्ध थे। इतने लोगों के बीच भी किसी की वाणी स्फुरित नहीं हो रही थी। सभी अवाक् होकर इस युगलमूर्ति – जीवित तथा निर्जीव का समागम देख रहे थे।

थोड़ी देर बाद रामानुज ने पूछा, "देख रहा हूँ कि महर्षि के दाहिने हाथ की तीन अंगुलियाँ मुट्ठी के रूप में बँधी हुई हैं। जीवित दशा में भी क्या ये ऐसे ही रहती थीं?" निकट स्थित शिष्य बोले, "नहीं, उनकी अंगुलियाँ तो सामान्य ही रहा करती थीं। इस समय ऐसा होने का कारण हम लोग कुछ समझ नहीं पा रहे हैं।" यह सुनकर रामानुज ने उच्च स्वर में कहा –

अहं विष्णुमते स्थित्वा जनानज्ञानमोहितान्।
पंचसंस्कारसम्पन्नान् द्राविड़ाम्नाय पारगान्।
प्रपत्तिधर्मनिरतान् कृत्वा रक्षामि सर्वदा।।[४]

– "मैं विष्णुमत् में रहकर अज्ञानमोहित जनों को पंच संस्कारों से युक्त, द्राविड़ वेदों में पारंगत कर और शरणागति धर्म में लगाकर सर्वदा रक्षा करता रहूँगा।"

उनके इतना कहते ही एक अंगुली खुलकर सीधी हो गयी। रामानुज ने पुनः कहा –

संगृह्य निखिलानर्थान् तत्त्वज्ञानपरं शुभम्।
श्रीभाष्यं च करिष्यामि जनरक्षणहेतुना।।[५]

– "मैं लोगों की रक्षा हेतु समस्त अर्थों का संग्रह कर मंगलमय परम तत्त्वज्ञान प्रतिपादक श्रीभाष्य की रचना करूँगा।"

---

४. प्रपन्नामृतम् ९.६८-६९

५. वही, ९.७१-७२

इतना कहते ही और भी एक अंगुली खुलकर सीधी हो गयी। रामानुज पुन: बोले –

जीवेश्वरादीन् लोकेभ्य: कृपया य: पराशर:।
सन्दर्शयन् तत्स्वभावान् तदुपायगतीस्तथा।।
पुराणरत्नं संचक्रे मुनिवर्य: कृपानिधि:।
तस्य नाम्ना महाप्राज्ञ वैष्णवस्य च कस्यचित्।
अभिधानं करिष्यामि निष्क्रयार्थं मुनेरहम्।।[६]

– "जिन कृपामय मुनिवर पराशर ने लोगों के प्रति दयावश जीव, ईश्वर, जगत्, उनका स्वभाव तथा उन्नति का उपाय स्पष्ट रूप से समझाते हुए पुराणरत्न (विष्ण-पुराण) की रचना की, उनके ऋण का शोधन करने के लिए मैं किसी महापण्डित वैष्णव को उनका नाम दूँगा।"

रामानुज के इतना कहते ही अन्तिम अंगुली भी खुलकर सीधी हो गयी। यह देखकर सब लोग बड़े विस्मित हुए और इस बात में किसी को सन्देह नहीं रहा कि यह युवक ही यथासमय आलवन्दार का आसन ग्रहण करेगा।

देह को समाधिगर्भ में स्थापित करने के पूर्व ही श्री रामानुज कांचीपुर की ओर चलने को उद्धत हुए। जब आलवन्दार के शिष्यों ने उन्हें श्री रंगनाथ जी का दर्शन करके जाने को कहा, तो वे मानपूर्वक अश्रु विसर्जित करते हुए बोले, "जिन भगवान ने मेरी अभिलाषा पूरी नहीं की, जिन्होंने मेरे हृदय के आराध्य-देवता को सदा-सर्वदा के लिए छीन लिया, मैं उन निष्ठुर भगवान को देखना नहीं चाहता।"

यह कहकर वे अपने आप में डूबे, किसी की ओर भी दृष्टिपात न करते हुए, किसी के भी अनुरोध को न मानते हुए अपने गाँव की ओर चल पड़े। उसी दिन से उनके मुख पर छायी स्वाभाविक स्मित हास्यरेखा लुप्त हो गयी। क्रमश: वे कांचीपुर आ पहुँचे। अब उनके मुख-मण्डल पर बाल्य चपलता के स्थान पर वयस्क की गम्भीरता एवं विचारशीलता ने आकर अधिकार जमा लिया। वे अपना अधिकांश समय निर्जन में ही बिताने लगे। अब वे अपनी सहधर्मिणी के साथ पहले के समान खुलकर बातें नहीं करते थे, यथासाध्य उनका संग त्याग करने का प्रयास करते; केवल कांचिपूर्ण के सान्निध्य में ही उन्हें किंचित् आनन्द प्राप्त होता था।

---

६. वही, ९.७४-७६

अध्याय ११

दीक्षा

इस अप्रिय घटना के कम-से-कम छह महीने पूर्व रामानुज को और भी एक कठोर वेदना सहन करनी पड़ी थी। पुत्र-गतप्राण पतिपरायण कान्तिमती अपने पुत्र की माया काटकर पति-चरणों में चली गयी थीं। श्री रामानुज की पत्नी जमाम्बा ही अब गृहिणी थीं। वे अत्यन्त रूपवती थीं। स्वभाव से पति-परायणा होने के बावजूद उनकी बाह्य आचारों के पालन तथा शारीरिक शुचिता की ओर अत्यधिक निष्ठा थी। तो भी वे यथासम्भव सेवा-सुश्रूषा के द्वारा पतिदेव को आनन्दित एवं सन्तुष्ट रखने का प्रयास किया करती थीं।

श्रीरंगम से लौटने के बाद से ही रामानुज की गृहकर्म के प्रति पूर्ण उदासीनता देखकर जमाम्बा का हृदय वैसा प्रसन्न न था। परन्तु वे अपने मन के भाव छिपाये रखने का विशेष प्रयास करती थीं। उनके हृदय में प्रज्ज्वलित रोषाग्नि को कोई बाह्य अभिव्यक्ति नहीं मिल पाती थी।

रामानुज अपना अधिकांश समय श्री कांचिपूर्ण के साथ बिताते थे। उनके चेहरे पर सदा उदासी छायी रहती थी, मन में कोई आनन्द न था। कांचिपूर्ण ने यह देखकर एक बार उन्हें सांत्वना देते हुए कहा था, "वत्स, दुःखी मत होओ। श्री वरदराज की भक्ति करो। जैसे प्रतिदिन उनकी सेवा के लिए जल लाते हो, वैसा ही करते रहो। उनकी कृपा से परम मंगल होगा। आलवन्दार का कार्य समाप्त हो गया है, इसीलिए वे श्री विष्णु के पादपद्मों में चिरविश्राम प्राप्त कर रहे हैं। तुमने उनके सम्मुख जो प्रतिज्ञा की थी, अब उसे पूरा करने के प्रयास में लग जाओ।" इस पर रामानुज बोले, "आप मुझे शिष्य बना लीजिए और अपनी पदछाया में विश्राम करने की अनुमति दीजिए।" यह कहकर वे उनके समक्ष साष्टांग प्रणत हो गए। कांचिपूर्ण ने उन्हें उठाते हुए कहा, "तुम इतने व्यग्र मत होओ। तुम ब्राह्मण हो और मैं शूद्र हूँ। ब्राह्मण

को मंत्रदान का शूद्र को अधिकार नहीं है। भविष्य में फिर कभी मुझे इस प्रकार प्रणाम मत करना। श्री नारायण शीघ्र ही तुम्हारे लिये गुरु भेजेंगे, इसके लिए तुम चिन्तित मत होना।'' यह कहकर कांचिपूर्ण मन्दिर की ओर चले गए।

रामानुज ने मन-ही-मन सोचा, ''ये मुझे हीन अधिकारी समझकर ही कृपा नहीं कर रहे हैं। अस्तु, मैं उनका उच्छिष्ट ग्रहण करके स्वयं को पवित्र करूँगा। जो निरन्तर वरदराज के साथ विहार करते हैं, उनके जाति-कुल का भला क्या महत्त्व है? इनकी कटाक्ष से तो चाण्डाल भी ब्राह्मण की अपेक्षा श्रेष्ठ हो सकता है।'' यह सोचकर वे उस दिन सायंकाल कांचिपूर्ण के पास गए और अत्यन्त आग्रहपूर्वक अगले दिन दोपहर के भोजन के लिए उन्हें अपने घर आमंत्रित किया। कांचिपूर्ण ने उनका निमंत्रण स्वीकार करते हुए कहा, ''कल मैं तुम्हारे जैसे परम भक्त का अन्न ग्रहण करके अपना रजस्तमोमय आवरण छिन्न कर डालूँगा और इससे श्रीमन्नारायण फिर कभी मेरी दृष्टि से परे नहीं हो सकेंगे। अहा! यह तो मेरा परम सौभाग्य है!''

रामानुज ने घर लौटकर गृहिणी से अगले दिन प्रात:काल उत्तम भोजन बनाने को कहा। उन्होंने महात्मा कांचिपूर्ण को निमंत्रित जो कर रखा था। जमाम्बा ने प्रात:काल उठकर स्नानादि समाप्त करके भोजन पकाना शुरू किया। एक प्रहर बीतते-न-बीतते उन्होंने अन्न के साथ विविध प्रकार के व्यंजन बना लिये। रामानुज यह देखकर अत्यन्त आनन्दित हुए और कांचिपूर्ण को लाने हेतु उनके आश्रम की ओर चल पड़े।

इधर श्री वरदराज के सेवक रामानुज के मन का अभिप्राय समझकर दूसरे मार्ग से उनके घर जा पहुँचे और जमाम्बा को सम्बोधित करते हुए बोले, ''माँ, आज मुझे जल्दी ही मन्दिर में पहुँचना है; जो कुछ बना हो, वही सन्तान को परोस दें। मैं प्रतीक्षा नहीं कर सकता। आपके पतिदेव कहाँ हैं?'' इस पर जमाम्बा ने कहा, ''महाराज, वे आप ही की खोज में गए हैं, लौटते ही होंगे। थोड़ी-सी प्रतीक्षा कीजिए।'' कांचिपूर्ण बोले, ''नहीं माँ, मैं क्षण भर भी प्रतीक्षा नहीं कर सकता। मैं अपना पेट भरने के लिए प्रभुसेवा की अवहेलना नहीं कर सकता।''

यह सुनकर जमाम्बा ने सोचा कि अतिथि कहीं लौटकर न चले जायँ और इस भय से उन्होंने चुपचाप कांचिपूर्ण को आसन तथा जल दिया और एक एक कर सभी चीजें परोसते हुए उन्हें अतीव सम्मानपूर्वक भोजन कराया।

भोजन के पश्चात् कांचिपूर्ण ने जूठे पत्तल आदि स्वयं ही दूर ले जाकर फेंक दिये, उस स्थान को गोबर से लीप दिया और मुखशुद्धि ग्रहण करने के बाद जमाम्बा को साष्टांग प्रणाम करके वापस लौट गए। भोजन का बचा हुआ अंश किसी शूद्र को देकर गृहिणी ने बरतनों को माँज लिया और रसोईघर धोकर स्नान करने के पश्चात् पुनः पतिदेव के लिए भोजन बनाने में लग गयीं।

रामानुज ने लौटकर देखा कि उनकी गृहिणी स्नान करके पुनः भोजन तैयार करने में लगी हुई है और पहले जो कुछ पकाया गया था, उसका कणमात्र भी नहीं बचा है। उन्होंने विस्मित होकर पूछा, "श्री कांचिपूर्ण आए थे क्या? तुम भोजन पुनः क्यों बना रही हो? सुबह जो कुछ पका रही थी, वह सब कहाँ हैं?" जमाम्बा ने उत्तर दिया, "महात्मा कांचिपूर्ण आए थे। मैंने उनसे तुम्हारे लिये प्रतीक्षा करने का अनुरोध किया, परन्तु उन्हें भगवत्सेवा के लिए मन्दिर जाने की जल्दी थी, अतः उन्होंने क्षण भर के लिए भी प्रतीक्षा करना स्वीकार नहीं किया; इस कारण मैंने तुम्हारा इन्तजार न कर, जो कुछ पकाया था, सब उन्हें दे दिया। अपना भोजन हो जाने पर उन्होंने स्वयं ही जगह की सफाई कर दी तथा मैंने भी जो कुछ अन्न-व्यंजन बचा था, उसे अपनी शूद्र पड़ोसन को दे दिया और अब पुनः स्नान करके तुम्हारे लिए भोजन बना रही हूँ। शूद्र के भोजनोपरान्त बचा हुआ भोजन भला तुम्हें कैसे दे सकती हूँ?" इस पर रामानुज अत्यन्त व्यथित हुए और बड़ी नाराजगी व्यक्त करते हुए बोले, "अरी मूर्खा, तुम्हें कार्य-अकार्य का कोई विवेक नहीं है। महात्मा कांचिपूर्ण के प्रति शूद्र के समान व्यवहार करके तुमने अति क्षुद्र चित्त का परिचय दिया है। उन महापुरुष का प्रसाद मेरे भाग्य में नहीं था। मैं नितान्त अभागा हूँ।" यह कहते और खेद से सिर पीटते हुए वे घर के बाहर आकर एक वृक्ष के नीचे बैठ गए।

इधर कांचिपूर्ण वरदराज को पंखा झलते हुए कह रहे थे, "प्रभो, यह तुम्हारा कैसा व्यवहार है? कहाँ तो मैं तुम्हारी और तुम्हारे भक्तों की सेवा में जीवन बिताता, और उसकी जगह तुमने मुझे एक महापुरुष ही बना डाला? साक्षात् लक्ष्मण के अवतार श्रीमान् रामानुज मेरे सम्मुख साष्टांग प्रणाम करते हैं। मेरे जूठे भोजन के लिए लालायित होकर उन्होंने आज मुझे निमंत्रित किया था। कहाँ तो मैं तुम्हारी और तुम्हारे भक्तों की निरन्तर पूजा करूँगा और उसकी जगह मैं स्वयं ही पूजित होने चला? मुझे तो अब तिरुपति

जाकर अपनी बालाजी मूर्ति की सेवा की अनुमति दो।'' वरदराज की अनुमति मिल गयी। कांचिपूर्ण ने तिरुपति जाकर बालाजी की सेवा में छह महीने बिताये। बाद में एक दिन नारायण ने उनसे कहा, ''कांचिपुर में गर्मी की अधिकता से मुझे कष्ट हो रहा है। तुम वहीं जाकर मुझे व्यजन करो।'' इस पर कांचिपूर्ण पुनः कांचीपुर आ गए।

इसी बीच रामानुज के एक तैल-स्नान[१] के दिन आहार के अभाव से क्षीणकाय शूद्रदास उनके शरीर पर तेल मलने आया। उसे देखकर रामानुज के मन में करुणा का संचार हुआ। उन्होंने गृहिणी से कहा, ''यदि कल का अन्न बचा हो, तो उसे इस निर्धन दास को दे दो। इसे देखकर लगता है कि इसने पिछले तीन-चार दिनों से भोजन नहीं किया है।'' गृहिणी ने उत्तर दिया, ''कल का खाना बिल्कुल भी नहीं बचा है। इतने सबेरे भोजन कहाँ से मिलेगा?'' यह कहकर वे स्नान करने चली गयीं। श्री रामानुज को पत्नी के कथन पर सन्देह हुआ और उन्होंने भोजनालय में जाकर देखा कि बहुत-सा अन्न बचा हुआ है। वह सब तत्काल दास को देकर उसकी भूख मिटाने के बाद उन्होंने तेल मलने की अनुमति दी।

कांचिपूर्ण तिरुपति से लौट आए हैं, यह सुनकर रामानुज उनका दर्शन करने गए। काफी काल बाद अपने परम मित्र से मिलकर उनके हर्ष की सीमा न रही। दोनों मित्रों ने एक-दूसरे से मिलकर परम शान्ति का अनुभव किया। विविध विषयों पर चर्चा के बाद रामानुज ने वरद-सेवक से कहा, ''महात्मन्, कुछ शंकाएँ मेरे मन को निरन्तर उद्विग्न बनाये रखती हैं। आप यदि वरदराज से कहकर मेरे उन सन्देहों को दूर कर दें, तो मुझे शान्ति मिले। मुझे इस कारण बड़ा कष्ट हो रहा है। अपने दुःख की बात आपको छोड़ और किसे कहूँ?'' कांचिपूर्ण बोले, ''मैं प्रभु के सामने यह बात रखूँगा।''

अगले दिन रामानुज के आने पर कांचिपूर्ण बोले, ''वत्स, पिछली रात श्री वरदराज ने तुम्हें यह बताने को कहा है –

अहमेव परं ब्रह्म जगत्कारणकारणम्।
क्षेत्रज्ञेश्वरयोर्भेदः सिद्ध एव महामते।।

---

१. सप्ताह में एक बार पूरे शरीर में तेल लगाकर गरम पानी से स्नान करना दक्षिण भारत की प्राचीन प्रथा है। इसी को तैल स्नान कहते हैं।

मोक्षोपायो न्यास एव जनानां मुक्तिमिच्छताम् ।
मद्भक्तानां जनानां च नान्तिमस्मृतिरिष्यते ।।
देहावसाने भक्तानां ददामि परमं पदम् ।
पूर्णाचार्यं महात्मानं समाश्रय गुणाश्रयम् ।
इति रामानुजाचार्याय मयोक्तं वद सत्वरम् ।।

– "(१) मैं ही जगत्कारण प्रकृति का कारण परब्रह्म हूँ। (२) हे महामते, जीव तथा ईश्वर का भेद स्वत:सिद्ध है। (३) मुमुक्षु जनों के लिये भगवत्पाद-पद्मों में आत्मसमर्पण ही मुक्ति का एकमेव उपाय है। (४) मेरे भक्त यदि अन्तिम क्षण मेरा स्मरण न भी कर सकें, तथापि उनकी मुक्ति अवश्यम्भावी है। (५) अपने भक्तों का देहत्याग होते ही मैं उन्हें परमपद प्रदान करता हूँ। (६) सर्वगुणसम्पन्न महात्मा महापूर्ण का आश्रय ग्रहण करो। मेरी कही हुई ये बातें शीघ्र जाकर रामानुजाचार्य को बताओ।"

ये बातें सुनकर रामानुज उन्मत्त के समान नृत्य करने लगे। उन्होंने वरदराज-मन्दिर की दिशा में साष्टांग प्रणाम किया। जिन छह शंकाओं ने उनके हृदय में अशान्ति का साम्राज्य स्थापित कर रखा था, वे पूर्ण रूप से उन्मूलित हो गयीं। इन सभी सन्देहों के बारे में उन्होंने कांचिपूर्ण को कुछ भी नहीं कहा था। ये महापुरुष वास्तव में वरदराज के मुखस्वरूप हैं – ऐसा समझकर मना करने के बावजूद वे उनके चरणों में दण्डवत् प्रणत हो गए और उठकर घर लौटने के स्थान पर, महापूर्ण से दीक्षा पाने के लिए श्रीरंगम की ओर चल पड़े।

इधर आलवन्दार के तिरोभाव के बाद से श्रीरंगम के मठ में वैसे सुमधुर भाव से शास्त्रों के मर्मार्थ की व्याख्या करने में कोई भी सक्षम नहीं था। तिरुवरंग मठ के अध्यक्ष थे। वे परम भक्त तथा अनेक शास्त्रों में पारंगत थे, परन्तु शास्त्र-व्याख्या में उतने पटु न थे। उनका परम दास्यभाव देखकर सभी मुग्ध हो जाते। किसी को आदेश देना तो दूर, वे सर्वदा ही दूसरों का आदेश पालन करने को व्यग्र रहते। उनके देवतुल्य स्वभाव ने सबको वशीभूत कर लिया था। विवाहित तथा अविवाहित दोनों ही प्रकार के भक्त मठ में रहा करते थे। विवाहितों की पत्नियाँ मठ के बाहर नगर में निवास करती थीं और बीच बीच में भक्तों की वन्दना करने वहाँ आती थीं। मठ में रहनेवाले भक्तगण भगवत्-आराधना तथा उनके नाम-कीर्तन में अपने दिन बिताते थे। इसी प्रकार लगभग एक वर्ष बीत गया। बाद में एक दिन तिरुवरंग ने सभी भक्तों को बुलवाकर कहा, "मित्रो, हमारे प्राणस्वरूप महात्मा यादवमुनि को परमपद में लीन हुए अब एक वर्ष हो

गया। उनके प्रयाण के बाद से ही हम उस मधुर भाषा में भगवद्-गुणानुकीर्तन तथा शास्त्र के गूढ़ मर्म की व्याख्या-श्रवण से वंचित रहे हैं, तथापि अब समझ में आ रहा है कि मेरे समान दुर्बल व्यक्ति के लिए इसका ठीक निर्वाह करना पूर्णरूपेण कठिन है। तुम लोगों को स्मरण होगा कि महामुनि ने देहत्याग के पूर्व श्रीमान् रामानुज का दर्शन करने की इच्छा व्यक्त की थी और इसके लिए महापूर्ण को उनके पास भेजा था। मेरे विचार से वे शुद्ध-सत्त्व, पण्डित-प्रवर, कांचिपूर्ण-प्रिय यामुनमुनि-निर्वाचित महापुरुष ही यामुन मुनि का मत समग्र भारतवर्ष में प्रचारित करेंगे। समाधि के स्थान पर उनकी प्रतिज्ञा और मुनिवर का मुट्ठी खोलना मैं अब भी मानो प्रत्यक्ष देख रहा हूँ।''

समवेत भक्तों ने यह सुनकर एक स्वर में इस मत का अनुमोदन किया और रामानुज को दीक्षा देकर श्रीरंगम लाने के लिए महापूर्ण को यह कहकर भेजा, ''यदि देखो कि वे कांचिपूर्ण का संग त्यागकर अभी आने को अनिच्छुक हैं, तो उनसे आने के लिए जरा भी अनुरोध मत करना। शीघ्र हो या विलम्ब से, पर श्री रंगनाथ की इच्छा से उन्हें यहाँ आना ही होगा। तुम उन्हें तमिल-प्रबन्ध का अध्ययन कराकर उसमें विशेष पारंगत कर देना। इसके लिए तुम्हें कम-से-कम एक साल वहाँ रहना होगा। हमारी इच्छा है कि तुम अपनी सहधर्मिणी को भी साथ ले जाओ। उन्हें लाने के लिए ही तुम्हें भेजा गया है, इस बात का उन्हें बिल्कुल भी पता न चले।''

इस प्रकार निर्देश पाकर महापूर्ण ने सपत्नीक कांचीपुर के लिये प्रस्थान किया। दो दिन चलकर वे मदुरान्तक नगर में जा पहुँचे। उस नगर के श्रीविष्णु-मन्दिर के सम्मुख एक बृहत् सरोवर है। उसी के तट पर वे अपनी पत्नी के साथ विश्राम कर रहे थे। तभी उन्होंने देखा कि जिनके लिए वे मठ छोड़कर कांचीपुर जा रहे थे, जिनका दर्शन करने को उनके प्राण व्यग्र थे, उन्हीं रामानुज ने स्वयं आकर उनकी चरण-वन्दना की। सहसा अपने प्रिय व्यक्ति को सामने पाकर वे आनन्द से आत्मविभोर हो गए। उन्होंने स्नेहपूर्वक रामानुज को प्रगाढ़ आलिंगन करते हुए कहा, ''वत्स, तुम्हें यहाँ देख पाने की मुझे जरा भी आशा नहीं थी। सब श्रीमन्नारायण की कृपा है। तुम्हारे यहाँ आने का क्या कारण है?'' रामानुज बोले, ''सचमुच ही यह नारायण की परम कृपा है। मैंने आपके ही पादपद्मों के निमित्त कांचीपुर का त्याग किया है। विधाता ने अल्प प्रयास से ही उसकी प्राप्ति करा दी। श्री कांचिपूर्ण के मुख से साक्षात् वरदराज ने आपको ही मेरे गुरु के रूप में निर्धारित किया है। आप अविलम्ब मुझे दीक्षा देकर पवित्र करें।''

महापूर्ण ने कहा, "चलो, हम सभी कांचीपुर जाकर वरदराज के सम्मुख यह शुभ कर्म सम्पन्न करें।" इस पर रामानुज बोले, "महात्मन्, मुझे एक क्षण का भी विलम्ब रुचिकर नहीं प्रतीत होता –

स्वपन्तं वापि भुंजानं गच्छन्तमपि वर्त्मनि।
युवानमपि बालं वा स्ववशे कुरुते विधिः ।।

– "मनुष्य चाहे सोया हो या भोजन कर रहा हो अथवा सड़क पर चला जा रहा हो; वह युवक हो या बालक हो – मृत्यु उसे अपने वश में कर ही लेती है।"

"बड़ी आशा के साथ मैं आपके संग यामुनमुनि का दर्शन करने गया था, परन्तु हाय, विधाता ने मेरी वह आशा पूरी नहीं होने दी। इस समय भी उनका क्या भरोसा? अतः आप इसी क्षण मुझे अपने चरणों की छाया में आश्रय दीजिए।"

यह सुमधुर वैराग्यपूर्ण उद्गार सुनकर महापूर्ण को असीम आनन्द हुआ और उन्होंने श्रीविष्णु के समक्ष स्थित बृहत् सरोवर के किनारे बहु शाखा-प्रशाखा युक्त कुसुमित सौरभ-समाकीर्ण परम सुन्दर बकुल वृक्ष के नीचे होमाग्नि प्रज्ज्वलित करके उसमें धातु की दो मुद्राएँ स्थापित कीं। उनमें से एक मुद्रा पर चक्र का चिन्ह था और दूसरे पर शंख का। मुद्राओं के तप जाने पर महापूर्ण ने श्रौत मन्त्रों की आवृत्ति करते हुए चक्रचिह्नित मुद्रा के द्वारा रामानुज की दाहिनी भुजा पर तथा शंखचिह्नित मुद्रा के द्वारा बायीं भुजा पर छाप लगा दी और अन्त में आलवन्दार के चरणों का ध्यान करते हुए उनके दाहिने कान में वैष्णव मंत्र प्रदान किया। इस तरह दीक्षित होकर श्रीविष्णु की वन्दना करने के बाद रामानुज ने अपने गुरु तथा गुरुपत्नी के साथ कांचीपुर की यात्रा की।

महापूर्ण के शुभागमन का संवाद पाकर श्री कांचिपूर्ण उनका दर्शन करने आए। भक्तों के सम्मिलन से परम आनन्द का उदय हुआ। रामानुज के अनुरोध पर महापूर्ण ने उनकी पत्नी जमाम्बा को भी शंख तथा चक्र द्वारा दीक्षित किया। इस प्रकार पति तथा पत्नी दोनों ने ही दीक्षित होकर महापूर्ण के भोजन का बचा हुआ अंश प्रसाद रूप में ग्रहण किया। रामानुज ने अपने घर का आधा भाग महापूर्ण के निवास हेतु निर्दिष्ट कर दिया। महापूर्ण का सम्पूर्ण व्ययभार वे स्वयं वहन करने लगे और प्रतिदिन उनके चरणों में बैठकर तमिल-प्रबन्ध का अध्ययन करते रहे।

अध्याय १२

संन्यास

इसी प्रकार छह महीने बीत गए। एक दिन महापूर्ण तथा रामानुज दोनों ही कार्यवश घर के बाहर गए हुए थे। घर में जमाम्बा स्नान करने के बाद भोजन बनाने की तैयारी में लगी थीं। सारी व्यवस्था हो जाने के बाद वे कलश लेकर पानी लाने निकट स्थित कुएँ पर गयीं। उसी समय महापूर्ण की सहधर्मिणी भी रंधन के लिए जल लाने अपना कलश लेकर उसी कुएँ पर पहुँचीं। दोनों ने एक साथ ही अपना अपना कलश कुएँ में डाला और पानी भर जाने पर एक साथ ही रस्सी खींचने लगीं। उसी समय महापूर्ण-पत्नी के कलश के जल की दो-चार बूँदें जमाम्बा के कलश में जा गिरीं। इस पर जमाम्बा ने क्रोध में अपना आपा खोकर कठोर स्वर में गुरुपत्नी से कहा, "क्या तुम अन्धी हो गयी हो? देखो, अपनी लापरवाही से तुमने मेरा एक घड़ा जल बरबाद कर दिया। गुरुपत्नी हो इसीलिए क्या बिल्कुल सिर पर सवार हो जाओगी? क्या तुम्हें पता नहीं कि तुम्हारे पिता की अपेक्षा मेरे पिता कितने उच्च कुल के हैं? तुम्हारा स्पर्श किया हुआ जल मैं भला कैसे उपयोग में ला सकती हूँ? मूर्ख पति के हाथों पड़कर मेरा जाति-कुल सब गया।"

इन कटु बातों को सुनने के बाद महापूर्ण की पत्नी ने विनयपूर्वक क्षमा माँगी। वे स्वभाव से ही परम शान्त एवं सुशीला थीं। यद्यपि उनके मन को तीव्र आघात पहुँचा था, तो भी वे उसे छिपाकर घर लौट आयीं और कलश को भूमि पर रखकर एकान्त में रोने लगीं। थोड़ी देर बाद महापूर्ण घर आए। उन्होंने पत्नी को रोते देखकर उसका कारण पूछा और सब कुछ जान लेने के बाद कहा, "नारायण की इच्छा नहीं है कि अब हम और यहाँ पर निवास करें, इसी कारण उन्होंने जमाम्बा के मुख से तुम्हें कटु बातें सुनायी हैं। तुम दुःखी मत होना। प्रभु जो भी करते हैं, सब मंगल के लिए ही होता

है। चलो, अब हम और विलम्ब न कर श्री रंगनाथ का दर्शन करने चलें। बहुत दिनों से मैंने उनके पादपद्मों की पूजा नहीं की है। इसीलिए उन्होंने ये कठोर बातें कहीं हैं।'' इतना कहकर वे क्रोधहीन महापुरुष अपनी पत्नी के साथ तत्काल श्रीरंगम की ओर चल पड़े। उन्होंने रामानुज के लिए प्रतीक्षा नहीं की, क्योंकि श्रीरंगनाथ के पादपद्मों का स्मरण करते ही उन्हें सब कुछ विस्मृत हो गया था।

दीक्षित होने के बाद से रामानुज का मानसिक कष्ट लुप्त हो गया था। वे यज्ञ, अंकन, ऊर्ध्वपुण्ड्र, मंत्र तथा दास्यनाम – इन पाँच संस्कारों द्वारा संस्कृत होकर अपने को धन्य मानते थे। महापूर्ण की कृपा से उन्हें परम शान्ति मिल गयी थी, अतः उनके समान जगत् में और किसको वे अपना हितकारी मानते? यह बात उन्हें भलीभाँति हृदयंगम हो गयी थी और इस कारण वे उन्हें साक्षात् नारायण ही मानते थे। उनकी गुरुभक्ति अतुलनीय थी। गुरु का प्रसाद ग्रहण किए बिना वे कभी भोजन नहीं करते थे। शय्या से उठते ही वे सर्वप्रथम गुरुदेव के पादपद्मों में साष्टांग प्रणाम करते थे। फिर प्रातःकृत्य समाप्त करने के बाद वे उन्हीं महात्मा के चरणों में बैठकर तमिल प्रबन्धमाला का अध्ययन करते थे। छह महीनों के भीतर ही वे निम्नलिखित प्रबन्धों का अध्ययन पूरा कर चुके थे – पोइगे रचित १०० पद, भूत रचित १०० पद, पे रचित १०० पद, पेरिय आलवार द्वारा रचित ४७३ पद, आण्डाल के १४३ पद, कुलशेखर के १४५ पद, तिरुमलिशै के २१६ पद, तोण्डरदिपोण्डि के ५५ पद, तिरुप्पन के १० पद, मधुर कवि के ११ पद, तिरुमंगै के १३६० पद और नम्मालवार के १२९६ पद। उन्होंने महापूर्ण से कुल मिलाकर लगभग चार हजार सुमधुर भक्तिरस-पूर्ण सन्ताप-नाशक परम पवित्र श्लोकों का अध्ययन किया था। यह सम्पूर्ण वाङ्मय दिव्य प्रबन्ध के नाम से प्रसिद्ध है।

उस दिन उन्होंने तिरुवइमोड़ि का पाठ समाप्त किया था। अतः गुरुदक्षिणा देने हेतु वे बाजार में जाकर फल, फूल, ताम्बूल, नये वस्त्र आदि खरीद लाए थे। आज वे गुरु-दम्पति की षोडशोपचार से पूजा करेंगे – इसी संकल्प के साथ वे घर लौटे थे। पर गुरुगृह में प्रविष्ट होकर उन्होंने देखा कि वहाँ कोई नहीं है। उन्होंने इधर-उधर घूमकर देखा, परन्तु उनका कोई भी सुराग नहीं मिला। एक पड़ोसी से पूछने पर पता चला कि महापूर्ण अपनी पत्नी के साथ श्रीरंगम चले गए हैं। उनके सहसा इस प्रकार चले जाने का कारण जानने की इच्छा से वे अपनी पत्नी के पास गए। पूछने पर उसने बताया –

"आज सुबह कुँए से जल लाने गयी थी, तो वहाँ तुम्हारी गुरुपत्नी के साथ मेरा झगड़ा हो गया। मैंने उसे कोई विशेष कठोर बात नहीं कही, परन्तु उसी पर महापुरुष को इतना क्रोध आया कि वे अपने पत्नी के साथ यह स्थान छोड़कर चले गए। सुना था कि साधु होने पर आदमी क्रोध त्याग देता है, परन्तु ये तो एक नये ही प्रकार के साधु हैं। तुम्हारे साधु के चरणों में कोटि कोटि नमस्कार!"

यह सुनकर रामानुज अपने क्रोध का संवरण नहीं कर सके। वे बोले, "अरी पापिनी, तेरा मुख देखने से भी महापाप होता है।" इतना कहकर वे फल, ताम्बूल, वस्त्र आदि जो कुछ भी लाए थे, सब लेकर श्री वरदराज की अर्चना करने उनके मन्दिर की ओर चल पड़े।

रामानुज के जाने के थोड़ी देर बाद एक दुबले-पतले भूख से पीड़ित ब्राह्मण ने द्वार पर आकर गृहिणी से थोड़े-से अन्न के लिए याचना की। एक ओर तो जमाम्बा पति के कटु वाक्य से दग्ध हो रही थी और दूसरी ओर चूल्हे के ताप से उसके पूरे शरीर पर पसीना आ गया था, अत: भिक्षुक की प्रार्थना उसके कानों में वज्रध्वनि-सी प्रतीत हुई। क्रोधावेशित नेत्रों के साथ वह भीतर से ही उच्च स्वर में बोली, "जाओ, जाओ, और कहीं जाओ। यहाँ तुम्हें कौन खाने को देगा?"

ब्राह्मण दु:खी हृदय से अपने भाग्य को कोसते हुए धीरे धीरे वरदराज के मन्दिर की ओर चले गए। रास्ते में मन्दिर से लौटते रामानुज के साथ उनकी भेंट हुई। उन्होंने ब्राह्मण की क्षीण काया देखकर पूछा, "विप्रदेव, लगता है आज आपका भोजन नहीं हुआ।" ब्राह्मण ने कहा, "मैं आपके ही घर अतिथि होने को गया था, परन्तु आपकी पत्नी द्वारा मुझे अन्न देने में अनिच्छा व्यक्त किए जाने के कारण मैं विफल-मनोरथ होकर लौट रहा हूँ।"

रामानुज बोले, "नहीं, आपको लौटना नहीं होगा। आप कृपया मेरे साथ दुकान में चलें। आपके हाथ में मैं एक पत्र, हल्दी, फल, ताम्बूल तथा एक नया वस्त्र दूँगा। आप इन्हें ले जाकर मेरी पत्नी को देकर कहियेगा कि आप उसके मायके से आ रहे हैं। इससे वह आपको बड़े यत्नपूर्वक भोजन करायेगी।" इतना कहकर उन्होंने उपरोक्त वस्तुएँ दुकान से खरीदकर ब्राह्मण के हाथों में दे दीं और अपने ससुर के हस्ताक्षर के साथ एक पत्र लिख दिया, जो इस प्रकार था –

''प्रिय पुत्र, मेरी दूसरी कन्या का विवाह शीघ्र ही सम्पन्न होनेवाला है। अतः इस व्यक्ति के साथ जमाम्बा को मेरे घर भेज देना। यदि कार्य की बाध्यता न हो, तो तुम्हारे भी आने पर मुझे असीम प्रसन्नता होगी। जमाम्बा के न आने पर मुझे बड़ी कठिनाई होगी, क्योंकि अनेक सगे-सम्बन्धियों के आने पर तुम्हारी सास के लिए अकेले ही उनकी देखभाल कर पाना बड़ा मुश्किल होगा।''

इस पत्र के साथ उन्होंने ब्राह्मण को अपनी पत्नी के पास भेज दिया। विप्र ने वहाँ जाकर वे सारी वस्तुएँ तथा पत्र देते हुए कहा, ''आपके पिताजी ने मुझे भेजा है।'' जमाम्बा आनन्द से अभिभूत हो उठी और उसने बड़े आदरपूर्वक विप्र के स्नानार्थ जल ला दिया। इसी बीच रामानुज भी घर लौटे। जमाम्बा ने अत्यन्त विनयपूर्वक पत्र को रामानुज के हाथों में देते हुए कहा, ''पिताजी ने तुम्हारे लिए यह पत्र भेजा है।'' रामानुज ने उसे पढ़कर सुनाया और बोले, ''मुझे कुछ जरूरी कार्य है, जाने से बड़ी हानि होगी; अतः आहार आदि करके तुम्हीं इन विप्र के साथ मायके चली जाओ। कार्य समाप्त होने पर बाद में मैं भी आने की चेष्टा करूँगा। सास-ससुर जी के चरणों में मेरा प्रणाम सूचित करना।'' जमाम्बा ने स्वीकृति दी।

भोजन के पश्चात् जमाम्बा ने पति के चरणों में प्रणाम करने के बाद विप्र के साथ मायके की ओर प्रस्थान किया। रामानुज भी घर से निकलकर वरदराज के मन्दिर की ओर चल पड़े। मार्ग में जाते जाते रामानुज स्वगत में कहने लगे, ''बड़ी कठिनाई से इस राक्षसी के हाथ से छुटकारा मिला है। हे नारायण, इस दास को अपने पादपद्मों में स्थान प्रदान करो।''

थोड़ी देर बाद वे हस्तिगिरिपति वरदराज के सम्मुख पहुँचकर साष्टांग प्रणत हुए और बोले, ''हे नाथ, आज से मैं सर्वतोभावेन तुम्हारा हुआ। मुझे स्वीकार करो।'' यह कहकर उन्होंने गैरिक वस्त्र तथा दण्ड लिया और वरदराज के पादपद्मों का स्पर्श कराने के बाद वे मन्दिर के सम्मुख स्थित अनन्त सरोवर के किनारे चले गए। स्नान के उपरान्त यज्ञाग्नि प्रज्ज्वलित करके उन्होंने उसमें वित्तैषणा, दारैषणा आदि समस्त एषणाओं की आहुति दे दी। उसी समय श्री कांचिपूर्ण ने वरदराज के आवेश में उन्हें 'यतिराज' कहकर सम्बोधित किया। इस प्रकार उन्होंने सर्वप्रकार की एषणाओं को दग्धकर मन-वाणी व काया को सदा वश में रखने के लिए त्रिदण्ड ग्रहण किया। अरुण-वसनधारी यतिराज उस समय नवोदित सूर्य के समान प्रभासम्पन्न हुए थे।

अध्याय १३

यादव-प्रकाश द्वारा शिष्यत्व-ग्रहण

सामान्य छलनामय उपाय के द्वारा अपनी पत्नी के हाथ से छुटकारा पाकर रामानुज ने संन्यास ग्रहण किया। कुछ लोग सोच सकते हैं कि यह उनके लिए धर्मसंगत नहीं हुआ। पर –

आपदर्थं धनं रक्षेत् दारान् रक्षेद्धनैरपि।
आत्मानं सततं रक्षेत् दारैरपि धनैरपि।।[1]

– "अर्थात् विपत्ति से बचने के लिए धन रखना चाहिए, धन को छोड़कर भी पत्नी की रक्षा करनी चाहिए और धन तथा पत्नी को भी छोड़कर सर्वदा आत्मरक्षा करनी चाहिए।"

इस चिरन्तन नीति के अनुसार उन्होंने आत्मरक्षा के लिए पत्नी का परित्याग किया था। लोग कह सकते हैं कि इस प्रकार झूठी बातों से पत्नी को बहकाकर उनका संन्यास लेना उचित नहीं हुआ। नीति-विशारदों का मत है कि झूठ बोलना सर्वदा दोषपूर्ण नहीं होता। मूर्ख को यह समझाना व्यर्थ है कि सूर्य स्थिर है और पृथ्वी घूम रही है। अतः वे कहते हैं –

मूर्खं छन्दानुवृत्तेन याथातथ्येन पण्डितम्।[2]

– "मूर्ख की हाँ में हाँ मिलाकर और विद्वान् को सत्य बताकर अपने वश में लाना चाहिए।"

---

१. महाभारत, उद्योग पर्व, ३७.१८

२. हितोपदेश, ४.१०६ का उत्तरार्ध

चैतन्यदेव ने अपने गृहत्याग की बात अपनी माँ शचीदेवी को तो सूचित कर दिया था, पर पत्नी विष्णुप्रिया को नहीं। शाक्यसिंह बुद्ध ने अपनी प्रेममयी पत्नी को अपना मनोभाव बिल्कुल भी नहीं जानने दिया और चोर की भाँति घर से प्रस्थान किया था। यद्यपि विष्णुप्रिया तथा गोपा (यशोधरा) दोनों ही पतिभक्ति की आदर्श स्वरूप थीं, पति के सुख में ही वे अपने को सुखी मानती थीं, तथापि उन्होंने लोकहितार्थ अवतीर्ण सार्वजनिक वस्तु रूपी महापुरुषों को केवल अपना ही बनाकर रखना चाहा था, अत: वे स्वार्थ रूपी मोह से आच्छन्न हो गयी थीं। उन मोहबद्ध लोगों को यथार्थ बात बताना नीतिविरुद्ध था। और जमाम्बा वैसी पतिपरायणा भी न थीं, उन्होंने तीन बार पति की आज्ञा का उल्लंघन किया था। अत: यदि रामानुज उन्हें अपने मन का भाव बता देते, तो फिर एक भयानक दृश्य उपस्थित हो जाता। उनके जीवन का मुख्य उद्देश्य आत्मसुख और गौण उद्देश्य पतिसुख था, ऐसी स्वार्थपरायण देहात्म-अभिमानिनी नारी की केवल यही इच्छा रहती है कि पतिदेव हरिसेवा को छोड़कर निरन्तर उसी की सेवा में निरत रहें। ऐसी परिस्थिति में हरिसेवा का प्रसंग तक उठाना व्यर्थ है। रामानुज ने जमाम्बा के हृदय में हरिभक्ति का बीज रोपित करने का विशेष प्रयास किया था, पर उस स्वार्थरूपी बालुकामय ऊसर भूमि में उसके अंकुरण की कोई सम्भावना न देखकर वे उपयुक्त समय की प्रतीक्षा में थे। वे भलीभाँति जानते थे कि स्वार्थ-बालुका को सिंचित करने का एकमात्र उपाय अश्रुजल ही है, उनके गृहत्याग का यही कारण था। इससे एक ओर जहाँ उनका हरिसेवा को उत्सुक मन निरन्तर उनके ध्यान में निमग्न रहकर स्वयं को धन्य मानेगा, वहीं दूसरी ओर जमाम्बा के नेत्रों से अश्रु प्रवाहित करवाकर उसके हृदय की ऊसरता का नाश करेगा। अत: जमाम्बा को छलकर श्री रामानुज का संन्यास लेना अनुचित नहीं हुआ।

प्रश्न उठता है कि उन्होंने किस सम्प्रदाय का आश्रय लेकर चतुर्थाश्रम ग्रहण किया था? उत्तर में कहना होगा कि उन्होंने अद्वैत सम्प्रदाय का आश्रय नहीं लिया यह तो स्पष्ट है, क्योंकि बचपन से ही उन्होंने अपने आचार्य यादवप्रकाश के साथ उक्त मत को लेकर वाद-विवाद किया था। उन्होंने शांकर सम्प्रदाय के तत्कालीन किसी भी संन्यासी का गुरु रूप में वरण नहीं किया। साक्षात् वरदराज ही उनके गुरु हुए थे और भगवान के प्रति अनन्य तथा अहैतुकी भक्ति ही उनके संन्यास का कारण थी। वे निरन्तर एकाग्र चित्त

से श्रीहरि के ध्यान में लगे रहना ही पसन्द करते थे और इसी कारण उनके लिए सांसारिक विषयों में मन लगाना दुरूह हो उठा था। अतएव ऐसे महानुभावों के लिए संसार-त्याग ही स्वाभाविक धर्म है। भक्तिरस में डूबकर वे अन्य सभी रसों को भूल गए थे, अत: उन्हें भक्तिमार्गी संन्यासी ही कहना होगा।

संन्यास-ग्रहण के कुछ काल बाद ही आबाल-वृद्ध-वनिता – सभी इस समाचार को सुनकर विस्मित हुए। उनकी पत्नी युवती तथा परम रूप-लावण्य-सम्पन्न थी और वे स्वयं भी युवक तथा अतीव रूपवान थे। अत: ऐसी अवस्था में भोग-परायण लोग संसार-सुख को त्याग करना असम्भव मानें, तो इसमें आश्चर्य ही क्या! इस कारण बहुत से लोगों ने तो समझा कि उनका सिर फिर गया है और कुछ लोग उनकी अवतारी पुरुषों से तुलना करने लगे। चारों ओर से कितने ही लोग उनका दर्शन करने को आने लगे। वहाँ के मठवासियों ने उन्हें अपना अध्यक्ष बना लिया। उनकी गुणवत्ता एवं विद्वत्ता से कोई भी अपरिचित न था। अत: दो-चार शिष्य भी उनके चरणों में जुटने लगे। दाशरथि नामक उनके एक भानजे ने सर्वप्रथम उनसे संन्यास ग्रहण किया। वे भी वेद-वेदान्त तथा हरिभक्ति-परायण थे। इसके बाद हारित गोत्र में उत्पन्न कुरनाथ या कुरेश नामक एक महानुभाव युवक ने उनके द्वितीय शिष्य का स्थान ग्रहण किया। इनकी स्मरण-शक्ति अद्भुत थी; वे जो कुछ भी एक बार सुन लेते, उसे कभी भूलते न थे। इन दो शिष्यों के साथ बैठे ऊर्ध्वपुण्ड्रधारी श्री रामानुज जब आगन्तुकों के साथ शास्त्रचर्चा करते, तो उस समय उनकी एक अपूर्व शोभा दीख पड़ती।

एक बार यादवप्रकाश की वृद्धा जननी ने श्री वरदराज का दर्शन करने आकर मठ में सशिष्य रामानुज से भी भेंट की और उनके रूप तथा पाण्डित्य पर मुग्ध होकर मन-ही-मन सोचने लगीं कि यदि उनका पुत्र इन्हीं महापुरुष का शिष्यत्व ग्रहण कर ले, तो उसे निश्चय ही परम शान्ति की प्राप्ति होगी। रामानुज के साथ पशुवत् आचरण करने के बाद से ही यादवप्रकाश के मन को शान्ति नहीं मिल सकी थी। यह उनकी माता को ज्ञात था। इन नवीन संन्यासी के देवतुल्य विग्रह का अवलोकन कर वृद्धा ने उन्हें वरदराज की द्वितीय मूर्ति माना और मन-ही-मन निश्चय किया कि यदि वे यादवप्रकाश को इन महापुरुष के चरणों में ला सकीं, तो इससे उनका परम मंगल होगा। घर लौटकर पुत्र के समक्ष उन्होंने अपना मनोभाव व्यक्त किया और वैसा ही करने

का विशेष रूप से अनुरोध किया। अपने ही शिष्य का शिष्यत्व स्वीकार करना होगा – यह सोचकर यादव ने मातृ-आदेश का पालन करने में अनिच्छा दिखायी, परन्तु उनके मन ने इस गलत निर्णय का समर्थन नहीं किया। अन्यमनस्क भाव से इधर-उधर टहलते समय मार्ग में सहसा उनकी कांचिपूर्ण के साथ भेंट हो गयी और उनके प्रति विशेष भक्ति होने के कारण उन्होंने पूछा, "महाशय, मेरे मन में एक तरह की अशान्ति की हवा उठी है। उसका उपशम कैसे हो, यह अनुग्रह करके बता दीजिए। आप श्री वरदराज के मुखस्वरूप हैं, अतः सर्वज्ञ हैं।" इस पर कांचिपूर्ण ने कहा, "आज आप घर लौट जाइए। कल प्रभु से सब कुछ जानकर आपको बता दूँगा।"

अगले दिन कांचिपूर्ण से रामानुज की असाधारण महत्ता की बात जानकर तथा यह सुनकर कि उनका शिष्यत्व ग्रहण करने से ही अपना परम मंगल होगा, यादवप्रकाश ने मठ में जाकर रामानुज का दर्शन करने तथा उनके साथ शास्त्रचर्चा करने का संकल्प किया। उन्होंने सोचा कि मूर्ख के समान एकबारगी किसी बात पर विश्वास कर लेना उचित नहीं है। पिछली रात भी स्वप्न में उन्हें किसी व्यक्ति से रामानुज का शिष्य बन जाने का आदेश मिला था। फिर आज कांचिपूर्ण के मुख से भी वही बात सुनने को मिली। परन्तु वे स्वप्न अथवा बातों से भ्रमित होनेवाले व्यक्ति न थे। अतः भोजनोपरान्त वे मठ में गए। सचमुच ही रामानुज में अमानवीय ज्योति देखकर वे मुग्ध हो गए। तथापि जिसे कोई शिष्य रूप में देखता आया हो, उसे सहसा ही आसानी से गुरु के आसन पर कैसे बिठा सकता है?

यादवप्रकाश को आए देखकर श्री रामानुज ने विशेष स्वागत करते हुए उन्हें आसन प्रदान किया। इस आदर भाव में उनका निश्छल प्रेम झलक रहा था। विविध बातों के पश्चात् यादव ने प्रश्न किया, "वत्स, मैं तुम्हारी विद्वत्ता तथा विनय देखकर परम आनन्दित हुआ हूँ। देखता हूँ कि तुमने ऊर्ध्वपुण्ड्र तथा दोनों भुजाओं पर पद्म एवं चक्र धारण कर रखा है और तुम्हें सगुण ब्रह्मोपासना ही समीचीन लगती है। ठीक है, परन्तु क्या तुम इसका शास्त्रीय प्रमाण दिखा सकते हो?"

इस पर श्री रामानुज ने कहा, "ये कुरनाथ अत्यन्त मेधावी हैं। इन्हें सारे शास्त्र कण्ठस्थ हैं। आप इनसे पूछिए। ये आपको सहज ही भूरि भूरि शास्त्रप्रमाण दे सकेंगे।" यादव ने कुरदेव की ओर दृष्टि फेरी। इस पर वे कहने लगे, "महाशय, सामवेद का प्रमाण ही सर्वश्रेष्ठ है, क्योंकि भगवान ने

बताया है – 'वेदानां सामवेदोऽस्मि'। अतएव सर्वप्रथम मैं आपको सामवेद का ही प्रमाण देता हूँ –

प्र ते विष्णोरब्ज चक्रे पवित्रे जन्माम्भोधिं तर्त्तवे चर्षणीन्द्राः।
मूले बाह्वोर्दधतेऽन्ये पुराणलिंगान्यंगे तावकान्यर्पयन्ति ।।[३]

– 'वे नरश्रेष्ठगण भवसागर से पार होने के लिए बाहुमूल में विष्णु का पवित्र पद्म एवं चक्र चिह्न धारण करते हैं। कोई कोई उन प्राचीन चिह्नों को शरीर पर धारण करते हैं।'

पवित्रमित्यग्निः । अग्निर्वै सहस्त्रारः । सहस्त्रारो नेमिः ।
नेमिना तप्ततनुर्ब्रह्मणः सायुज्यं सलोकतामाप्नोति।।[४]

– 'अग्नि परम पवित्र हैं। वे सहस्रदल पद्म के समान शोभावान हैं। पद्म चक्राकार यंत्र के तुल्य है। अत: उक्त अग्निदग्ध लाल यंत्र के द्वारा जिनका शरीर उत्तप्त हुआ है, वे ब्रह्मसायुज्य प्राप्तकर ब्रह्मलोक में निवास करने के अधिकारी होते हैं।'

एभिर्वयमुरुक्रमस्य चिह्नैः रक्षिता लोके सुभगा भवामः।
तद्विष्णोः परमं पदं येऽधिगच्छन्ति लाञ्छिताः ।।[५]

– 'अत: जो लोग चक्रांकित होकर विष्णुलोक जाते है, हम लोग भी उन्हीं के समान इस समस्त विष्णुचिह्नों द्वारा रक्षित होकर इहलोक तथा परलोक में सौभाग्य लाभ करेंगे।'

उपवीतादिवद्धार्याः शंखचक्रादयस्तथा ।
ब्राह्मणस्य विशेषेण वैष्णवस्य विशेषतः ।।[६]

– 'ब्राह्मण और विशेषकर वैष्णवगण उपवीत के समान ही शंख-चक्रादि चिह्न धारण करेंगे।'

---

३. वेदान्त-देशिक द्वारा 'सच्चरित्र-रक्षा' ग्रन्थ में ऋग्-बाश्कल-शाखा से उद्धृत ।
४. उपरोक्त ग्रन्थ में सामवेद से उद्धृत ।
५. उपरोक्त ग्रन्थ में अथर्ववेद से उद्धृत ।
६. ब्रह्माण्ड संहिता के वायव्य उपपुराण अंश से उपरोक्त ग्रन्थ में उद्धृत ।

हरेः पदाकृतिं आत्मनो हिताय
मध्येच्छिद्रमूर्ध्वपुण्ड्रम् ।
यो धारयति स परस्य प्रियो भवति,
स पुण्यवान् भवति, स मुक्तिमान् भवति ।।[७]

– 'जो व्यक्ति आत्महित के लिए बीच में छिद्र युक्त हरिपदाकार ऊर्ध्वपुण्ड्र धारण करते हैं, वे परमात्मा के प्रिय, पुण्यवान तथा मुक्तिमान होते हैं।'

"हे विद्वानप्रवर, अब मैं श्रुति से ब्रह्म के सगुण होने के प्रमाण देता हूँ–

यः सर्वज्ञः सर्ववित् ।[८]
परास्य शक्तिर्विविधैव श्रूयते
स्वाभाविकी ज्ञानबलक्रिया च ।[९]
अपहतपाप्मा विजयो विमृत्युर्विशोको
विजिघत्सोऽपिपासः सत्यकामः सत्यसंकल्पः ।[१०]

– 'जो सर्वज्ञ तथा सर्वविद् हैं, वे विविध श्रेष्ठ शक्तियों से युक्त हैं। उनका ज्ञान, बल तथा कार्य स्वभावसिद्ध धर्म हैं। वे पाप के लेशमात्र से भी रहित हैं। उनमें जरा, मृत्यु, शोक, क्षुधा, पिपासा का अभाव है। वे जो भी कामना तथा संकल्प करते हैं, वह कभी असत्य नहीं होता।'

नारायणः परं ब्रह्म तत्त्वं नारायणः परः ।[११]
नारायण एवेदं सर्वम् । निष्कलो निरंजनो
निर्विकल्पो निराख्यातः शुद्धो देव एको नारायणः ।।[१२]
एको वै नारायण आसीत् । न ब्रह्मा नेशानो
नेमे द्यावापृथिवी न नक्षत्राणि नापो
नाग्निर्न यमो न सूर्य इति ।।[१३]

---

७. उपरोक्त ग्रन्थ में अथर्ववेद से उद्धृत ।

८. मुण्डकोपनिषद्, १.१.९

९. श्वेताश्वतरोपनिषद्, ६.८

१०. छान्दोग्योपनिषद्, ८.७.१

११. तैत्तिरीय-नारायणोपनिषद्, ९३

१२. नारायण-अथर्वशीर्ष-उपनिषद्, २

१३. महोपनिषद्, २

– 'नारायण ही परम ब्रह्म तथा परम तत्त्व हैं। यह सब नारायण के अतिरिक्त और कुछ नहीं है। वे ही अखण्ड, निष्पाप, विकारहीन, नामरहित, शुद्ध तथा सर्वप्रकाशक हैं। पहले एकमात्र नारायण ही थे। उस समय ब्रह्मा, शिव, पृथिवी, आकाश, नक्षत्र, जल, अग्नि, चन्द्रमा तथा सूर्य का अस्तित्व नहीं था।'

भागवत साहित्य में भी लिखा है —

हरिः परायणं परं हरिः परायणं परम्।
पुनः पुनर्वदाम्यहं हरिः परायणं परम्।।[१४]

– 'हरि ही परम आश्रय हैं, हरि ही परम आश्रय हैं। मैं बारम्बार कहता हूँ कि हरि ही परम आश्रय हैं।'''

इस प्रकार कुरनाथ वेद, पुराण, इतिहास आदि से अनेकानेक प्रमाण देने लगे। विस्तार के भय से उन सबका उल्लेख यहाँ सम्भव नहीं है। उनके मुख से वर्षा के समान शास्त्र-प्रमाणों की अविराम धारा निकलते देखकर यादव स्तम्भित रह गए। इसके पूर्व ही वे उनके सौजन्य तथा सौन्दर्य से विशेष आकृष्ट हुए थे। इसके अलावा अपना पूर्व अत्याचार, माँ की उक्ति, कांचिपूर्ण द्वारा ज्ञात श्री वरदराज का अभिप्राय आदि स्मरण करके वे स्थिर न रह सके। वे सहसा रामानुज के चरणों में गिर पड़े और मना करने पर भी दृढ़तापूर्वक उनके चरण पकड़कर रोते हुए बोले, "हे रामानुज, तुम सचमुच ही राघव के अनुज हो। मैं अज्ञान से अन्धा होकर तुम्हें पहचान नहीं सका। मेरे अपराध क्षमा करो। तुम कर्णधार बनकर इस भीषण भवसमुद्र से मेरा उद्धार करो। मैं तुम्हारी शरण लेता हूँ।" गुरु की ऐसी हालत देखकर रामानुज स्थिर न रह सके। उन्होंने तत्काल ही उन्हें भूमि से उठाकर प्रगाढ़ आलिंगन दिया और उनके हृदय की सारी अशान्ति का समूल नाश कर दिया।

माता के आदेश पर यादवप्रकाश ने उसी दिन अपने पूर्वशिष्य से संन्यास लेकर स्वयं को कृतार्थ माना। उन्होंने ऊर्ध्वपुण्ड्र-धारण, अंकन, दास्य, नामग्रहण आदि पंच संस्कारों से संस्कृत होकर अरुण वस्त्र धारण किए, अतीव शोभायमान हुए और अपने गुरु द्वारा 'गोविन्ददास' नाम पाकर परम

---

१४. हरि-भक्ति-सुधोदय, ३.५२

आनन्द का बोध करने लगे। भक्तिमार्ग के प्रति उनके स्वाभाविक द्वेष का समूल नाश हुआ। उनका विद्याभिमान भी जाने कहाँ लुप्त हो गया। अब से वे एक दूसरे ही मनुष्य हो गए। उनके नीरस नेत्र अब निरन्तर अनुताप के अश्रु से भीगने लगे। गर्व की जगह दैन्य ने आकर उनके चित्त पर अधिकार कर लिया। वे परम वैष्णव हो गए। रामानुज की यह अमानवीय शक्ति देखकर लोग उनकी निन्दा करना तो दूर, बल्कि उन्हें साक्षात् ईश्वर का अवतार मानने को बाध्य हुए। उनके यश-सौरभ से दिग्दिगन्त गमक उठा। अपने पूर्वगुरु का दैन्य तथा अनुताप देखकर एक बार श्री रामानुज ने कहा, "महानुभाव, आपका चित्त निर्मल हो गया है। पहले आपने वैष्णवों की बड़ी निन्दा की थी, उस अपयश को दूर करने के लिए आप वैष्णव-धर्म की महिमा बताते हुए सच्चे वैष्णव का क्या कर्तव्य है, इस विषय पर एक ग्रन्थ की रचना करें। इससे आपको पूर्ण शान्ति प्राप्त होगी।"

इस सलाह को मानकर यादव ने अल्प अवधि के भीतर ही 'यति-धर्म-समुच्चय' नामक एक अतुलनीय ग्रन्थ लिखकर श्री गुरु के चरणों में अर्पित किया। उस समय उनकी आयु अस्सी के भी ऊपर हो गयी थी। इसके कुछ दिन बाद ही उन्होंने अपनी मानव-लीला का संवरण कर परमपद प्राप्त किया।

श्री रामानुज अब प्रतिद्वन्दिरहित होकर अबाध रूप से सुधीजनों के हृदय पर राज्य करने लगे।

अध्याय १४

रामानुज के भ्राता गोविन्द का वैष्णवमत-ग्रहण

सच कहें तो श्रीमद् यामुनाचार्य के तिरोभाव के बाद से श्रीरंगम का मठ एक तरह से नेतृत्वविहीन हो गया था। महापूर्ण तथा वररंग यद्यपि उन महापुरुष के सुयोग्य शिष्य थे, तथापि वे और उनके अन्य गुरुभ्रातागण निरन्तर अपने हृदय में उन सर्वशास्त्र-मर्मज्ञ, ईश्वरानुराग-विग्रह, सौम्यमूर्ति महानुभाव का अभाव बोध करते रहते थे। परन्तु उनके मन में उस अभाव के दूर होने की एक बलवती आशा जाग्रत थी। गुरुदेव के मुख से सबने श्री रामानुज की भूरि भूरि प्रशंसा सुनी थी। उन्होंने बाम्बार अपने शिष्यों को बताया था कि रामानुज एक अवतारी पुरुष हैं। उन्हें लाने के लिए महापूर्ण को भेज गया था। उन भक्ताग्रगण्य ने काफी दिन रामानुज के घर में रहकर उन्हें तमिल प्रबन्धमाला में विशेष पारंगत कर दिया था। अब वे अपनी पत्नी के साथ श्रीरंगम लौट आए थे। रामानुज को साथ ही ले आने की उनकी बड़ी इच्छी थी, परन्तु सहसा चले आने के कारण ऐसा हो नहीं सका था। इसी बीच जब उन्होंने लोगों से सुना कि उनके देवतुल्य शिष्य ने संन्यास ग्रहण कर लिया है, तो उनके आनन्द की सीमा न रही। वे अविलम्ब शेषशायी श्री रंगनाथ के चरणों में गए और हाथ जोड़कर प्रार्थना की, "हे शरणागत पालक, हे परिपूर्ण परब्रह्म, तुम सबको पूर्णता प्रदान करनेवाले हो। श्रीमद् रामानुज को अपने चरणों में लाकर हमारे महान् अभाव की पूर्ति करो।"

प्रेमगद्गद् चित्त से ऐसी प्रार्थना करने के बाद उन्हें प्रभु से निर्देश मिला, "वत्स महापूर्ण, तुम देवगान-विशारद वररंग को कांचीपुराधिपति श्री वरदराज

के पास भेजो। वे संगीत के बड़े प्रेमी हैं। वररंग के गायन पर प्रसन्न होकर जब वे वर देना चाहें, तो वे श्रीरामानुज को माँग लें। उनका आदेश पाये बिना यतिराज (रामानुज) कभी उनके चरणों का त्याग नहीं करेंगे।''

महापूर्ण ने ऐसा आदेश पाने के बाद वररंग को अविलम्ब कांचिपुर भेजा। वहाँ जाकर वररंग ने अपने संगीत के द्वारा श्री वरदराज को ऐसा सन्तुष्ट किया कि गायकवर द्वारा भिक्षास्वरूप श्री रामानुज को माँगने पर, अपने प्रिय भक्त का विरह अत्यन्त दुःसह होने पर भी, त्रिलोकपति ने उनकी प्रार्थना स्वीकार कर ली। वररंग जब श्री रामानुज को साथ लेकर श्री रंगनाथ के चरणों में लौटे, तो विशुद्ध-स्वभाव वैष्णव मठवासियों तथा नगर के समस्त लोगों के आनन्द की सीमा न रही। शेषशायी श्री रंगनाथ ने उन्हें दो विभूतियाँ प्रदान कीं – उनमें से एक तो दुखियों के दुःख-निवारण और दूसरी भक्तों के प्रतिपालन की क्षमता थी। इन दो विभूतियों से युक्त होकर यतिराज रामानुज एक अपूर्व दिव्य शोभा से युक्त हुए। देश-देशान्तर से दल-के-दल वैष्णवगण आकर उनके चरण स्पर्श कर अपने को कृतार्थ मानने लगे। उनके मुख से श्री विष्णु का माहात्म्य सुनकर सबने उन्हें एक आदर्श वैष्णव के रूप में स्वीकार किया।

उसी समय उनका मन अपने परम सुहृद गोविन्द के लिए व्याकुल हुआ। जिन गोविन्द ने यादवप्रकाश के भयानक षड्यंत्र से उनकी रक्षा की थी, जिनकी सरलता, भगवद्भक्ति तथा पाण्डित्य ने उनके सहपाठियों तथा गुरु को भी मुग्ध किया था, जिनके प्रेम से आकृष्ट होकर भूतनाथ शिव ने वाणलिंग के रूप में सेवा ग्रहण की थी, उन्हीं अभिन्नहृदय मित्र को अपने दिव्य आनन्द में भागीदार बनाने को श्री रामानुज का मन व्यग्र हो उठा। वे विचार करने लगे कि किस प्रकार उन्हें कालहस्ती से लाया जाय। थोड़ी देर बाद उन्हें याद आया कि परम वैष्णव श्री शैलपूर्ण भगवान के सेवार्थ कालहस्ती के निकट ही श्रीशैल में निवास करते हैं। उनके द्वारा गोविन्द को वैष्णव मत में ले आने पर यह उद्देश्य सिद्ध हो सकता है। ऐसा निश्चय करके उन्होंने श्री शैलपूर्ण को एक पत्र भेजा। पत्र को पढ़ने के बाद वे परम भागवत अविलम्ब अपने शिष्यों के साथ कालहस्ती के समीप जाकर एक विशाल सरोवर के तट पर ठहरे।

गोविन्द प्रतिदिन स्नान तथा पुष्पचयन करने उक्त सरोवर के तट पर आया करते थे। अतः अपनी दिनचर्या के अनुसार अगले दिन आकर उन्होंने

देखा कि एक श्वेत दाढ़ीवाले दिव्यकान्ति वैष्णव अपने कतिपय शिष्यों के साथ वहाँ बैठ शास्त्रचर्चा कर रहे हैं। उसे सुनने की इच्छा से वे निकट स्थित पटली वृक्ष पर फूल तोड़ने को चढ़े और उन्होंने जो कुछ सुना उससे उनके मन में उक्त वैष्णव के प्रति विशेष भक्ति का संचार हुआ। जब वे वृक्ष से उतरकर स्नान हेतु जाने लगे, तभी श्री शैलपूर्ण ने उन्हें सम्बोधित करते हुए कहा, "महात्मन्, क्या मैं जान सकता हूँ कि तुमने किसकी सेवा के लिए फूल चुने हैं?" शिवपूजा के लिए चुने हैं – यह सुनकर वे बोले, "हे मतिमान्, जिन्होंने संसार को सर्वदुःखों का मूल समझकर, समस्त भोग-वासनाओं को भस्मीभूत कर, उसी के द्वारा अपने को भूषित करके विभूतिभूषण नाम धारण किया है; जिन्होंने सर्वान्तर्यामी नारायण के प्रेम में उन्मत्त होकर श्मशान को ही अपना आवास बना लिया है, पुष्प आदि भोग-सामग्री उन्हें भला कैसे प्रिय हो सकती है? जो सहज ही अनन्त शुभ गुणों के आगार हैं, जिनके परम पवित्र हृदयकमल से इस पवित्र सर्वहितकर आब्रह्मस्तम्ब समुदय जीवों की निवासभूमि संसार ने जन्म लिया है, उन अनादि विष्णु के पादपद्मों में ही ये समस्त सुन्दर कुसुम शोभायमान होंगे। तुमने बुद्धिमान होकर भी शिवसेवा के लिए पुष्प एकत्र किए हैं, यह देखकर मुझे विस्मय होता है।"

इसके उत्तर में गोविन्द बोले, "महात्मन्, आपने जो कहा वह सत्य हो सकता है, परन्तु मुझे तो इस विषय में बड़ा सन्देह है। भगवान की सेवा द्वारा हम लोग अपना ही भला करते हैं, इससे उनका कोई उपकार साधित नहीं होता। जो सम्पूर्ण जगत् के स्वामी हैं, उन्हें हम लोग भला दे ही क्या सकते हैं? सब तो उन्हीं का है। अतएव जिन्होंने त्रिलोक के कल्याणार्थ स्वयं विषपान करके सम्पूर्ण चराचर जगत् की रक्षा की थी, वे परम मंगलकारी सदा शान्तमूर्ति शंकर अपने दास से भला कौन-सी वस्तु पाने की अभिलाषा करेंगे? भक्ति ही उनका एकमात्र प्रिय धन है। वे हमसे भक्ति के अतिरिक्त और कुछ भी नहीं चाहते। सचन्दन पुष्पादि के द्वारा उनके श्री पादपद्मों की अर्चना करने से हमारी भगवत्प्रीति बढ़ती है, इसी कारण पूजा आदि की आवश्यकता है।"

यह सुनकर श्री शैलपूर्ण ने कहा, "महात्मन्, तुम्हारी भक्ति एवं विनम्रता देखकर मुझे असीम आनन्द हुआ। तुमने जो कुछ कहा वह सत्य है। सर्वाधिकारी, सबके स्वामी को कौन क्या दे सकता है? दैत्यराज बलि के

दातृत्व का अभिमान जिन्होंने वामन रूप में नाश किया था, उन्हें आत्मसमर्पण के अतिरिक्त और कुछ भी समर्पण नहीं किया जा सकता है। यह सर्वांगीण आत्मसमर्पण ही परापूजा है। इसी के बल पर उन्होंने भगवान को वामन रूप में बद्ध करके रख दिया है। बताओ तो, भगवान की यह लीला कैसी है? इन लीलामय हरि की उपासना छोड़कर लीलाद्वेषी शंकर की उपासना करने पर तुम्हें इस मधुर रस से वंचित रहना होगा। इसके अतिरिक्त तुम्हारा जन्म वैष्णव कुल में हुआ है, अत: तुम्हारे लिए वैष्णव धर्म ही अनुसरणीय है। 'स्वधर्मे निधनं श्रेय: परधर्मो भयावह:'[१] – 'स्वभावगत धर्म में मृत्यु भी श्रेयस्कर है, परन्तु दूसरों का धर्म भयंकर है' – भगवान की इस उक्ति का स्मरण करो।'' गोविन्द बोले, ''महाशय, आप हरिहर में भेदभाव क्यों करते हैं? घण्टाकर्ण के जैसी भक्ति कभी प्रशंसनीय नहीं होती, शास्त्र का ऐसा ही मत है।''

प्रतिदिन प्रात:काल उनके बीच इसी प्रकार वादानुवाद चलता रहा। कहते हैं कि आखिरकार गोविन्द ने शैव-धर्म का परित्याग करके वैष्णव-धर्म ग्रहण कर लिया। श्री शैलपूर्ण ने उन्हें दीक्षा दी। दीक्षा पाने के बाद वे रामानुज के पास गए और उन्हीं के साथ निवास करने लगे।

दक्षिणी भारत में शैव-वैष्णव के बीच नित्य कलह होता रहता है। वैष्णव का दर्शन या उससे वार्तालाप करने के बाद स्नान करके ही शैव अपने को शुद्ध मानते हैं। वैष्णव की भी यही रीति है। इसके मूल कारण की खोज करने पर ऐसा लगता है कि अनेक लोग नैष्ठिक भक्ति की साधना में प्रवृत होकर मतभेद के फलस्वरूप ऐसी शोचनीय अवस्था को प्राप्त होते है। नैष्ठिक भक्ति हुए बिना भगवान का दर्शन नहीं मिलता। महाभारत (अनुशासन पर्व, अध्याय १४) में उपमन्यु का उपाख्यान पढ़ने से यह बात सहज ही हृदयगंम हो जाऐगी।

उपमन्यु एक ऋषिपुत्र थे। अपने एक भाई तथा अन्य ऋषिबालकों के साथ खेलते समय उन्होंने एक दुधारू गाय को दूहे जाते देखा और इससे उनके मन में दूध-भात खाने की इच्छा जाग्रत हुई। घर लौटकर उन्होंने माता के समक्ष यह इच्छा व्यक्त की। इस पर घर में दूध न होने पर भी वात्सल्यमयी माँ ने चावल के आटे का दूध बनाकर उसके साथ भात मिलाकर

---

१. गीता, ३.३५

उन्हें खाने को दिया। उपमन्यु ने उसे चखकर दूध का मधुर स्वाद न पाकर कहा, "माँ, यह तो दूध-भात नहीं है; पहले मैंने एक बार पिता के साथ एक यज्ञस्थल पर दूध पीया था। अहा, वह कितना मधुर था! यह तो वैसा नहीं है।" यह सुनकर माता बोलीं, "बेटा, हम लोग तपस्वी हैं, भला दूध कहाँ पाएँगे? यदि तुम्हें दूध-भात खाने की इच्छा हो, तो फिर भूतनाथ देवाधिदेव शंकर के शरणागत होओ। उनकी कृपा से चारों फलों की प्राप्ति होती है।" उपमन्यु ने पूछा, "उन शंकर का कहाँ दर्शन मिलेगा? उनका रूप कैसा है?" माँ ने बताया, "बेटा, निर्जन वन में तपस्या करने पर ही उनका साक्षात्कार होता है। चराचर विश्व ही उनका दर्शन स्वरूप है। वे वृषभवाहन, गौरवर्ण और प्रसन्नवदन हैं। उनका दर्शन करते ही तुम समझ जाओगे कि ये ही शंकर हैं, क्योंकि वे स्वप्रकाश हैं। सूर्य जैसे एक साथ ही स्वयं को तथा जगत् को प्रकाशित करता है, वैसे ही वे भी अपने को भक्तों के समक्ष प्रकट करते हैं।"

यह सुनकर उपमन्यु ने तत्काल माता से अनुमति ली और उनकी चरण-वन्दना करके वन की ओर चल पड़े। निर्जन शान्त-रसमय शुद्ध जलयुक्त वनप्रान्त में बैठकर कठोर तपस्या करते हुए उन्होंने अनेक वर्ष बिता दिये। उनकी निष्ठा से सन्तुष्ट होकर देवाधिदेव ऐरावत पर आरूढ़ इन्द्र के रूप में उनकी दृष्टि के सम्मुख उपस्थित हुए और बोले, "वत्स, मैं देवराज इन्द्र हूँ, तुम्हारी तपस्या से सन्तुष्ट होकर वर देने आया हूँ। अपनी इच्छानुसार वर माँग लो।" इस पर उपमन्यु ने सविनय आदरपूर्वक कहा, "हे देवराज, मैं शिवदर्शन की कामना से तपस्या कर रहा हूँ। शिव के अतिरिक्त अन्य किसी के भी समक्ष मैं वर की प्रार्थना नहीं करूँगा। आपको मेरा प्राणाम है। आप स्वर्ग लौट जायँ –

पशुपतिवचनात् भवामि सद्यः कृमिरथवा तरुरप्यनेकशाखः।
अपशुपति-वरप्रसादजा मे त्रिभुवनराज्य-विभूतिरप्यनिष्ठा।।
अपि कीटपतंगो वा भवेयं शंकराज्ञया।
न तु शक्र त्वया दत्तं त्रैलोक्यमपि कामये।।[२]

– भूतपति शंकर के आदेश से मैं अभी कीड़ा अथवा बहुशाख वृक्ष होने को प्रस्तुत हूँ, पर उनके अतिरिक्त अन्य किसी के वरप्रसाद से मैं त्रिभुवन का

२. महाभारत, अनुशासन पर्व, अध्याय १४, ९५-९६

राज्य तथा ऐश्वर्य भी पाने की इच्छा नहीं करता। शंकर के आदेश पर मैं कीट-पतंग होने को भी तैयार हूँ; परन्तु हे इन्द्र, आपके द्वारा प्रदत्त त्रैलोक्य में भी मेरी रुचि नहीं है।''

भूतपति ने इस प्रकार परीक्षा करके जब उनकी अनन्य निष्ठायुक्त भक्ति जाँच ली, तब अपने विश्वमोहन रूप में दर्शन देकर उनकी इच्छानुसार वर प्रदान किया। इसके सिवा उन्होंने उपमन्यु को अमरत्व, चिरयौवन, सर्वज्ञता आदि भी देकर कृतार्थ किया।

इस आख्यायिका के द्वारा अनन्य भक्ति की महान् शक्ति की बात सहज ही हृदयंगम हो जाती है। इतिहास-पुराण आदि में इस तरह की अनेकानेक घटनाएँ वर्णित हैं। निराकार सर्वव्यापी सर्वान्तर्यामी भगवान की उपासना के लिए जिस भक्ति की आवश्यकता होती है, उसे ज्ञानमिश्रा भक्ति कहते हैं। वे सृष्टि-स्थिति-प्रलय के कर्ता हैं; उनका स्वरूप जानने के लिए जो तीव्र जिज्ञासा या अनुराग होता है, वही ज्ञानमिश्रा भक्ति है। वेद आदि शास्त्र उन्हीं से उत्पन्न हुए हैं और वे वेद आदि शास्त्रों द्वारा ही जाने जा सकते हैं। स्वाध्याय, तपस्या, शौच, सन्तोष, ब्रह्मचर्य, सत्यनिष्ठा आदि के अभ्यास सहित उपासना-परायण होने पर कालक्रम से साधक का मोह दूर हो जाता है और वह भगवान का साक्षात्कार कर स्वयं को कृतकृत्य समझता है।

साकार उपासक की भक्ति अन्य प्रकार की होती है, जिसे शुद्धा भक्ति कहते हैं। यह शुद्धा भक्ति दो प्रकार की है – वैधी और रागानुगा। शास्त्रोक्त विधान के अनुसार विविध उपचारों द्वारा पूजा, जप, होम, ध्यान आदि के द्वारा जिस भक्ति का विकास होता है, वही वैधी है। यही वैधी भक्ति क्रमशः प्रगाढ़ अनुराग द्वारा प्रेरित होने पर रागानुगा कहलाती है। इस भक्ति का विकास होने पर उपास्य परमेश्वर का ऐश्वर्य-भाव पूर्णरूपेण तिरोहित हो जाता है और भगवान परम आत्मीय से लगते हैं। ऐसे भक्त उन्हें प्रभुभाव, पुत्रभाव, सखाभाव या पतिभाव से देखा करते हैं। इससे बढ़कर और कोई भक्ति नहीं है। इसकी चरम अवस्था को प्रेमा कहते हैं। इस अवस्था में भक्त का हृदय जब भी प्रेम द्वारा उद्‌भासित होता है, तभी वह अपने हृदय के आराध्य-देवता का साक्षात्कार प्राप्त करता है। यशोदा वात्सल्य-भाव की, हनुमान दास्य-भाव के, व्रजबाल सख्य-भाव के, और गोपबालाएँ मधुर-भाव की आदर्श हैं। इस प्रेमभक्ति के बल से वे ही सर्वशक्तिमान सर्वव्यापी अखण्ड-सच्चिदानन्द-स्वरूप भगवान, विग्रह होकर, नररूप धारण करके,

कभी पुत्ररूप में, कभी प्रभुरूप में, कभी सखारूप में, तो कभी पतिरूप में भक्त की अधीनता स्वीकार करते हैं। अनन्यता एवं प्रगाढ़ निष्ठा ही इसकी जीवनी-शक्ति है। भक्त-साधक यदि प्रेमभक्ति के अधिकारी होकर स्वयं को कृतकृत्य करना चाहते हों, तो उन्हें अपने मन की समस्त वृत्तियों का निरोधकर एकमात्र अपने हृदय के अधीश्वर में ही तन्मय हो जाना होगा। उनके अतिरिक्त अन्य किसी का भी रूप साधक को आकृष्ट न करे। प्रेमभक्ति की उपलब्धि का यही एकमात्र पथ है।

उपरोक्त कथन से यह स्पष्ट समझ में आ जाता है कि साधक यदि प्रगाढ़ अनुराग से युक्त हुए बिना इस भक्ति को पाने का प्रयास करते हैं, तो फिर उन्हें पूर्वोक्त दक्षिण के शैव तथा वैष्णवों के समान होना होगा। दुर्भाग्यवश अनेक वैष्णवों की ऐसी धारणा है कि दौड़ते हुए पागल हाथी के पावों-तले कुचले जाकर मर जाना अच्छा है, परन्तु निकट ही स्थित शिव-मन्दिर में आश्रय लेकर प्राण बचाना वैष्णवोचित कर्म नहीं है। जो प्रेमभक्ति भगवत्प्राप्ति का एकमात्र परम उत्कृष्ट द्वार है, उसके नाम पर असंख्य लोग अज्ञान अन्धकार से आच्छन्न, ईर्ष्या-द्वेष-परायण होकर उत्पीड़न, अत्याचार, रक्तपात आदि बीभत्स तथा भयंकर रौद्र-रसमय राक्षसी आचार का आश्रय ले रहे हैं। इस संकीर्ण दृष्टि के वशीभूत होकर कितनी ही मानव-सन्तानें पिशाच एवं हिंस्र पशु के समान आचरण करके इस दुःखमय संसार को और भी दुःखमय बना रही हैं।

अज्ञान के फलस्वरूप एक सम्प्रदाय के लोग अन्य सम्प्रदायों से घृणा करना और उनके अनुयाइयों पर अत्याचार करना इत्यादि को अपने धर्म का अंग मानते हैं। वर्तमान शताब्दी के लोग अनेक विषयों में अपने को पहले के लोगों की अपेक्षा उन्नत मानते हैं, परन्तु धर्म के नाम पर नरशोणित से धरित्रीवक्ष को कलंकित करना, जैसा पहले था, वैसे ही अब भी चल रहा है। अतः इन लोगों की कौन-सी विशेष उन्नति हुई है, इसका निर्धारण करना कोई सहज काम नहीं है।

भगवान श्रीरामकृष्ण द्वारा प्रदर्शित पथ पर चलने के लिए मनुष्य को हिंस्र पशु के समान आचरण नहीं करना होगा। इन महापुरुष ने सभी धर्मों की भगवान के चरणों में ले जानेवाले भिन्न भिन्न पथों के रूप में उपलब्धि की है। सनातन धर्म का यथार्थ मर्म जानने की इच्छा रखनेवाले समस्त जिज्ञासुओं को गीता में कथित श्रीकृष्ण की निम्नलिखित वाणी को सदैव स्मरण रखना चाहिए–

ये यथा मां प्रपद्यन्ते तांस्तथैव भजाम्यहम् ।
मम वर्त्मानुवर्तन्ते मनुष्याः पार्थ सर्वशः ।।[३]

– "मनुष्य जिस प्रकार से भी मेरी आराधना करते हैं, मैं उसी प्रकार से उनकी कामनाएँ पूर्ण करता हूँ; हे पार्थ, सभी मनुष्य मेरे ही पथ पर चलते हैं।"

इससे श्रीरामकृष्ण की उक्ति का महत्त्व समझ में आ जाता है। अब प्रश्न उठ सकता है कि यदि सभी धर्म सत्य हैं, तो फिर क्या किसी भी धर्म का आश्रय लेने से उद्देश्य की सिद्धि हो सकती है? इसके उत्तर में वे महापुरुष श्रीकृष्ण के साथ एक स्वर में कहते हैं – 'एकमात्र स्वधर्म का अनुष्ठान ही कर्तव्य है, उसी के द्वारा गन्तव्य तक पहुँचा जा सकता है।'

इसे सहज ही बोधगम्य करने के लिए वे कूप खनन का दृष्टान्त देते हुए कहते हैं – एक व्यक्ति कुँआ खोद रहा था। कुँआ लगभग दस हाथ गहरा हो चुका था, उसी समय किसी ने आकर कहा, "क्यों बेकार मेहनत कर रहे हो? यहाँ सौ हाथ खोदने पर भी पानी नहीं मिलेगा। आओ, मैं तुम्हें दूसरा स्थान दिखाता हूँ।" खोदनेवाले ने उसके बताये हुए स्थान पर जाकर कार्य आरम्भ किया, परन्तु कुँआ बीस हाथ गहरा हो जाने पर भी पानी का कोई चिह्न दिखाई नहीं पड़ा। उसी समय एक अन्य व्यक्ति ने आकर कहा, "भाई, यहाँ पर खोदने की गलत सलाह तुम्हें किसने दी? सारे जीवन खोदते रहो, तो भी यहाँ पानी मिलने की कोई सम्भावना नहीं। आओ, मैं तुम्हें नया स्थान दिखाता हूँ। वहाँ तुम्हें थोड़ी मेहनत करने से ही सफलता मिलेगी।" तदनुसार निर्दिष्ट स्थान पर जाकर उसने पुनः खुदाई आरम्भ की। दिन-पर-दिन, सप्ताह-पर-सप्ताह बीतने लगे। कुँआ तीस हाथ गहरा हो चुका था, परन्तु जल का कहीं नामो-निशान नहीं! हताश होकर अपने भाग्य को बारम्बार धिक्कारते हुए उस व्यक्ति ने खोदने का कार्य ही छोड़ दिया। उसका सारा परिश्रम निष्फल हुआ, व्यर्थ गया। अब तक वह करीब साठ हाथ खोद चुका था; यदि वह सारी खुदाई एक ही स्थान पर करता, तो निःसन्देह उसका परिश्रम सफल होता।

धर्मराज्य में प्रवेश करने का भी यही नियम है। एक ही धर्म या मत का आश्रय लेकर रहा जाय, तो समय पर उसी से अभीष्ट सिद्ध होगा। स्वधर्म का आश्रय लेना ही उत्तम है, क्योंकि वह स्वभावगत होने के कारण उसके द्वारा सहज ही अपनी उन्नति की जा सकती है। परन्तु स्वधर्म का पालन

---

३. गीता, ४.११

करते हुए दूसरे धर्मों के दोष निकालना अत्यन्त हीनबुद्धि का लक्षण है। क्षुद्रवृत्ति के लोग अहंकार एवं मोह से आच्छन्न होकर अपने सम्प्रदाय को छोड़ दूसरे सम्प्रदायों के भीतर कुछ भी अच्छा नहीं देख पाते। ऐसे संकीर्ण चित्त नरपशु ही दुनिया के सारे उत्पातों की जड़ हैं।

तो फिर सच्चा धर्मजिज्ञासु किस प्रकार का आचरण करेगा? इसके उत्तर में श्रीरामकृष्ण कहते हैं – ससुराल में रहकर बहू जैसे अपनी सास, ससुर, देवर की भी सेवा तथा सम्मान करती है, परन्तु अपने पति के साथ ही उसका सम्बन्ध अति घनिष्ठ होता है; वैसे ही सच्चे धार्मिक व्यक्ति अन्य धर्म-समुदायों के प्रति भक्ति-श्रद्धा एवं सम्मान दिखाते है, परन्तु अपने धर्म के साथ उनका सम्बन्ध अत्यन्त घनिष्ठ होता है, वैसा सम्बन्ध उनका अन्य किसी भी धर्म के साथ नहीं हो सकता। ऐसा करने से ही उन्हें शुद्धा-भक्ति की प्राप्ति होगी और इसके द्वारा वे भगवान का साक्षात्कार पाकर धन्य हो जायेंगे।

गोविन्द के हृदय में स्वधर्म के प्रतिपालन द्वारा इस अनन्य नैष्ठिक भक्ति को विकसित कराने के लिए ही श्री रामानुज ने श्री शैलपूर्ण के द्वारा उनसे अपना वैष्णवधर्म पुनः ग्रहण कराया था। अतः यह स्पष्ट है कि रामानुज ने संकीर्ण दृष्टि के वशीभूत होकर यह कर्म नहीं किया था। गोविन्द को अपने निकट पाकर उनके आनन्द की सीमा न रही। अल्प काल के भीतर ही उन्होंने अपने मित्र को भी शक्ति के अमृतमय सागर में निमज्जित कर दिया। प्रेमभक्ति से परिशुद्ध गोविन्द के हृदय में शीघ्र ही सर्वलोकों में सुन्दरतम श्रीमन्नारायण का दिव्य रूप प्रकट हुआ। वे अपने आपको कृतार्थ मानकर विशुद्ध आनन्द की पराकाष्ठा में आरूढ़ हुए।

इस प्रकार श्रीरंगम का मठ स्वर्गद्वार-स्वरूप हो गया और असंख्य सन्तप्त हृदयों में शान्तिवारि का सिंचन कर उन्हें देवदुर्लभ आनन्द के तरंगों में निमज्जित करने लगा। श्री रामानुज में जीवहित की कामना कैसी बलवती थी, यह बात परवर्ती घटना के पाठ से सहज ही समझ में आ जाती है।

अध्याय १५

गोष्ठिपूर्ण

श्रीरंग क्षेत्र में आकर तथा महापूर्ण को अपने गुरुरूप में पाकर रामानुज श्री यामुनाचार्य के तिरोभाव का शोक भूल गए। उन्होंने स्वयं ही आदर्श शिष्य का आचरण करके शिष्यों के कर्तव्य की शिक्षा दी थी।

शरीरं वसु विज्ञानं वासः कर्मगुणानसून्।
गुर्वर्थं धारयेत् यस्तु स शिष्यो नेतरः स्मृतः ।।[१]

– "जो शरीर, धन, ज्ञान, वस्त्र, कर्म, गुण तथा प्राण अपने गुरु के लिए ही धारण करते हैं, वे ही सच्चे शिष्य हैं, दूसरा कोई नहीं।"

रामानुज ऐसे ही शिष्य थे। उन्होंने महापूर्ण से न्यासतत्त्व, गीतार्थ-संग्रह, सिद्धित्रय, व्याससूत्र, पंचरात्रागम आदि का अध्ययन किया। महापूर्ण ने उनकी अतुल्य प्रतिभा पर मुग्ध होकर अपने पुत्र पुण्डरीक को उनका शिष्य बना दिया और वे रामानुज से बोले, "वत्स, यहाँ से थोड़ी दूर त्रिरुकोट्टियुर या गोष्ठिपुर नामक एक सम्पन्न नगर है। वहाँ पर गोष्ठिपूर्ण नाम के एक परम धार्मिक विद्वान् निवास करते हैं। यह कहना अत्युक्ति नहीं होगी कि उनके समान परम वैष्णव इस अंचल में कोई दूसरा नहीं है। यदि तुम अर्थसहित वैष्णव-मंत्र जानना चाहो, तो उनके अतिरिक्त अन्य कोई भी तुम्हें इसकी शिक्षा नहीं दे सकेगा। अतः अविलम्ब मंत्र को प्राप्त करने का प्रयास करो।"

यह सुनकर रामानुज तत्काल गोष्ठिपुर गए और गोष्ठिपूर्ण की चरण-वन्दना कर उनके सम्मुख अपना अभिप्राय व्यक्त किया। इस पर गोष्ठिपूर्ण ने

---

१. प्रपन्नामृतम् २७.४० (उत्तरार्ध) - ४१ (पूवार्ध)

कहा, "किसी अन्य दिन आओ तो देखा जायगा।" खिन्न होकर रामानुज अपने स्थान को लौट आए। इस घटना के दो-एक दिन बाद ही श्रीरंगम में महान् उत्सव के उपलक्ष्य में भगवान का दर्शन करने गोष्ठिपूर्ण वहाँ आए। सुनने में आया है कि रंगनाथ जी के किसी सेवक ने भगवदाविष्ट होकर उनसे कहा, "तुम रामानुज को मर्मार्थ सहित मंत्र का उपदेश करो, क्योंकि उसके समान श्रेष्ठ आधार तुम्हें अन्यत्र नहीं मिलेगा।" इस पर गोष्ठिपूर्ण बोले, "हे प्रभो, आपने ही तो नियम किया है –

इदं ते नातपस्काय नाभक्ताय कदाचन।
न चाशुश्रूषवे वाच्यं न च मां योऽभ्यसूयति।।[२]

पहले कुछ काल तपस्या आदि किए बिना चित्तशुद्धि नहीं होती। और अशुद्ध चित्त में मंत्र-धारण की क्षमता भला कैसे सम्भव है?" इसका उत्तर मिला, "पूर्ण, तुम इनकी पवित्रता के विषय में नहीं जानते, इसीलिए ऐसा कह रहे हो। ये सर्वजन-पावन हैं, इसका पता तुम्हें बाद में चलेगा।"

श्री रामानुज इसके बाद फिर गोष्ठिपूर्ण के चरणों में उपस्थित हुए, परन्तु उनका उद्देश्य सफल नहीं हुआ। इस प्रकार अट्ठारह बार लौटाये जाने के बाद वे अत्यन्त उद्विग्न होकर सोचने लगे, "अवश्य ही मेरे भीतर कोई मालिन्य है, इसी कारण गुरुदेव मेरे ऊपर कृपा नहीं कर रहे हैं।" ऐसा सोचते सोचते वे विकल होकर रुदन करने लगे। कुछ लोगों ने जब जाकर यह समाचार गोष्ठिपूर्ण को बताया, तो उनके हृदय में करुणा का संचार हुआ। उन्होंने किसी को भेजकर रामानुज को बुलवाया और मर्मसहित महामंत्र प्रदान किया। तदुपरान्त वे बोले, "एकमात्र श्रीविष्णु को छोड़कर इसका माहात्म्य और किसी को विदित नहीं है। मैंने महान् आधार समझकर ही तुम्हें यह दिया है। वर्तमान कलिकाल में इसका कोई अन्य अधिकारी मेरे देखने में नहीं आता। जो कोई भी इसे सुनेगा, वह देहान्त के बाद निश्चय ही मुक्ति पाकर वैकुण्ठ लोक जायेगा। अत: इसे और किसी को मत देना।" श्री रामानुज गुरु का उपदेश सुनकर परम आनन्दित हुए। उनके हृदय की एकमात्र कामना पूर्ण हो

---

२. 'यह कभी तपरहित मनुष्य से नहीं कहना चाहिए, न अभक्त से और न सुनने की इच्छा न रखनेवाले से ही । तथा जो मेरे प्रति द्वेषभाव रखता है उससे भी नहीं कहना चाहिए ।' – गीता १८.६७

गयी थी। मंत्रशक्ति से उन्हें दिव्य ज्ञान प्राप्त हुआ। उनके मुखमण्डल पर एक अलौकिक कान्ति प्रकट हुई। परम शक्ति पाकर उन्होंने स्वयं को कृतार्थ माना और अपने गुरुदेव के चरणों में बारम्बार प्रणाम करते हुए स्वयं को अतीव भाग्यशाली माना। उनके आनन्द की सीमा न थी।

श्री गुरु से विदा लेकर वे श्रीरंगम की ओर चले। सहसा उनके मन में एक विचित्र भाव का उदय हुआ। वे गोष्ठिपुर में स्थित विष्णु-मन्दिर के महाद्वार की ओर चले और मार्ग में जो भी दिखा उसे यह कहकर आमंत्रित करने लगे, "मन्दिर के पास आओ, मैं तुम्हें एक अमूल्य रत्न प्रदान करूँगा।" उनकी प्रफुल्ल मुखश्री, अलौकिक भाव, सरल वाणी, ब्रह्म-तेजमय दिव्य कान्ति देखकर आबाल-वृद्ध-वनिता सभी मंत्रमुग्ध के समान उनके पीछे चल पड़े। क्रमशः सम्पूर्ण नगर में यह बात फैल गयी कि 'एक महापुरुष स्वर्ग से अवतीर्ण हुए हैं और मन्दिर के पास ठहरे हैं। उनसे जो कोई, जो कुछ भी माँगता है, वे उसे वही प्रदान करते हैं।' इस अफवाह से आकृष्ट होकर जो जिस दशा में था, उसी दशा में मन्दिर की ओर दौड़ पड़ा। थोड़ी देर में नगर तथा आसपास के सभी नर-नारी वहाँ एकत्र हो गए। इस विशाल जनसमुदाय को देखकर रामानुज के हृदय का असीम प्रेमसिन्धु आनन्दवायु के झकोरों से तरंगायित होने लगा। उन्होंने संग आए दाशरथि तथा कुरेश नामक दो शिष्यों का आलिंगन कर उन्हें भी अपने आनन्द का सहभागी बनाया। इसके बाद वे गोपुरम् अथवा मन्दिर के मुख्य द्वार पर चढ़कर उच्च स्वर में बोले, "प्राण से भी प्रिय भाइयो तथा बहनो, यदि तुम लोग इसी क्षण संसार के समस्त दुःख-कष्टों से चिरकाल के लिए मुक्ति पाना चाहते हो, तो फिर मैं तुम्हारे लिए यह मंत्ररत्न संग्रह करके लाया हूँ। तुम लोग मेरे साथ तीन बार इसका उच्चारण करके धन्य हो जाओ।"

इस पर सभी एक स्वर में कह उठे, "बोलिए, कृतार्थ कीजिए, हम तैयार हैं।" तब यामुनमुनि के हृदयगत भाव के एकमात्र मर्मज्ञ, उभय-विभूतिपति, सर्व-सन्तापहारी, सर्व-जनप्रिय, वात्सल्य-पयोनिधि, जीवदुःखासहिष्णु, हताशान्धकार के दिनकर-स्वरूप लक्ष्मणावतार श्री रामानुज ने अपने आनन्दमय हृदय के गहनतम प्रदेश से 'ॐ नमो नारायणाय' – इस महामंत्र का उच्चारण किया। भूख से अत्यन्त आतुर व्यक्ति जिस प्रकार भोजन-पान ग्रहण करता है, उस विशाल जनसमुदाय ने भी उसी प्रकार के आग्रह सहित उस सर्वसुखनिधान महामंत्र को ग्रहण किया और कोटि वज्रध्वनि में उसका

एक साथ उच्चारण किया। श्री रामानुज के साथ इसी प्रकार दो बार और उच्चारण करके सभी शान्त हो गए। अहो! मंत्र का क्या ही अद्‌भुत प्रभाव हुआ! तत्काल ही धरती मानो वैकुण्ठ के समान प्रतीयमान होने लगी।

आबाल-वृद्ध-वनिता के आनन्दोद्भासित मुखमण्डल को देखकर ऐसा लग रहा था मानो दु:ख-दारिद्र्य सदा-सर्वदा के लिये पृथ्वी से विदा ले चुके हों। जो लोग धनप्राप्ति या किसी अन्य सांसारिक कामना की परिपूर्ति की आशा में आए थे, वे भी काँच-खण्डों के इच्छुक द्वारा सहसा हीरक-खण्ड की प्राप्ति के महानन्द के समान नित्यानन्द में डूबकर धन या संसार की बातें बिल्कुल ही भूल गए। दिव्यानन्द में निमग्न होकर सभी देवतुल्य हो गए थे और इसी कारण पृथ्वी भी उस समय स्वर्गसदृश हो गयी थी। रामानुज के श्रीचरणों के निमित्त साष्टांग प्रणाम निवेदित करके, उन्हें भूरि भूरि धन्यवाद देकर, स्वयं को कृतार्थ मानते हुए, लोग क्रमश: वापस लौटने लगे। इसके बाद श्री रामानुज अपने शिष्यों के साथ गोपुरम् से उतरे और गोष्ठिपूर्ण के श्री पादपद्मों में पूजा देने की इच्छा से उनके घर की ओर चल पड़े।

इस बीच गोष्ठिपूर्ण अपने अन्य शिष्यों के मुख से यह सारी घटना सुनकर अत्यन्त रुष्ट हुए थे। अत: जब यतिराज अपने दोनों शिष्यों के साथ उनके सम्मुख उपस्थित हुए, तो वे अपने क्रोध का आवेग संवरण करने में असमर्थ होकर उच्च स्वर में बोल उठे, "दूर हो नराधम, तेरे समान नराधम को महारत्न देकर मैंने महापाप किया। अब फिर क्यों अपने मुखदर्शन जनित महापाप में मुझे लिप्त करने आया है? तेरे समान पिशाच को नरक में भी स्थान मिलना कठिन है।"

रामानुज इस पर जरा भी भयभीत हुए बिना ही विनयपूर्वक बोले, "महात्मन्, नरकवास के लिए तैयार होकर ही मैंने आपके आदेश का उल्लंघन किया है। आपके कथनानुसार जो कोई भी इस मंत्र का श्रवण करेगा, उसे परम गति मिलेगी। इसी पर निर्भर होकर मैंने नगर के समस्त नर-नारियों को मोक्षपथ का पथिक बना दिया है। देहावसान के बाद वे सभी परमपद पाकर कृतकृत्य होंगे। यदि मेरे समान एक तुच्छ व्यक्ति नरक में भी जाय और उसके बदले हजारों नर-नारी वैकुण्ठ जाने का अधिकार पाकर कृतकृत्य हो जायँ, तो ऐसा नरक मेरे लिए प्रार्थनीय है। आपके आदेश का उल्लंघन हुआ है, अत: मुझे नरक मिले; और आपके ही वचन के अनुसार हजारों पापी-तापी परमगति प्राप्त करें – इससे बढ़कर कल्याणकर एवं लाभजनक भला और क्या हो सकता है?"

जब आकाश में काले मेघ एकत्र होकर अपना तड़ितरूपी मुख खोलकर कर्णभेदी गर्जन करते हैं, तब आबाल-वृद्ध-वनिता जैसे त्रस्त हो उठते हैं और दूसरे ही क्षण वायु का प्रबल वेग उन्हें छिन्न-भिन्न कर देने पर प्रकृति का कोमल रूप प्रकट हो जाने पर जैसे सबके हृदय में हर्ष का संचार होता है; उसी प्रकार गोष्ठिपूर्ण का क्रोधाविष्ट वक्र-भृकुटियुक्त कटुवाक्य-विकिरणकारी मुख देखकर सभी त्रस्त हो उठे थे, परन्तु श्री रामानुज के तीक्ष्ण-युक्तिपूर्ण विनययुक्त प्रेममय मधुर वाणी ने उनके गुरुदेव के मुखमण्डल को क्रोधलेशरहित एवं निर्मल कर दिया और सबके हृदय का भय दूर हुआ। अपनी संकीर्णता एवं रामानुज की परम उदारता का बोध हो जाने पर जब गोष्ठिपूर्ण ने प्रगाढ़ भक्तिसह उनका आलिंगन किया, तब इस अकस्मात् परिवर्तन को देखकर सभी चित्रलिखे-से स्तम्भित रह गए और आन्दातिरेक से किसी के मुख से कोई वाणी नहीं निकली। भुजबन्धन को हटाने के बाद गोष्ठिपुरपति ने हाथ जोड़कर रामानुज से कहा, "हे महानुभाव, आज से आप मेरे गुरु और मैं आपका शिष्य हुआ। जिनका हृदय इतना विशाल है, वे लोकपिता विष्णु के ही अंश से सम्भूत हैं, इसमें तिलमात्र भी सन्देह नहीं। मैं एक सामान्य जीव हूँ। आपकी महिमा भला कैसे समझ सकूँगा? मेरे अपराध क्षमा कीजिए।"

लज्जा से अवनत हो रामानुज ने गुरुदेव के चरण पकड़कर कहा, "हे महात्मन्, आप मेरे नित्यगुरु हैं। आपके श्रीमुख से निःसृत होने के कारण ही मंत्र का ऐसा माहात्म्य है। आपके असीम प्रभाव का एक लघु अंशमात्र उस मंत्र में संक्रमित हुआ है, इसी कारण उसमें सर्वलोक-पावनकारी शक्ति का उदय हुआ है, जिसके बल से आज सैकड़ों नर-नारियों का दुःख-ताप भस्म हो गया, जिसके बल से मैं गुरु के आदेश के उल्लंघन का महापाप करने के बावजूद, आपका देवदुर्लभ आलिंगन पाकर चिरकाल के लिए कृतार्थ हो गया। मेरी एकमात्र प्रार्थना यही कि आप मुझे सन्तान समझकर, दास समझकर सदा अपने श्री चरणों में स्थान देंगे।"

श्री रामानुज के माधुर्य तथा विनयभाव पर परम सन्तुष्ट होकर गोष्ठिपूर्ण ने अपने पुत्र सौम्यनारायण को उन्हें शिष्य-रूप में अर्पित किया। शिष्यों के साथ श्री रामानुज ने गुरुदेव की अनुमति लेकर श्रीरंगम के लिए प्रस्थान किया। इस घटना के बाद से सभी लोग उन्हें साक्षात् श्री लक्ष्मण का अवतार मानने लगे।

अध्याय १६

शिष्यों को शिक्षाप्रदान तथा गुरुओं से शिक्षाग्रहण

श्रीरंगम लौटकर यतिपुंगव रामानुज ने कुछ काल अपने मठ में निवास किया। इसी दौरान जब उनके शिष्य कुरेश ने उनसे चरम श्लोक[1] का रहस्य जानने की उत्सुकता व्यक्त की, तो इस पर वे बोले, "कुरेश, मेरे गुरुदेव श्री गोष्ठिपूर्ण ने मुझे आदेश दिया है कि जो एक वर्ष तक अभिमानशून्य होकर ब्रह्मचर्य तथा परम दास्यभाव का आश्रय लेकर गुरुसेवा में लगा रहेगा, उसी को यह श्लोकार्थ देना, अन्य किसी को नहीं। अतः तुम एक वर्ष तक वैसा जीवन बिताओ, उसके बाद ही मैं तुम्हें श्लोकार्थ प्रदान करूँगा।"

कुरेश ने कहा, "हे महानुभाव, जीवन अत्यन्त अनिश्चित है। मुझे कैसे पता चलेगा कि मैं एक वर्ष और जीवित रहूँगा? अतः ऐसी कोई व्यवस्था कीजिए, जिससे मैं शीघ्र ही मंत्रार्थ का अधिकारी हो सकूँ।" यह सुनकर यतिराज बोले, "शास्त्र में लिखा है कि जो एक माह तक अनशन-व्रत करके रह लेता है, उसे वर्ष भर ब्रह्मचर्य का फल मिलता है। अतः तुम एक माह भिक्षान्न द्वारा जीवन-यापन करो, क्योंकि भिक्षान्न भोजन तथा उपवास दोनों ही समान हैं।" कुरेश ने वैसा ही करके महीने के अन्त में श्लोकार्थ प्राप्त कर लिया।

उनके द्वितीय शिष्य दाशरथि ने भी चरम श्लोक का रहस्य जानने की आकांक्षा व्यक्त की। श्री रामानुज ने उनसे कहा, "वत्स, तुम मेरे परम

---

१. गीता में कथित श्रीकृष्ण का चरम उपदेश – सर्वधर्मान् परित्यज्य मामेकं शरणं व्रज। अहं त्वां सर्वपापेभ्यो मोक्षयिष्यामि मा शुचः ॥१८.६६ – 'समस्त धर्मों को त्यागकर तुम एकमात्र मेरी ही शरण लो। शोक मत करो; मैं तुम्हें समस्त पापों से मुक्त कर दूँगा।'

आत्मीय तथा सद्ब्राह्मण कुलोद्भूत हो, अतः मेरी इच्छा है कि तुम श्री गोष्ठिपूर्ण के पास जाकर यह रहस्य जान लो। सगे होने के कारण तुम्हारे अनेक दोष होने पर भी मैं उन्हें देख नहीं सकूँगा; इसलिए मैं जैसा कहता हूँ, वही करो।'' दाशरथि एक महाविद्वान् थे और सम्भवतः इसका उन्हें थोड़ा अभिमान भी था, इसीलिए यतिराज ने उन्हें गोष्ठिपूर्ण के पास जाकर श्लोकार्थ जान लेने का आदेश दिया था।

रामानुज के निर्देशानुसार दाशरथि गोष्ठिपूर्ण के पास गए, परन्तु छह महीने तक निरन्तर प्रयास करने पर भी उन पर कृपा नहीं हुई। बाद में एक दिन गोष्ठिपूर्ण ने अनुग्रहपूर्वक उनसे कहा, ''दाशरथि, तुम मेरे प्रिय तथा परम पण्डित हो, यह मैं जानता हूँ; परन्तु यह निश्चित जान लेना कि विद्या, धन तथा सद्वंश में जन्मलाभ होने पर क्षुद्र चित्तवालों मे ही मदान्धता आती है, सज्जनों में ये वस्तुएँ दमन के कारण दोष के स्थान पर परम सद्गुणों में परिणत हो जाती हैं। इस बात को विशेष रूप से समझकर तुम अपने गुरुदेव के ही चरणों में आश्रय लो। वे ही तुम्हें श्लोकार्थ प्रदान करेंगे।''

ऐसा निर्देश पाकर दाशरथि अविलम्ब श्री रामानुज के पास गए और उन्हें सब कुछ कह सुनाया। उसी समय महापूर्ण की अत्तुला नामक पुत्री वहाँ आ पहुँची और यतिराज से बोलीं, ''भाई, पिता ने मुझे तुम्हारे पास भेजा है। इसका कारण विस्तार से कहती हूँ, सुनो – मैं आज ही ससुराल से आयी हूँ। वहाँ प्रतिदिन प्रातः और सायंकाल भोजन बनाने के लिए मुझे दूर के एक तालाब से जल लाना पड़ता है। रास्ता दुर्गम तथा निर्जन है, अतः मैं भय तथा शारीरिक कष्ट से अभिभूत हो जाती हूँ। यह बात कल जब मैंने अपनी सास को बतायी, तो इस पर सहानुभूति व्यक्त करना दूर, अत्यन्त क्रुद्ध होकर उन्होंने कहा, 'पिता के घर से रसोइया नहीं ला सकी? मेरे पास इतने साधन नहीं है कि तुम्हारे लिए एक नौकर रख दूँ और तुम पाँव-पर-पाँव रखे बैठी रहो'। इस पर मेरा मन बड़ा दुःखी हुआ और मैं रोते हुए पिता के पास चली आयी और पूरी घटना से उन्हें अवगत कराया। उन्होंने कहा, 'बेटी, तुम अपने धर्मभ्राता रामानुज के पास जाओ। वे इस विषय में जो उचित होगा, करेंगे।' तदनुसार मैं तुम्हारे पास आयी हूँ। अब मैं क्या करूँ, बोलो।''

श्री रामानुज यह सुनकर अत्तुला से बोले, ''बहन, तुम खेद मत करो। मेरे पास एक ब्राह्मण हैं, मैं उन्हें तुम्हारे साथ भेज देता हूँ। वे तालाब से

जल लाना और रसोई का सारा कार्य पूरा कर देंगे।' यह कहकर उन्होंने दाशरथि की ओर दृष्टिपात किया। गुरु का तात्पर्य समझकर उन्होंने आग्रहपूर्वक अत्तुला का अनुगमन किया और उनकी ससुराल पहुँचकर बड़े यत्न एवं भक्ति के साथ रसोइये का काम करने लगे। इसी प्रकार छह महीने बीत गए। एक बार एक वैष्णव वहाँ शास्त्र के एक श्लोक की व्याख्या कर रहे थे। लोग बड़े आग्रह के साथ उसका श्रवण कर रहे थे। दाशरथि भी वहीं बैठे थे। श्लोक का अर्थ सुनकर वे समझ गए कि व्याख्याता भ्रमित हो गए हैं और श्रोतागण यदि उस व्याख्या पर विश्वास कर लें, तो उनका अनिष्ट होने की सम्भावना है। अतएव वे अर्थ का प्रतिवाद किए बिना रह नहीं सके। इस पर व्याख्याता ने क्रोधाविष्ट होकर कहा – "मूर्ख, चुप रह। कहाँ सियार और कहाँ स्वर्ग! कहाँ रसोइया और कहाँ शास्त्र! शास्त्र में तेरा क्या अधिकार? रसोईघर में जाकर अपनी क्षमता दिखा।" महात्मा दाशरथि इस पर जरा भी खिन्न हुए बिना धीर भाव से अपनी व्याख्या करने लगे। उनकी व्याख्या इतनी व्याकरण-सम्मत तथा सुन्दर शब्दावली में हुई कि सभी उसे सुनकर मुग्ध हो गए। पूर्व व्याख्याता ने स्वयं ही आकर उनके चरण स्पर्श करते हुए क्षमा माँगी और कुतूहलवश पूछ लिया, "आपके समान विद्वद्वर ऐसी दासवृत्ति क्यों कर रहे हैं?" इस पर उन्होंने बताया कि गुरुदेव के आदेश पालनार्थ ही वे रसोइया हुए हैं।

जब लोगों को पता चला कि ये यतिराज रामानुज के दाशरथि नामक परम विद्वान् शिष्य हैं, तो लोग दल बाँधकर श्रीरंगम पहुँचे और यतिराज से बोले, "हे प्रातःस्मरणीय महात्मन्, अपने सुयोग्य शिष्य महानुभाव दाशरथि को रसोई के कार्य में लगाए रखना उचित नहीं। उनमें अभिमान का लेशमात्र भी नहीं है। वे साक्षात् परमहंस-स्वरूप हैं। अतः आप अनुमति दीजिए कि हम उन्हें अत्यन्त सम्मानपूर्वक आपके चरणों में ले आयें।" यतिराज उनकी बातें सुनकर परम सन्तुष्ट हुए और स्वयं उन लोगों के साथ जाकर उन्होंने दाशरथि का स्नेहपूर्वक आलिंगन करते हुए आशीर्वाद दिया। तदुपरान्त उन्होंने उनको श्रीरंगम लाकर तथा चरम श्लोक का अर्थ बताकर कृतार्थ किया। दाशरथि वैष्णव-सेवा के द्वारा धन्य हुए थे, अतः वैष्णवदास के नाम से विख्यात हैं।

इसके बाद श्री रामानुज ने महापूर्ण के आदेशानुसार श्री वररंग से तमिल प्रबन्ध का पुनः अध्ययन किया। इसके उपरान्त गोष्ठिपूर्ण मालाधर नामक

यामुनमुनि के एक शिष्य को लेकर रामानुज के पास आए और बोले, "वत्स, ये महापण्डित तथा हमारे गुरु यामुनमुनि के शिष्य हैं। ये 'शठारि-सूक्त' या शठारि-रचित 'सहस्त्रगीति' नामक प्रबन्ध के अर्थ में विशेष निष्णात हैं। इनसे वह सब पढ़कर धन्य हो जाओ।"

यतिराज रामानुज ने गुरुदेव का आदेश-पालन किया। एक बार मालाधर की व्याख्या समीचीन न लगने पर, उनके नवीन रूप से व्याख्या करने पर, उक्त पण्डितवर ने शिक्षार्थी के इस आचरण को धृष्टता मानकर अपने घर को प्रस्थान किया। क्रमशः गोष्ठिपूर्ण के कानों तक यह बात पहुँचने पर उन्होंने मालाधर के पास जाकर पूछा, "क्या सम्पूर्ण 'सहस्त्रगीति' का सम्यक् अर्थ रामानुज को हृदयगंम हो गया है?" इस पर मालाधर ने जो कुछ घटित हुआ था, उसे कह सुनाया। सब सुनकर गोष्ठिपूर्ण ने कहा, "भाई, तुम उन्हें सामान्य मनुष्य मत समझना। श्री यामुनमुनि का हृदयगत भाव जैसा उन्हें ज्ञात है; वैसा तुम्हें, मुझे या अन्य किसी को ज्ञात नहीं। साक्षात् लक्ष्मण ही जीवहित की इच्छा से रामानुज नाम लेकर अवतीर्ण हुए हैं। अतएव वे जैसा भी अर्थ करें, उसे तुमने यामुनमुनि के मुख से न सुना हो, तो भी साक्षात् उन्हीं के मुख से निःस्रित मर्मार्थ के समान ग्रहण करना।"

गोष्ठिपूर्ण के कथनानुसार मालाधर पुनः श्री रामानुज के पास गए और उन्हें शिक्षा देने लगे। एक दिन पुनः यतिराज द्वारा किसी श्लोक की भिन्न व्याख्या करने पर वे नाराज हुए बिना मनोयोगपूर्वक उसे सुनकर परम विस्मित हुए। उस श्लोक के भीतर ऐसा गहन अर्थ है, ऐसा उन्होंने कभी स्वप्न में भी नहीं सोचा था। उन्होंने परम आनन्द के साथ श्री रामानुज की प्रदक्षिणा करने के बाद उन्हें साष्टांग प्रणाम किया और अपने पुत्र सुन्दरबाहु को उनका शिष्य बना दिया।

इस प्रकार मालाधर से 'सहस्त्रगीति' की शिक्षा प्राप्त करने के बाद यतिराज ने श्री वररंग से 'धर्मरहस्य' का उपदेश पाने का संकल्प किया। देवगान-विशारद वररंग जब श्री रंगनाथ स्वामी के सम्मुख नृत्य एवं गीत करते करते थक जाते, तो उस समय श्री रामानुज उनके चरण दबाकर पीड़ा कम करते और उनके अंग-प्रत्यंग पर हरिद्रा-चूर्ण का लेपन कर उनकी शारीरिक-वेदना को दूर करते। हर रात वे अपने हाथों से खीर बनाकर उन्हें भोजन के लिए प्रदान करते।

इस प्रकार छह महीने बीत जाने पर वररंग की कृपादृष्टि उन पर हुई। पाँव दबाते यतिराज से उन्होंने कहा, "वत्स, मैं जानता हूँ कि तुम मेरा

सर्वस्व ग्रहण करने की इच्छा से मेरी सेवा कर रहे हो। आज मैं तुम्हारे प्रति अतीव अन्तुष्ट हूँ। आओ, मैं तुम्हें अपना हृदयगत भाव बताऊँ।'' इसके पश्चात् उन्होंने कहा, ''वत्स, जो कह रहा हूँ, वही चरम पुरुषार्थ है –

गुरुरेव परं ब्रह्म गुरुरेव परं धनम्।
गुरुरेव परः कामो गुरुरेव परायणम्।।
गुरुरेव परा विद्या गुरुरेव परा गतिः।
यस्मात् त्वदुपदेष्टासौ तस्माद्गुरुतरो गुरुः।।
उपायश्चाप्युपेयश्च गुरुरेवेति भावय।।[२]

– 'गुरु ही परब्रह्म हैं, गुरु ही सर्वश्रेष्ठ धन हैं, गुरु ही समस्त काम्य वस्तुओं में सर्वश्रेष्ठ हैं, गुरु ही परम आश्रय हैं, गुरु ही ब्रह्मविद्यास्वरूप हैं, गुरु ही श्रेष्ठ गति हैं। वे ही संसार-सागर में तुम्हारे कर्णधार स्वरूप होने के कारण उनसे गुरुतर और कोई नहीं है। भगवत्प्राप्ति के उपाय भी वे ही हैं और स्वयं भगवान भी वे ही हैं।'''

यह रहस्य सुनकर श्री रामानुज ने स्वयं को कृतार्थ समझा। उनके मन का सारा अभाव दूर हो गया। समस्त कामनाओं से मुक्त होकर वे अनन्त परमानन्दमय हो गए। 'गद्यत्रय' नामक महाग्रन्थ में उन्होंने अपने हृदय के उस विपुल आनन्द को किंचित् परिमाण में व्यक्त किया है। उसी समय से सभी लोग उन्हें श्री रंगनाथ स्वामी के रूप में पूजने लगे।

श्री वररंग निःसन्तान थे। उनके एक प्रिय छोटे भाई थे, जिनका नाम था शोट्ट-नम्बी। उसे उन्होंने श्री रामानुज का शिष्य बना दिया। कांचिपूर्ण महापूर्ण, गोष्ठिपूर्ण, मालाधर तथा वररंग – ये पाँच महानुभाव श्री यामुनमुनि के अति अन्तरंग शिष्य थे। यतिराज इनमें से प्रत्येक के पास शिक्षा ग्रहण करके श्री यामुनाचार्य के द्वितीय विग्रह के रूप में सुशोभित होने लगे। क्योंकि उक्त मुनिवर अपने इन पाँच शिष्यों के भीतर पाँच खण्डों में विद्यमान थे। अब श्री रामानुज-विग्रह में उन पाँच खण्डों के एकीभूत हो जाने से मुनिवर उनमें पूर्णाकार विराज करने लगे। यतिराज द्वारा अभिव्यक्त विभूतियों का बाहुल्य ही इसका एकमात्र कारण है। श्री भगवान के साथ साक्षात्कार

---

२. वेदान्तदेशिक द्वारा अपने 'रहस्यत्रयसार' ग्रन्थ के २८वें अध्याय में सात्यकी तंत्र से उद्धृत।

तथा उनके साथ वार्तालाप करने की शक्ति उनमें विशेष रूप से थी और उसी प्रकार उनमें संसार-ताप से दग्ध लोगों को श्री भगवान के चरणों में ले जाकर उनके समस्त दुःखों को दूर करने की शक्ति भी थी, इसीलिए सभी उन्हें उभय-विभूतिपति[३] कहा करते। उनका प्रीति-समुद्भासित मुखमण्डल देखकर ही चिर-सन्तप्तों का मनस्ताप दूर हो जाता था।

---

३. लीलाविभूति अर्थात् संसार और नित्यविभूति अर्थात् परमार्थ। (अनु.)

अध्याय १७

श्री रंगनाथ स्वामी के प्रधान अर्चक पर कृपा

दक्षिणी भारत में मुसलमानों का अत्याचार अपेक्षाकृत कम होने के कारण आर्यावर्त की तुलना में वहाँ मन्दिरों की संख्या काफी अधिक है। वहाँ की तुलना में प्राचीन-ऋषिसेवित, गंगा-सिन्धुपूत, हिमालय के नीचे के विस्तीर्ण भूभाग को हम देवालय-शून्य कहें, तो भी वह अतिशयोक्ति न होगा। परन्तु यद्यपि मनुष्य की बुद्धि से उत्पन्न शिल्पकला की महिमा इस प्रदेश में गौरवान्वित हुई है, तथापि यह विचित्र विश्व-ब्रह्माण्ड जिन आदि शिल्पी की रचना है, उन्हीं अतुलनीय, अद्वितीय-ब्रह्माण्डपति-विरचित, साधु-तपस्वीसेवित, परम सौन्दर्य व गाम्भीर्यमय, सत्त्वगुण-प्रधान, उत्तुंग शिखरवान अचल हिमालय आर्यभूमि का गौरवस्वरूप होने के कारण उसकी तुलना में दक्षिण की गौरवछटा सूर्य के आलोक के समक्ष चाँदनी के समान म्लान हो जाती है। मानवीय शिल्प कभी दोषरहित नहीं हो सकता और वह प्रकृति की रचना का अनुकरण मात्र होता है; पर प्रकृति देवी मानो स्वयं ही हिमालयरूपी विराट् मन्दिर का निर्माण कर, चिरकाल से उसमें अपने इष्टदेव की उपासना कर रही हैं। प्राकृतिक एवं कृत्रिम सौन्दर्य के बीच विशेष पार्थक्य है और जैसा कि स्पष्ट है एक की तुलना में दूसरा बिल्कुल ही नगण्य हो जाता है। अतएव बृहत् देवालयों से परिमण्डित होकर भी सौन्दर्य के विषय में दक्षिण को चिरकाल तक आर्यावर्त के ही चरणों में पड़े रहना होगा।

परन्तु यदि प्राचीन हिन्दुओं का शिल्पकौशल देखना हो, तो फिर सीताविरह-सन्तप्त श्रीराम के अश्रुवारि से पूत, उनकी सेना की जन्मभूमि दक्षिणपथ में आए बिना उसकी कोई सम्भावना नहीं। यहाँ के मन्दिर आकार एवं उच्चता दोनों की दृष्टियों से विशाल हैं। श्रीरंगम में स्थित श्री रंगनाथ का मन्दिर इतना बृहत् है कि पुजारीगण अपने परिवार के साथ उसी में निवास

करते हैं और उनकी भी संख्या इतनी अधिक है कि वहाँ शान्ति बनाये रखने के लिए मन्दिर-प्रांगण में एक अन्य स्थान पर हजार खम्भों के ऊपर एक मण्डप बना हुआ है। जब अंग्रेज तथा फ्रांसीसी दक्षिणी भारत पर प्रभुत्व के लिए संघर्ष कर रहे थे, उस समय सम्पूर्ण फ्रांसीसी सेना ने उस महामण्डप के एक किनारे में आश्रय लिया था। इससे सहज ही मन्दिर की विशालता का अनुमान लगाया जा सकता है।

मन्दिर के सभी पुजारी एक प्रधान-पुजारी के अधीन रहते हैं। उन्हीं के निर्देशानुसार सबको कार्य करना पड़ता है। अतः एक तरह से वे बाकी सबके ऊपर शासन चलाते हैं। पुजारीगण भगवद्भक्ति से अनुप्राणित होकर ही देवपूजा करते हों, ऐसी बात नहीं, बहुधा धनोपार्जन ही इस सेवा-पूजा का लक्ष्य होता है, अतएव उनका स्वभाव सामान्यतः उतना पवित्र नहीं होता। इन्द्रियों की तृप्ति का साधन होने के कारण ही धन का इतना आदर है। अतएव धन के लोभी इन्द्रिय-सेवा-परायण होते हैं। भगवान की भक्ति इन्द्रियलोलुपता को दूर करती है, परन्तु अर्थप्रियता इन्द्रियों के दासत्व का सूचक है। अतः अधिकांश अर्चकगण इन्द्रियों के दास होते हैं। भगवान के विग्रह की अर्चना उनके धनोपार्जन का उपाय होने के कारण ही उनके लिए प्रिय वस्तु है। सभी अर्चक इसी प्रकार के हों, ऐसी बात नहीं। इनमें से कोई कोई परम भक्तिमान भी देखने में आते हैं। परन्तु अधिकांशः इसके विपरीत ही दृष्टिगोचर होते हैं। इसी कारण समाज में अर्चकों को 'देवल' कहकर हेय माना जाता है।

श्री रामानुज के समय जो प्रधान अर्चक श्री रंगनाथ की सेवा करता था, वह उतना भक्तिमान न था। वह एक धनाढ्य व्यक्ति था और धन के प्रति उसकी विशेष प्रीति थी। धन के द्वारा इन्द्रिय-सुखों का भोग ही उसके जीवन का मुख्य उद्देश्य होने के कारण, जब भी कोई उसकी प्राप्ति में बाधा-स्वरूप प्रतीत होता, तो वह येन-केन-प्रकारेण उसका उच्छेदन कर डालने का प्रयास करता।

श्री रामानुज की अतुल कीर्ति, उनके प्रति सबका सच्चा अनुराग, श्रीरंगम के सम्भ्रान्त लोगों का उनके लिए उदारतापूर्वक अर्थ व्यय करना, लोगों द्वारा उन्हें श्री रंगनाथ स्वामी का द्वितीय विग्रह मानना और अपने प्रति जनता की पूर्व-श्रद्धा का ह्रास देखकर प्रधान-अर्चक अब शान्त नहीं बैठ सका। वह सोचने लगा कि किस प्रकार इस काँटे से पूर्णरूपेण मुक्त हुआ जाय। दुष्ट

हृदय में पैशाचिक उपाय का सहज ही उद्‌गम हो जाता है। अपना कर्तव्य निर्धारित करने के बाद वह अविलम्ब श्री रामानुज के पास गया और उन्हें उसी दिन अपने घर भिक्षा पाने का निमंत्रण दे आया। इसके बाद वह घर लौटा और सहधर्मिणी को बुलाकर बोला, "देख, आज मैं रामानुज को निमंत्रण दे आया हूँ। अन्न के साथ उसे विष देना है, इसीलिए मैंने उस नराधम को निमंत्रण दिया है। उस दुष्ट के जीवित रहने पर हमें शीघ्र ही – हा अन्न, हा अन्न – करते हुए दिन बिताने होंगे। विष-पेटिका कहाँ रखी है, यह तो तू जानती ही है। अधिक और क्या कहूँ! तू बुद्धिमती है, सावधानी के साथ सारा कार्य सम्पन्न करना।" नरपशु की सुयोग्य सहधर्मिणी के हँसते हुए नेत्रभंगिमा द्वारा अपनी कार्यकुशलता व्यक्त करने पर अर्चक ने आनन्दमग्न होकर कहा, "श्री रंगनाथ स्वामी की कृपा से ही मुझे तेरे समान मनोवृत्ति की भार्या मिली है। आज से मैं निष्कण्टक हो जाऊँगा।" यह कहकर वह दुष्ट देवपूजा के लिए श्री मन्दिर की ओर चला गया।

दोपहर में यतिराज भिक्षा पाने पुजारी के घर पहुँचे। अर्चक की पत्नी ने बड़े आदर के साथ उन्हें पाँव धोने को जल दिया और स्वयं ही वस्त्र से उनके चरण पोंछकर बैठने को आसन प्रदान किया। यद्यपि उस पापिनी का हृदय वज्र के समान कठोर था, यद्यपि उसने अनेक लोगों को अपने हाथ से विष दिया था, तथापि श्री रामानुज का सारल्यपूर्ण मुखमण्डल तथा उनकी देवतुल्य कान्ति देखकर उसके अन्तर में निश्छल स्नेह का उदय होकर क्रमशः इतना सबल हो उठा कि जब वह विषमिश्रित भोजन लाकर रामानुज के पात्र में परोसने लगी, तो अपने आपको सँभाल नहीं सकी। वह रोते हुए बोली, "वत्स, यदि अपने प्राण बचाना चाहते हो, तो अन्यत्र जाकर भिक्षा माँगो। यह अन्न ग्रहण करने पर तुम्हें मृत्यु का ग्रास बनना होगा।"

यह सुनकर श्री रामानुज क्षण भर के लिए किंकर्तव्यविमूढ़ हो गए और सोचने लगे, "मैंने प्रधान अर्चक का ऐसा कौन-सा अनिष्ट किया है, जो वे मेरे प्रति ऐसा भयंकर आचरण करने को प्रवृत्त हुए हैं?" कुछ भी निश्चित कर पाने में असमर्थ होकर वे अन्यमनस्क के समान उठे और कावेरी की ओर चल पड़े। दोपहर बीत चुका था। कावेरीतट की बालुकाराशि धूप से अग्नि के समान तप रही थी। उन्होंने निकट ही गोष्ठिपूर्ण को देखकर उसी ऊष्ण भूमि में गिरकर रोते हुए उन्हें साष्टांग प्रणाम किया। वे काफी देर तक उसी अवस्था में पड़े रहे।

बाद में गोष्ठिपूर्ण ने स्वयं ही उन्हें उठाकर रोने का कारण पूछा। इस पर उन्होंने आद्योपान्त सब कुछ बताते हुए कहा, "हे गुरो, मैं प्रधानार्चक की मानसिक अवस्था का स्मरण करके रो रहा हूँ। बताइये, इस भयंकर महापाप से उन्हें कैसे छुटकारा मिलेगा?" यह सुनकर गोष्ठिपूर्ण बोले, "वत्स, जब तुम्हारे जैसे महानुभाव उस दुरात्मा के उद्धार हेतु व्याकुल हैं, तो फिर उसे कोई भय नहीं। शीघ्र ही वह पापमार्ग को छोड़ पुण्यमार्ग का पथिक होगा।" गुरु-शिष्य ने एक-दूसरे से विदा ली। श्री रामानुज ने मठ में जाकर देखा कि एक ब्राह्मण विविध प्रकार के भोज्य-पदार्थ लिए उनकी प्रतीक्षा कर रहे हैं। उन्होंने उसमें से थोड़ा-सा ग्रहण करके, बाकी समस्त शिष्यों में बाँट दिया और किसी के भी समक्ष उस घटना का उल्लेख न करके निरन्तर अर्चक के लिए शुभकामना में लगे रहे।

इधर अर्चक ने जब घर लौटकर सुना कि उसकी अर्धांगिनी असफल रही है, तो उसके क्षोभ की सीमा न रही। स्त्रियों का मन स्वभाव से ही कोमल होता है, यह सोचकर उसने पत्नी को क्षमा कर दिया और तत्काल एक अन्य उपाय सोचकर वह मन-ही-मन बड़ा सन्तुष्ट हुआ। श्री रामानुज प्रतिदिन सन्ध्या के उपरान्त श्री रंगनाथ स्वामी का दर्शन करने मन्दिर में जाया करते थे। उस दिन भी गए। अर्चक ने उन्हें स्नान का जल पीने को दिया। रामानुज ने उसका पान किया और समझ गए कि इसमें विष मिला हुआ है। परन्तु इससे भयभीत होना तो दूर, बल्कि अति उत्तम तथा पवित्र पीयूष का पान करने से जैसे हर्ष का उदय होता है, उसी प्रकार का हर्ष व्यक्त करते हुए वे श्री रंगनाथ स्वामी को सम्बोधित करके बोले, "हे कृपानिधि, दास पर आपका इतना स्नेह है! पता नहीं कौन-से पुण्य के फल से मुझे यह देवदुर्लभ पीयूष प्राप्त हुआ। धन्य है तुम्हारी कृपा!" यह कहकर वे आनन्द में उन्मत्त हो लड़खड़ाते हुए श्री मन्दिर के बाहर चले गए। अर्चक ने सोचा कि विष के प्रभाव से ही उनके पाँव लड़खड़ा रहे हैं। अतः उसके आनन्द की सीमा न रही। उसने समझ लिया कि अगले दिन प्रातःकाल ही नभ में रामानुज की चिताधूम उठेगी। ऐसा सोच वह निश्चिन्त हुआ, क्योंकि जिस विष का उसने प्रयोग किया था, वह दस बलिष्ठ लोगों को भी एक प्रहर के भीतर यमलोक भेजने में समर्थ था।

अगले दिन श्री रामानुज की चिताधूम तो आकाश में नहीं उठी, बल्कि सैकड़ों कण्ठों से एक साथ ही "भज यतिराजं भज यतिराजं भज यतिराजं

मूढ़मते'' का आनन्द-संकीर्तन नभ को भेदते हुए अर्चक के हृदय को विदीर्ण करने लगा। घर के बाहर आकर उसने देखा कि श्रीरंगम के समस्त नर-नारियों ने श्री रामानुज को विविध प्रकार के पुष्पालंकारों से सज्जित किया है और इस नवरचित गाने के साथ उनके चारों ओर नृत्य कर रहे हैं। यतिराज के दोनों नेत्र आनन्दवारि से परिपूर्ण थे, बाह्य जगत् का उन्हें बिल्कुल भी बोध न था। उनके मन-प्राण आदि सब भगवान के पादपद्मों में समर्पित हो चुके थे। उनकी यह देवतुल्य कान्ति, अलौकिक ज्योति तथा प्रेममय विग्रह देखकर उस राक्षस के हृदय में भी सत्त्वगुण का संचार हुआ। विष-प्रयोग रूपी अपनी भयानक नृशंसता के बारे में सोचकर और श्री रामानुज को देवतुल्य अमरणधर्मा समझकर वह स्थिर नहीं रह सका। वह भीड़ के बीच से दौड़कर श्री रामानुज के चरणों में जा गिरा।

इस घटना से संकीर्तन थम गया और सबकी दृष्टि प्रधान अर्चक के ऊपर जा पड़ी। तब पश्चात्तापपूर्वक रोते हुए अर्चक ने कहा, ''हे यतिराज, आप मानव नहीं, साक्षात् विष्णु हैं – शरीर धारण करके मेरे जैसे दुष्टात्माओं का उच्छेदन करने के लिए अवतीर्ण हुए हैं। तो प्रभो, और विलम्ब क्यों! शीघ्र ही मुझे यमलोक भेजकर पृथ्वी का भार हरण कीजिए। ओह! मैं कैसा महापातकी हूँ! कितने ही लोगों को विष खिलाकर मैंने उनका नाश किया है। आपका भी विनाश करने का मैंने संकल्प किया था। परन्तु मुझे क्या मालूम कि आप मृत्यु के लिए भी मृत्युस्वरूप हैं। हर प्रलय के समय आपने कितने यमों का नाश किया है और फिर हर प्रलय की समाप्ति पर कितने यमों की सृष्टि की है – इसकी गणना भला कौन कर सकता है? मैं बड़ा नराधम हूँ, आपके चरणस्पर्श करने के भी योग्य नहीं हूँ। मुझे समुचित दण्ड देकर मेरे महापातक के प्रायश्चित का विधान कीजिए। मुझे अतीव अन्धकारमय नरक के विविध यातनाओं के बीच फेंक दीजिए। दुःसह यंत्रणा की आग में जलकर सम्भव है कालक्रम से मेरा असीम महापातक थोड़ा कम हो जाय। हे दीनशरण, अब विलम्ब क्यों करते हैं? शीघ्र ही मुझे हाथियों के पाँवों के नीचे या ज्वलन्त अंगारों पर डाल दीजिए। अब मुझे क्षण मात्र को भी जीवन धारण करने की इच्छा नहीं है। नरक, नरक, नरक! तुम कहाँ हो? आओ, आओ और शीघ्र इस महापातकी का ग्रास करो।''

यह कहकर उन्होंने भूमि पर जोर जोर से अपना सिर पटकते हुए उस स्थान को रुधिर से सिंचित कर दिया। निकट स्थित लोगों ने बड़ा प्रयास

करके उन्हें थोड़ा रोका। परन्तु वे क्रमश: अधिकाधिक अधीर होने लगे। उन्होंने अपनी छाती पीट-पीटकर उसे भी रक्तरंजित कर लिया। उनका सारा शरीर खून से लथपथ हो गया। उनके नेत्रों की अश्रुधारा भी शोणित से मिलकर लाल हो गयी। उनकी हालत बड़ी ही शोचनीय हो गयी थी। उसी समय श्री रामानुज को बाह्यदशा प्राप्त हुई और उन्होंने उनके मस्तक पर हाथ रखकर उन्हें शान्त किया। उन्होंने कहा, "भाई, अब और ईर्ष्या-द्वेष-परायण होकर नृशंस के समान आचरण मत करना। श्री रंगनाथ स्वामी ने तुम्हारे सारे पुराने अपराध क्षमा कर दिये हैं।" अर्चक ने कहा, "क्या! मेरे समान महापातकी पर तुम्हारी इतनी दया! या फिर जब तुम्हारा विग्रह ही दया से गठित है, जब तुमने पापिनी पूतना का विषदग्ध स्तन पान करके उसे अपनी जननी के साथ एक ही लोक में निवास करने का अधिकार दिया है, तब इस नृशंस नराधम के प्रति भी तुम्हारी दया होनी असम्भव नहीं है। अहा! ऐसे दयालु को छोड़कर मैं और किसकी शरण लूँगा? हे दीनशरण, तुम्हारी इस कीर्ति की लोग चिरकाल तक घोषणा करते रहेंगे।" यतिराज स्नेहपरायण होकर उनके शरीर पर हाथ फेरने लगे। उनके हस्त-स्पर्श से अर्चक के समस्त सन्ताप दूर हो गए और नृशंस पिशाच ने देवत्व प्राप्त किया।

अध्याय १८

यज्ञमूर्ति

यज्ञमूर्ति नामक एक दक्षिणी दिग्विजयी पण्डित आर्यावर्त का पर्यटन करते हुए वहाँ की पण्डित-मण्डली पर विजय प्राप्त करके स्वदेश लौटे। उन्होंने गंगाजी के तट पर संन्यास ले लिया था। उन्होंने जब सुना कि रामानुजाचार्य नाम के एक वैष्णव संन्यासी मायावाद का खण्डन करके अपने मत का प्रचार कर रहे हैं, तो वे अविलम्ब श्रीरंगम आ पहुँचे। पुस्तकों से भरी हुई एक गाड़ी भी उनके पीछे पीछे आयी, क्योंकि पुस्तकों को साथ लिए बिना वे कहीं भी न जाते थे। यतिराज के सामने पहुँचकर उन्होंने तर्क की याचना की।

इस पर शान्तमूर्ति स्मित-विकसित-आनन श्री रामानुज ने कहा, "महात्मन्, तर्क की क्या आवश्यकता है? मैं आपके समक्ष पराजय स्वीकार करता हूँ। आप अद्वितीय पण्डित हैं; आपकी सर्वत्र जय हो।" इस पर यज्ञमूर्ति बोले, "यदि आपने अपने को परास्त स्वीकार कर लिया, तो क्या मैं समझ लूँ कि आपने भ्रान्त वैष्णव-मत को त्यागकर अभ्रान्त मायावाद ग्रहण कर लिया है?" यतिराज ने कहा, "मायावादी ही तो 'भ्रान्ति, भ्रान्ति' कहकर उन्मत्त हैं। उनके मतानुसार युक्ति-तर्क आदि सब कुछ माया है। अतएव मायावाद भला कैसे अभ्रान्त हो सकता है?" इस पर यज्ञमूर्ति बोले, "देश-काल-निमित्त के भीतर जो कुछ है, वह सब मायामय है; इसीलिए मायावादी कहते हैं कि इन तीनों का त्याग किए बिना कभी अभ्रान्त सत्य तक नहीं पहुँचा जा सकता। हम लोग जिसे भ्रम कहते हैं, उसी को आप लोग सत्य कहते हैं। अत: आपके स्थान पर हम कैसे भ्रान्त हुए?"

इस प्रकार वाद-विवाद आरम्भ हुआ और सत्रह दिनों तक चलता रहा। अन्तिम दिन श्री रामानुज की युक्तियों का यज्ञमूर्ति ने खण्डन कर दिया।

यतिराज इस पर किंचित् दु:खी होकर अपने मठ लौटे और मठ के विग्रह श्री देवराज के सम्मुख हाथ जोड़कर बोले, "हे नाथ, पूर्वकाल के महानुभावगण जिन वैष्णव-शास्त्रों का अवलम्बन करके आपके श्री पादपद्मों का मकरन्द पान करने के अधिकारी हुए थे, कालक्रम से वे महान् शास्त्र मायावाद-रूपी मेघ से आच्छन्न हो गए है। मायावादी कूटयुक्ति के द्वारा स्वयं को तथा अज्ञानी जीवों को मोहित कर रहे हैं। उनका तर्कजाल ऐसी भ्रान्ति उत्पन्न करता है कि सात्त्विक महात्मागण भी कभी कभी चमत्कृत हो उठते हैं। हे आनन्दधाम, और कब तक आप अपनी सन्तानों को अपनी पदछाया से दूर रखेंगे?" यह कहकर जीव-दु:ख-कातर यतिराज आँसू बहाने लगे। उसी रात स्वप्न में उन्हें देवराज का दर्शन मिला और उनकी यह आश्वासन-वाणी सुनाई पड़ी, "यतिराज, उद्विग्न मत होना। जगत् में शीघ्र ही तुम्हारे द्वारा भक्तियोग का सच्चा माहात्म्य घोषित होगा।"

प्रात:काल शय्या से उठने पर उनके आनन्द की सीमा न रही। इस अमृतमयी वाणी ने उनके हृदय की समस्त ग्लानि को दूर कर, उनके मुखमण्डल को एक स्वर्गीय आभा से मण्डित कर दिया था। प्रात:कृत्य समाप्त करके वे यज्ञमूर्ति के निवास पर गए। उनकी अलौकिक रूपछटा देखकर मायावादी स्तम्भित रह गए। उन्होंने सोचा, "कल तो श्री रामानुज उतरे हुए मुख के साथ अपने मठ लौटे थे। परन्तु आज तो देखता हूँ कि वे एक स्वर्गीय देवता के समान यहाँ आए हैं। निश्चय ही ये दैवबल का आश्रय लेकर आए हैं। इनके साथ तर्क करना व्यर्थ है। ऐसे महापुरुष का शरणागत होना ही श्रेयस्कर है, क्योंकि बेकार का शुष्क तर्क करते हुए मैंने अपना पूरा जीवन बिता दिया है। इस प्रकार अहंकार को परिपुष्ट करके मैंने अपने चित्त की ग्लानि में ही वृद्धि की है। परन्तु इन महापुरुष का स्वभाव क्या ही निर्मल है! क्रोध, अहंकार, अभिमान आदि तो इनका स्पर्श तक नहीं कर पाते। मुखमण्डल सर्वदा एक अनिर्वचनीय दिव्य कान्ति से उद्भासित रहता है। मैंने इतने कटु वाक्यों का प्रयोग किया, लेकिन कभी इन्हें रुष्ट होते नहीं देखा। पर इसी बीच मैं क्रोध तथा अभिमान से इतनी बार दग्ध हुआ हूँ कि उसकी गणना नहीं की जा सकती। मुझे धिक्कार है! ऐसा मलिन हृदय लेकर, ऐसे शुद्धचित्त देवतुल्य महापुरुष की बराबरी का प्रयास करना मेरी धृष्टता मात्र है। इनका शिष्यत्व स्वीकार करके मैं अपने इस पाप का प्रायश्चित करूँगा; अहंकार का समूल नाश करके पवित्रता-रूपी अमृत पान करने का प्रयास करूँगा।"

ऐसा निश्चय करके भाग्यवान यज्ञमूर्ति ने भक्तिपूर्वक यतिराज के चरण स्पर्श कर उन्हें प्रणाम किया। श्री रामानुज ने इस पर थोड़ा संकुचित होकर कहा, "यज्ञमूर्ति, आप महापण्डित होकर भी यह कैसा आचरण कर रहे हैं? आज तर्क प्रारम्भ करने में आप विलम्ब क्यों कर रहे हैं?" पण्डितवर ने इस पर विनम्रतापूर्वक उत्तर दिया, "महानुभाव, जो तर्कशास्त्री इतने दिनों से अपने श्लेषपूर्ण उक्तियों द्वारा आपको विद्ध करने का वृथा प्रयास कर रहा था, मेरे पूर्वपुण्यों के फल से अब वह मेरे हृदय से प्रस्थान कर गया है; अत: अब कौन आपके समान महानुभाव के साथ वृथा तर्क करेगा? अब सामने आपका चिरदास खड़ा है, उस पर कृपादृष्टि कीजिए। मैं आपका शिष्य हूँ, अपने पुनीत उपदेश के द्वारा आप मेरे चिर-तमसाच्छन्न मन को पवित्रता के आलोक से उद्भासित कीजिए। 'नायमात्मा प्रवचनेन लभ्य: न मेधया न बहुना श्रुतेन'[१] – वृथा पाण्डित्य को प्रश्रय देकर मैंने अपने अहंकार को ही सबल किया है। हाय! मेरे समान मूर्ख और कौन होगा? आप इस अकिंचन दास को श्री चरणों में आश्रय देकर कृतार्थ कीजिए।" यज्ञमूर्ति में आए इस सहसा परिवर्तन को देखकर श्री रामानुज विस्मित नहीं हुए, क्योंकि वे स्वप्न में कथित अपने इष्टदेव की वाणी का स्मरण कर समझ गए थे कि उन्हीं की कृपा से इन दाम्भिक विद्वान् ने विनयभूषित होकर एक मनोहर देवतुल्य कान्ति प्राप्त की है।

मृदु-मधुर वाणी में उन्होंने कहा, "धन्य हैं श्री देवराज! जिनकी कृपा से पाषाण भी द्रवीभूत हुआ। यज्ञमूर्ति, बाकी सारे अभिमान छोड़ना तो सहज है, परन्तु पाण्डित्य का अभिमान त्यागना मनुष्य की शक्ति के परे है। 'विद्या ददाति विनयम्' – परन्तु वही विद्या यदि अविद्या के रूप में दम्भ एवं मद को जन्म दे, तो फिर मदोन्मत्त दाम्भिक हृदय में किसकी सहायता से विनय का प्रवेश हो सकता है? एकमात्र भगवान की कृपा ही इस असम्भव व्यापार को सम्भव बना सकती है। आज तुम उसी कृपा की शक्ति से मनुष्य के परम शत्रु अहंकार के हाथों से उद्धार पा सके हो। तुम्हारा सौभाग्य असीम है!" यज्ञमूर्ति बोले, "जब मुझे आपके समान महानुभाव का दर्शन मिला है, तो सचमुच ही मेरे सौभाग्य की क्या सीमा हो सकती है! अब आदेश दीजिए कि मुझे क्या करना होगा। मैं आपकी

---

१. कठोपनिषद्, १.२.२३

मूर्ख सन्तान हूँ।'' यतिराज ने कहा – यज्ञोपवीत धारण करना तुम्हारा परम कर्तव्य है, क्योंकि –

हीनो यज्ञोपवीतेन यदि स्यात् ज्ञानभिक्षुकः
तस्य क्रियाः निष्फलाः स्युः प्रायश्चित्तं विधीयते ।।
गायत्रीसहितानेव प्राजापत्यान् षडाचरेत् ।
पुनः संस्कारमाहृत्य धार्यं यज्ञोपवीतकम् ।।
उपवीतं त्रिदण्डञ्च पात्रं जलपवित्रकम् ।
कौपीनं कटिसूत्रञ्च न त्याज्यं यावदायुषम् ।। [२]

– अर्थात् ''वत्स, ज्ञान की आकांक्षा रखनेवाला यदि यज्ञोपवीत से रहित हो, तो उसकी सारी क्रियाएँ निष्फल हो जाती हैं और उसके लिए प्रायश्चित का विधान है। यज्ञोपवीत पाने के बाद उसे छह दिनों तक गायत्री सहित विधिपूर्वक प्राजापत्य नामक तप करना चाहिए। यज्ञोपवीत, त्रिदण्ड, कमण्डलु, जल छानने की साफी, कौपीन तथा कटिसूत्र को जीवन भर नहीं त्यागना चाहिए।''

यज्ञमूर्ति ने इस पर तत्काल स्वीकृति दी। उन्होंने यथाविधि उपवीत धारण किया, बाद में यतिराज ने उन्हें ऊर्ध्वपुण्ड्र धारण कराकर शंख-चक्र से चिह्नित किया और देवराज की कृपा से चैतन्यलाभ होने के कारण उन्हें देवराज मुनि की आख्या प्रदान की। इसके उपरान्त वे बोले, ''वत्स, अब तुम्हारा अतुल पाण्डित्य अभिमान-मेघ से मुक्त होकर परम शोभायमान हो रहा है। तुम सदुपदेशपूर्ण ग्रन्थों की रचना करते हुए स्वयं को लोगों के हितसाधन में लगा दो।'' गुरु के आदेशानुसार यज्ञमूर्ति ने तमिल भाषा में 'ज्ञानसार' तथा 'प्रमेयसार' नामक दो ग्रन्थ लिखे और सबके प्रीतिभाजन हुए। श्री रामानुज ने उनके निवास हेतु एक विशाल मठ का निर्माण करा दिया।

इस घटना के कुछ दिनों बाद चार शान्त, दान्त, मेधावी तथा वैराग्यवान युवक श्री रामानुज के पास दीक्षा ग्रहण करने हेतु आए। यतिराज ने उनसे कहा, ''तुम लोग देवराज मुनि के पास जाकर उन्हीं का शिष्यत्व ग्रहण करो। उनके समान महापण्डित पृथ्वी पर अत्यन्त विरल हैं। केवल पाण्डित्य ही उनका भूषण नहीं है, उनके समान भगवद्भक्ति-परायण व्यक्ति भी बड़े दुर्लभ हैं।''

---

२. बृहद्-जाबालि-स्मृति (वेदान्त-देशिक द्वारा सत्-दूषणी के अध्याय ६४ में उद्धृत)।

तदनुसार वे चारों युवक जाकर देवराज मुनि के शिष्य हो गए। शिष्यों से आवृत्त होकर अपने को सौभाग्यवान मानना तो दूर, उन्होंने सोचा, "यह कौन-सा नया झंझट आ खड़ा हुआ! कहाँ तो मैं बड़े कष्टपूर्वक अभिमान के हाथ से मुक्त होने का प्रयास कर रहा हूँ और उस पर 'मैं गुरु हूँ' यह अभिमान मुझे मोहित करने को आ पहुँचा है।" इस प्रकार विचार करते हुए वे अपने गुरुदेव के चरणों में जा पहुँचे और अत्यन्त दीनतापूर्वक बोले, "प्रभो, मैं आपकी सन्तान हूँ; तो फिर मेरे प्रति आपकी ऐसी निष्ठुरता क्यों है?" यतिराज ने कहा, "क्यों वत्स, क्या हुआ?" देवराज मुनि बोले, "पिता, आपकी कृपा से मुझे अभिमानरूपी राक्षस के हाथों से थोड़ा छुटकारा मिला है। अब पुनः क्यों आप इस निकम्मे आदमी को अभिमान के हाथों में फेंक रहे हैं? मुझे गुरु बनने का आदेश मत दीजिए। जल में पद्मपत्र के समान निर्लिप्तता अब भी मुझमें नहीं आ सकी है। अपना दास बनाकर आप मुझे अपने पास ही रखिए। मुझे नये मठ की आवश्यकता नहीं है।"

श्री रामानुज उनकी इस बात पर परम आनन्दित हुए और उन्हें प्रेमपूर्ण आलिंगन करते हुए बोले, "वत्स, मैंने तुम्हारी परीक्षा लेने के लिए ही ऐसा किया है। तुम परीक्षा में उत्तीर्ण हुए हो। हे वैष्णव-शिरोमणि, तुम्हें शुद्धा भक्ति प्राप्त हो गयी है। तुम मेरे पास ही रहो और मठ के विग्रह श्री देवराज की सेवा करते हुए पूरा जीवन बिताओ।" यह आदेश पाकर देवराज मुनि ने अपने को कृतकृत्य माना और श्रीमद्-देवराज की सेवा तथा श्री रामानुज का दासत्व करते हुए बाकी जीवन को सार्थक कर सबके लिए अनुकरणीय हो गए।

अध्याय १९

यज्ञेश और कर्पासाराम

इसके बाद श्री रामानुज अपने शिष्यों को नम्मालवार अथवा शठारि विरचित 'सहस्रगीति' नामक तमिल प्रबन्धमाला की शिक्षा देने लगे। इसके पूर्व वे महापूर्ण तथा मालाधर से उनका अध्ययन कर चुके थे, परन्तु अपनी अलौकिक प्रतिभा से वे उसके अनेक नवीन मर्मार्थ निकालकर अपने शिष्यों को चमत्कृत करने लगे। उक्त प्रबन्ध में एक स्थान पर श्रीशैल अथवा तिरुपति नामक स्थान का माहात्म्य इस प्रकार वर्णित है – "यह श्रीशैल पार्थिव वैकुण्ठ-स्वरूप है। यहाँ आजीवन निवास करनेवाले वास्तविक वैकुण्ठ में ही निवास करते हैं और अन्त में वैकुण्ठलोक जाकर श्रीमन्नारायण की पदछाया का आश्रय पाते हैं।" पाठ समाप्त होने पर उन्होंने शिष्यों से पूछा, "तुम लोगों में ऐसा कौन है, जो श्रीशैल जाकर वहाँ आजीवन निवास कर सके?" इस पर अनन्ताचार्य नामक एक शान्त शिष्य ने कहा, "प्रभो, यदि आप अनुमति दें, तो मैं उक्त गिरिवर पर आजीवन रहकर स्वयं को कृतार्थ करूँ।" श्री रामानुज इस पर अतीव हर्षित होकर बोले, "धन्य हो वत्स, तुम्हारे समान कुलपावन पुत्र जिस वंश में जन्मा हो, उसका असीम भाग्य है। तुम अपनी पिछली तथा अगली चौदह पीढ़ियों के उद्धार का कारण हुए। तुम्हारे समान शिष्य पाकर मैं कृतार्थ हो गया। श्री अनन्ताचार्य ने श्रीगुरु-पद-वन्दना की और उनकी प्रदक्षिणा करने के बाद श्रीशैल की ओर प्रस्थान किया।

इसके पश्चात् यतिराज ने अपने शिष्यों के साथ समग्र 'सहस्रगीति' का तीन बार अध्ययन किया। पाठ समाप्त हो जाने पर वे भी शिष्यों सहित श्रीशैल चल पड़े। हरिनाम-संकीर्तन ही उनके पथ का सम्बल हुआ। पहले दिन उन लोगों ने देहली नगर में पहुँचकर विश्राम किया। अगले दिन वे

लोग अष्टसहस्र नामक ग्राम की ओर उन्मुख हुए। उस गाँव में यज्ञेश तथा वरदाचार्य नामक उनके दो ब्राह्मण शिष्य निवास करते थे। इनमें से प्रथम अतीव धनाढ्य थे। श्री रामानुज ने उन्हीं के घर आतिथ्य-ग्रहण करने की इच्छा से साथ के दो शिष्यों को अपने आगमन की सूचना देने हेतु आगे आगे भेजा। उन दो शिष्यों ने जब द्रुत गति से जाकर यज्ञेश को यह शुभ संवाद दिया, तो उनके आनन्द की सीमा न रही। उन्होंने तत्काल अपने परिवार के लोगों को यतिराज के स्वागत हेतु आवश्यक धन-संग्रह करने का आदेश दिया और स्वयं व्यवस्था देखने को घर के भीतर गए तथा आगन्तुक श्रान्त पथिकों का सत्कार करना बिल्कुल ही भूल गए। गृहस्वामी के ऐसे आचरण पर व्यथित होकर उन दोनों ने श्री रामानुज के पास लौटकर, जो कुछ हुआ था, सब निवेदित किया।

यतिराज को इस पर बड़ा दुःख हुआ और उन्होंने वरदाचार्य नामक दूसरे शिष्य का आतिथ्य ग्रहण करने का निर्णय लिया। ये दूसरे शिष्य विदुर के समान निर्धन तथा पवित्र स्वभाव के थे। प्रतिदिन प्रातःकाल वे अक्षयपात्र हाथ में लेकर भिक्षाटन को निकल जाते और दोपहर के बाद घर लौटते। इस प्रकार वे भिक्षालब्ध वस्तुओं के द्वारा नारायण की सेवा करते हुए अपनी सती-साध्वी परम कल्याणमयी लक्ष्मी नाम की सहधर्मिणी के साथ परम सन्तोषपूर्वक जीवनयात्रा चला रहे थे। उनके घर के आसपास बेतरतीब भाव से कपास के कुछ पौधे उगे होने के कारण लोग उन्हें हँसी में कार्पासाराम कहते थे। जब श्री रामानुज ने अपने शिष्यों के साथ कार्पासाराम के घर में अतिथि के रूप में प्रवेश किया, उस समय लक्ष्मीदेवी के पति भिक्षाटन हेतु गाँव में गए हुए थे।

घर में किसी पुरुष को न देखकर यतिराज ने अन्तःपुर की ओर उन्मुख होकर गृहस्वामिनी को अपने आगमन की सूचना दी। लक्ष्मीदेवी ने उसी समय स्नान करके कपड़े सूखने को धूप में डालकर फटे-पुराने वस्त्रखण्ड धारण कर रखे थे। अतः अपने गुरुदेव के सम्मुख आने में अक्षम होकर उन्होंने हाथ से ताली बजाकर संकेत देते हुए अपनी हालत से अवगत कराया। यतिराज ने तत्काल अपना उत्तरीय घर के भीतर फेंक दिया। लक्ष्मीदेवी उसी से अपना शरीर ढँककर गुरुदेव के सम्मुख आयीं और आनन्द से उन्मत्त होकर बारम्बार उन्हें प्रणाम करते हुए बोलीं, "महात्मन्, मेरे स्वामी भिक्षाटन के लिए गए हैं। आप आराम से बैठें। पाँव धोने के लिए यह जल

लेकर मुझे कृतार्थ करें। सामने तालाब है, वहाँ स्नान करके अपनी थकान दूर करें। मैं शीघ्र ही श्री विष्णु का नैवेद्य तैयार कर देती हूँ।'' यह कहकर वे घर के भीतर चली गयीं। घर में चावल का कणमात्र भी न था। अब वे क्या करें, कैसे गुरुदेव को सेवा द्वारा सन्तुष्ट कर कृतकृत्य हों, इसी पर विचार करने लगीं।

समीप ही एक धनी वणिक् निवास करता था। वह लक्ष्मीदेवी का परम सुन्दर रूप देखकर विमोहित हो गया था। उसने मदनातुर होकर कितनी ही बार सन्देश भेजकर उन्हें धन आदि का प्रलोभन दिया था, परन्तु अपनी कुवृत्ति को सफल बनाने में उसे कैसे भी सफलता नहीं मिल सकी थी। लक्ष्मीदेवी ने सोचा, ''क्यों न आज मैं इस अस्थि-मांस-मल-मूत्रमय देहपिण्ड के बदले में श्रीगुरु की सेवा करके धन्य हो जाऊँ? कलिघ्न नामक एक परम भक्त ने तो चोरी की वृत्ति के सहारे अपने इष्टदेव की सेवा की थी। भगवान ने उन पर प्रसन्न होकर कहा था, ''मेरे लिए किया हुआ पाप भी पुण्य में परिणत हो जाता है, परन्तु मेरा अनादर करते हुए किया हुआ पुण्य भी पाप के ही समतुल्य होता है।''[१] अतएव मैं अभी जाकर सेठ को उसकी अभिलाषा-पूर्ति का वचन देकर अतिथि-सत्कार के लिए आवश्यक सारी सामग्री ले आती हूँ।''

ऐसा निश्चय करके वे घर के दूसरे द्वार से बाहर निकलीं। सात द्वारों से विभूषित वणिक् की विशाल अट्टालिका में प्रविष्ट होकर वे एक एक कर कई द्वारों को पारकर उसके निर्जन कक्ष में जा पहुँचीं। उससे भेंट होने पर लक्ष्मीदेवी ने अपना मनोभाव व्यक्त करते हुए कहा, ''हे श्रेष्ठि, आज रात मैं आपकी कामना पूर्ण कर दूँगी। अभी मेरे गुरुदेव अपने शिष्यों के साथ घर में अतिथि के रूप में पधारे हुए हैं। उनकी सेवा के लिए आवश्यक वस्तुएँ मँगाकर भेज दो। इतने से ही तुम्हारी कामना सफल होगी।'' वणिक् यह सुनकर परम विस्मित हुआ। जिन्हें प्राप्त करने के लिए वह कबसे प्रलोभन दिखा रहा थी, कितने ही सन्देश भेज रहा था और अन्त में हताश होकर उस कामना को प्रायः त्याग ही चुका था; आज वे स्वयं ही उनके सामने याचिका होकर आयी हुई हैं। वणिक् को अतीव आनन्द

---

१. मन्निमित्तं कृतं पापमपि पुण्याय कल्पते।
मामनादृत्य तु कृतं पुण्यं पापाय कल्पते॥ (प्रपन्नामृतम्, २७.५१)

हुआ। उसने तत्काल विविध प्रकार की अच्छी अच्छी वस्तुएँ बँधवाकर युवती के पीछे भेज दिया।

लक्ष्मीदेवी उन सब वस्तुओं से विष्णु का नैवेद्य पकाने लगीं। थोड़े ही समय में उन्होंने अनेक प्रकार के अन्न-व्यंजन बना लिए और गुरुदेव को शिष्यों सहित भोजन के लिए आमंत्रित किया। उन लोगों ने अतीव तृप्ति के साथ सब ग्रहण किया और उन्हें हृदय से धन्यवाद तथा आशीर्वाद देने लगे।

थोड़ी देर बाद उनके पति भिक्षाटन समाप्त करके घर लौटे और सशिष्य गुरुदेव का दर्शन एवं वन्दना कर असीम आनन्दित हुए। जब उन्होंने सुना कि पत्नी ने यथोचित सम्मान सहित विविध अमृतोपम अन्न-व्यंजनों द्वारा उन्हें भलीभाँति सन्तुष्ट कर दिया है, तो इस पर उन्हें अपार विस्मय हुआ। वे निर्धन और अकिंचन थे। उनकी समझ में नहीं आ रहा था कि उनकी सहधर्मिणी ने कहाँ से सारी वस्तुओं की व्यवस्था की। घर में जाकर उन्होंने पत्नी से इस विषय में पूछा। लक्ष्मीदेवी ने आद्योपान्त सब कह सुनाया और हाथ जोड़े, सिर झुकाए पति के सम्मुख खड़ी रहीं।

क्रुद्ध होना तो दूर, वरदाचार्य हर्ष का आवेग संवरण कर पाने में असमर्थ होकर "धन्योऽहं कृतकृत्योऽहम्" – कहते हुए नृत्य करने लगे। उन्होंने पत्नी को सम्बोधित करते हुए कहा, "साध्वी, आज तुमने अपने सतीत्व का यथार्थ परिचय दिया है। गुरुरूपी नारायण ही एकमात्र पुरुष हैं और वे ही सम्पूर्ण प्रकृतिवर्ग के पति हैं। अस्थि-मांसमय शरीर के बदले आज जो तुम परम पुरुष की सेवा कर सकी हो, इससे बढ़कर सौभाग्य की बात और क्या हो सकती है? अहा, मैं कैसा भाग्यवान हूँ! कौन कहता है कि मैं निर्धन हूँ? तुम्हारे समान परम भक्तिमती नारी जिसकी सहधर्मिणी हो, वह कितना सौभाग्यशाली है!" यह कहकर वे अपनी पत्नी का हाथ पकड़े श्री गुरुदेव के सम्मुख उपस्थित हुए और उनके चरणों में बड़ी देर तक प्रणत रहे। इसके बाद निर्धन वरदाचार्य ने यतिराज को जब अपनी पत्नी के आचरण से अवगत कराया, तो वे शिष्यों सहित विस्मित रह गए।

गुरुदेव के आदेशानुसार दम्पति ने प्रसाद ग्रहण करके थोड़ी देर विश्राम किया और तदुपरान्त वे दोनों बचा हुआ सारा प्रसाद लेकर वणिक् के घर गए। वरदाचार्य बाहर खड़े रहे और लक्ष्मीदेवी ने घर के भीतर जाकर वणिक् से वह प्रसाद ग्रहण करने का अनुरोध किया। उसने परम आनन्द के साथ उसे ग्रहण किया। अहो! उस वैष्णवोच्छिष्ट प्रसाद की क्या ही महिमा है!

भोजन समाप्त होते ही वणिक् एक अलग प्रकार का व्यक्ति हो गया। उसकी पुरानी कामवृत्ति न जाने कहाँ लुप्त हो गयी। लक्ष्मीदेवी के प्रति कामभाव से देखना तो दूर, वह उन्हें माँ के रूप में सम्बोधित करते हुए रो-रोकर कहने लगा, "मैं क्या ही घोर महापातक करने को उद्धत हुआ था! जैसे निषाद दमयन्ती को स्पर्श करते समय भस्म हो गया था, मेरे भाग्य में भी वही लिखा था, परन्तु तुम्हारी अपार करुणा से इस बार मुझे नया जीवन मिला। माता, मेरे सारे अपराध क्षमा करो और ऐसा विधान करो कि यह नरपशु पूर्णरूपेण शुद्ध होकर मनुष्यत्व की उपलब्धि करे। अपने अभीष्ट-देवता के श्रीपादपद्मों का दर्शन कराकर मुझे कृतार्थ करो।"

वणिक् की यह बात सुनकर सती एक साथ ही विस्मित तथा आनन्दित हुईं। उनके हृदय का सारा आवेग दूर हो गया। सतीत्व अक्षुण्ण रह गया – यह सोचकर उनके हर्ष की सीमा न रही। श्रीगुरु की महिमा का प्रत्यक्ष निदर्शन पाकर वे भक्तिसागर में डूब गयीं। पति से मिलकर सब कुछ बताने पर उन विशुद्ध-हृदय निर्धन ब्राह्मण ने भी परम सन्तोष का अनुभव किया। दोनों ही वणिक् को साथ लेकर गुरुदेव के श्री चरणों में उपस्थित हुए और सबने मनसा-वाचा-कर्मणा उनकी शरण लेकर उन्हें साष्टांग प्रणाम किया।

शिष्यगण यह अभूतपूर्व घटना देख-सुनकर आश्चर्यचकित रह गए और यतिराज की असीम शक्ति का परिचय पाकर उनके प्रति और भी भक्तिमान हो उठे। श्री रामानुज ने अपने पवित्र हाथों से उक्त दम्पति तथा वणिक् का स्पर्श करके उनके समस्त दुःख दूर कर दिये। वणिक् ने जब आनन्द से उत्फुल होकर उनका शिष्यत्व ग्रहण करने की इच्छा व्यक्त की, तो उन्होंने उसे दीक्षा भी देकर कृतार्थ किया। वणिक् द्वारा प्रदत्त विपुल धनराशि को देखकर यतिराज के मन में विचार आया कि क्यों न इसके द्वारा इस निर्धन दम्पति की गरीबी को दूर करके इन्हें सुखी तथा निश्चिन्त कर दिया जाय। उनके ऐसा अनुरोध करने पर निर्धन शीलवान ब्राह्मण ने अतीव विनयपूर्वक कहा, "प्रभो, आपके आशीर्वाद से मुझे कोई अभाव नहीं है। भिक्षावृत्ति के द्वारा जो कुछ मिल जाता है, उसी में मेरा गुजारा हो जाता है। धन समस्त अनर्थों का मूल है। यह इन्द्रिय-लोलुपता को बढ़ाकर चित्त को भगवत्पादपद्मों से विमुख कर देता है। इस दास को ऐसा धन ग्रहण करने का आदेश मत दीजिए।" यह सुनकर यतिराज अत्यन्त आनन्दित हुए और निर्मल-स्वभाव परम भक्तिमान ब्राह्मण का आलिंगन करते हुए बोले, "तुम्हारे समान निस्पृह तथा

शन्तिमय महात्मा का स्पर्श करके आज मैं धन्य हुआ। तुम लोगों की परम भक्ति एवं निष्कामता सबके लिए अनुकरणीय होगी।''

जिस समय वहाँ सभी लोग स्वर्गीय आनन्द का उपभोग कर रहे थे, उसी समय यतिराज के धनाढ्य शिष्य यज्ञेश वहाँ आ पहुँचे। पहले तो वे व्याकुल चित्त से अपने घर में ही गुरुदेव की प्रतीक्षा कर रहे थे, बाद में जब सुना कि उन्होंने निर्धन कार्पासाराम की सेवा ग्रहण कर ली है, तो वे अतिशय दुःखी होकर सोचने लगे, ''मैंने ऐसा कौन-सा अपराध किया है कि गुरुदेव ने मेरी सेवा ग्रहण नहीं की? अवश्य ही कोई त्रुटि हुई होगी; नहीं तो जीवहित ही जिनके जीवन का एकमात्र उद्देश्य है, वे भला क्यों मुझे छोड़कर दूसरे को कृतार्थ करते?'' ऐसा विचार करते हुए वे अपराधी के समान डरते हुए सविनय श्री रामानुज के पास आए और उनके चरणों में साष्टांग प्रणत होकर रोने लगे।

यतिराज ने बड़े प्रेम से हाथ पकड़कर उन्हें उठाया और बोले, ''वत्स, तुम्हारे घर मैंने आतिथ्य ग्रहण नहीं किया, इसलिए तुम दुःखी हो। इसका कारण है वैष्णव की अवहेलना। वैष्णव-सेवा के समान परम धर्म दूसरा नहीं है। तुम उसी सेवा का अनाचार कर अति दोषी हुए हो। मार्ग में थके भूखे-प्यासे मेरे दो शिष्यों के मुख से मेरे आने का समाचार सुनने के उपरान्त तुमने उन्हें पाँव धोने के लिए जल देना तो दूर, बैठकर थोड़ा-सा आराम भी कर लेने को नहीं कहा। इससे तुम्हारी निष्ठुरता ही प्रकट हुई है। इसी कारण तुम्हारी सेवा ग्रहण करने की मुझे इच्छा नहीं हुई। और इस निर्धन अकिंचन ब्राह्मण ने आज मुझे क्या ही अमृतमय भोजन कराया है! वैसा क्या तुम्हारे समान धनगर्वित के घर प्राप्त हो सकता था?'' यह सुनकर यज्ञेश परम व्यथित हृदय से बोले, ''हे गुरुदेव, धन की मदान्धता के कारण मुझसे ऐसा अनुचित आचरण नहीं हुआ, बल्कि आपके आगमन का उल्लास ही इसका कारण है। मैं बड़ा ही अभागा हूँ, जो आपकी सेवा से वंचित रहा।'' यह कहकर यज्ञेश अपने आपको बारम्बार धिक्कार देते हुए रोने लगे। श्री रामानुज ने वचन दिया कि श्रीशैल से लौटते समय वे अवश्य उनका आतिथ्य ग्रहण करेंगे और इस प्रकार उन्होंने अनुतप्त सरल-हृदय भक्त को सान्त्वना प्रदान की।

अध्याय २०

श्रीशैल-दर्शन तथा गोविन्द का आगमन

अगले दिन प्रातःकाल रामानुज अपने शिष्यों के साथ अष्टसहस्र ग्राम से निकलकर कांचीपुर की ओर अग्रसर हुए। दोपहर को वहाँ पहुँचने के बाद उन्होंने श्री वरदराज स्वामी का दर्शन करके स्वयं को कृतार्थ माना। तदुपरान्त महात्मा कांचिपूर्ण से मिलकर वे परम आनन्दित हुए। वहाँ तीन रात निवास करने के बाद वे कपिलतीर्थ गए। वहीं स्नानादि करने के बाद उसी दिन वे श्रीशैल की तलहटी में जा पहुँचे। शैल का दर्शन करके उनके हर्ष की सीमा न रही। वे काफी देर तक एकटक उस भू-वैकुण्ठ की ओर देखते रहे। उनके नेत्रों से आनन्दाश्रु प्रवाहित होने लगे। वे सोचने लगे, "यही वह महास्थली है, जहाँ लक्ष्मी जी के साथ साक्षात् श्रीहरि निवास कर रहे हैं! अहा, इसी कारण इसकी ऐसी दिव्य शोभा है! पृथ्वी का समस्त पुण्य पुंजीभूत होकर इस शैल के रूप में स्थित है। इसी महा-पुण्यराशि पर नारायण सह लक्ष्मी जी निवास करती हैं। मैं अपनी इस कलुषमय देह के साथ इस पवित्र शैल पर चढ़कर इसे कलुषित नहीं करूँगा। यहीं से प्रतिदिन इसका दर्शन करके मैं अपने अशुद्ध शरीर-मन को पवित्र करके कृतार्थ होऊँगा।" ऐसा निश्चय कर वे श्रीशैल की तलहटी में ही निवास करने लगे। वहाँ के राजा विट्ठलदेव श्री रामानुज के आगमन का संवाद पाकर अपने मंत्रियों के साथ उनके चरणों में उपस्थित हुए। शिष्यत्व ग्रहण करने के उनके सविनय अनुरोध पर करुणामय यतिराज ने संस्कार के द्वारा उन्हें शुद्ध करके अपने शिष्य के रूप में स्वीकार किया। विट्ठलदेव ने गुरुदक्षिणा के रूप में इलमण्डीय नामक विस्तीर्ण भूभाग श्री रामानुज को प्रदान किया। यतिराज ने वह प्रदेश निर्धन ब्राह्मणों को दान देकर परम सन्तोष का अनुभव किया।

इधर श्रीशैल के निवासी साधु-तपस्विगण यतिराज के आगमन का समाचार सुनकर उनका दर्शन करने को लालायित हुए। उन लोगों ने जब सुना कि श्री रामानुज ने पादस्पर्श के भय से शैल पर न चढ़ने का संकल्प किया है, तो वे एक साथ मिलकर उनके पास गए और अतीव विनयपूर्वक बोले, "हे महात्मन्! यदि आपके समान महानुभाव पादस्पर्श के भय से शैल पर आरोहण न करें, तो फिर सामान्य लोग भी वैसा ही करेंगे। वे लोग कहेंगे, 'जब पवित्र-स्वभाव रामानुज पादस्पर्श के भय से पर्वत पर नहीं चढ़े, तो फिर हम लोगों की क्या बात? हम तो स्वभाव से ही मलिन हैं।' इसी प्रकार सम्भव है कि पुजारिगण भी भगवान के पास न जायँ। अतएव आप अविलम्ब ऊपर चलने का निश्चय करें। इसके अतिरिक्त आपके समान महात्माओं का हृदय ही श्रीहरि का वास्तविक मन्दिर है। वहाँ भक्तिरूपी परमामृत के द्वारा निरन्तर उनकी पूजा चल रही है। भक्ति ही श्रीहरि की एकमात्र प्रिय वस्तु है। जिनके हृदय में वह भक्ति है, वहाँ नारायण नित्य विराजते हैं। इसी कारण युधिष्ठिर ने विदुर से कहा था –

भवद्विधा भागवतास्तीर्थीभूताः स्वयं प्रभो।
तीर्थीकुर्वन्ति तीर्थानि स्वान्तःस्थेन गदाभृता ।।[१]

– 'प्रभो, आपके समान भक्त स्वयं ही तीर्थस्वरूप होते हैं, जो अपने हृदय में विराजित भगवान के साथ तीर्थों में विचरण करते हुए उन्हें तीर्थत्व प्रदान करते हैं।'''

महात्माओं की इस विनयपूत वाणी को आदेश मानकर यतिराज अपने शिष्यों के साथ शैल पर आरोहण करने चल पड़े। ऊँचाई की ओर चढ़ते समय भूख-प्यास से उनका शरीर क्लान्त हो गया। वयोवृद्ध, परमभक्त श्री शैलपूर्ण तत्काल ही गिरिशिखर से भगवान का प्रसाद एवं चरणामृत हाथ में लिए उनके सम्मुख आ पहुँचे और उन्हें यतिराज को सौंपते हुए उसे पूरा ग्रहण करने का अनुरोध किया। ऋषितुल्य महापुरुष को अपने लिए प्रसाद वहनकर लाए देखकर श्री रामानुज बोले, "हे महात्मन्, आपने ऐसा अनुचित कार्य क्यों किया? इस अधम दास के लिए आपके समान गुरुओं का इस प्रकार कष्ट उठाना ठीक नहीं। किसी सामान्य बालक को कहने से ही वह ले

१. श्रीमद्भागवतम्, १.१३.१०

आता।'' यह सुनकर श्री शैलपूर्ण ने कहा, ''यतिराज, मैं भी यही सोचकर एक साधारण बालक की खोज कर रहा था, परन्तु अपने से भी हीनमति किसी बालक को न पाकर, मुझे ही यह भार वहन करना पड़ा।'' श्री शैलपूर्ण की ऐसी दीनता देखकर रामानुज अतीव विस्मित होकर बोले, ''आज मेरे ज्ञानचक्षु खुल गए। आपसे दीन-भाव की शिक्षा पाकर मैं कृतकत्य हुआ।''

उन्होंने भक्ति-गद्गद् चित्त के साथ पूर्णप्रज्ञ शैलपूर्ण के चरणों में अभिवादन किया और शिष्यों के साथ प्रसाद ग्रहण किया। थकान मिटाने के बाद बाकी चढ़ाई पूरी करके वे श्रीपति वेंकटनाथ के मन्दिर के सम्मुख जा पहुँचे। शैलवासी शिष्य अनन्ताचार्य ने आकर उनके चरण ग्रहण किए। उन्हें देखकर यतिराज परम आनन्दित हुए और भूरि भूरि आशीर्वाद देने लगे। फिर मन्दिर की प्रदक्षिणा करने के बाद वे श्री वेंकटनाथ के सम्मुख उपस्थित होकर आनन्दाश्रु विसर्जित करने लगे। उनका बाह्यज्ञान लुप्त हो गया। काफी देर तक इसी अवस्था में रहने के बाद क्रमश: उनकी बाह्यसंज्ञा लौटी। अर्चकों ने परम भक्तिपूर्वक उन्हें श्रीपाद-तीर्थ एवं प्रसाद अर्पित किया। उन्होंने शिष्यों के साथ उसे ग्रहणकर परम तृप्ति का बोध किया। भगवान तथा वहाँ स्थित अन्य देवी-देवताओं के विग्रह का दर्शन करने के उपरान्त श्री रामानुज शिष्यों सह सर्वतीर्थमय पुण्योदक सरोवर में स्नान करके परम सुखी हुए। वहाँ तीन रात बिताने के बाद वे नीचे उतर आए।

इसी बीच उनके मौसेरे भाई तथा श्री शैलपूर्ण के परम अनुगत शिष्य गोविन्द आकर उनसे मिले। यतिराज अपने पूर्व प्राणरक्षक एवं बाल्यबन्धु को देखकर अतीव हर्षित हुए और उनका प्रेमपूर्वक आलिंगन किया। हम पहले ही बता आए हैं कि श्री शैलपूर्ण से वैष्णव-धर्म में पुन: दीक्षित होने के पश्चात् गोविन्द श्री रामानुज के पास गए थे। परन्तु वहाँ उनके साथ कुछ दिन बिताने के बाद ही अपने गुरुदेव श्री शैलपूर्ण के लिए वे इतने व्याकुल हो उठे कि यतिराज उन्हें उनके गुरुदेव के पास भेजकर ही निश्चिन्त हो सके थे। तब से गोविन्द श्री शैलपूर्ण के सान्निध्य में ही रहते थे। गुरुसेवा में उनका ऐसा प्रगाढ़ अनुराग था कि इसके अतिरिक्त उन्हें अन्य किसी भी विषय में कोई स्पृहा न थी। उनका स्वभाव पाँच वर्ष के बालक के समान था।

गिरिशिखर से नीचे उतरकर श्री शैलपूर्ण के अनुरोध पर श्री रामानुज ने एक वर्ष तक उनके घर में निवास किया। महात्मा पूर्ण उन्हें प्रतिदिन रामायण

का पाठ कराते थे। उनकी सुललित एवं गम्भीर व्याख्या सुनकर यतिराज की आध्यात्मिक जिज्ञासा बलवती हो उठी। पूरे एक वर्ष तक उक्त महापुरुष के पास रहकर उनसे सम्पूर्ण रामायण का अध्ययन कर उन्होंने अपने को परम भाग्यवान माना। वहाँ निवास के दौरान वे गोविन्द के आचार-व्यवहार को देखकर अतीव विस्मित हुए। एक बार उन्होंने देखा कि उनके बाल्यबन्धु अपने गुरुदेव के लिए बिस्तर लगाकर उस पर स्वयं लेट गए। इस पर विस्मित एवं आश्चर्यचकित होकर यतिराज ने जब यह बात श्री शैलपूर्ण को बताई, तो उन्होंने तत्काल गोविन्द को बुलाकर प्रश्न किया, "तुमने मेरे बिस्तर पर शयन किया है। जानते हो, गुरु की शय्या पर सोने का क्या परिणाम होता है?" गोविन्द ने शान्त स्वर में उत्तर दिया, "गुरुतल्पशायी को चिरकाल तक नरकवास करना पड़ता है।" पूर्ण बोले, "यह जानते हुए भी तुमने ऐसा आचरण क्यों किया?" गोविन्द ने कहा, "मैं नरकवास की इच्छा से ही आपकी शय्या पर सोता हूँ। शय्या सुखद हुई या नहीं, उस पर सोने से आपको सहज ही नींद आयगी या नहीं, इसी की जाँच करने के लिए मैं अन्त में नरक जाना स्वीकार करके भी, प्रतिदिन बिस्तर लगाने के बाद एक बार उस पर लेटकर देख लेता हूँ। मेरे नरक जाने से भी यदि आपको किंचित् सुख-सुविधा मिले, तो वह मेरे लिए स्वर्गसुख से भी अधिक वांछनीय है।" पास खड़े यतिराज ने सब सुना और गोविन्द की गुरुभक्ति की पराकाष्ठा देखकर स्तम्भित रह गए। अज्ञानवश अपने मौसेरे भाई के बारे में गलत धारणा बना लेने के कारण उन्होंने लज्जित होकर उनसे क्षमा-याचना की।

एक अन्य समय श्री रामानुज ने दूर से देखा कि गोविन्द ने एक सर्प के मुख में अंगुली डालकर उसे तेजी से खींच लिया और सर्प पीड़ावश मरणासन्न होकर पड़ा रहा। इसके बाद गोविन्द जब स्नान करके यतिराज के पास आए, तो उन्होंने विस्मयपूर्वक पूछा, "भाई! तुमने यह कैसा कर्म किया? विषैले सर्प के मुख में अंगुली डालना पागलपन को छोड़ और क्या है? बड़े भाग्य से ही तुम्हारे रक्त में विष का संक्रमण नहीं हुआ। बच्चों जैसा आचरण करके तुमने स्वयं को भी संकट में डाल लिया था और वह निरपराध जीव भी अब मरणासन्न पड़ा हुआ है। तुम्हारे समान सत्पुरुष के लिए किसी भी जीव को कष्ट पहुँचाना उचित नहीं।" इस पर गोविन्द ने उत्तर दिया, "भाई! किसी कण्टकयुक्त वस्तु को खाते समय सर्प के गले में काँटा बिंध गया था

और वह पीड़ा से छटपटा रहा था, इसीलिए उसके मुख में अंगुली डालकर मैंने काँटा निकाल दिया है। उसे अब पहले जैसी पीड़ा नहीं है। केवल थकान के कारण ही वह निर्जीव-सा पड़ा है। थोड़ी ही देर में वह स्वस्थ हो जायेगा, इसके लिए चिन्ता मत करो।'' गोविन्द की जीव-हित-कामना की पराकाष्ठा देखकर रामानुज मुग्ध हो गए। इस घटना के बाद गोविन्द के प्रति उनका प्रेम और भी प्रगाढ़ हो गया।

वर्ष के अन्त में रामायण का पाठ समाप्त हो जाने पर उन्होंने श्री शैलपूर्ण को यथायोग्य गुरुदक्षिणा देकर उनसे विदा माँगी। इस पर उन्होंने कहा, ''वत्स रामानुज, यदि तुम्हें कोई अभिलाषा हो, तो मुझसे कहो। यदि वह मेरी क्षमता में हुआ, तो मैं उसे अभी पूरा करने का प्रयास करूँगा।'' यतिराज बोले, ''हे महात्मन्, आप अपने देवतुल्य शिष्य गोविन्द को मुझे दे दीजिए। यही मेरी प्रार्थना है।'' यह सुनकर श्री शैलपूर्ण ने अपने परमप्रिय शिष्य को तत्काल श्री रामानुज के हाथों में सौंप दिया। गोविन्द को पुनः पाकर उनके आनन्द की सीमा न रही। वे अविलम्ब शिष्यों के साथ घटिकाचल (शोलिंगर) की ओर चल पड़े और वहाँ नृसिंहदेव का दर्शन कर उन्हें परम आनन्द हुआ। वहाँ से पक्षितीर्थ (तिरुक्कलिकुण्ड्रम) पहुँचकर देवदर्शन तथा स्नान आदि करने के बाद वे कांचीपुर लौट आए। श्री वरदराज स्वामी का दर्शन करने के पश्चात् यतिराज कांचिपूर्ण से मिले और उन्हें गोविन्द की गुरुभक्ति तथा जीवहित-परायणता के विषय में अवगत कराने के बाद बोले, ''हे महात्मन्, आप मेरे मौसेरे भाई को आशीर्वाद देकर उसे और भी गुरुभक्ति-परायण तथा जीव-हिताकांक्षी करें।'' कांचिपूर्ण ने स्मित हास्य के साथ कहा, ''तुम्हारी इच्छा सदैव फलवती होगी; तुम जिसकी भी हितकामना करते हो, उसका कभी कोई अहित नहीं हो सकता।''

समीप ही उपस्थित गोविन्द का उतरा हुआ चेहरा देखकर कांचिपूर्ण ने कहा, ''यतिराज, गुरुसेवा के अभाव में गोविन्द का मुखचन्द्र मलिन हो गया है। तुम इन्हें श्रीशैल के पास भेज दो।'' यह सुनकर श्री रामानुज ने गोविन्द को तत्काल गुरु के पास जाने का आदेश दिया। गोविन्द सीधा रास्ता पकड़कर अविलम्ब श्रीशैल की तलहटी में स्थित अपने गुरु के घर जा पहुँचे। श्री शैलपूर्ण ने उनके लौट आने का संवाद पाने के बाद एक बार भी उनकी ओर दृष्टिपात तक नहीं किया। दोपहर बीत गया। सबका भोजन हो गया, परन्तु पूर्ण ने गोविन्द को भोजन के लिए नहीं बुलाया। तीसरा पहर

भी निकल गया और गोविन्द भूखे ही बाहरी द्वार पर बैठे रहे। पूर्ण की कोमलहृदय सहधर्मिणी इसे सहन न कर सकीं और पतिदेव से बोलीं, "गोविन्द से बात कीजिए या मत कीजिए, परन्तु उसे भोजन करने का आदेश तो दीजिए।" इस पर उनके पतिदेव ने कहा, "जो घोड़ा बिक चुका है, उसके दाने-पानी के लिए मैं उत्तरदायी नहीं हूँ। उसका अब नये स्वामी द्वारा ही प्रतिपालित होना उचित है।"

यह सुनकर गोविन्द चुपचाप भूखे ही कांचीपुर लौट आए और श्री रामानुज के पाँव पकड़कर बोले, "यतिराज, अब आप मुझे भाई कहकर सम्बोधित नहीं करेंगे। पुराने स्वामी के मुख से सुना कि अब आप ही मेरे वर्तमान स्वामी हैं। मुझे क्या करना होगा, आदेश दीजिए।" पूरे दिन के अनाहार तथा पथश्रम से गोविन्द को अत्यन्त थके एवं मलिन देखकर श्री रामानुज ने तत्काल स्नान-भोजनादि के द्वारा उनकी क्लान्ति दूर की। तब से गोविन्द जैसी भक्ति के साथ श्री शैलपूर्ण की सेवा करते थे, वैसी ही प्रगाढ़ भक्ति एवं मनोयोग के सहित अपने वर्तमान गुरु की सेवा करने लगे।

कांचीपुर में तीन रात निवास करने के बाद उन लोगों ने अष्टसहस्र ग्राम पहुँचकर यज्ञेश की सेवा ग्रहण की; वहाँ एक रात बिताने के बाद गोविन्द तथा अन्य शिष्यों के साथ यतिराज श्रीरंगम लौट आए। वहाँ श्री रंगनाथ स्वामी तथा अपने गुरुओं का दर्शन करने के उपरान्त उन्होंने मठ में प्रवेश किया।

अध्याय २१

गोविन्द का संन्यास

अपने मामा श्री शैलपूर्ण के आचरण पर गोविन्द जरा भी क्षुब्ध नहीं हुए। बल्कि वे समझ गए कि उनका श्री रामानुज के हाथों में पूर्णरूपेण समर्पण कराना ही उन महात्मा का उद्देश्य था। तबसे वे मनसा-वाचा-कर्मणा यतिराज की सेवा में लग गए। दो-चार दिनों के भीतर ही उन्होंने अपने नये स्वामी की समस्त आवश्यकताओं को समझ लिया। इस जानकारी के द्वारा वे उनके कुछ कहने के पूर्व ही सारा काम ऐसे शृंखलाबद्ध भाव से पूरा कर डालते कि उसे देख यतिराज के अन्य शिष्य विस्मित रह जाते। एक बार सबने मिलकर सेवानिपुणता के लिए उनकी भूरि भूरि प्रशंसा की। गोविन्द ने यह सुनकर कहा, "हाँ, मेरे गुण इसी तरह की प्रशंसा के योग्य हैं।" इस पर प्रशंसकों ने उन्हें अहंकारी मानकर श्री रामानुज को भी इस विषय में अवगत कराया। उन्होंने गोविन्द को बुलाकर कहा, "वत्स, तुम्हारे सद्‌गुण देखकर ये लोग उसकी प्रशंसा कर रहे हैं, इस पर क्या तुम्हारा अहंकार व्यक्त करना उचित है?" गोविन्द ने उत्तर दिया, "महात्मन्, चौरासी लाख योनियों में भटकने के बाद इस मोहान्ध जीव को मानव-जन्म मिला है और इसके बावजूद तथा अनेक जन्मों के बाद यह जन्म प्राप्त होने पर भी वह मोहान्धता के कारण कुमार्ग पकड़कर पतन की ओर उन्मुख हो रहा था। आपकी असीम करुणा ही मेरे उद्धार का कारण है। मेरे भीतर जो भी सद्‌भाव हैं, वे आपके ही है, क्योंकि मैं तो स्वभाव से ही जड़मति एवं हीनवृत्ति हूँ। अतएव मेरे सद्‌गुणों की प्रशंसा द्वारा आपकी ही प्रशंसा हुई, इसी कारण मैंने ऐसा कहा।" यह सुनकर सभी लोग आश्चर्यचकित रह गए।

एक अन्य दिन गोविन्द प्रातःकृत्य समाप्त किए बिना, उषाकाल से ही मुग्ध के समान एक वारांगना के द्वार पर बैठे हुए थे। यह देखकर उनके

साथियों ने यतिराज को उनके इस असामान्य व्यवहार की बात बतायी। उन्होंने गोविन्द को बुलाकर पूछा, "प्रात:कृत्य छोड़कर वेश्या के द्वार पर क्यों बैठे थे?" इस पर उन्होंने उत्तर दिया, "उक्त महिला अति मधुर स्वर में रामायण-कथा गा रही थी; उसे पूरा सुनने की इच्छा से ही मैं वहाँ बैठा था। इसी कारण मेरा प्रात:कृत्य अब तक नहीं हो सका है।" यह सुनकर सभी उनकी सरलता एवं सहज-भक्ति पर मुग्ध हो गए।

श्री शैलपूर्ण की बहन गोविन्द की माता ने, इसी बीच एक दिन श्री रामानुज के पास आकर कहा, "वत्स, गोविन्द की पत्नी ऋतुमती हुई है, अत: तुम उसे सहधर्मिणी की धर्मरक्षा करने का आदेश दो, क्योंकि मेरे कहने से वह नहीं जायेगा। मेरे द्वारा इस विषय में सूचित किए जाने पर उसने कहा, 'यतिराज की सेवा के बाद जब मुझे एकान्त में बैठने का समय मिलेगा, तभी मेरी भार्या को ले आना।' परन्तु बेटा, अभी तक ढूँढ़ते हुए मुझे उसके अवकाश का क्षण नहीं मिला। वह सर्वदा किसी-न-किसी कार्य में व्यस्त ही रहता है।"

यह सुनकर श्री रामानुज ने गोविन्द को अपने पास बुलाकर कहा, "वत्स, अब तुम तमोगुण को त्यागकर अपनी भार्या के साथ एक ही शय्या पर सोना।" गोविन्द ने गुरु की आज्ञा शिरोधार्य की। उस रात वे जाकर पत्नी के पास ही सोये और विविध प्रकार की सच्चर्चा करते हुए पूरी रात बिता दी। बहू के मुख से रात की दास्तान सुनकर गोविन्द की माता द्युतिमती ने रामानुज के पास जाकर सब सूचित किया। इस पर यतिराज ने गोविन्द को अकेले में बुलाकर कहा, "मैंने तुम्हारी सहधर्मिणी के धर्मरक्षार्थ तुम्हें उसके साथ शयन करने को कहा था। परन्तु क्या कारण है कि तुमने वैसा नहीं किया?" गोविन्द बोले, "महात्मन्, तमोगुण का परित्याग कर पत्नी के साथ शयन करने का आपने आदेश दिया था। मैंने वैसा ही किया है; क्योंकि तमस् का परित्याग करते ही हृदय में विराजित अन्तर्यामी पुरुष प्रकट हो जाते हैं। ऐसी अभिव्यक्ति के समक्ष तम:प्रसूत कामादि के ठहरने की सम्भावना ही कहाँ है?"

इस पर श्री रामानुज अतीव विस्मित हुए और थोड़ी देर मौन रहकर बोले, "गोविन्द, यदि तुम्हारे मन की यही अवस्था है, तो अविलम्ब संन्यास ग्रहण करना ही तुम्हारा कर्तव्य है; क्योंकि शास्त्रीय विधि के अनुसार आश्रम में रहने पर आश्रमी के समान ही आचरण करना पड़ता है। अतएव यदि तुम

इन्द्रियों पर आधिपत्य करने में समर्थ हो, तो फिर तुम्हारे लिए संन्यास ले लेना ही उचित है।'' गोविन्द परम हर्षित होकर बोले, ''मैं अभी तैयार हूँ।'' यतिराज ने अविलम्ब गोविन्द की माता से अनुमति लेकर उन्हें ''तापः पुण्ड्रस्तथा नाम मन्त्रो यागश्च पंचमः'' – इन पाँच संस्कारों से युक्त किया और दण्ड-कमण्डलु देकर परमहंस-पद पर उन्नीत कर दिया। नवीन संन्यासी की दिव्य कान्ति, ज्ञानोद्भासित मुखमण्डल, प्रेमाश्रु-सिंचित पद्मपलाश-सदृश नेत्र तथा शुद्ध ज्ञान-भक्तिमय विग्रह देखकर यतिराज ने उन्हें 'मन्नाथ' का नाम प्रदान किया। श्री रामानुज ही अपने शिष्यों द्वारा इस नाम से पुकारे जाते थे। उन्होंने अतीव प्रीतिसह अपना नाम गोविन्द को अर्पित किया; परन्तु अभिमानशून्य, सत्त्वमूर्ति, बालरवि के समान कान्तिमान, ओस-कणिका के समान निर्मल, प्रफुल्ल कुसुमों के समान मनोहर ईश्वरानुराग-रंजित-हृदय, सनकादि-सम बालस्वभाव, प्रेमिक संन्यासी गोविन्द शुद्ध दास्यभक्ति के आदर्शस्वरूप थे; अतः दास्यभाव का परित्याग कर भला वे कैसे सोऽहम्-भाव का आश्रय ले सकते थे? उनके किसी भी हालत में अपने प्रभु का नाम धारण करना स्वीकार न करने पर, श्री रामानुज ने 'मन्नाथ' शब्द को तमिल में अनुवाद करके 'एम-पेरुमनार' बना दिया और उसके पहले तथा अन्तिम अंश को जोड़कर 'एम-आर' या 'एम्बार' का रूप सिद्ध किया। गोविन्द को यही नाम मिल गया। श्री जगन्नाथ-क्षेत्र में 'एमार मठ' नाम का जो सुप्रसिद्ध मठ है, वह श्री रामानुज द्वारा ही निर्मित है और उन्होंने ही गोविन्द के नाम पर इसका नामकरण किया है।

उस समय श्री रामानुज के श्रीरंगम में स्थित मठ में कुल मिलाकर चौहत्तर शिष्य निवास कर रहे थे। ये सभी विद्वान्, बड़े त्यागी एवं परम भक्तिमान थे। समग्र वेद तथा द्रविड़ प्रबन्धमाला इन्हें कण्ठस्थ थी। इन्हें सिंहासनाधिपति तथा पीठाधिपति का नाम मिला हुआ था। लगता है इन्हीं के अनुकरण पर गौड़ीय वैष्णवों ने श्री चैतन्य महाप्रभु के शिष्यों को 'गोस्वामी' की आख्या प्रदान की थी। इसके पूर्व हम दाशरथि, कुरेश, सुन्दरबाहु, शोट्टिनम्बी, सौम्यनारायण, यज्ञमूर्ति, गोविन्द आदि उनके प्रधान शिष्यों में से कुछ का उल्लेख कर आए है। इन समस्त से परिवृत होकर श्री रामानुज ने शास्त्र-चर्चा, भक्तितत्त्व की व्याख्या आदि करते हुए परम आनन्दपूर्वक कुछ काल अपने मठ में निवास किया।

अध्याय २२

श्रीभाष्य की रचना

एक दिन शिष्यों के समक्ष श्री यामुनाचार्य का गुणगान करते समय यतिराज को अपनी प्रतिज्ञा का स्मरण हो आया। जब कावेरी-तट पर चिता के समीप उन महात्मा का शरीर शायित था, उसी समय श्री रामानुज ने वहाँ उपस्थित होकर देखा था कि उनके दाहिने हाथ की तीन अंगुलियाँ मुष्टिबद्ध हैं। उन्होंने इसका मर्म समझकर जब उनके समक्ष तीन प्रतिज्ञाएँ कीं, तो वे अंगुलियाँ खुलकर अपनी स्वभाविक स्थिति में आ गयी थीं। उन्होंने अपनी उन प्रतिज्ञाओं का स्मरण करते हुए शिष्यों से कहा, "मैं श्रीभाष्य की रचना करने को यामुनमुनि के प्रति वचनबद्ध हूँ, परन्तु अब तक इस विषय में कुछ हो नहीं सका है। वह ग्रन्थ लिखने के लिए बोधायन-वृत्ति की सहायता लेनी होगी। महर्षि बोधायन द्वारा रचित वह वृत्ति इस अंचल में दुर्लभ है। बहुत ढूँढ़ने पर भी मैं सफल नहीं हो सका हूँ। सुना है कि वह काश्मीर के सारदापीठ में बड़े यत्नपूर्वक रखी हुई है। कुरेश के साथ आज ही मैं वहाँ के लिए प्रस्थान करूँगा। हे भगवान के भक्तो, तुम लोग श्री विष्णु से प्रार्थना करो कि हम सफल होकर लौट सकें।"

इस प्रकार शिष्यों से विदा लेने के बाद श्री रामानुज कुरेश के साथ चल पड़े और तीन माह बाद सारदापीठ जा पहुँचे। वहाँ की पण्डित-मण्डली के साथ उनकी भेंट तथा काफी शास्त्र-चर्चा हुई। पण्डितगण उनकी शास्त्र-निपुणता, वाग्विदग्धता एवं ज्ञान-गम्भीरता देखकर अत्यन्त विस्मित हुए और उन्हें दुर्लभ अतिथि जानकर उनका बड़ा आदर-सत्कार किया। श्री रामानुज द्वारा बोधायन-वृत्ति का उल्लेख करने पर अद्वैतवादी पण्डितों ने सोचा कि इन्हें वह ग्रन्थ दिखाना उचित नहीं, क्योंकि इनका सिद्धान्त महर्षि बोधायन द्वारा अनुमोदित है। यदि इन महापुरुष को वह ग्रन्थ देखने को मिल जाय,

तो ये अपने मत को दृढ़तर करके अद्वैतवाद के महान् प्रतिद्वन्द्वी हो जायेंगे। ऐसा निश्चय कर उन लोगों ने कहा, ''महात्मन्, वह पुस्तक हमारे यहाँ थी तो जरूर, परन्तु दुर्भाग्यवश उसे कीड़ों ने खाकर नष्ट कर डाला।''

यह सुनकर यतिराज अतिशय खिन्न हुए। उन्होंने सोचा कि उनका सारा परिश्रम व्यर्थ गया। कहते हैं कि जब वे इसी प्रकार दुःखी मन के साथ सोये हुए थे, उसी समय सारदा देवी स्वयं वह ग्रन्थ हाथ में लेकर आयीं और यतिराज को सौंपते हुए बोलीं, ''वत्स, तुम यह पुस्तक लेकर अविलम्ब अपने देश लौट जाओ। क्योंकि इन लोगों को यह बात ज्ञात हो जाने पर तुम्हारे लिए पुस्तक ले जाना असम्भव हो जायगा।'' यह कहकर वे अन्तर्धान हो गयीं। श्री रामानुज ने वीणापाणि का दुर्लभ दर्शन, अनुग्रह तथा आदेश पाकर स्वयं को कृतकृत्य माना और यथाशीघ्र पण्डित-मण्डली से विदा लेकर दक्षिण की ओर प्रस्थान किया।

इस घटना के कुछ दिन बाद सारदापीठ के अन्तेवासियों ने ग्रन्थागार की सफाई करने की इच्छा से समस्त पुस्तकों को क्रमशः बाहर निकाला और कहीं वे कीटग्रस्त तो नहीं हुए हैं, इसका विशेष ध्यान रखते हुए उनकी सफाई करने लगे। इस प्रकार ग्रन्थों का निरीक्षण करते समय उसमें बोधायन-वृत्ति को न देखकर वे लोग अतीव उद्विग्न हो गए और थोड़ी देर बाद इस निष्कर्ष पर पहुँचे कि अवश्य ही दक्षिण के वे दो पण्डित उसे चुरा ले गए हैं। उनमें से कुछ बलवान पुरुष तत्काल उनका पीछा करने को निकल पड़े और एक माह दिन-रात चलने के बाद उनकी कुरेश तथा रामानुज से भेंट हुई । जब पूछने पर पता चला कि बोधायन-वृत्ति इन लोगों के पास है, तो उन क्षुद्रचित्त पाण्डित्याभिमानी मुर्खों ने बिना कुछ कहे-सुने पुस्तक उनसे बलपूर्वक छीन लिया और स्वदेश की ओर लौट पड़े।

इस पर श्री रामानुज के विषाद की सीमा न रही। गुरु की यह अवस्था देखकर कुरेश ने कहा, ''आश्रितवत्सल, आप दुःखी न हो। काश्मीर से यात्रा प्रारम्भ करने के बाद से ही हर रात आपके सोते समय मैं उस वृत्ति को पढ़ा करता था। इस प्रकार पूरा ग्रन्थ मुझे कण्ठस्थ हो गया है। मैं अभी उसे लिख डालता हूँ। पाँच-छह दिनों में यह कार्य पूरा हो जायेगा।'' यह सुनकर श्री रामानुज को असीम आनन्द हुआ। उन्होंने प्रेमपूर्वक कुरेश का दृढ़ आलिंगन करते हुए कहा, ''वत्स, तुम चिरंजीवी होओ। आज तुमने मेरे खोये रत्न का उद्धार करके मुझे चिरकाल के लिए ॠणी बना लिया।''

पुस्तक लिखना समाप्त हो जाने के बाद वे लोग अविलम्ब श्रीरंगम जा पहुँचे।

यतिराज ने शिष्यों को पथ का सारा वृत्तान्त बताने के बाद कहा, "हे भगवान के परम भक्तो, तुम्हारी भक्ति के बल तथा कुरेश की असाधारण मेधाशक्ति से बोधायन-वृत्ति प्राप्त हुई है। जो कुदृष्टि-परायण लोग 'तत्त्वमसि', 'अहं ब्रह्मास्मि' आदि वाक्यों के अर्थज्ञान को ही निःश्रेयस् या मोक्षप्राप्ति का एकमात्र उपाय मानते हैं, अथवा जो ज्ञान-कर्म-समुच्चय-वाणी वाले लोग उक्त अर्थज्ञान के साथ यज्ञ-दान-तपः आदि कर्मों की अनिवार्यता स्वीकार करते हैं, अब मैं उन समस्त अदूरदर्शियों के मत का खण्डन करके ज्ञान-उपासना-भक्ति द्वारा मोक्षप्राप्ति ही वेद-वेदान्त का अभिप्राय है – इसका प्रतिपादन करते हुए श्रीभाष्य की रचना आरम्भ करूँगा। तुम लोग श्री भगवान के पादपद्मों में प्रार्थना करो कि यह कार्य समाप्त हो जाय। वत्स कुरेश, तुम्हीं मेरे लेखक बनो। परन्तु जब भाष्य-विषयक कोई युक्ति तुम्हें समीचीन न लगे, तब तुम लिखना बन्द करके चुपचाप बैठ जाना। इस प्रकार मुझे उस युक्ति पर पुनः विचार करने का अवसर मिलेगा और मुझे यदि वह भ्रमात्मक प्रतीत हुई, तो मैं तुरन्त उसमें परिवर्तन कर दूँगा।"

इस प्रकार श्रीभाष्य की रचना आरम्भ हुई। सम्पूर्ण भाष्य के लेखन के दौरान कुरेश को केवल एक बार ही लिखना बन्द करना पड़ा था। एक बार जीव के स्वरूप का निर्णय करते समय यतिराज ने कहा, "जीव स्वरूपतः नित्य व ज्ञाता है।" यह सुनकर कुरेश की लेखनी थम गयी। गुरु द्वारा बारम्बार लिखने का आदेश दिये जाने पर भी उन्होंने उसका पालन नहीं किया। इस पर श्री रामानुज किंचित् नाराजगी व्यक्त करते हुए बोले, "कुरेश, यदि तुम्हें ऐसा ही आचरण करना है, तो फिर श्रीभाष्य तुम्हीं लिखो।" परन्तु ऐसा कहने के क्षण भर बाद ही उनके मन में आया, "जीव यदि स्वरूपतः नित्य व ज्ञाता हो, तो फिर उसे स्वतंत्र तथा देहाभिमान-विशिष्ट करने में क्या हानि है? परन्तु जब श्री भगवान कहते हैं, 'ममैवांशो जीवलोके जीवभूतः सनातनः'[१] तो फिर जीव परतंत्र-भिन्न कभी स्वतंत्र नहीं हो सकता। उसके सर्व प्रकार से ईश्वर के अधीन होने के कारण ईश्वर को अंशी या शेषी और जीव को अंश या शेष कहना ही उचित है।" ऐसा निश्चय करके जब उन्होंने

१. गीता, १५.७

जीव-स्वरूप को विष्णु-शेषत्व-संयुक्त तथा ज्ञातृत्व-विशिष्ट के रूप में प्रतिपादित किया, तब कुरेश ने पुनः लिखना आरम्भ किया। इस प्रकार श्रीभाष्य की रचना पूरी हुई।

इस महान् कार्य की समाप्ति के पश्चात् यतिराज ने 'वेदान्त-दीपम्', 'वेदान्त-सार', 'वेदार्थ-संग्रह' तथा 'गीता-भाष्य' नामक और भी चार अमूल्य ग्रन्थों का प्रणयन किया। श्रीभाष्य की रचना के द्वारा उन्होंने यामुनमुनि की द्वितीय अभिलाषा पूरी की। द्रविड़-प्रबन्धमाला अपने शिष्यों को पढ़ाकर, उन्हें 'द्रविड़-वेद' की संज्ञा प्रदान करके और वेदों के समान आसन पर समासीन कराकर वे पहले ही उक्त महात्मा की प्रथम अभिलाषा पूर्ण कर चुके थे। अब अपने मत को 'विशिष्टाद्वैत' नाम देकर उन्होंने स्वयं को कृतकृत्य माना।

अध्याय २३

दिग्विजय

श्रीभाष्य आदि का लेखन समाप्त करने के उपरान्त यतिराज अपने चौहत्तर प्रधान शिष्यों तथा अन्य असंख्य अनुयाइयों को साथ लेकर दिग्विजय करने निकल पड़े। सर्वप्रथम वे चोल-मण्डल में जाकर वहाँ की राजधानी कांचीपुर पहुँचे। वहाँ श्री वरदराज की अनुमति लेकर उन्होंने कुम्भकोणम की यात्रा की। वहाँ के विद्वानों को शास्त्रार्थ के द्वारा परास्त करके अपना मत स्वीकार कराने के बाद श्री रामानुज पाण्ड्य-देश की राजधानी मदुरा नगरी में उपस्थित हुए। यह नगरी द्रविड़ विद्वानों के लिए गढ़स्वरूप थी। द्रविड़ प्रबन्धमाला की व्याख्या करके वे उन सभी को अपने मत में ले आए। वहाँ कुछ दिन बिताने के बाद वे कुरंग नगरी को गए और वहाँ के श्री विष्णु विग्रह का दर्शन कर उन्होंने असीम आनन्द का बोध किया। कहते हैं कि श्री रामानुज की अतुलनीय लोकसंग्रह एवं लोकरक्षण की क्षमता देखकर श्री विष्णु अतीव प्रसन्न हुए और उन लीलामय हरि ने लीला-परतंत्र होकर यतिराज का शिष्यत्व तथा उनका 'वैष्णव-नम्बी' नाम ग्रहण करके स्वयं को कृतकृत्य समझा। तदुपरान्त वे सठरिपु के जन्मस्थान कुरुकापुरी गए। वहाँ के मुख्य देवालय में श्री शठारि-विग्रह का दर्शन कर वे आनन्द-सागर में निमग्न हुए और उन वैष्णवप्रधान की स्तुति करके अपने को धन्य माना।

वहाँ से वे केरल या मलाबार देश गए और राजधानी त्रिवेन्द्रम (तिरुअनन्तपुरम) में अनन्तशायी पद्मनाभ स्वामी का दर्शन कर भावविभोर हो गए। यहाँ से उन्होंने उत्तर की राह पकड़ी और क्रमशः द्वारावती, मथुरा, वृन्दावन, शालग्राम, साकेत, बदरिकाश्रम, नैमिषारण्य, पुष्कर आदि का दर्शन करते हुए वे काश्मीर में स्थित सारदापीठ जा पहुँचे। कहते हैं कि

सारदा देवी उनसे "कप्यासं पुण्डरीकाक्षम्" मंत्र की व्याख्या सुनकर परम सन्तुष्ट हुईं और उन्हें 'भाष्यकार' का नाम दिया।

काश्मीरी पण्डितों ने रामानुज के साथ विवाद किए बिना नहीं छोड़ा; यहाँ तक उनके प्राणनाश की इच्छा से अभिचार भी किया था। परन्तु इसका फल उल्टा हुआ। इसके फलस्वरूप अभिचारकर्ताओं के ही प्राण संकट में पड़ गए। इस पर जब काश्मीर-नरेश ने श्री रामानुज के चरणों में आकर कृपा याचना की, तब उन्होंने सबको स्वस्थ कर दिया। राजा तथा पण्डितगण अविलम्ब उनके शिष्य हो गए। यहाँ पर श्रीरामानुज ने भगवान हयग्रीव की मूर्ति का दर्शन कर अपने को कृतार्थ माना। सारदा देवी का आदेश पाकर यतिराज काशीधाम गए। वहाँ कुछ काल निवास करके अनेक दार्शनिक पण्डितों को अपना मतावलम्बी बनाने के पश्चात् अन्ततः वे दक्षिण की ओर लौट पड़े।

कुछ दिनों बाद श्री पुरुषोत्तम-क्षेत्र (पुरी) पहुँचकर वहाँ उन्होंने कुछ काल विश्राम किया। अपने मत को सुप्रतिष्ठित करने के लिए उन्होंने वहाँ एक मठ का निर्माण कराया और अपने शिष्य गोविन्द के नाम पर उसे 'एमार मठ' के नाम से अभिहित किया। वहाँ के पण्डितों से भी उन्होंने शास्त्रार्थ करने की इच्छा व्यक्त की, परन्तु परास्त होने के भय से वे लोग राजी नहीं हुए। यह देखकर श्री रामानुज वहाँ अपने मत की प्रतिष्ठा करने को बड़े आग्रही हुए। उन्होंने श्री जगन्नाथदेव के अर्चकों को पंचरात्र-आगम के अनुसार श्री पुरुषोत्तम की सेवा करने का अनुरोध किया। उन लोगों द्वारा स्मार्त-मत त्यागकर यह नवीन मत ग्रहण करने को राजी न देखकर उन्होंने राजा के पास अपनी वाद करने की आकांक्षा व्यक्त की। इससे अर्चकगण भयभीत होकर श्री पुरुषोत्तम के शरणागत हुए। कहते हैं कि उसी रात रामानुज निद्रावस्था में जगन्नाथ जी द्वारा सौ योजन[१] दूर स्थित कूर्मक्षेत्र में फेंक दिये गए थे।

जागने पर उन्होंने पाया कि वे एक अलग ही देश में आ पड़े हैं। उनके असंख्य शिष्यों में से वहाँ कोई भी न था। पूछताछ से पता चला कि वे कूर्मक्षेत्र में आ पड़े हैं। इसे देवता की माया समझकर उन्होंने प्रातःकृत्य समाप्त किया और श्री कूर्मदेव के मन्दिर में गए। वहाँ अत्यन्त विनय एवं परम भक्ति के साथ उन्होंने अवतार-मूर्ति का पूजन किया। भगवान ने उन पर

१. एक योजन लगभग नौ मील के बराबर होता है।

प्रसन्न होकर अपने अर्चकों के माध्यम से उनसे थोड़े दिन वहीं ठहरकर अपने शिष्यों की प्रतीक्षा करने का अनुरोध किया। रामानुज राजी हुए। कुछ दिनों बाद अपने शिष्यों के साथ पुनः मिलकर वे सिंहाचलम गए। वहाँ कुछ दिन बिताकर वे गारुड़ पर्वत पर स्थित अहोबल के मन्दिर में पहुँचे। वहाँ एक मठ का निर्माण कराने के बाद उन्होंने ईशालिंगांग में जाकर श्री नृसिंहदेव की पूजा की।

वहाँ से वे क्रमशः वेंकटाचल या तिरुपति पहुँचे। उस समय वहाँ के विग्रह को लेकर शैव तथा वैष्णव सम्प्रदाय के बीच विवाद चल रहा था। श्री रामानुज ने अपनी अलौकिक शक्ति के द्वारा सिद्ध किया कि वह निश्चित रूप से श्री विष्णु का ही विग्रह है। इससे शैव तथा वैष्णव दोनों ही सम्प्रदाय सन्तुष्ट हो गए। वहाँ कुछ काल निवास करने के पश्चात् रामानुज अपने शिष्यों के साथ कांचीपुर लौट आए और श्री वरदराज का दर्शन करके कृतार्थ हुए। वहाँ से मदुरान्तक का दर्शन करते हुए वे नाथमुनि की जन्मभूमि वीरनारायणपुर गए। वहाँ उन महामुनि के योगाभ्यास-स्थल को नमस्कार करने के उपरान्त आखिरकार वे श्रीरंगम जा पहुँचे और श्री रंगनाथ स्वामी का दर्शन कर स्वयं को धन्य एवं भाग्यवान मानते हुए उन्होंने परम आनन्द की उपलब्धि की।

अध्याय २४

कुरेश

श्री रंगनाथ के उत्तमपूर्ण नामक एक अर्चक ने 'लक्ष्मीकाव्य' नामक एक ग्रन्थ की रचना की थी। उसमें उन्होंने कुरेश की जो जीवनी दी है, अब हम उसे ही प्रस्तुत करते हैं। कुरेश वात्स्य गोत्र में जन्मे एक धनाढ्य ब्राह्मण थे। कांचीपुर से दो मील पश्चिम में स्थित कुर-अग्रहार नामक स्थान में उनका निवास था। वहाँ के जमींदार होने के कारण उनका नाम कुरनाथ या कुरेश हुआ था। आण्डाल नाम की एक उपयुक्त सहधर्मिणी का पाणिग्रहण करके वे अपनी विपुल सम्पत्ति दीन-असहायों की सेवा में व्यय करते थे। बाल्यकाल से ही उनकी श्री रामानुज के प्रति प्रगाढ़ भक्ति थी। यतिराज के संन्यास ग्रहण करने के उपरान्त, वे अपनी पत्नी के साथ उनके शिष्य हुए और प्राय: सर्वदा ही उनके साथ रहने लगे। उनका पाण्डित्य असीम था। उनकी स्मरण-शक्ति का परिचय हमें पहले ही मिल चुका है। वे एक बार भी जो कुछ पढ़ या सुन लेते, वह सदा के लिए उनके मन में अंकित हो जाता। इन्हीं की सहायता से श्री रामानुज ने शास्त्रार्थ में महापण्डित यादवप्रकाश को पराभूत किया था।

उनकी विशाल अट्टालिका मध्यरात्रि तक केवल "नीयतां दीयतां भुज्यताम्" – शब्दों से गूँजती रहती थी। इसके बाद उषाकाल में पुन: खुलने के लिए इसके विशाल द्वार बन्द हो जाते। श्री रामानुज के कांचीपुर छोड़कर श्रीरंगम जाने के बाद से उनकी सम्पत्ति तथा ऐश्वर्य में कोई रुचि नहीं रह गयी।

कहते हैं कि श्री वरदराज की पत्नी जगन्माता लक्ष्मी ने एक बार एक गहरी रात के समय कुरेश का द्वार बन्द होने की ध्वनि को सुनकर कांचिपूर्ण से उस ध्वनि का कारण पूछा। उत्तर में उन्होंने कुरेश द्वारा निर्धनों की सेवा

आदि की सविस्तार प्रशंसा करते हुए कहा, "माता, प्रातःकाल से लेकर अब तक दीन-दुःखी, अन्ध-अपंगों आदि की सेवा चल रही थी। सारा कर्म समाप्त करने के बाद थोड़ी देर विश्राम करने की इच्छा से परिचारकों ने धर्मशाला का द्वार बन्द किया है। लोहे की किवाड़ों से युक्त विशाल द्वार के हर रात बन्द होते समय ऐसी ही ध्वनि हुआ करती है।" लक्ष्मीदेवी ने इस पर विस्मित होकर कुरेश को देखने की इच्छा व्यक्त करते हुए कांचिपूर्ण से कहा, "वत्स, कल प्रातःकाल उन महात्मा को मेरे पास लाओ, मैं उनका दर्शन करूँगी।"

दूसरे दिन कांचिपूर्ण ने जाकर कुरेश के भेंट की और उन्हें जगन्माता की इच्छा से अवगत कराया। इस पर वे बोले – "हे महात्मन् –

क्वाहं कृतघ्नो दुर्मनाः पापिष्ठः परवंचकः।
क्वासौ लक्ष्मी जगन्माता ब्रह्मरुद्रादि वन्दिता।।

– कहाँ तो मेरे समान कृतघ्न, दूषित-मन, पापी व कपटी और कहाँ ब्रह्म-रुद्र आदि द्वारा वन्दिता जगन्माता लक्ष्मी! महापातक, महाव्याधि से ग्रस्त इस चाण्डाल को देवालय में प्रवेश का अधिकार ही कहाँ है? मैं तो उससे भी अधम हूँ। विषय-विष्ठा ने मेरे हृदय-मन को पूर्णरूपेण कलुषित कर रखा है। मुझे नहीं मालूम कि मुझे जीवन में लक्ष्मी-दर्शन का अधिकार प्राप्त होगा या नहीं।"

यह कहकर कुरेश ने आँसुओं की धारा बहाते हुए अपने अंग से समस्त बहुमूल्य आभूषण खोलकर फेंक दिये और अपने रेशमी वस्त्रों के स्थान पर फटे-चीथड़े पहनकर अपने प्रासाद से निकलते हुए कांचिपूर्ण से बोले, "महाशय, मैं जगन्माता के आदेश का उल्लंघन नहीं कर सकता। मैं उनके श्री पादपद्मों के दर्शन हेतु जाने को तैयार होने जा रहा हूँ। विषय-विष्ठा से आच्छन्न यह देह-मन श्रीगुरु के चरणरज-रूपी अमृत-सरोवर में स्नान किए बिना कदापि शुद्ध नहीं होगा। अतएव मैं स्नानार्थ चलता हूँ। पता नहीं कब तक मैं इस क्लेद से मुक्त हो सकूँगा। आपके समान महानुभाव का आशीर्वाद रहने पर सम्भव है इसी जीवन में जगन्माता के चरण-दर्शन का अधिकार पा जाऊँ।"

इसके उपरान्त कुरेश श्रीरंगम की ओर चल पड़े। पतिदेव का ऐसा आचरण देखकर उनकी सहधर्मिणी आण्डाल ने भी उनका अनुसरण किया।

पतिदेव को प्यास लगने पर उन्हें पानी पिलाने के निमित्त केवल एक स्वर्णपात्र ही उन्होंने अपने साथ लिया था। कुछ दूर जाने के बाद उन्होंने वन की राह पकड़ी। सूनसान वन में आण्डाल के मन में किंचित् भय का संचार होने पर उन्होंने पतिदेव से पूछा, "प्रभो, यहाँ कोई भय तो नहीं है?" इस पर कुरेश ने उत्तर दिया, "धनवानों को ही भय हुआ करता है। यदि तुम्हारे पास कोई धन आदि न हो, तो फिर भय की कोई बात नहीं; चली आओ।" यह सुनकर आण्डाल ने तत्काल स्वर्णपात्र को दूर फेंक दिया। अगले दिन वे श्रीरंगम जा पहुँचे। दम्पति के आने का संवाद पाकर श्री रामानुज परम स्नेह के साथ उन्हें अपने मठ में ले आए। स्नान-भोजन तथा विश्राम के द्वारा थकान दूर हो जाने पर, यतिराज ने उनके निवास के लिए एक अलग मकान निर्धारित कर दिया।

कुरेश भिक्षावृत्ति के द्वारा जीवन-निर्वाह करने लगे। वे निरन्तर श्रीगुरु द्वारा प्राप्त मंत्ररत्न का स्मरण, भगवन्नाम-कीर्तन, शास्त्रचर्चा, गुरुपादपद्म-दर्शन आदि विविध सदुपायों का आश्रय लेकर समय बिताने लगे। आण्डाल भी सदा उनकी सेवा में लगी रहकर उनका बचा हुआ प्रसाद ग्रहण करते हुए परम आनन्दपूर्वक जीवन बिताने लगीं। अपने अतुल वैभव की बात उन्हें बिल्कुल ही विस्मृत हो गयी। एक दिन दोपहर तक लगातार मूसलाधार वर्षा के कारण कुरेश भिक्षाटन को नहीं जा सके। अत: दम्पति ने पूरा दिन बिना कुछ खाये ही बिता दिया। भूख की बात एक बार भी उनके मन में नहीं आयी। परन्तु पतिसेवा-परायणा आण्डाल ने अपने पतिदेव को अनाहार देखकर मन-ही-मन श्री रंगनाथ स्वामी को यह बात बतायी।

इसके थोड़ी देर बाद ही एक पुजारी विविध प्रकार के बहुमूल्य प्रसाद लेकर आए और कुरेश को देकर चले गए। कुरेश ने इस पर विस्मित होकर पत्नी से पूछा, "तुमने क्या श्री रंगनाथ स्वामी से मन-ही-मन कुछ प्रार्थना की थी? नहीं तो जिस भोग को हम काकविष्ठा के समान त्याग आए हैं, क्यों वे उसी भोग के द्वारा हमें पुन: मुग्ध करने का प्रयास करते?" आँखों में आँसू भरे आण्डाल द्वारा अपना मनोभाव व्यक्त करने पर कुरेश ने कहा, "जो हुआ सो हुआ। परन्तु आगे कभी ऐसा मत करना।" ऐसा कहने के बाद उन्होंने महाप्रसाद को मस्तक पर धारण किया और सहधर्मिणी को उसे पूरा ग्रहण करने का आदेश दिया। उन्होंने स्वयं बारम्बार शठारिसूक्त की आवृत्ति करते हुए रात बितायी।

कहते हैं कि आण्डाल ने उस प्रसाद को ग्रहण करने के दस माह बाद (शकाब्द ९८३ के शुभकृत वर्ष में वैशाखी पूर्णिमा के अनुराधा नक्षत्र में) जुड़वा पुत्रों को जन्म दिया। श्री रामानुज यह सुनकर हर्षित हुए और गोविन्द को तत्काल नवजात शिशुओं का जातकर्म करने भेजा। गोविन्द ने जातकर्म सम्पन्न करने के बाद उनके कानों में – "श्रीमन्नारायणचरणौ शरणं प्रपद्ये। श्रीमते नारायणाय नमः" – ये दो मंत्र सुनाकर उनके नवजात देह-मन का शुद्धीकरण किया। यतिराज ने स्नेहपूर्वक शिशुओं की भूत-पिशाचादि से रक्षा के लिए उन्हें धारण करने को स्वर्ण का पंचास्त्र (पांचजन्य, सुदर्शन, कौमोदकी, नन्दक तथा शार्ङ्ग) बनवाकर प्रदान किया। इस प्रकार रक्षित होकर दोनों शिशु क्रमशः वर्धित होने लगे। छह मास बीत जाने पर उनका नामकरण हुआ। यतिराज ने बड़े का नाम पराशर तथा छोटे का नाम व्यास रखा। उसी समय गोविन्द के छोटे भाई बालगोविन्द के पुत्र के नामकरण का भी समय हो गया था। श्री रामानुज ने उसे परांकुशपूर्ण का नाम दिया। इस तरह यतिराज ने अपनी तृतीय प्रतिज्ञा पूरी की।

पराशर ने बचपन से ही अपनी अतुल्य प्रतिभा का परिचय दिया था। जब वे चार वर्ष के थे, उसी समय सर्वज्ञ भट्ट नाम के एक दिग्विजयी पण्डित अपने अनेक शिष्यों के साथ नगाड़े बजाकर अपनी कीर्ति की घोषणा करते हुए बड़े धूमधाम के साथ राजपथ पर चले जा रहे थे। अन्य बालकों के साथ पराशर भी उस समय सड़क पर खेलकूद में मग्न थे। उन्होंने मुनादी करनेवाले के मुख से सुना, "विश्वविख्यात सर्वज्ञ भट्ट अपने शिष्यों के साथ भ्रमण कर रहे हैं। जो कोई भी उनके साथ तर्क करना या उनका शिष्य बनना चाहे, वह अविलम्ब उनके चरणों में उपस्थित हो।" यह सुनकर वह बालक एक मुट्ठी भर धूल लेकर सर्वज्ञ के सम्मुख उपस्थित हुआ और पूछने लगा, "बताइए तो, मेरे हाथ में धूल के कितने कण हैं? जब आप सर्वज्ञ हैं, तो आपको कुछ भी अज्ञात न होगा।" पण्डित जी अचानक ही उस धूल-धुसरित बालक का यह प्रश्न सुनकर भौचक्के रह गए और अपनी सर्वज्ञता के अभिमान को धिक्कारते हुए उन्होंने बालक को गोद में उठा लिया और उसका मुख चूमते हुए बोले, "वत्स, तुम्हीं मेरे गुरु हो। तुम्हारा प्रश्न सुनकर मुझे ज्ञानलाभ हुआ है।"

श्री रंगनाथ स्वामी का प्रसाद ग्रहण करने से ही दोनों भाइयों का जन्म हुआ था, अतः सभी लोग पराशर तथा व्यास को उन्हीं का पुत्र मानते थे।

उपनयन के पश्चात् उपनिषद् का अध्ययन करते समय जब गोविन्द ने उन्हें भगवान के "अणोरणीयान् महतो महीयान्"[१] – ये दो गुण बताये, तो इस पर बालक पराशर ने पूछा, "एक साथ ही दोनों विपरीत गुणों का होना कैसे सम्भव है?" गोविन्द इस पर विस्मित रह गए, पर सहसा कोई उत्तर नहीं दे सके। पराशर का उपनयन हो जाने के कुछ दिन बाद ही यतिराज की इच्छानुसार महापूर्ण के किसी सम्बन्धी की कन्या के साथ उनका विवाह हुआ।

१. कठोपनिषद्, १.२.२०

अध्याय २५

धनुर्दास

आज श्रीरंगम में गरुड़-महोत्सव है। विभिन्न स्थानों से हजारों नर-नारी भगवान का दर्शन करने की इच्छा से वहाँ आए हैं। सभी मन्दिर के विशाल द्वार पर खड़े होकर गरुड़ के कन्धों पर आसीन श्रीरंगनाथ स्वामी के आगमन की प्रतीक्षा कर रहे हैं। नगाड़ों तथा भेरी की आवाज दिग्दिगन्त में शेषशायी नारायण के जय की घोषणा कर रही है। सब लोग उत्सुकतापूर्वक मन्दिर के भीतर स्थित विशाल प्रांगण की ओर दृष्टि लगाये हुए हैं। उसी समय कतारबद्ध सैकड़ों ब्राह्मण-कण्ठों से परम पवित्र द्रविड़ वेद की ध्वनि उठने लगी। इसे सुनकर सारा कोलाहल पूरी तौर से शान्त हो गया। वेदपाठकगण भीतरी प्रांगण से मन्दिर के द्वार की ओर अग्रसर होने लगे। बाँस के दो टुकड़ों पर टँगा हुआ शंख-चक्र-तिलक से अंकित एक लाल पट उनके आगे आगे लाया जा रहा था। गोमुख से निःसृत जाह्नवी-ध्वनि के समान वह परम पावन वेदध्वनि, वहाँ समवेत समस्त लोगों के सारे सन्ताप हरते हुए, उन्हें श्रुति-मन्दाकिनी में स्नान कराकर देवतुल्य कर रही थी। पृथ्वी उस समय स्वर्ग के समान सौभाग्यशालिनी हो उठी थी।

द्रविड़ वेदपाठियों द्वारा मन्दिर का द्वार पार करके राजपथ पर पहुँचने पर, बृहत् ऊर्ध्वपूण्ड्र अंकित तथा विविध साजों से सज्जित कुछ विशाल हाथी भी अपने विशाल सूड़ों को हिलाते मन्थर गति से उनके पीछे चलने लगे। तत्पश्चात् अनेक बड़े बड़े सींगों तथा कूबरों से युक्त, पीठ पर दो-दो ढोलों से सज्जित तथा रक्षकों द्वारा परिचालित बैलों की पाँत चल रही थी। उनके पीछे सुसज्जित घोड़ों पर बँधे दो-दो ढक्काओं को बजाते हुए अश्वारोहियों का दल द्वार से बाहर आया। और उनके पीछे वाद्ययन्त्रों के साथ उच्च तथा मधुर स्वर में हरिनाम-संकीर्तन करती और सबको मुग्ध करती हुई भक्तों की

मण्डली राजमार्ग की ओर अग्रसर होने लगी। उनके राजमार्ग में प्रविष्ट होने के बाद जब गरुड़ के कन्धों पर आसीन, देवदासियों द्वारा वन्दित, अर्चकों से घिरे लक्ष्मीसह श्रीमन्नारायण सैकड़ों भक्तों द्वारा वाहित होकर जनता के दृष्टिपथ पर गोचर हुए, तब आनन्दविह्वल नर-नारियों ने तालियाँ बजाकर जयघोष करते हुए दिग्दिगन्त को निनादित कर डाला। श्री भगवान को द्वार के सामने स्थित मण्डप में कुछ काल विश्राम कराया गया। उनके पीछे पीछे पंक्तिबद्ध अनेक ब्राह्मण उच्च गम्भीर स्वर में ऋषिप्रसूत संस्कृत वेदपाठ करते हुए धीरे धीरे आने लगे। नारायण के मण्डप में आसीन हो जाने के बाद सभी ठहर गए। सैकड़ों भक्त विविध प्रकार के उपचारों एवं उपहारों के साथ भगवान की पूजा करने लगे। कोई नारियल फोड़कर उससे नारायण को दृष्टिभोग देने लगे, तो कोई उन्हें केलों के गुच्छे निवेदित करने लगे और कोई कोई कपूर जलाकर उसके द्वारा श्रीहरि की आरती करने लगे। कुछ समय बाद श्री भगवान ने मण्डप से प्रस्थान किया और शंख-चक्र-तिलकांकित लाल पट से लेकर साम-यजुर्वेद-पाठियों तक की समस्त जनता एक महास्रोत के समान अग्रसर होने लगी। राजपथ पर तिल रखने को स्थान खाली नहीं बचा। सबकी दृष्टि गरुड़ के कन्धों पर आसीन लक्ष्मीसह नारायण पर ही टिकी हुई थी।

ब्रह्माण्डपति के सदलबल राजमार्ग पर पहुँचकर शनैः शनैः चल पड़ने पर मार्ग के दोनों ओर स्थित अट्टालिकाओं के बरामदे से नगर की ललनाएँ पुष्प-कपूर-फल-ताम्बूल युक्त नैवेद्य भगवान की पूजा के उद्देश्य से अर्चकों के हाथ में सौंपने लगीं और वे लोग भी वह सब भगवान को निवेदित करके भक्तिमती कुलांगनाओं को प्रसाद देकर भगवत्-चरण-चिह्नित मुकुट का उनके अवनत सिर से स्पर्श कराने लगे। इस विपुल जनसमुदाय में ऐसा कोई भी न था, जो भक्तिगद्गद् चित्त से साथ हाथ जोड़कर भगवान के चरणों में दृष्टि न लगाये हो। उस समय एक ऐसा भक्ति-उद्दीपक वातावरण बन गया था कि काल के गुण से अभक्त भी परम भक्तिमान हो गए। यही भाव जनसमुदाय में सर्वत्र दृष्टिगोचर हो रहा था, परन्तु एक स्थान पर इसके बिल्कुल विपरीत भाव भी देखने में आया।

एक वृषभ-स्कन्ध लम्बी भुजाओंवाला परम बलवान तथा सुन्दर पुरुष एक अन्य ही भाव में विभोर होकर मानो जनप्रवाह से ही आकृष्ट होकर चला जा रहा था। उसके बाएँ हाथ में एक बड़ा छत्र था, पर उससे वह अपने

मस्तक को धूप से नहीं बचा रहा था। सामने स्थित एक परम लावण्यमयी, विशाल नेत्रोंवाली, चित्त-विस्मयकारिणी युवती के प्रफुल्ल कुमुदिनी के समान मनोहर मुखमण्डल को कमलिनीनायक सूर्यदेव की प्रखर किरणों से बचाने के लिए ही उसके ऊपर वह छत्र तना हुआ था। उस व्यक्ति के दाहिने हाथ में एक व्यजन भी था। और वह बीच बीच में उसे डुलाकर युवती का पसीना दूर कर रहा था। उसके मन, प्राण, तथा दृष्टि सब उस ललना पर ही निबद्ध थे। उसे जगत् के अस्तित्व का बोध तक न रह गया था। लोग ऐसा आचरण देखकर क्या कहेंगे, यह विचार उसके मन में एक बार भी नहीं उठा। पास के लोग यह युगलमूर्ति देखकर बड़ी कानाफूसी करने लगे, परन्तु उस ओर उसका ध्यान ही नहीं गया। कमल के हृदय का मधुपान करनेवाला भ्रमर जैसे आनन्द-सागर में डूबकर जगत् को भूल जाता है, वैसे ही वह बलवान युवक भी उस रमणी के सौन्दर्य-सागर में डूबकर अपनी सुधबुध खो बैठा था। अत: लज्जा, घृणा तथा भय भला उसका कैसे स्पर्श कर पाते?

पतितपावन श्री रामानुज कावेरी में स्नान करने के बाद राजमार्ग पर भगवान का दर्शन-पूजन आदि पूरा करके शिष्यों से घिरे, दाशरथि के कन्धे पर बाँया हाथ रखे अपने मठ की ओर लौट रहे थे। सहसा उनकी दृष्टि इस अभिनव दृश्य पर जा पड़ी। उन्होंने एक शिष्य से कहा, "वत्स, तुम उस निर्लज्ज, निर्घृण्य व्यक्ति को बुलाकर मेरे पास ले आओ।" उसके समीप जाकर शिष्य के बारम्बार पुकारने पर कहीं उसकी संज्ञा लौटी। निद्रा से जगे के समान थोड़ा त्रस्त हो, ब्राह्मण को सम्मुख देखकर उसने हाथ जोड़े कहा, "महाशय, दास के प्रति क्या आज्ञा है?" ब्राह्मण बोले, "पास ही यतिराज खड़े हैं। वे तुम्हारे साथ वार्तालाप करना चाहते हैं। जरा-सा उनके निकट चलो।"

यतिराज का नाम सुनकर युवक ने थोड़ी देर के लिए अपनी प्रेयसी से विदा ली और भक्तिपूर्वक ब्राह्मण का अनुसरण किया। क्षण भर बाद ही वह श्री रामानुज के पास जा पहुँचा और उन्हें साष्टांग प्रणाम करके मौन खड़ा हो गया। यतिराज ने उसकी ओर देखते हुए पूछा, "तुम्हें उस युवती के भीतर ऐसा क्या अमृत मिला है कि तुम लज्जा-घृणा-भय त्यागकर इस विपुल जनसमूह के बीच महाकामुक जैसा आचरण करके सबकी दृष्टि में हास्यास्पद हो रहे हो?" युवक ने उत्तर दिया, "महात्मन्, पृथ्वी पर असंख्य सुन्दर वस्तुएँ विद्यमान हैं, परन्तु उस सुन्दरी के नयनयुगल सर्वापेक्षा सुन्दर हैं। उन

दो नेत्रों को देखकर मैं उन्मत्त-सा हो जाता हूँ और उस समय मुझमें निगाह फिराने की सामर्थ्य नहीं रह जाती।'' यतिराज ने प्रश्न किया, ''ये क्या तुम्हारी विवाहिता पत्नी हैं?'' युवक बोला, ''नहीं महाशय, विवाहिता न होने पर भी, मैंने निश्चय कर लिया है कि इस जीवन में मैं इनके अतिरिक्त और किसी से प्रेम नहीं करूँगा।'' यतिराज – ''तुम्हारा नाम-धाम क्या है?'' युवक – ''मेरा नाम धनुर्दास और निवास निचुलनगर में है। मैं मल्लविद्या में निपुण हूँ और मेरी प्रेयसी का नाम हेमाम्बा है।'' इस पर यतिराज बोले, ''धनुर्दास, यदि मैं तुम्हें उस युवती के नेत्रों से भी अधिक सुन्दर नेत्र दिखा सकूँ, तो क्या तुम उसे छोड़कर इससे प्रेम कर सकोगे?'' युवक ने उत्तर दिया, ''महात्मन्, यदि मेरी प्रेयसी से भी अधिक सुन्दर किसी के नेत्र हों, तो फिर मैं निश्चय ही इसे छोड़कर उसी की आराधना करूँगा।'' श्री रामानुज ने कहा, ''यदि ऐसी बात है, तो आज शाम को मेरे पास आना। मैं तुम्हें इतने सुन्दर नेत्र दिखाऊँगा, जिसकी तुलना त्रिभुवन में नहीं है।'' धनुर्दास ने 'जो आज्ञा' कहा और युवती के पास जाकर पूर्ववत् छत्र धारण किए चलने लगा।

संध्या का आगमन हो चुका था। श्री रामानुजाचार्य धनुर्दास को साथ लिये श्री रंगनाथ स्वामी के विशाल द्वार एक एक कर पार कर रहे थे। इस प्रकार पाँच गोपुरों से होकर वे लोग मूल विग्रह के सम्मुख उपस्थित हुए। अर्चक ने यतिराज को देखकर उनका परम आदरपूर्वक स्वागत किया और कपूर लेकर शान्ताकार, भुजगशयन, जगद्बीज, पद्मनाभ, मेघवर्ण, शुभांग, भवभयहारी, कमलनयन, लक्ष्मीपति नारायण की आरती का आयोजन करने लगे। उस कपूर के आलोक में श्री भगवान के पद्मपलाश सदृश विशाल नेत्र व्यक्त होकर भक्तों के चित्त में परम आनन्द का विस्तार करने लगे। यतिराज के निकट खड़ा धनुर्दास उनका माधुर्य देखकर अपने नयन फेर नहीं सका, प्रेमाश्रु की अविरल धारा बहाते हुए वह आनन्द की पराकाष्ठा का अनुभव करने लगा। सूर्योदय होने पर तारामण्डल के समान हेमाम्बा की नयनमाधुरी उसके चित्ताकाश से पूर्णतः विलुप्त हो गयी। कुछ काल तक इसी प्रकार परम निवृत्ति-सागर में निमग्न रहने के बाद धीरे धीरे उसकी चेतना लौटी।

अपने निकट ही यतिराज को पाकर उनके चरणों का आश्रय लेते हुए वह बोला, ''महाभाग, आज आपने अपनी परम कृपालुतावश इस कामपरायण पशु को जिस देव-दुर्लभ आनन्द का भागीदार बनाया है, उसके लिए यह

चिरकाल तक आपका क्रीतदास बना रहेगा। मैं अब तक महासागर को तुच्छ समझकर कूपमण्डूक के समान कुँए का ही परम आदर करता रहा; भगवान अंशुमाली की ओर आकृष्ट न होकर निशाचर उल्लू के समान जुगनू के रूप पर ही मुग्ध था। अहो, मेरे समान हीनबुद्धि जगत् में क्या कोई दूसरा भी है? मेरे समान वज्रमूर्ख का अन्धकार नाश करना आपके समान महापुरुष के लिये ही सम्भव था। आज से आप मुझे अपना चिरदास समझिये।''

अश्रुपूर्ण नेत्रों सहित चरणों में पड़े धनुर्दास को पतितपावन श्री रामानुज ने उठाकर स्नेहपूर्वक दृढ़ आलिंगन किया और चिरकाल के लिये उसके त्रिविध ताप का हरण कर लिया। लम्पट व्यक्ति को देवत्व की प्राप्ति हुई। स्वाधीन होने पर भी हेमाम्बा धनुर्दास के प्रति पति के समान ही भक्ति करती थी। यतिराज की कृपा से प्रियतम को दिव्यदृष्टि प्राप्त होने का संवाद पाकर उसके आनन्द की सीमा न रही। वह भी इन्द्रिय-लालसा को त्यागकर श्री रामानुज की शरणागत हुई। अपार करुणासागर आश्रितों के दु:खहर यतिराज ने उस पर भी कृपा करके उसे मोहान्धकार से मुक्त किया तथा दोनों को काम-बन्धन से मुक्तकर प्रीति-बन्धन में आबद्ध कर दिया। पति-पत्नी के समान एक साथ निवास करने के बावजूद काम कभी उनके चित्त को स्पर्श नहीं कर सका। निचुलनगर से विदा लेकर वे श्रीरंगम आ गए और निकट ही एक मकान लेकर यतिराज के सान्निध्य में निवास करने लगे।

धनुर्दास के ऊपर श्री रामानुज का स्नेह दिनो-दिन बढ़ने लगा। उनकी गुरुभक्ति, वैराग्य, विनय, सरलता, मधुरभाषिता आदि असंख्य गुणों के कारण तथा यतिराज का परम कृपापात्र समझकर श्ररंगम के समस्त लोग उनके तथा उनकी प्रेयसी के प्रति सम्मान का भाव रखते थे। श्री रामानुज प्रतिदिन स्नान को जाते समय दाशरथि का हाथ पकड़कर चलते थे, तथापि धनुर्दास के देवतुल्य गुणों का उत्कर्ष दिखाने के लिये स्नान के पश्चात् लौटते हुए वे उन्हीं का हाथ पकड़े हुए अपने मठ को आया करते थे। इस पर उनके ब्राह्मण शिष्यगण बड़े दु:खी होते और किसी किसी ने उनके इस अनुचित आचरण के लिए दो-एक बातें कह भी दी थीं। वे इसका कोई उत्तर न देकर मौन रह जाते। एक रात मठ में सबके सो जाने पर यतिराज ने रस्सी के ऊपर फैलाये हुए हर शिष्य के वस्त्र में से कौपीन के लिए उपयुक्त अंश फाड़ लिया। प्रात:काल शिष्यों ने बिस्तर से उठकर अपने अपने वस्त्र की दुर्दशा देखी और एक-दूसरे के प्रति ऐसे दुर्वचन का प्रयोग करने लगे, जिसे सुनकर

अन्य लोग भी लज्जित हो जाते। एक प्रहर तक इसी प्रकार झगड़ा चलने के बाद श्री रामानुज ने बीच-बचाव करके उन्हें शान्त किया।

उसी दिन रात के समय उन्होंने अपने कुछ शिष्यों से कहा, "देखो, आज मैं धनुर्दास को बातों में फँसाकर काफी देर तक अपने पास बैठाये रहूँगा। इसी बीच तुम लोग उसकी सोयी हुई प्रेयसी के अंग से गोपनीयतापूर्वक सारे आभूषण हरण कर लाना। देखें इसके द्वारा धनुर्दास तथा उसकी प्रेयसी के मन में कोई विकार उत्पन्न होता है या नहीं।" गुरु के आदेशानुसार शिष्यों ने गहरी रात के समय धनुर्दास के भवन के पास जाकर पता लगाया कि उनकी प्रणयिनी प्रगाढ़ निद्रा में मग्न है।

पति के आगमन की प्रतीक्षा में हेमाम्बा ने द्वार को भीतर से साँकल लगाकर बन्द नहीं किया था। अत: ब्राह्मण-शिष्यों ने सहज ही घर के भीतर प्रवेश किया। उसे प्रगाढ़ निद्रा मे अभिभूत देखकर इन लोगों ने बड़ी सतर्कतापूर्वक उसके अंगों से गहने खोलना शुरू किया। हेमाम्बा समझ गयी, परन्तु यह सोचकर स्थिर पड़ी रही कि कहीं हिलने-डुलने से ब्राह्मणवृन्द डरकर भाग न जायँ। एक ओर के अलंकार खुल जाने के बाद दूसरी तरफ के अलंकार उन्हें देने के लिए हेमाम्बा ने निद्राभिभूत के समान छलपूर्वक करवट बदला। इस पर ब्राह्मणगण भयभीत होकर एक तरफ के अलंकार लेकर ही भाग आए और श्री रामानुज के पास आकर उन्हें एकान्त में आद्योपान्त सब कह सुनाया।

यतिराज ने तब धनुर्दास को निकट बुलाकर कहा, "वत्स, रात बहुत हो गयी, अब घर लौट जाओ।" मल्लवर ने जब 'यथाज्ञा भगवन्' – कहकर अपने घर की ओर प्रस्थान किया, तो यतिराज ने अपने चोरी करनेवाले शिष्यों से कहा, "तुम लोग उसके पीछे पीछे जाओ और उनके बीच जो बातचीत होती है, उसे सुनकर आओ।" शिष्यों ने ऐसा ही किया। धनुर्दास ने घर के भीतर प्रवेश करने के बाद हेमाम्बा की ऐसी अवस्था देखकर कहा, "यह क्या, तुम्हारे एक तरफ के आभूषण कहाँ है?" वह बोली, "प्रभो, कुछ ब्राह्मण निर्धनतावश चौर्यवृत्ति का अवलम्बन करके मेरे बहुमूल्य आभूषण चुरा कर ले गए हैं। मैं उस समय बिस्तर पर लेटी मन-ही-मन भगवन्नाम का जप करते हुए आपकी प्रतीक्षा कर रही थी। उन लोगों ने मुझे निद्रित समझकर धीरे धीरे मेरे एक तरफ के आभूषण उतार लिये और दूसरी तरफ के भी देने के लिये मैंने उसी अवस्था

में करवट बदली, परन्तु मेरा दुर्भाग्य है कि इससे डरकर वे लोग भाग गए।''

यह सुनकर धनुर्दास के दुःख की सीमा न रही। उन्होंने कहा, ''तुमने करवट बदलकर कितना गलत काम किया! तुम्हारा अहंकार अभी भी गया नहीं? मेरी देह, मेरे अलंकार, मैं दान करूँगी – इसी दुर्बुद्धि के चलते आज तुमने इस स्वर्णवहन-रूपी विष्ठाभार से मुक्त होने का स्वर्णिम अवसर खो दिया। यदि श्रीहरि को आत्मसमर्पण कर स्थिर पड़ी रहती, तो फिर वे तुम्हें गहरी निद्रा में समझकर तुम्हारे सारे अलंकार ले पाते। अतएव यदि तुम अपना कल्याण चाहती हो, तो इसी क्षण से 'मैं'-बोध को समूल नष्ट करने के लिए विशेष प्रयत्न में लग जाओ।'' हेमाम्बा अपनी भूल समझ गयी और आँसू बहाते हुए बोली, ''हे प्रियतम, आशीर्वाद दीजिए कि ऐसा मोह मेरे मन में फिर कभी स्थान न पा सके और मैं फिर कभी अहंकार से अभिभूत न होऊँ।'' ब्राह्मणवृन्द इस देवतुल्य दम्पति के निर्मल भाव से अवगत होकर मठ लौटे और श्री रामानुज को सब कह सुनाया। रात बहुत हो गयी थी, अतः उन्होंने उन लोगों को विश्राम के लिए जाने की अनुमति दे दी।

अगले दिन सुबह जब मठवासी शिष्यगण अपना प्रातःकृत्य समाप्त कर अध्ययन हेतु यतिराज के पास समवेत हुए, तो उन्होंने सबको सम्बोधित करते हुए कहा, ''हे शास्त्रविद् ब्राह्मण्याभिमानी पण्डितगण, तुम लोगों ने कल प्रातःकाल अपने अपने वस्त्र फटे देखकर जैसा किया था और पिछली रात धनुर्दास-दम्पति ने अपना सर्वस्व लुट जाने पर भी जैसा आचरण किया, बताओ इन दोनों में से कौन-सा ब्राह्मणोचित है।'' सबने लज्जापूर्वक सिर झुकाये हुए एक स्वर में कहा, ''प्रभो, धनुर्दास ने ही ब्राह्मणोचित और हमने अत्यन्त घृण्य आचरण किया है।'' यतिराज ने कहा, ''अतएव वत्सगण, समझ लेना कि 'न जातिः कारणं लोके गुणाः कल्याणहेतव'– जाति नहीं, वरन् गुण ही कल्याण का कारण है, अतः जाति का सारा अभिमान त्यागकर गुणवान होने का प्रयास करो। जाति के अहंकार से बढ़कर मनुष्य का शत्रु दूसरा कोई नहीं हो सकता। परन्तु यदि वह अपनी रक्षा का कारण सिद्ध हो, तो फिर उसके समान मित्र भी जगत् में दूसरा कोई नहीं हो सकता।'' उसी दिन से ब्राह्मण-शिष्यों को इस बात का ठीक ठीक ज्ञान हो गया। गुरु के सदुपदेश रूपी आलोक से उनका अज्ञानान्धकार तिरोहित हो गया।

अध्याय २६

कृमिकण्ठ

इस घटना के पश्चात् एक दिन श्री रामानुज ने सुना कि उनके गुरुदेव महापूर्ण ने किसी शूद्र भक्त के मृत शरीर का संस्कार किया है और सभी लोग इसे अब्राह्मणोचित कर्म कहकर उनकी निन्दा कर रहे हैं। पता चला कि महापूर्ण के सब सगे-सम्बन्धी उन्हें त्यागकर चले गए हैं और इसी कारण अत्तुला अपनी ससुराल से आकर पिता की सेवा में लगी हुई हैं। श्री रामानुज द्वारा अतिशय दु:खी होकर उनके ऐसे आचरण की बात पूछने पर उन्होंने कहा, "वत्स, वैसे तो सचमुच यह धर्मशास्त्र के अनुसार ठीक नहीं हुआ है, परन्तु धर्म किसे कहते हैं? 'महाजनो येन गता: स पन्था' – महापुरुषगण जिस पथ पर चलते आए हैं, वही सच्चा धर्मपथ है। देखो, तिर्यक योनि में उत्पन्न होने पर भी जटायु का संस्कार श्री रामचन्द्र ने सम्पन्न किया था। युधिष्ठिर क्षत्रिय होकर भी शुद्र विदुर की पूजा करते थे। इसका कारण क्या है? इसका यही उत्तर हो सकता है कि सच्चे ईश्वरानुरागी भक्तों की कोई जाति नहीं होती। वे सभी वर्णों से श्रेष्ठ हुआ करते हैं, क्योंकि श्रीराम तथा युधिष्ठिर के समान धर्मरक्षकों के द्वारा कभी अनुचित आचरण होना सम्भव नहीं। मैंने जिन भक्त के शरीर का संस्कार किया है, वे मेरी अपेक्षा हजारोंगुना भगवद्भक्ति-परायण थे। उनका दासत्व करके मैं स्वयं को कृतार्थ समझता हूँ।" इस पर यतिराज को असीम आनन्द हुआ और श्री गुरु के चरणों को धारणकर उन्हें साष्टांग प्रणाम करते हुए उन्होंने अपने सन्देह के लिए क्षमायाचना की।

एक बार जब महापूर्ण ने आकर श्री रामानुज को साष्टांग प्रणाम किया और वे इस पर जरा भी विचलित नहीं हुए, तो उनके आसपास उपस्थित भक्तों ने विस्मय में आकर प्रश्न किया, "यतिराज, आपको गुरुदेव ने

प्रणाम किया, परन्तु आपने उन्हें रोका नहीं। इसका क्या कारण है?'' वे बोले –

गुरुणोक्तप्रकारेण वर्तनं शिष्यलक्षणम्।
अतः तेनोक्तमार्गेण वर्तेऽहं वै न चान्यथा।।[१]

– ''सच्चे शिष्य का लक्षण क्या है, अर्थात् उसे गुरु के समक्ष कैसा आचरण करना चाहिए, यह सिखाने के लिए ही गुरुदेव ने ऐसा आचरण किया। अतएव मैं उनके द्वारा प्रदर्शित मार्ग का ही आश्रय लूँगा, मैं इससे बिल्कुल भी विचलित नहीं होऊँगा।''

उन लोगों ने जब महापूर्ण से ऐसे अनुचित आचरण का कारण पूछा, तो उन्होंने कहा, ''मैंने यतिराज के भीतर अपने गुरु श्री यामुनाचार्य को देखकर उन्हें साष्टांग प्रणाम किया।'' इस प्रकार महापूर्ण ने यतिराज के असाधारणत्व को सबके समक्ष प्रकट किया।

श्री गोष्ठिपूर्ण को श्री रामानुज साक्षात् नारायण समझते थे। एक बार उन्हें द्वार बन्द करके काफी समय तक ध्यान करते देखकर बाद में यतिराज ने उनसे पूछा, ''को मंत्र किंच ते ध्यानम्''[२] – ''आप किस मंत्र की उपासना और किस देवता का ध्यान कर रहे थे?'' इस पर उन्होंने उत्तर दिया, ''मेरे गुरु श्री यामुनाचार्य के पादपद्म ही मेरे ध्येय हैं। मैं उन्हीं के सर्व-सन्तापहारी नाम का जप करता हूँ।'' तब से श्री रामानुज अपने गुरुदेव को नारायण की अपेक्षा भी श्रेष्ठ मानने लगे।

इसके कुछ दिनों बाद महापूर्ण परमपद को प्राप्त हुए। श्री रामानुज ने इस पर बड़े व्यथित होकर भी धैर्यपूर्वक उनके अत्तुला आदि परिवारवर्ग को सांत्वना प्रदान की।

उन्हीं दिनों कृमिकण्ठ नामक चोलनरेश ने अपनी राजधानी कांचीपुर में निवास करते हुए सम्पूर्ण चोलराज्य को शैव-मतावलम्बी बनाने का संकल्प किया। उनके समान संकीर्ण तथा नृशंस हृदयवाले राजा भारतवर्ष में बहुत कम ही जन्मे होंगे। उन्होंने सोचा कि यदि श्री रामानुज शैवमत ग्रहण कर लें, तो फिर पूरा चोलराज्य उसी मत का अनुयायी हो जायेगा। यदि वे

---

१. प्रपन्नामृतम्, ६०.३५,३६
२. वही, ४२.२२

वैष्णवमत को त्यागकर शैवमत स्वीकार नहीं करते, तो फिर उनका संहार करके भी चोलराज्य में शैवमत का एकाधिपत्य स्थापित करना होगा। ऐसा निश्चय करके उन्होंने कुछ नृशंस अधिकारियों को श्री रामानुज के पास भेजा कि वे लोग उन्हें कांचीपुर ले आएँ। श्रीरंगम पहुँचकर जब उन लोगों ने राजा का आदेश बताया, तो श्री रामानुज तत्काल उनके साथ चलने को राजी हो गए और तैयार होने के लिए जब वे मठ के भीतर गए, तो कुरेश ने उनसे कहा, ''लोगों के मुख से सुनने में आया है कि कृमिकण्ठ ने आपके प्राण लेने के लिए ही आपको कांची बुला भेजा है। आपके रहते चोलराज्य में शैवमत का प्रचार असाध्य समझकर ही नृशंस राजा ने ऐसा भयंकर कर्म करने का संकल्प किया है। अतएव आपका वहाँ जाना बिल्कुल भी उचित नहीं है, क्योंकि आपका जीवन बचा रहे, तो सम्पूर्ण पृथ्वी का कल्याण होगा। भगवान के चरणों में पहुँचने के लिए आप ही एकमात्र पथ हैं; मेरे ही समान इस जगत् में संसार-ताप से दग्ध तथा परम विपन्न अनेक लोग हैं, जिन्हें एकमात्र आप ही आश्रय देने में समर्थ हैं। उनके लिए दूसरा कोई सहारा नहीं है। अतएव आप अनुमति दीजिए कि आपके स्थान पर मैं जाऊँ। आपके काषाय वस्त्र मैं पहन लेता हूँ और आप मेरे श्वेत वस्त्र पहनकर दूसरे द्वार से श्रीरंगम से प्रस्थान कर जायँ। देरी करने को अब समय नहीं है। आप अभी तैयार हो जाइए।'' श्री रामानुज ने यह सुनकर थोड़ा विचार किया और कुरेश की बात से सहमत हुए। उन्होंने अविलम्ब कुरेश का वेश धारण किया और कुरेश को अपने काषाय वस्त्रों में सज्जित देखने के बाद तीव्र गति से मठ के पश्चिम की ओर स्थित वन की ओर प्रस्थान किया। गोविन्द आदि शिष्यों ने क्रमशः उनका अनुसरण किया।

इधर कुरेश जब अपने पूज्यपाद गुरुदेव के काषाय वस्त्र धारण करके तथा हाथ में दण्ड-कमण्डलु लेकर राज्याधिकारियों के पास पहुँचे, तो वे लोग उन्हें वास्तविक रामानुज समझकर उन्हें कांचीपुर में कृमिकण्ठ के पास ले गए। चोलराज ने उन्हें देखकर पहले तो उनका बड़ा आदर किया। वे भलीभाँति जानते थे कि श्री रामानुज महागुणी तथा ज्ञानी हैं, क्योंकि जब वे स्वयं लगभग आठ वर्ष के थे, तभी उनकी बहन के प्रेतग्रस्त होने पर इन्हीं श्री रामानुज ने उसे स्वस्थ किया था। अतएव वे कुरेश को ही श्री रामानुज समझकर बोले, ''महात्मन्, आप आसन ग्रहण कीजिए। आपसे धर्म-विषयक चर्चा करने की इच्छा से ही मैंने आपको यहाँ बुलवाया है और मेरी

सभा के पण्डितगण भी आपसे वार्तालाप करने को उत्सुक हैं। कृपा करके बताइये कि मेरे जैसे मनुष्य का क्या कर्तव्य है?'' इस पर कुरेश ने कहा, ''हे राजन्, हे सुधीगण, सर्वलोकपावन श्री विष्णु ही आब्रह्म-स्तम्ब समस्त जीवों के उपास्य हैं।''

यह सुनकर कृमिकण्ठ सहसा क्रोध से अधीर होकर बोल उठे, ''मैं तो आपको महापण्डित और परम भक्त समझता था, परन्तु अब देखता हूँ कि आप महा-पाखण्डी हैं। क्योंकि लोकगुरु सर्वसंहारक शिव को छोड़कर जब आपकी विष्णु की उपासना में प्रवृत्ति है, तो स्पष्ट हो जाता है कि आपकी बुद्धिवृत्ति सामान्य लोगों के ही समान है। जो सर्वलोकसंहारी काल का भी संहार करने के कारण महाकाल नाम से विख्यात हैं, कालक्रम से विष्णु को भी जिनके हाथों विनाश की प्राप्ति होगी, उन्हीं सर्वशक्तिमान भगवान शिव को त्यागकर आपने उनकी अपेक्षा दुर्बल विष्णु की उपासना करने की सलाह दी, अतएव आपके समान मूर्ख और कौन होगा? आप इस मत का परित्याग कर दीजिए। यहाँ उपस्थित विद्वान् आपको शास्त्र एवं युक्ति द्वारा शिवतत्त्व समझा देंगे और उसे हृदयंगम करके आप आज ही शैवमत में दीक्षित हो जाइये, नहीं तो फिर आपको छुटकारा नहीं मिलेगा।''

इतना कहकर कृमिकण्ठ के चुप हो जाने पर, जैसे शिकारी कुत्तों का दल अपने मालिक का संकेत पाते ही, बड़ी खोज के बाद प्राप्त हाथियों के दुर्दम्य नेता पर एक साथ टूट पड़ता है और उसे फाड़ डालने का प्रयास करता है, सभा-पण्डितों ने भी कुरेश के साथ वैसा ही आचरण किया। उन लोगों ने शास्त्रों का केवल एक ही अंश लेकर उनके साथ व्यर्थ वाग्युद्ध आरम्भ किया। कुरेश भी निर्भयतापूर्वक अपने मत का समर्थन करने लगे। इसी प्रकार काफी समय बीत गया। अन्त में कृमिकण्ठ और सह पाने में असमर्थ होकर बोले, ''हे पाण्डित्य-अभिमानी, यदि तुम अपने प्राण बचाना चाहते हो, तो स्वीकार कर लो कि 'शिवात् परतरो नास्ति'' – शिव की अपेक्षा श्रेष्ठ दूसरा कोई नहीं है।'' इस पर कुरेश ने हँसते हुए कहा – ''द्रोणमस्ति ततः परम्'' अर्थात् शिव की अपेक्षा द्रोण बड़े हैं। यहाँ पर 'शिव' तथा 'द्रोण' परिमाणवाची शब्दों के रूप में आए हैं। लगभग बत्तीस सेर वजन को एक 'द्रोण' और उसके आधे वजन को एक 'शिव' कहा जाता है।

कुरेश के इस प्रकार उपहास का कारण यह था कि चोलराज तथा उनके सभासद अनन्त, अपरिमेय, अद्वितीय, देवताओं के भी अगोचर श्री भगवान

की इति करना चाहते थे, अर्थात् भगवान ऐसे हैं, इसके भिन्न और कुछ नहीं हैं और हो भी नहीं सकते – इस हीनबुद्धि से उत्पन्न सिद्धान्त को सर्वोत्कृष्ट सिद्ध करने का प्रयास कर रहे थे। जहाँ कहीं भी धर्म को लेकर विषम द्वन्द्व हुआ है, वहीं यह स्पष्ट दीख पड़ता है कि दोनों पक्षों का उद्देश्य अनन्त भगवान को अन्तवान प्रमाणित करना हो जाता है। सुख-शान्ति के एकमात्र उपाय परम पवित्र धर्म के नाम पर विश्व में कितना रक्तपात, कितने दुःख एवं अशान्ति की सृष्टि हुई है – इसका हिसाब नहीं लगाया जा सकता। हर बुद्धिमान व्यक्ति यह स्वीकार करेगा कि मानव का ऐसा आचरण निरर्थक तथा घोर अज्ञानप्रसूत है।

कुरेश बुद्धिमानों में अग्रगण्य एवं परम भक्त थे। उन्होंने अपना मन, प्राण, ज्ञान, बुद्धि, बल, देह तथा आत्मा – सब कुछ पूर्णतः श्री रामानुज के पादपद्मों में समर्पित कर दिया था। उपरोक्त घटना उनकी परम गुरुभक्ति की पराकाष्ठा का निदर्शन कराती है। वे निश्चित रूप से जानते थे कि चोलनरेश के पास जाना मौत के मुख में प्रवेश करना है। पर अपने गुरुदेव के बहुमूल्य जीवन की रक्षा के लिए अपने प्राणों की आहुति देना परम सौभाग्य मानकर उन्होंने बड़े प्रफुल्ल चित्त के साथ उस क्रूर राजसिंह की गुहा में प्रवेश किया था। सच्चे भक्त एवं ज्ञानी का हृदय स्वाभाविक रूप से भयशून्य होता है। ''आनन्दं ब्रह्मणो विद्वान् न बिभेति कुतश्चन''[३] – ब्रह्मानन्द को पाकर वह किसी से नहीं डरता। अतएव राजा के धमकी देने तथा अधिकारियों द्वारा प्रताड़ित होने पर वे जरा भी विचलित नहीं हुए। बल्कि उन्होंने तत्काल अपने परम सौभाग्य का बोध करते हुए मन-ही-मन भगवान को यह कहते हुए धन्यवाद दिया, ''हे प्रभो, इस अधम सन्तान के प्रति तुम्हारी असीम करुणा को देखकर आज मुझे श्रीमद्-यामुनमुनि की अमृतमयी वाणी का किंचित् बोध हुआ। मैं तुम्हें बारम्बार प्रणाम करता हूँ।

नमो नमो वाङ्मनसातिभूमये
नमो नमो वाङ्मनसैकभूमये।
नमो नमोऽनन्तमहाविभूतये
नमो नमोऽनन्तदयैकसिन्धवे।।[४]

---

३. तैत्तिरीय उपनिषद्, २.९

४. स्तोत्ररत्न, २१ (अर्थ के लिए देखिए आठवाँ अध्याय)

यहाँ तक कि ये प्रतापी राजा तथा ये समस्त गण्यमान्य लोग भी तुम्हारी अनन्त महिमा नहीं जानते, परन्तु तुमने इस नगण्य जीव को इस विषय का उपदेश देकर इसे निरहंकारी एवं विनीत होना सिखाया है, इससे बढ़कर सौभाग्य की बात इसके लिए और क्या हो सकती है?''

कुरेश जब इस प्रकार ध्यानपरायण होकर अपने प्राणों की भूख मिटाते हुए अपने परमप्रिय हृदयनाथ की अनन्त गुणराशि का रसास्वादन कर रहे थे, तभी उनकी हास्यपूर्ण वाणी सुनकर कृमिकण्ठ तथा उनके दरबारी क्रोध से दाँत पीस रहे थे। चोलाधिपति ने तीक्ष्ण स्वर में कुरेश को बाँधने का आदेश दिया और राजकर्मचारियों से बोले, ''तुम लोग इस दुष्ट को अविलम्ब मेरे सामने से ले जाओ और अभी इसकी दोनों आँखें निकाल डालो। पहले जब मेरी बहन पिशाचग्रस्त हुई थी, तो इसी दुराचारी ने उसे स्वस्थ किया था; अतः इसके प्राण मत लेना, परन्तु उससे भी दुःखदायी सजा देकर इस शिवद्वेषी के इसी जीवन में भविष्य के लिए अनन्त नरकभोग की व्यवस्था करो।''

इस राजकीय आदेश के अनुसार अधिकारियों ने कुरेश को निर्जन स्थान में ले जाकर तरह तरह से सताने के बाद एक एक कर उनके दोनों नेत्र निकाल लिये। परन्तु असीम पीड़ा का अनुभव करते हुए भी उन महापुरुष ने किसी भी प्रकार का असन्तोष या क्रोध नहीं व्यक्त किया। बल्कि वे अपने उत्पीड़कों के कल्याण हेतु श्री भगवान के पादपद्मों में बारम्बार प्रार्थना करने लगे और साथ ही यह सोचकर उन्हें अतीव आनन्द हो रहा था कि इस प्रकार वे अपने प्राणों से भी प्रिय भवसागर के कर्णधार को ऐसी पीड़ा से बचाने में सफल हुए थे।

सामान्य मनुष्य शारीरिक सुख-दुःख को लेकर ही व्यस्त रहता है। सुख पाने तथा दुःख मिटाने की प्रेरणा से ही परिचालित होने के कारण उसकी समस्त शारीरिक एवं मानसिक शक्तियाँ उसे केवल भौतिक सुख के अन्वेषण में ही लगाये रहती हैं। उसे बोध नहीं हो पाता कि इससे उच्च भी कोई आदर्श हो सकता है। अर्थ द्वारा कामादि का भोग ही उसके जीवन का प्रमुख उद्देश्य होने के कारण, वह विविध प्रकार के अनुचित उपायों का भी सहारा लेकर धनोपार्जन हेतु प्रयत्न करता है। परन्तु हाय! बड़े कष्टपूर्वक धनसंचय करने के बाद जब वह इन्द्रियों के सुख भोगना आरम्भ करता है, तभी थोड़ा तृप्तिलाभ करने के पूर्व ही, अपनी अनिच्छा के बावजूद उसे चिरकाल के

लिए अपने पार्थिव प्रियजनों से विदाई ले लेनी पड़ती है। यदि वह एक बार भी सोचकर देखे कि उसे कितनी बड़ी दुःखराशि के विनिमय में अल्प-सा सुख प्राप्त होता है, तो फिर ऐसा व्यवसाय उसे कभी रुचिकर नहीं लगेगा। इसीलिए सच्चे विद्वानों में इन्द्रियों के सुख भोगने की थोड़ी भी लालसा नहीं होती, बल्कि श्रुति एवं युक्ति के द्वारा उन्हें विशेष रूप से बोध हो जाता है कि इन्द्रियाँ ही समस्त दुःखों की मूल हैं। अनित्य वस्तुओं के प्रति आसक्ति ही दुःख का मूल है। आज या कुछ दिन बाद, दुर्दमनीय काल तुम्हारी परमप्रिय वस्तु को अवश्य छीन लेगा और तब तुम्हारे दुःख की सीमा न रहेगी। इसी कारण स्त्री-पुत्र-देह-गेह आदि के स्थान पर यदि नित्य वस्तु, सर्वसुखों के आधार – श्रीहरि के पादपद्मों में आत्मसमर्पण किया जाय, तो फिर नित्यानन्द का आस्वादन हो सकता है। जो लोग ऐसा कर पाते हैं, उन्हें फिर कभी दुःख का अनुभव नहीं करना पड़ता।

कुरेश ने यह बात विशेष रूप से हृदयंगम कर ली थी, इसीलिए अतुल ऐश्वर्य को समस्त दुःखों का मूल समझकर उन्होंने उसका पूर्णतः त्याग करके श्री रामानुज के पादपद्मों की सर्वतापनाशिनी छाया का आश्रय लिया था। उनकी सहधर्मिणी ने भी उन्हीं के पदचिन्हों को अपनाया था, इसका हम पहले ही उल्लेख कर चुके हैं। अतएव कृमिकण्ठ की कर्कश वाणी तथा अतीव निष्ठुर आचरण ने उन्हें पीड़ित करने के स्थान पर आनन्दित ही किया था। नृशंस अधिकरियों ने जब विविध प्रकार से सताने के बाद उन्हें अन्धा कर डाला, तब उन्होंने उन दुष्टों के प्रति साष्टांग प्रणिपात करते हुए कहा, "भाइयो, तुम्हीं लोग मेरे सच्चे मित्र हो। जो नेत्र मानव-मन को सृष्टिकर्ता की ओर न ले जाकर मायामयी नश्वर सृष्टि में आबद्ध रखते हैं, तुम्हारी कृपा से आज मुझे उन दो प्रबल शत्रुओं के हाथ से छुटकारा मिला गया। ईश्वर तुम्हारा मंगल करें।"

उन्हें स्थिर चित्त से सारी पीड़ा सहन करते देख और उनकी सरल आशीर्वाणी सुनकर उन राज-कर्मचारियों के पाषाण-तुल्य हृदय में भी किंचित् भय एवं भक्ति का संचार हुआ। उन लोगों ने उन पर अत्याचार करना छोड़ मार्ग के किनारे बैठे एक भिक्षुक को बुलाकर आदेश दिया, "तू इन साधु का हाथ पकड़कर इन्हें श्रीरंगम पहुँचा आ। मार्ग में व्यय करने को ये पैसे लेता जा।" भिक्षुक आनन्दपूर्वक कुरेश को श्रीरंगम की ओर ले चला।

कहते हैं कि इसके थोड़े दिन बाद ही एक उत्कट एवं असाध्य रोग के कारण कृमिकण्ठ का देहावसान हो गया। चोलनरेश शिवभक्त थे, तथापि हरिहर में अभेद ज्ञान न होने के कारण वे विष्णु तथा वैष्णवों के द्वेषी हो गए थे। ऐसी बात नहीं कि यह दोष केवल शैवों में ही रहा हो, वैष्णव लोग भी बड़े शिवद्वेषी थे। कुरेश के समान महापुरुष भले ही संकीर्ण मनोवृत्ति के न हों, पर शिव के प्रति उनके उपहास को लेकर वैष्णवगण सोचते हैं कि इसके द्वारा उन्होंने शिव की लघुता प्रतिपादित की थी और किसी भी वैष्णव के लिए शिवभक्ति करना उचित नहीं है। उनके लिए शिव-मन्दिर में जाना तो दूर, उसे देखना भी महापाप है। दौड़ते हुए मतवाले हाथी के पाँवों-तले आकर प्राणत्याग करना बल्कि अच्छा है, परन्तु सड़क के किनारे स्थित शिवालय में प्रविष्ट होकर प्राण बचाना वैष्णवोचित कर्म नहीं है। कुरेश आदि आचार्यों के आचरण वस्तुत: दोषरहित होने पर भी दक्षिण के कोई कोई पुराने तथा आधुनिक वैष्णव उनके हृद्गत भावों को समझने में असमर्थ होकर शिवनिन्दा तथा शिवद्वेष को अपने अंगों का भूषण बना डालते हैं और इसका जो दुष्फल होता है, उसका भी उन्हें भोग करना पड़ता है।

श्री रामानुजाचार्य के अनुयाइयों में भी दो दल हैं। उनमें से एक का नाम है तेङ्गले और दूसरे का नाम है बड़केले। इनमें सभी शाकाहारी हैं और जीवहिंसा को महापाप मानते हैं; परन्तु इनके मतानुसार शैवहिंसा में दोष नहीं है। केवल इतना ही नहीं, बड़केले कहते हैं कि तेङ्गले को मारने में दोष नहीं है और तेङ्गले का कहना है कि बड़केले का सर्वनाश ही उनके जीवन का प्रधान उद्देश्य है। शिवनिन्दा का भी सर्वत्र ऐसा ही शोचनीय फल होता है।

अध्याय २७

विष्णुवर्धन

इधर श्री रामानुज ने श्रीरंगम के पश्चिम की ओर स्थित दूर तक फैले गहन वन में गुप्त रूप से आश्रय लिया और भक्तवृन्द भी क्रमश: उनके पास आने लगे। गोविन्द, दाशरथि, धनुर्दास आदि सबके आ पहुँचने पर, वे लोग दुर्गम वन के भीतर पश्चिम की ओर चल पड़े। कहीं कृमिकण्ठ के गुप्तचर आकर उन्हें बन्दी न बना लें, इस भय से वे लोग निरन्तर दो दिन चलकर आखिरकार चोलराज्य की सीमा पर जा पहुँचे। इस दौरान उन्होंने कहीं आहार-निद्रा या विश्राम नहीं किया। अत्यन्त थके-माँदे वे लोग विश्राम के लिये एक पहाड़ के नीचे बैठ गए। भूख, प्यास तथा अनिद्रा के कारण उनके चेहरों का रंग उतर गया था और हाथ, पैर तथा पूरे शरीर में पीड़ा हो रही थी। काँटों से भरे वनभूमि में चलते रहने के कारण उनके चरणों में अनेक काँटे घुस गए थे और तलवे फफोलों से भर गए थे। वे सभी शिलाओं पर लेटकर प्रगाढ़ निद्रा में डूब गए।

उसी स्थान पर चाण्डालों की एक बस्ती थी। अत्यन्त निम्न जाति के होने पर भी, उन लोगों का मन सद्भाव से परिपूर्ण था। ब्राह्मणों को ऐसी हालत में निद्रित देखकर वे लोग अनायास ही समझ गए कि अत्यन्त संकटग्रस्त एवं क्लान्त होने के कारण ही ये लोग ऐसे प्रदेश में निश्चिन्त होकर निद्रासुख भोग रहे हैं। उन लोगों ने तत्काल विविध प्रकार के जंगली फल-मूल एकत्रकर निद्रित लोगों के पास रख दिये और सूखी लकड़ियों की ढेरी बनाकर उसमें अग्नि प्रज्ज्वलित करने के बाद बड़ी सजगता के साथ भक्तिपूर्ण चित्त से उन लोगों के उठने की प्रतीक्षा करने लगे। थोड़ी देर बाद नींद खुलने पर श्री रामानुज तथा शिष्यगण काफी स्वस्थ महसूस कर रहे थे। उन्होंने देखा कि लगभग अस्सी हाथ की दूरी पर हाथ जोड़े कुछ चाण्डाल खड़े हैं और उनके

पास फलों का ढेर तथा प्रज्ज्वलित अग्नि के साथ काठ का स्तूप रखा है । इससे वे समझ गए कि भगवान की कृपा से वे कुछ सत् स्वभाव के चाण्डालों की एक जंगली बस्ती में आ पहुँचे हैं। उन लोगों ने अविलम्ब निकट ही प्रवाहित निर्मल जलवाली नदी में स्नान किया, फलों को धोकर श्रीहरि को निवेदित किया और दो दिन उपवास के बाद फलों का आहार करते हुए आनन्द का अनुभव किया। यतिराज ने वहाँ थोड़ी देर विश्राम करते हुए उन चाण्डालों के साथ वार्तालाप करके जान लिया कि वे लोग चोलराज्य की सीमा पार कर चुके हैं। उन्होंने चाण्डालों को आशीर्वाद दिया और उनके मार्गदर्शन में दोपहर बीतने तक एक ब्राह्मण के घर जा पहुँचे।

गृहस्वामी घर से अनुपस्थित थे, परन्तु उनकी साध्वी सहधर्मिणी चेलाम्बा ने अपने घर में अनेक वैष्णवों का समागम देखकर स्वयं को कृतार्थ माना और पति के न होने पर भी उनकी यथाविहित पूजा करने के बाद भोजन पकाने को रसोईघर में प्रवेश किया। गृहस्वामी श्री रंगदास ने भिक्षाटन से लौटने के बाद अनेक वैष्णव अतिथियों को देखकर असीम आनन्द का अनुभव किया। शीघ्र ही उनकी भक्तिमती पत्नी ने श्री विष्णु के लिए नैवेद्य तैयार कर लिया और अतिथियों को प्रसाद ग्रहण करने हेतु आमंत्रित किया। प्राय: तीन दिन निराहार बिताने के बाद भर-पेट भगवान का प्रसाद पाकर सभी परम सन्तुष्ट हुए। वहाँ दो दिन विश्राम और श्री रंगदास तथा उनकी पत्नी को वैष्णव-मंत्र में दीक्षित करने के बाद सशिष्य श्री रामानुज ने उत्तर-पश्चिम की ओर यात्रा की।

वहाँ से उन्होंने चाण्डालों को विदा किया और प्रात:काल वे लोग श्री रंगदास के साथ निकलकर संध्या के समय वह्नि-पुष्करिणी नामक स्थान पर जा पहुँचे। वहाँ भी दो दिन विश्राम के बाद उन्होंने श्री रंगदास को विदा किया और शिष्यों के साथ शालग्राम नामक ग्राम में पहुँचकर परम तपस्वी आन्ध्रपूर्ण नामक ब्राह्मण के अतिथि हुए। आन्ध्रपूर्ण का भक्ति-वैराग्य देखकर और उनके विवाह-शृंखल में बद्ध न होने की बात जानकर श्री रामानुज ने उन्हें वैष्णव-मंत्र में दीक्षित करके आपना सहचर बना लिया। उसी दिन से आन्ध्रपूर्ण मनसा-वाचा-कर्मणा निरन्तर यतिराज की सेवा में रत रहने लगे। वे छाया के समान अपने गुरुदेव के साथ लगे रहते, क्योंकि वे ही उन्हें अपने इष्टदेव तथा सर्वस्व के रूप में प्रतिभात होते थे।

शालग्राम में कुछ दिन बिताने के बाद वे सभी नृसिंहक्षेत्र गए। वहाँ श्री रामानुज ने आन्ध्रपूर्ण के मुख से भक्तग्राम-निवासी एक परम भक्त के बारे में

सुना और उन्हें देखने की इच्छा से वे शिष्यों के साथ वहाँ जा पहुँचे। पूर्ण नामक उन भक्त के पास एक दिन आतिथ्य ग्रहण करने के बाद वहाँ के राजा विट्ठलदेव का निमंत्रण पाकर वे उनसे भी मिलने गए। ये राजा बौद्ध-धर्मावलम्बी[१] थे और प्रतिदिन सहस्रों बौद्ध आचार्यों की सेवा करते थे। उनकी कन्या प्रेतग्रस्त हो जाने पर उन्होंने अनेक चिकित्सक बुलवाये, परन्तु उससे कोई फल न होने पर बौद्ध आचार्यों की भी सहायता ली गयी। उन लोगों के द्वारा भी राजकन्या का आरोग्य न हो पाने पर, जब विट्ठलदेव ने सुना कि पूर्ण के घर में पूर्वदेश से कुछ वैष्णव आए हुए हैं, तो उन्होंने कुछ पण्डितों के द्वारा निमंत्रण भेजकर उन सबको राजभवन में बुलवा लिया। श्री रामानुज ने राजकुमारी को देखते ही उसे स्वस्थ कर दिया। इस पर विस्मित होकर विट्ठलदेव उनके प्रति विशेष भक्तिमान हो उठे। उन्होंने यतिराज के सम्मुख प्रणत होकर उनसे वैष्णवधर्म के विषय में सुनने की इच्छा व्यक्त की।

नित्य-जीवहितकामी, उभय-विभूतिपति, तेजपुंज-विग्रह, भक्ति-रस-परिप्लुत, सर्वलोक-चित्ताकर्षक, मधुर-स्वभाव, चार्वाकशैल के लिए वज्रस्वरूप श्री रामानुज ने इतनी सहजबोध्य व मनोहर उक्तियों के साथ उनके समक्ष धर्मव्याख्या की कि वे अपने निरीश्वर भाव का स्मरण कर बड़े दुःखी हुए और उन्होंने बौद्ध आचार्यों को बुलाकर उन्हें यतिराज के साथ तर्क-विचार करने का आदेश दिया। सबने स्वीकृति प्रदान की और उसी दिन एक महासभा बुलायी गयी। वहाँ हजारों बौद्ध एकत्र हुए। इस महासभा में जब श्री रामानुज ने वैष्णवधर्म की व्याख्या प्रारम्भ की, तो कुछ दुष्ट बौद्ध विद्वानों ने उन्हें बाधित एवं अपमानित करने के उद्देश्य से उपहास तथा अशोभनीय भाषा आदि निकृष्ट उपायों का आश्रय लिया। इस पर विट्ठलदेव की आज्ञानुसार उन्हें सभागृह से बहिष्कृत कर दिया गया। इस पर अन्य बौद्धों ने डरकर उन खोटे उपायों को छोड़ दिया और तब यतिराज ने अपनी धीर-गम्भीर वाणी में अपना सम्पूर्ण वक्तव्य सभा के सम्मुख प्रस्तुत किया।

उनके मौन हो जाने पर बौद्धों के प्रधान पण्डित उनका प्रतिवाद करने उठ खड़े हुए और वे वादी की युक्तियों का खण्डन छोड़कर सनातन धर्म पर कटाक्ष करते हुए ईश्वर के अस्तित्व में विश्वासियों की निन्दा करने लगे। इस

---

१. प्रपन्नामृतम ग्रन्थ (अध्याय-४७) में इन्हें बौद्ध बताया गया है, परन्तु ऐतिहासिक प्रमाणों के अनुसार ये होय्सला राजा जैन-मतावलम्बी थे।

पर विट्ठलदेव ने दु:खी होकर कहा, "महात्मन्, इस पृथ्वी पर निन्दावाद के समान सुलभ और कुछ भी नहीं है। हम लोग आपके मुख से वही सुनने के लिए नहीं आए हैं। मेरी विशेष धारणा है कि आप परम विद्वान् हैं; अतएव हमारी प्रार्थना है कि आप सुलभ निन्दावाद त्यागकर दुर्लभ युक्तिपूर्ण वाक्यों द्वारा वादि-सिंह की तीक्ष्ण बुद्धि से उत्पन्न वादों का खण्डन करें; और यदि ऐसा करने में समर्थ न हों, तो फिर अपने मिथ्या धर्म को त्यागकर वैष्णव मत में दीक्षित हो जायँ।"

राजा के चित्त को श्री रामानुज की ओर आकृष्ट होते देख बौद्ध विद्वानों के मन में किंचित् भय का संचार हुआ। उनके चित्त में किसी भी युक्ति का स्फुरण नहीं हो रहा था। थोड़ी देर तक अपना प्रलाप करने के बाद अपने दल में विस्मय तथा वैष्णवों में हर्ष की वृद्धि करते हुए वे सहसा अपने आसन पर बैठ गए। उनकी बोलती बन्द हो गयी थी और चेहरे का रंग उतर चुका था। अन्य बौद्ध प्रतिवादियों ने भी थोड़ी देर तक अपना मत स्थापित करने का प्रयास किया, परन्तु सबने असफलतापूर्वक प्रथम विद्वान् के समान ही किंकर्तव्यविमूढ़ होकर मौन का आश्रय लिया। इस पर भक्त राजा ने सभा को सम्बोधित करते हुए कहा, "सभासदो, आप सबने प्रत्यक्ष रूप से देखा कि वैष्णवाचार्य के साथ तर्क में बौद्ध विद्वान् आज पूर्ण रूप से परास्त हो गए हैं। वे सभी यहाँ उपस्थित हैं, परन्तु उनमें से किसी में भी ऐसी सामर्थ्य नहीं है कि वह अपने मत को स्थापित करते हुए निर्वाणोन्मुख बौद्ध-धर्म को पुनरुज्जीवित कर सके। ऐसी अवस्था में हमारा क्या कर्तव्य है? इन दोनों में कौन-सा मार्ग ठीक है? प्रत्येक बुद्धिमान व्यक्ति यह स्वीकार करता है कि दु:ख की अपेक्षा सुख तथा अज्ञान की अपेक्षा ज्ञान ही सर्वदा प्रार्थनीय है। यदि यही निश्चित सिद्धान्त हो, तो फिर आइए, हम आज ही इन वैष्णवाग्रणी महानुभाव से सत्यधर्म में दीक्षित होकर स्वयं को कृतार्थ करें।"

सद्बुद्धि-परायण, परम उदार, प्रजा-वत्सल नरेश ने जब ऐसा आदेश दिया तो कुछ बौद्ध भिक्षुओं को छोड़ बाकी सबने एक स्वर में उनका अनुमोदन किया। उसी दिन सबने श्री रामानुज से दीक्षा प्राप्त की और वे स्वयं को परम भाग्यवान मानने लगे। जिन कतिपय बौद्धों ने राजा के आदेश का पालन नहीं किया, वे अपने प्रधान विद्वान् के नेतृत्व में उनके राज्य से प्रस्थान कर गए। राजा विट्ठलदेव को यतिराज से विष्णुवर्धन नाम मिला और उन्होंने सबको आदेश दिया कि अब से उन्हें इसी नाम से जाना जाय।

अध्याय २८

यादवाद्रिपति

इस प्रकार श्री रामानुज ने विठ्ठलदेव तथा सहस्त्रों बौद्धों को वैष्णव-धर्मावलम्बी बनाने के बाद कुछ काल वहाँ रहकर उनकी पूजा ग्रहण की और तदुपरान्त शिष्यों के साथ यादवाद्रि पहुँचे। उस स्थान को अब मेलकोट कहते हैं। १०१२ शकाब्द में उन्होंने इस पवित्र भूमि में पदार्पण किया था। उसी वर्ष के पौष महीने में शुक्ल चर्तुदशी, बृहस्पतिवार के दिन प्रातःकाल वहाँ भ्रमण करते समय एक तुलसीकानन के बीच स्थित दीमकों की एक बाँबी के स्तूप के नीचे उन्होंने एक देवविग्रह देखा। उन्होंने वहाँ से उसका उद्धार करके निर्मल जल से प्रक्षालन करने के बाद, जब उसे पवित्र पीठ पर स्थापित किया, तो उस मनोहर जीवन्त मूर्ति का दर्शन करके वहाँ उपस्थित भक्तवृन्द स्वयं को कृतार्थ मानने लगे। वहाँ के वयोवृद्ध लोगों ने बताया, "हमने अपने बचपन में बड़े-बूढ़ों के मुख से सुना था कि पहले इस पर्वत पर यादवाद्रिपति की पूजा हुआ करती थी। परन्तु मुसलमानों के यहाँ आकर समस्त देवविग्रह तोड़ते रहने के कारण विष्णु-विग्रह के वे सेवक विग्रह को एक गुप्त स्थान में रखकर अन्यत्र चले गए। तब से उनकी पूजा और उत्सव बन्द हैं। हमें निश्चित रूप से लग रहा है कि ये ही वे यादवाद्रिपति हैं और आपके जैसे महापुरुष के आगमन से वे पुनः भक्तों की सेवा ग्रहण करने को उत्थित हुए हैं।" श्री रामानुज बोले, "आप लोगों ने ठीक कहा है। ये ही वे यादवाद्रिपति हैं। पिछली रात स्वप्न में मेरे पास आकर इन्होंने सेवा का आदेश दिया है। आप सभी मिलकर इनके सुन्दर तथा विशाल मन्दिर के निर्माण का प्रयास करें। अब से इनकी पूजा विधिपूर्वक होती रहेगी।"

यतिराज के आदेशानुसार उनके शिष्यों तथा ग्राम के समस्त लोगों ने उसी दिन एक विशाल पर्णशाला का निर्माण किया और उसी में श्री यादवाद्रिपति

की स्थापना कर सर्व प्रकार से उनकी सेवा-पूजा में लग गए। उनके प्रभाव से थोड़े दिनों के भीतर ही वहाँ एक सुन्दर तथा विशाल मन्दिर बन गया। उस मन्दिर के पास ही कल्याणी नाम का एक बृहत् सरोवर था। उसके निर्मल जल से यादवाद्रिपति की स्नान-भोग आदि क्रियाएँ सम्पन्न होने लगीं। एक दिन इसी सरोवर के उत्तरी भाग में विचरण करते समय यतिराज श्वेत मृत्तिका पाकर परम आनन्दित हुए, क्योंकि वैष्णवगण इसी मिट्टी से अपना ऊर्ध्वपुण्ड्र बनाते हैं। अब तक वे लोग इसे भक्तग्राम से लाया करते थे। परन्तु वहाँ इसके समाप्त हो जाने के कारण यतिराज ने अनेक लोगों को वैसी ही मृत्तिका की खोज में विभिन्न स्थानों को भेजा था, परन्तु कोई भी इसमें सफल नहीं हो सका था। अत: स्वयं ही उसे पाकर उनके आनन्द की सीमा न रही।

दक्षिणी भारत के प्रत्येक मन्दिर में हर देवता के दो विग्रह होते हैं। एक को 'अचल' कहते हैं, जो मन्दिर से कभी बाहर नहीं आते और दूसरे को 'सचल' कहा जाता है, जिन्हें उत्सव के समय विमान में बाहर लाया जाता है। इसी कारण इन्हें उत्सव-विग्रह भी कहते हैं। श्री रामानुज को एक बार स्वप्न में श्री यादवाद्रिपति का आदेश मिला, "वत्स रामानुज, मैं तुम्हारी सेवा से अतिशय प्रसन्न हूँ। परन्तु मेरा उत्सव-विग्रह न होने के कारण मैं मन्दिर के बाहर जाकर भक्तों एवं पतितजनों को निर्मल तथा आशीर्वादयुक्त नहीं कर पाता, अतएव तुम यथाशीघ्र दिल्ली जाकर वहाँ सम्राट् के पास रक्षित मेरे सम्पत-कुमार नामक द्वितीय विग्रह को ले आओ।"

स्वप्न में ऐसा आदेश पाकर श्री रामानुज ने अगले दिन प्रात:काल अपने कुछ शिष्यों को साथ लेकर दिल्ली की ओर प्रस्थान किया। दो माह बाद वे उस नगर में जा पहुँचे। कहते हैं कि वहाँ के तत्कालीन सम्राट् उनकी अंगकान्ति, विद्वत्ता तथा प्रभाव देखकर परम सन्तुष्ट हुए और उनके आगमन का कारण पूछा। इस पर उन्होंने सम्पत-कुमार नामक देवविग्रह की याचना की। दिल्लीश्वर द्वारा उसे ले जाने की अनुमति प्रदान करने पर उन्हें देवशाला में ले जाया गया। वहाँ भारतवर्ष के अनेक देवालयों से लूटे हुए विग्रह संग्रहित थे। वहाँ इस छोर से उस छोर तक ढूँढ़ने पर भी श्री रामानुज को अपना इच्छित विग्रह नहीं मिला। इस पर जब सम्राट् ने अपनी पुत्री का परमप्रिय एक देवविग्रह श्री रामानुज को दिखाया, तो वे तत्काल ही उसे सम्पत-कुमार के रूप में पहचान गए और दिल्लीश्वर की अनुमति से उसे

लेकर उन्होंने अपने शिष्यों के साथ स्वदेश की ओर प्रस्थान किया। वे बिना विश्राम के दिन-रात चलते रहे, क्योंकि यतिराज को पूर्ण विश्वास था कि राजकुमारी जब उक्त विग्रह के लिए व्याकुल होगी, तो वात्सल्य-परायण सम्राट् उसे फिर वापस ले लेंगे।

इधर राजकन्या ने जब सुना कि उसकी परमप्रिय वस्तु कोई ब्राह्मण लेकर चला गया है, तो उसके दुःख की सीमा न रही। वह शोक से अधीर हो पड़ी। पिता द्वारा तरह तरह से समझाने पर भी कोई फल नहीं हुआ। वह दिन-पर-दिन उन्मादग्रस्त के समान होती गयी। इससे डरकर सम्राट् ने सेना की एक टुकड़ी को आदेश दिया, "तुम लोग शीघ्र ही ब्राह्मण के हाथ से मूर्ति को छीन लाओ।" इस पर राजकन्या ने कहा, "पिताजी, मुझे भी उनके साथ जाने की अनुमति दीजिए।" कन्यावत्सल सम्राट् पुत्री की बात पर राजी हो गए और अनेक दास-दासियों के साथ एक सुसज्जित पालकी में बैठाने के बाद उसे सेनानायिका बनाकर भेज दिया। उन्हीं दिनों कुबेर नामक एक राजकुमार सम्राट् की पुत्री के रूप पर मुग्ध होकर उसका पाणिग्रहण करने की इच्छा से काफी काल से उसी महल में रहता था और अपनी प्रेयसी को प्रसन्न करने की कामना से विविध प्रकार से उसकी सेवा में लगा रहता था। जब उसने सम्राट् की पुत्री लचिमार बीबी को उन्मादग्रस्त के समान देवविग्रह के पीछे दौड़ते देखा, तो वह भी अपनी प्रियतमा के विरह में आकुल होकर उसका अनुसरण करने लगा।

इधर शिष्यों के साथ श्री रामानुज ने अविराम यात्रा करते हुए सम्राट् की राजसीमा पार कर ली। उनका पीछा करनेवाली लचिमार बीबी तब भी काफी पीछे थी। थोड़े ही दिनों में यतिराज श्री सम्पत-कुमार को लेकर मेलकोट अर्थात् यादवाद्रि पहुँचे और उन्होंने श्री विष्णु के उत्सव-विग्रह को मन्दिर के भीतर एक अति गोपनीय स्थान में प्रतिष्ठित कर दिया। रास्ते में उन्हें चाण्डालों से भी विशेष सहायता मिली थी। ये लोग यदि सम्पत-कुमार को वहन करके न लाते, तो श्री रामानुज निश्चित रूप से सम्राट् की सेना के हाथों पड़ जाते। इसी कारण आज भी वर्ष में तीन दिन चाण्डालों को भी श्री यादवाद्रिपति के मन्दिर में जाने का अधिकार मिला हुआ है।

श्रीहरि के अखण्ड, अनन्त, अद्वितीय, निराकार स्वरूप के समान ही उनके असंख्य साकार रूप भी नित्य हैं। इन साकार मूर्तियों में से कोई कोई कभी कभी धराधाम पर अवतीर्ण होकर धर्मग्लानि को दूर करके मानवमात्र का मंगल किया करती हैं। फिर कोई कोई अर्चा या प्रतिमा के रूप में अवतीर्ण

होकर सृष्टि के अन्त तक भक्तों की पूजा ग्रहण करते हुए उनकी मनोकामना पूर्ण किया करती हैं। इन समस्त पवित्र भगवद्-विग्रहों को श्रीहरि का अर्चावतार कहते हैं। अमरनाथ, केदारनाथ, चन्द्रनाथ, जगन्नाथ, द्वारकानाथ, बद्रीनारायण, श्रीनाथ, श्रीरामनाथ, ओंकारनाथ, पशुपतिनाथ, तारकनाथ, हिंगलाजेश्वरी, कालिका-माता आदि के समान ही श्री यादवाद्रिनाथ भी एक अर्चावतार हैं।

उन्हीं के सचल या उत्सव विग्रह सम्पत-कुमार को लाते समय सम्राट्पुत्री ने श्री रामानुज का पीछा किया था। सामान्य लोगों की स्थूल दृष्टि में सम्भव है वह देवविग्रह अन्य विग्रहों से किसी प्रकार से अलग न प्रतीत हो, पर यतिराज सूक्ष्मदर्शी थे। वे जानते थे कि साक्षात् श्री विष्णु ही अर्चारूप में अवतीर्ण होकर परम भक्तिमती सम्राट्कन्या लचिमार बीबी को कृतार्थ करने के लिए उनके पिता के हाथों बन्धित हुए थे और राजभवन में ले जाये जाकर उनसे मिले थे। अनेक जन्मों से अर्जित प्रगाढ़ भक्ति के बल से दिव्य दृष्टि पाकर लचिमार बीबी ने सम्पत-कुमार को अपने अभीष्ट-देवता के रूप में पहचान लिया था और उन्हें पतिरूप में वरणकर वे परमानन्द सागर में निमग्न रहती थीं। अतएव जब श्री रामानुज ने उनके प्रियतम को उनके पास से लेकर उन्हें अपार शोक-सागर में डुबा दिया, तब उनके तीव्र विरह के आवेग में उन्मादिनी होकर अपने इष्टदेव की खोज में जीवन उत्सर्ग कर देने के उनके संकल्प में आश्चर्य की क्या बात? स्थूलदर्शी सम्राट् ने इसे समझ न पाने के कारण अपनी पुत्री को उन्माद-ग्रस्त माना और वात्सल्य से वशीभूत होकर उन्होंने सोचा कि शायद अभीष्ट वस्तु प्राप्त हो जाने से उसका उन्माद शान्त हो जाय, अत: उन्होंने सेना के साथ उसे श्री रामानुज का पीछा करने की अनुमति दे दी थी।

सम्राट् की पुत्री अपनी विपुल सेना के साथ बिना भोजन-विश्राम किए अपने प्रियतम विग्रह की खोज में निरन्तर दक्षिण की ओर चलती रही, परन्तु पिता के राज्य की सीमा पार करके भी जब उसे उनकी खोज-खबर नहीं मिली, तो उसने प्राण त्यागने का संकल्प किया। विरह के ताप से उसके हृदय का मर्मस्थल दग्ध हो रहा था, नेत्रों से अश्रुधारा बह रही थी और उसे कैसे भी धीरज नहीं बँध रहा था। कुबेर की सांत्वना-वाणी का उस पर कोई प्रभाव नहीं पड़ा। वह केवल 'हा नाथ, हा नाथ' – कहकर अपने हृदय की असह्य वेदना व्यक्त करने लगी। एक रात सेना को बिना बताये ही उसने दक्षिण की ओर के गहन वन में प्रवेश किया। कुबेर ने उसका पीछा किया।

उन्मादिनी के समान बिना किसी ओर ध्यान दिये, एकमात्र अपने आराध्य का ध्यान करते हुए वह दक्षिणापथ की ओर चलने लगी। कुबेर बीच बीच में जंगली फल-मूल एकत्र करके उसके पास ले आता और वह इसके द्वारा अपनी भूख-प्यास का किंचित् शमन करते हुए अविश्रान्त भाव से प्रियतम की खोज में चलती रहती। केवल रात हो जाने पर रास्ता दिखाई न देने के कारण उसे ठहरने को बाध्य होना पड़ता।

इस प्रकार अनेक दिन यात्रा करने के बाद वह मेलकोट या यादवाद्रि पहुँची। नेत्रवालों के लिए सूर्य का प्रकाश देखने को किसी सहायता की आवश्यकता नहीं होती, उसी प्रकार उस हरिभक्ति-परायणा, ज्ञानांजन से विमल हुए नेत्रोंवाली राजकुमारी को अपने प्राणों से भी अधिक प्रिय सम्पत-कुमार से मिलने में किसी की सहायता की आवश्यकता नहीं हुई। अपने प्राणों की अनन्य व्याकुलता एवं प्राणेश्वर के अदम्य आकर्षण के फलस्वरूप शीघ्र ही उसकी चिराकांक्षित मिलन की आशा पूर्ण हुई। नदी मानो आकर सागर से मिल गयी। भूख से मृतप्राय व्यक्ति अमृत से भरा पात्र पाकर जैसे सन्तोष का अनुभव करता है, उसे उससे भी अधिक तृप्ति का बोध हुआ। उसकी अलौकिक भक्ति देखकर यतिराज तथा शिष्यगण विस्मित रह गए और मुसलमान कुल में जन्मी होने के बावजूद उसे मन्दिर के भीतर जाने से मना नहीं किया, क्योंकि वे जानते थे कि सच्चे भक्त की कोई जाति नहीं होती।

लचिमार बीबी का संसार-वन में भ्रमण समाप्त हो चुका था, उनके प्राणों की साध पूरी हो चुकी थी। उनके जीवन का बचा हुआ अंश उस प्रिय-समागम-जनित दिव्य-सम्भोग के अनिर्वचनीय सुख में व्यतीत हुआ। अन्ततः उनका पूत अंग श्रीमत् सम्पत-कुमार के अंग में विलीन हो गया। राजकुमार कुबेर अपने अभीष्ट देवता के समान ही लचिमार की सेवा किया करते थे। वे किसी अन्य देवता की उपासना नहीं करते थे। अपनी हृदय-राजेश्वरी के सम्पत-कुमार के अंग में विलीन हो जाने के बाद वे उस स्थान पर एक पल भी नहीं ठहर सके। समस्त यावनिक भाव त्यागकर वे अपनी यवन-देह शुद्धि करने की इच्छा से श्रीरंगम गए और श्री रंगनाथ स्वामी की शरण ली। मन्दिर में प्रवेश करने का अधिकार न होने पर भी, उन्होंने बाहर से ही अनन्य मन के साथ शेषशायी नारायण के पादपद्मों में आश्रय लिया। वे भिक्षा के लिए कहीं घूमने नहीं जाते। यदि कोई उन्हें कुछ दे देता, तो अपनी भूख-प्यास के निवारणार्थ वे उसी में से थोड़ा कुछ ग्रहण कर लेते।

इसी प्रकार यदृच्छालाभ-सन्तुष्ट होकर मौन भाव से कुछ काल बिताने के बाद एक दिन गम्भीर ध्यान के समय उन्हें सुनाई पड़ा –

प्रपन्न-मोक्षदानेऽहं दीक्षितो यवनेश्वर।
पतितानां मोक्षदाने जगन्नाथः प्रदीक्षितः ।।[१]

– अर्थात् "हे यवनेश्वर, मैं शरणागत वैष्णवों को मोक्षदान करने में दीक्षित हुआ हूँ और जगन्नाथ पतितों को मोक्षदान करने में दीक्षित हुए हैं।"

ऐसा निर्देश पाकर यवन भक्त ने अगले दिन प्रातःकाल ही जगन्नाथ-क्षेत्र की ओर प्रस्थान किया। कुछ माह बाद वे पुरीधाम पहुँचे और पतितपावन श्री पुरुषोत्तम की कृपा से दिव्य-चक्षु पाकर कृतार्थ हुए। विद्या-विनय-सम्पन्न ब्राह्मण, गो, हाथी, कुत्ता, चाण्डाल आदि समस्त जीवों के भीतर एकमात्र परमात्मा की उपलब्धि के द्वारा सर्वत्र समदर्शन की सामर्थ्य अर्जित करके वे पण्डित पद के सच्चे अधिकारी हुए।

एक बार महात्मा कुबेर तवे के ऊपर गेहूँ की रोटी बना रहे थे। उसी समय एक कुत्ता आया और सहसा रोटी को लेकर भागने लगा। इस पर वे घी का पात्र हाथ में लिए यह कहते हुए उसके पीछे दौड़ने लगे, "हे नारायण, जरा ठहरिए। रोटी में घी चुपड़ लेने दीजिए, नहीं तो आपको खाने में कष्ट होगा।"

जब तक देहात्म-बोध रहता है, तब तक मनुष्य जातित्व के अभिमान से कदापि मुक्त नहीं हो सकता। देह में ही नाम, वर्ण तथा आश्रम का अधिष्ठान है। देह ही ब्राह्मण, क्षत्रिय, वैश्य, शूद्र, मुसलमान, ईसाई, अंग्रेज, पारसी, हिन्दू आदि नामों से अभिहित हुआ करती है। अतः इसमें कोई सन्देह नहीं कि जो व्यक्ति देह को ही अपना सच्चा स्वरूप समझकर भी जातिभेद के प्रति निन्दासूचक कटाक्ष करता है, वह कभी निर्मल बुद्धि द्वारा परिचालित नहीं हो सकता। लचिमार बीबी तथा कुबेर भगवत्कृपा से देहात्मबोध से मुक्त हो गए थे, अतएव उनमें जातित्व का बन्धन नहीं रह गया था और श्री रामानुज ने भी परम भक्त मानकर उन्हें सम्मानित किया था। आज भी सम्राट्-पुत्री का पवित्र विग्रह दक्षिण के प्रत्येक वैष्णव-मन्दिर में पूजित होकर हिन्दूधर्म की सार्वभौमिकता प्रकट कर रहा है।

---

१. प्रपन्नामृतम्, ४८.२९-३०

अध्याय २९

कुरेश-प्रसंग

भक्ताग्रगण्य कुबेर के श्रीक्षेत्र की ओर प्रस्थान करने के बाद, बाह्यदृष्टिहीन, अन्तश्चक्षुमान, दुर्लभ गुरुभक्ति के परम पवित्र विग्रह, भक्तावतार, विद्वद्वर कुरेश भगवान सुन्दरभुज की पूजा करने की इच्छा से अपने स्त्री-पुत्र के साथ श्रीरंगम छोड़कर कृष्णाचल गए और वहाँ कुछ काल निवास किया। वहाँ निवास के दौरान उन्होंने श्रीस्तव, सुन्दरभुज-स्तव, अतिमानुष-स्तव तथा श्रीवैकुण्ठ-स्तव की रचना कर कृतार्थता का बोध किया था। वहाँ से वे अपने गुरुदेव श्री रामानुज के पादपद्म स्पर्श करने की कामना से यादवाद्रि गए और जब अपने अभीष्ट देवता के सम्मुख पहुँचे, तो प्रगाढ़ भक्तिपूर्वक उनकी अर्चना करते हुए उनके चरणों में लोट गए। यतिराज ने स्नेहपूर्वक उन्हें उठाकर सप्रेम दृढ़ आलिंगन देते हुए कहा, "आज मैं परम भक्त का स्पर्श पाकर पवित्र एवं कृतार्थ हुआ। अहा, आज मेरा कितना शुभ दिन है!" श्री रामानुज की मधुर वाणी सुनकर कुरेश के नेत्रों से आनन्दाश्रु बह चले तथा कण्ठ अवरुद्ध हो गया। उनकी पत्नी तथा पुत्र पराशर ने भी यतिराज का अतीव अनुग्रह पाकर परम आनन्द का अनुभव किया। वे लोग बड़े सुखपूर्वक उन्हीं के संग निवास करने लगे।

दो-एक दिन बाद श्री रामानुज ने कुरेश को कहा, "वत्स, तुम कांचीपुर जाकर नेत्रों के लिए श्री वरदराज से प्रार्थना करो, वे निश्चय ही तुम्हारी अन्धता का नाश करेंगे। दुराचारी कृमिकण्ठ भी परलोक सिधार गया है। अत: अब भय का कोई कारण नहीं रहा। अब देरी मत करो।" गुरु का आदेश पाकर कुरेश ने 'जो आज्ञा' कहा और कांचीपुर चल पड़े। वहाँ श्री वरदराज के पास जाकर वे मनसा-वाचा-कर्मणा उनकी शरण लेते हुए स्तव करने लगे। प्रणत-जनों के दु:खहर्ता वरदराज कुरेश की भक्ति पर सन्तुष्ट

होकर बोले, "वत्स, कुरेश, तुम क्या चाहते हो। बोलो, मैं उसे अभी पूर्ण करूँगा।" महामना कुरेश ने हाथ जोड़कर कहा, "भगवन्, आपकी कृपा से चतुर्ग्राम को परमपद प्राप्त हो।" श्री वरदराज ने 'तथास्तु' कहा। कुरेश पुनः उनका स्तव करने लगे। श्री वरदराज बोले, "तुम और क्या चाहते हो? बोलो, मैं उसे पूर्ण करूँगा।" इस पर कुरेश ने कहा, "चतुर्ग्राम के स्वामी भी परमपद को प्राप्त हों।" श्री वरदराज ने पुनः 'तथास्तु' कहा। यह सुनकर कुरेश के आनन्द की सीमा न रही। वे अपने को कृतार्थ मानकर अपनी अन्धता के विषय में पूर्णतः भूलकर मन्दिर से अपने निवास पर लौट आए।

इस चतुर्ग्राम का स्वामी ही वह पाषाणहृदय दुराचारी था, जिसने कुरेश के दोनों नेत्र निकाल डाले थे। जो ऐसे भयंकर शत्रुओं को भी परमसुख में भागीदार बनाकर स्वयं को कृतार्थ मानते हुए आनन्दित हो सकते हैं, उन्हें क्या कहा जाय? उन्हें देवता कहना भी समीचीन न होगा, क्योंकि देवगण भी सर्वदा दैत्यों के विनाश की चेष्टा में लगे रहते हैं। अतः उनका हृदय क्या कुरेश के विशाल हृदय के समतुल्य हो सकता है? ये भगवान की साक्षात् भक्तमूर्ति थे अर्थात् भगवान को यदि भक्त का रूप धारण करने की इच्छा हो, तो वे कुरेश के समान महापुरुष के स्वरूप का ही आश्रय लिया करते हैं। इसीलिए श्रीरामकृष्ण कहा करते थे कि भागवत, भक्त और भगवान – इन तीनों के बीच कोई भेद नहीं है। जो कोई इन तीनों में भेद देखता है, उसका भगवद्विषयक ज्ञान अब भी दूर की बात है।

यादवाद्रि में स्थित श्री रामानुज ने जब लोगों के मुख से सुना कि कुरेश ने अपने शत्रुओं का मंगल-विधान करके स्वयं को कृतकृत्य कर लिया है और अपनी दृष्टि की प्राप्ति के लिये कोई प्रयास नहीं किया, तो उन्होंने एक शिष्य के माध्यम से उन्हें आदेश भेजा, "वत्स कुरेश! तुम्हारे अलौकिक आनन्द-प्राप्ति करने की बात सुनकर मुझे असीम सुख हुआ है। परन्तु इसमें तुमने स्वयं ही आनन्द पाकर किंचित् स्वार्थपरता का भाव दिखाया है। अतएव अब मैं तुम्हें आदेश देता हूँ कि मुझे परम सुखी करने के लिए श्री वरदराज के चरणों से अपने नेत्रों की भिक्षा माँग लो। तुम्हें क्या विदित नहीं कि तुम, तुम्हारा शरीर तथा मन – यह सब मेरे हैं, तुम्हारे नहीं?"

कुरेश अपने गुरुभाई के मुख से इस परम अनुग्रह का संवाद पाकर आनन्द से नृत्य करने लगे और बोले, "आज मैं कृतार्थ हो गया। यतिराज

ने इस महाविषयी को अंगीकार करके अपने अनन्त हृदय की अनन्त महिमा प्रकट की है। मैं इसी क्षण श्री वरदराज के पादपद्मों में शरणागत होकर उनसे यतिराज के लिए अपने दोनों नेत्रों की भिक्षा माँग लूँगा।'' यह कहकर वे द्रुत वेग से चलकर सर्वाभीष्ट-पूरक श्री वरदराज के आनन्दमय सर्वजनमोहक विग्रह के सम्मुख जा पहुँचे और परम भक्तिपूर्वक उनका स्तव करने लगे। भक्तों के सन्तापहारी श्रीहरि ने कुरेश के प्रति सन्तुष्ट होकर कहा, ''वत्स कुरेश, तुम पुनः क्या माँगने आए हो? तुम्हारे लिए मेरे पास कुछ भी अदेय नहीं है। बोलो, मैं अभी तुम्हारे सारे मनोरथ पूर्ण कर दूँगा।'' इस पर कुरेश ने स्वयं को कृतार्थ मानकर कहा, ''भगवन्, कुछ काल पूर्व मैं अपने अभीष्ट देवता की दो प्रिय वस्तुएँ अपने दुर्भाग्य से खो बैठा हूँ। आपकी कृपा से आज पुनः उनकी प्राप्ति हो जाय।'' श्री वरदराज बोले, ''वत्स, इसी क्षण दो दिव्य नेत्र तुम्हारे परम पवित्र देह की शोभा बढ़ाते हुए तुम्हारे अभीष्ट देवता के अतिशय आनन्द के कारण बनें। तुम्हारे समान पवित्र भक्तों के दर्शन तथा सेवा हेतु ही मैं इस मर्त्यलोक में निवास कर रहा हूँ। जैसे भक्तगण मेरे दर्शन तथा सेवा के लिए प्रार्थना किया करते हैं, वैसे ही मैं भी भक्तों के दर्शन-सेवन को अपनी आनन्दप्राप्ति का एकमात्र उपाय समझता हूँ। ज्योतिहीन सूर्य के समान ही भक्तरहित भगवान भी अबोधगम्य हैं। सुन्दरी को निराकार कहना जैसा निरर्थक है, भक्तों से रहित भगवान कहना भी वैसा ही है।''

श्रीहरि की यह अमृतमयी वाणी सुनकर कुरेश परम आनन्द की अनुभूति से आत्मविस्मृत हो गए और चेतना लौटने के साथ जब उन्हें देहात्मबोध हुआ, तो अपने दोनों नेत्र पुनः पाकर उन्हें असीम हर्ष हुआ और वे सामने स्थित भगवान के विग्रह की ओर देखकर आँसू बहाते हाथ जोड़कर कहने लगे, ''भगवन्, तुम्हीं ने दिया था, तुम्हीं ने ले लिया और आज फिर तुम्हीं ने वापस कर दिया। हे इच्छामय, तुम्हारी दुर्बोध्य लीला का गाम्भीर्य मेरे समान क्षुद्र जीव भला कैसे समझ सकेगा? 'आदावन्ते च मध्ये च' – आदि, अन्त तथा मध्य में तुम आनन्दघन हो। तुम्हारी सृष्टि आनन्दमयी है, तुम्हारी पालन-क्रिया आनन्दमयी है और तुम्हारी प्रलयकारिणी निद्रा भी आनन्दमयी है। मेरे समान अज्ञानान्ध जन ही तुम्हारे तथा तुम्हारी सृष्टि के सुखस्वरूप को दुःखस्वरूप समझकर दुःखपूर्वक जीवन बिताते हैं। आज तुम्हारी कृपा से मेरा अज्ञान दूर हुआ। अहो, मेरा कैसा सौभाग्य है! तुम्हारी कैसी कृपा है!''

ऐसा कहते कहते कुरेश आनन्दपूर्वक नृत्य करने लगे। उनका छलकता आनन्दाश्रु चारों तरफ खड़े लोगों को शन्तिजल से सिक्त करने लगा। उनके दोनों नेत्रों की ज्योति पुन: लौटी देख सभी अत्यन्त विस्मित हुए और सम्मुख स्थित भगवान तथा भक्त दोनों के ही प्रति उनमें प्रगाढ़ भक्ति का उद्रेक हुआ। वे लोग अपने को परम भाग्यवान तथा कृतार्थ मानने लगे। मित्रों द्वारा सम्मानित होने के बाद कुरेश मन्दिर से अपने निवास को लौटे।

शीघ्र ही यह समाचार सर्वत्र फैल गया और सभी श्री रामानुज तथा उनके शिष्यों को अलौकिक-शक्ति-सम्पन्न समझने लगे। दक्षिणी भारत के आबाल-वृद्ध-वनिता – सभी उन लोगों को ईश्वर-प्रेरित धर्मसुधारक मानने लगे। कहते हैं कि अपने भयानक शत्रु के प्रति भी कुरेश के परम अनुग्रह की बात सुनकर श्री रामानुज ने दोनों हाथ उठाकर सबके समक्ष नृत्य करते हुए कहा था, "मेरे लिए परमपद की प्राप्ति निश्चित है, अब मैं इसके लिए जरा भी चिन्तित नहीं हूँ; क्योंकि कुरेश जब अपने शत्रुओं को भी मुक्तिदान कर सका है, तो फिर इसमें सन्देह नहीं कि उसके प्रभाव से मैं भी मुक्त हो जाऊँगा।" अपने शिष्यों तथा भक्तों की महिमा बढ़ाना ही ईश्वर-तुल्य महापुरुषों का स्वाभाविक गुण है।

अध्याय ३०

शिष्यों की अलौकिक गुणावली

यतिराज ने शिष्यों के साथ श्रीरंगम लौटने के लिए यादवाद्रि से विदा ली और मार्ग में भगवान सुन्दरबाहु के पूजनार्थ कुछ काल वृषभाचल में निवास किया। यह स्थान वर्तमान मदुरा के निकट स्थित है। पूर्वकाल में आण्डाल ने स्वरचित स्तव में भगवान सुन्दरबाहु से प्रार्थना की थी –

कुरुषे यदि मां देव पाणिग्रहणमङ्गलम्।
क्षीराद्यनेकसंयुक्त गुडान्नस्य घटीशतम्
समर्पये हरे तुभ्यं नवनीतघटीशतम्।।[१]

– "हे हरि, यदि तुम मेरा पाणिग्रहण रूपी मंगल-विधान करो, तो मैं तुम्हें दूध आदि उत्तम द्रव्यों से बने सौ घड़े मीठे चावल तथा सौ घड़े मक्खन समर्पित करूँगी।"

प्रभु ने आण्डाल की यह प्रार्थना पूर्ण की थी। वे प्रेममयी देवीस्वरूप सती श्रीहरि को अपने पति के रूप में पाकर तत्क्षण उन्हीं में विलीन हो गयीं, अतः अपना वचन पूरा नहीं कर सकी थीं। अतः श्री रामानुज ने आण्डाल के मानसिक संकल्प को पूरा करने के लिए भगवान सुन्दरबाहु को सौ घड़े मीठे चावल तथा सौ घड़े मक्खन का भोग लगाया। भ्राता के रूप में यह कार्य सम्पन्न करने के कारण वे गोदाग्रज अर्थात् गोदा या आण्डाल के ज्येष्ठ भ्राता के रूप में विख्यात हैं।

इसके बाद आण्डाल की जन्मभूमि देखने की इच्छा से वे श्री विलिपुत्तुर गए। वहाँ शेषशायी नारायण का दर्शन करने के उपरान्त उन्होंने आण्डाल

---

१. प्रपन्नामृतम्, ५३.३-४

के मन्दिर में प्रवेश किया और प्रेमपूर्वक उनकी पूजा व स्तुति करके स्वयं को धन्य माना। वहाँ कुछ काल निवास करके वे कुरुका नगरी गए और वहाँ से चलकर और भी कतिपय पवित्र स्थानों का दर्शन करते हुए अन्ततः वे अपने शिष्यों के साथ श्रीरंगम में शेषशायी नारायण का दर्शन करते हुए अपने मठ में जा पहुँचे । यतिराज के शुभागमन से वहाँ के समस्त नर-नारियों में मानो नये प्राण का संचार हुआ।

महात्मा कुरेश अपने गुरुदेव के आगमन का संवाद पाकर दौड़ते हुए उनके चरणों में प्रणत होने को चल पड़े। उनकी सहधर्मिणी तथा पुत्र पराशर भी उनके पीछे पीछे चले आ रहे थे। जो, जहाँ, जिस भी अवस्था में था, तत्काल श्री रामानुज का दर्शन करने चल पड़ा। यतिराज के मठ की ओर जनस्रोत प्रवाहित होने लगा। मठ में महोत्सव का सा वातावरण हो गया। कुरेश यतिराज से और यतिराज कुरेश से मिलकर अनिर्वचनीय आनन्द का आस्वादन करने लगे।

दो वर्ष बीत जाने के बाद भक्ताग्रगण्य कुरेश के शरीर को वार्धक्य-प्राप्ति हो जाने से उन्हें शय्याशायी होना पड़ा। उसी अवस्था में कुछ काल व्यतीत करने के उपरान्त उनका अन्तिम समय आ पहुँचा और वे भक्तों से परिवृत, यतिराज की उपस्थिति में, उच्च स्वर में हरिनाम सुनते, आनन्दाश्रु विसर्जित करते श्रीगुरु की पादुकाओं को हृदय से लगाये मर्त्यधाम को त्यागकर परमपद को प्राप्त हुए। इन महाभक्त के वियोग से कुछ काल के लिए सभी लोग शोकमग्न हो गए। यतिराज के नयनों से अविरल अश्रुधार बहने लगी। उन्होंने स्वयं को सँभाला और सबको सांत्वना-वाणी तथा ज्ञानगर्भित उपदेश द्वारा शान्त करके कहने लगे, ''हे भक्तगण, आज से तुम लोग इन कुरेशनन्दन, परन्तु वस्तुतः श्रीरंगनाथ स्वामी की सन्तान पराशर को अपने राजा के रूप में ग्रहण करो। भविष्य में ये ही विपुल वैष्णव-सम्प्रदाय को वशीभूत रखने में समर्थ हैं। इनकी भक्ति भी पिता के ही समान है और सहज ज्ञान-गाम्भीर्य में ये अतुलनीय हैं।''

यह कहकर यतिराज ने स्वयं ही पराशर को सिंहासन पर बैठा दिया और उनके शीश पर पुष्प-मुकुट तथा गले में माला पहनायी। इसके बाद उन्होंने सभी भक्तों को उन्हें आशीर्वाद देने का निर्देश देकर स्वयं उनका आलिंगन करते हुए अपनी वैष्णव-शक्ति से पराशर को पूर्ण करके उन्हें कृतकृत्य तथा परम भाग्यवान बना दिया।

कुरेश की पवित्र देह का कावेरी के तट पर दाह किया गया और उस दिन सबने संकीर्तन महोत्सव मनाया। यतिराज के प्रभाव से किसी के भी मन में दु:ख का लेश तक न रहा। दिग्दिगन्त से सैकड़ों ब्राह्मण, वैष्णव, दीन, दरिद्र, अन्ध, पंगु आकर श्रीरंगनाथ स्वामी का प्रसाद भरपेट पाते हुए अपने को परम सुखी तथा परम सौभाग्यवान समझने लगे।

महात्मा कुरेश के वैकुण्ठ-गमन के पश्चात् यतिराज श्रीरंगम त्यागकर अन्यत्र कहीं नहीं गए। विभिन्न स्थानों से उनका दर्शन करने की कामना लिए इतने नर-नारियों का वहाँ समावेश होता कि उनकी गणना ही नहीं हो सकती थी। उस समय उनकी आयु साठ वर्ष थी। इसके बाद भी वे साठ वर्ष तक शिष्यों से परिवृत होकर समस्त लोकों का कल्याण करते हुए परम सुख के साथ श्री रंगनाथ स्वामी के चरणों में रहे। आन्ध्रपूर्ण सदा उनकी सेवा में लगे रहते थे। श्री रामानुज ही उनके सर्वस्व थे। उनके अतिरिक्त वे किसी अन्य ईश्वर को नहीं जानते थे।

एक बार श्री रंगनाथ स्वामी अपने दल-बल के साथ भक्तों को दर्शन देकर कृतार्थ करने के लिए मन्दिर के बाहर आए हुए थे। उनका दर्शन करने की इच्छा से जो जहाँ थे, वहीं से आकर पथ के मध्य में अनेक वाहकों द्वारा ले जाये जाते हुए पुष्पराशि-सुशोभित, त्रिलोकनाथ, लक्ष्मीसहाय भगवान की पूजा करने लगे। श्री रामानुज भी शिष्यों के साथ अपने मठ से निकलकर आए और भगवान का दर्शन एवं पूजन कर स्वयं को कृतार्थ मानने लगे। आन्ध्रपूर्ण उस समय यतिराज के लिए दूध उबाल रहे थे। वे उसे चूल्हे से उतारकर अनायास ही श्री रंगनाथ स्वामी का पूजन करने जा सकते थे, परन्तु उनके मन में एक क्षण के लिए भी ऐसा करने की कामना उत्पन्न नहीं हुई। वे गुरुसेवा को ही सर्वश्रेष्ठ मानते थे, अत: उसे छोड़कर वे अन्य कोई भी कर्म करना नहीं चाहते थे। अत: यतिराज ने जब उनसे पूछा, "हम सभी देव-दर्शन को बाहर गए थे, उस समय तुम अकेले ही मठ में रहकर क्या कर रहे थे?" इसके उत्तर में आन्ध्रपूर्ण ने कहा, "हे दीनशरण, बाहर स्थित देवता की उपासना से गृहदेवता की सेवा में त्रुटि होगी, यह सोचकर मैं बाहर जाकर श्री रंगनाथ स्वामी का दर्शन-लाभ नहीं कर सका। उस समय मैं रसोईघर में व्यस्त था।" यह सुनकर श्री रामानुज तथा सभी शिष्य परम विस्मित तथा सन्तुष्ट हुए।

यतिराज के सभी शिष्य परम गुणवान थे। अनन्ताचार्य नामक जो शिष्य गुरुदेव का आदेश शिरोधार्य कर अपनी पत्नी के साथ श्रीशैल (तिरुपति)

जाकर निवास कर रहे थे, वे भगवत्कार्य को ही जीव का एकमात्र अवलम्बन समझकर प्रतिक्षण उन्हीं की उपासना में लगे रहते थे। श्रीशैल में रहते हुए उन्होंने देखा कि जल के अभाव में वहाँ के भक्तगण बड़ा कष्ट पा रहे हैं। अत: अपने ही हाथों उन्होंने वहाँ एक तालाब खोदने का संकल्प किया। शीघ्र ही उन्होंने खनन-कार्य आरम्भ भी कर दिया। उनकी भार्या खुदी हुई मिट्टी को सिर पर उठाकर दूर फेंक आती थीं। अनेक वर्ष तक वे इस कार्य में लगे रहे। एक बार उनकी सहधर्मिणी गर्भवती अवस्था में ही खोदी हुई मिट्टी को वहन करते हुए धीमे कदमों से चलकर उसे दूर फेंक रही थीं। वास्तव में उस समय वे बड़ी थकान का अनुभव कर रही थीं। कई बार बोझ ढोने के बाद जब वे विश्राम के लिए एक वृक्ष की छाया में बैठीं, तो प्रगाढ़ निद्रा में डूब गयीं। कहते हैं कि सर्व लोकों के सन्तापहारी श्रीहरि ने यह देखकर स्वयं ही उनका रूप धारण किया और पात्र लेकर मिट्टी ढोने लगे। वे इतनी शीघ्रतापूर्वक वह कार्य पूरा करने लगे कि खनन-कार्य में लगे अनन्ताचार्य ने सन्देहपूर्वक उनकी ओर देखते हुए पूछा, "जब हमने कार्य आरम्भ किया, उस समय तो तुम पाँव भारी होने के कारण बहुत धीरे धीरे मिट्टी ढो रही थी और अब तक तो और भी थक जाना था, परन्तु देखता हूँ कि तुम एक बलिष्ठ युवक के समान फुर्ती से काम कर रही हो। इसका कारण क्या है?" ऐसा पूछे जाने पर उनकी पत्नी का रूप धरे भगवान, कोई उत्तर देने के स्थान पर, हल्के से मुस्कुराते हुए उनकी ओर देखने लगे। इस पर अनन्ताचार्य का सन्देह और भी बढ़ गया और वे काम छोड़कर कुदाल हाथ में लिए तालाब के बाहर निकल आए। उन्होंने देखा कि निकट ही एक वृक्ष के नीचे उनकी सहधर्मिणी प्रगाढ़ निद्रा में डूबी हुई हैं। तब उन्होंने रोषपूर्ण नेत्रों के साथ प्रहार करने को कुदाल उठाकर उस मृदु हास्यमयी नारी की ओर देखते हुए कहा, "तुम महा मायावी हो। पूरे जगत् को अपनी माया से अभिभूत करके भी तुम्हें सन्तोष नहीं हुआ। आज तुमने इस निरपराध अकिंचन ब्राह्मण दम्पति का दासत्व नष्ट करने के लिये स्त्रीवेश धारण किया है। हम तुम्हारे भक्त हैं। तुम्हारी माया में भला इतनी शक्ति कहाँ, जो तुम्हारे दासों का कोई अपकार कर सके? तुम स्वयं मंगलमय हो, तथापि भक्तों का अमंगल तुम्हारा ही अमंगल है। बोलो तो, अपने दासों के लिये तुम्हें क्या नहीं करना पड़ा है? कौन नहीं जानता कि तुम्हें तप्त तेल में तला गया है, हाथी के पैरों-तले रौंदा गया है, क्षत्रियों का दूत तथा सारथी बनना पड़ा है,

वनवास भोगना पड़ा है, गोपिकाओं द्वारा रस्सी से बाँधा गया है और इस प्रकार अनेक निम्न प्रकार के क्लेश तुम्हें सहने पड़े हैं? अतएव हे नाथ, हमारे दासत्व की हानि के द्वारा अमंगल करके क्यों स्वयं भी अमंगल के भागी बनते हो?''

ऐसा कहते कहते परम भागवत अनन्ताचार्य भगवद्दर्शन से उत्पन्न आनन्दाश्रु विसर्जित करने लगे। कुदाल उनके हाथ से खिसककर भूमि पर गिर पड़ी। उस हास्यमयी नारीमूर्ति ने क्रमशः सर्वांग-सुन्दर श्रीकृष्ण का परम मोहन रूप धारण कर लिया। उनके दर्शन से आनन्द की पराकाष्ठा की अनुभूति करके स्तुति करते हुए अनन्ताचार्य संज्ञाहीन होकर भूमि पर गिर पड़े। इसी बीच भगवान की कृपा से उनकी सहधर्मिणी की भी निद्रा टूट गयी और वे भी अपने पतिदेव द्वारा स्तूयमान जगन्मोहन का दर्शन कर, उन्हीं के समान आनन्दविभोर होकर उनके पास जा खड़ी हुईं। भगवान भी अपने भक्तों के प्रति विपुल अनुग्रह व्यक्त करने के बाद अपनी माया के परदे की ओट में अदृश्य हो गए। अनन्ताचार्य द्वारा खुदा हुआ सरोवर आज भी श्रीशैल में 'अनन्त-सरोवर' के नाम से विख्यात होकर उन महात्मा की यश-घोषणा कर रहा है।

उदार एवं निर्मल हृदयवाले भक्तों के प्रति श्री रामानुजाचार्य की कैसी प्रगाढ़ भक्ति थी, इसे निम्नोक्त घटना द्वारा विशेष रूप से समझा जा सकता है। एक बार एक सरलचित्त भक्तिपरायण ब्राह्मण यतिराज के पास आकर बोले, ''महात्मन्, मैं आपकी सेवा के द्वारा अपनी आत्मा को पवित्र करना चाहता हूँ। आप सर्व-लोक-पावन परमगुरु हैं। आपकी सेवा करके मुझे फिर कभी त्रिविध तापों के हाथ में पड़कर असंख्य दुःख नहीं भोगने पड़ेंगे।'' इस पर श्री रामानुज ने कहा, ''हे विप्र, आपका संकल्प उत्तम है। दासत्व के अतिरिक्त जीव की मुक्ति का दूसरा कोई उपाय नहीं है। यदि आप दासत्व के द्वारा मुझे आनन्द प्रदान करना चाहते हैं, तो फिर मेरे साथ रहकर आपको क्या करना होगा, यह मैं बता दूँगा।'' इस पर सद्गुण-सम्पन्न द्विज आग्रहपूर्वक बोले, ''प्रभो, अभी बताइए। मैं करने को तैयार हूँ।''

श्री रामानुज ने उनका तीव्र आग्रह देखकर कहा, ''विप्रवर, आज से मैंने ऐसा संकल्प किया है कि परमपावन विप्र-पादोदक का पान करके देह-मन को पवित्र करके ही मैं प्रतिदिन पूजा में बैठा करूँगा। आज भाग्यवश भगवत्कृपा से मुझे आपके समान विशुद्ध-स्वभाव ब्राह्मण प्राप्त हुए हैं, अतः आप यहीं

निवास करते हुए प्रतिदिन अपना पवित्र पादोदक देकर मुझे कृतार्थ करें। यही मेरी सच्ची सेवा होगी।''

सरलता की प्रतिमूर्ति उदार ब्राह्मण ने अपनी स्वीकृति दी। वे प्रतिदिन मठ में ही यतिराज की प्रतीक्षा करते। मध्याह्न के समय श्री रामानुज परमपूत कावेरी के जल में स्नान करके के बाद उन विप्र का श्रीपाद-तीर्थ सेवन करके प्रतिदिन इष्टपूजा में बैठते। एक बार किसी शिष्य के निमंत्रण पर वे कावेरी में स्नान के बाद भिक्षा के लिए उसके घर गए थे। वहाँ पूजा आदि के उपरान्त श्रीमन्नारायण का प्रसाद ग्रहण करने तथा थोड़ी देर विश्राम के बाद वे समवेत बहुत-से भक्तों के साथ भगवच्चर्चा करते रहे। एक प्रहर रात बीत जाने के बाद वे अपने मठ लौटे। मठ में प्रविष्ट होकर यतिराज ने देखा कि वे उदारचरित ब्राह्मण तब भी निर्दिष्ट स्थान पर बैठे उनकी प्रतीक्षा कर रहे थे। यतिराज ने विस्मित होकर उनसे पूछा, ''महात्मन्, आप क्या मेरी प्रतीक्षा कर रहे हैं? आपका भोजन आदि तो हुआ है न?'' ब्राह्मण ने हास्यपूर्वक कहा, ''आपका दासत्व किए बिना मैं भला कैसे प्रसाद ग्रहण कर सकता हूँ?'' विप्र की इस बात पर यतिराज परम सन्तुष्ट होकर बोले, ''धन्य हैं आप! आप दास्यभक्ति की पराकाष्ठा तक पहुँच चुके हैं। आपके समान महापुरुषों का ही दासत्व पर अधिकार है। भक्ति के बल से आपने चिरकाल के लिए भगवान को अपने हृदय में आबद्ध कर लिया है।'' यह कहकर उन्होंने बारम्बार उनके पादोदक का सेवन किया और अपने समस्त सेवकों को भी कराया। यतिराज के प्रभाव से विप्रवर भी कृतकृत्य हो गए।

अध्याय ३१

मूर्ति-प्रतिष्ठा और तिरोभाव

श्रीरंगम लौटने के लिए श्री रामानुज के यादवाद्रि से प्रस्थान करते समय वहाँ के भक्तगण उनसे बिछुड़ने के भय से बड़े दु:खी हुए थे। उस समय यतिराज ने अपनी पत्थर की प्रतिमा बनवाकर उसमें अपनी शक्ति का संचार करके भक्तों को सौंपते हुए कहा था, "मेरे परम प्रियगण, मेरी इस प्रतिमा को तुम लोग मेरा ही स्वरूप समझना। मेरा दर्शन करने की इच्छा प्रबल हो, तो इसके दर्शन से ही तुम्हें नि:सन्देह शान्ति मिलेगी। यह बताने के बाद उन्होंने भक्तों से विदा ली थी।

इसके कुछ काल बाद उनकी जन्मभूमि महाभूतपुरी (श्रीपेरम्बुदुर) के निवासी भक्तों ने भी उनकी एक प्रस्तरमयी प्रतिमा बनवाकर उसमें विधिपूर्वक प्राण-प्रतिष्ठा करके एक विशाल मन्दिर में उसकी स्थापना की थी। कहते हैं कि रामानुज उस समय श्रीरंगम के अपने मठ में बैठकर शिष्यों के समक्ष शास्त्र-व्याख्या कर रहे थे। व्याख्या करते करते वे सहसा मौन हो गए, उनका सारा शरीर जड़वत् नि:स्पन्द हो गया और दोनों नेत्रों से रक्त की दो बूँदें टपक पड़ीं। थोड़ी देर बाद चेतना लौटने पर, विस्मित तथा इसका कारण जानने को उत्सुक शिष्यों के पूछने पर उन्होंने बताया, "आज महाभूतपुरी के निवासी भक्तों ने मुझे प्रेमपाश में आबद्ध कर डाला है। उन्होंने मेरी प्रस्तर की प्रतिमा में प्राण-प्रतिष्ठा करके अभी अभी नेत्रोन्मीलन की क्रिया सम्पन्न की है।" यह सुनकर उनके शिष्यों ने साक्षात् श्री गुरुमूर्ति को अपने सामने देखकर स्वयं को सर्वाधिक भाग्यवान समझा।

नि:सन्देह श्रीरंगम के निवासी परम भाग्यशाली थे, क्योंकि यतिराज ने अपने जीवन के अन्तिम साठ वर्ष श्रीरंगनाथ स्वामी के चरणों को छोड़ अन्यत्र कहीं भी प्रवास नहीं किया था। सभी दिशाओं से सहस्रों नर-नारी उनका

दर्शन तथा भक्तिरसमय, ज्ञानगर्भित, अमृतोपम वाणी का श्रवण करने की कामना से वहीं आया करते थे। उनके दर्शन तथा सत्संग से शुद्धचित्त होकर वहाँ आए भक्तगण आशातीत आनन्द एवं धन्यता का बोध करते हुए अपने अपने स्थानों को लौटते। अल्पकाल के भीतर ही सम्पूर्ण दक्षिणी भारत उनके सर्वसन्तापहारी उपदेशों के प्रभाव में आकर, श्रीमन्नारायण के पादपद्मों का सान्निध्य पाकर रामराज्य के समान प्रतिभात होने लगा। इस प्रकार साठ वर्ष तक "बहुजन-हिताय बहुजन-सुखाय" मर्त्यलोक में निवास करते हुए, पृथ्वी को वैकुण्ठ के समान सुखों की अधिकारिणी तथा अपने शिष्यों को सभी विषयों में अपने ही समान गुणवान बनाने के पश्चात् महामना, लक्ष्मणावतार, उभयविभूतिपति, भगवान श्री रामानुजाचार्य ने परमपद में प्रवेश करने की इच्छा से अपनी चित्तवृत्तियों को अन्तर्मुखी करते हुए मौन-भाव धारण किया।

इसके पूर्व भी उन्होंने किसी किसी शिष्य के समक्ष अपना अभिप्राय व्यक्त किया था, परन्तु उन लोगों ने इसका अनुमोदन नहीं किया था। अतः जब सम्पूर्ण शिष्य-मण्डली को आचार्य के मौन धारण कर लेने का कारण ज्ञात हुआ, तो वे सभी पितृमातृहीन, अनाथ, असहाय बालकों के समान अत्यन्त विकल होकर आँसू बहाने लगे। कोई कोई तो शोक का आवेश संवरण न कर पाने के कारण उच्च स्वर में रुदन कर उठे। इससे भक्तवत्सल यतिराज का चित्त चंचल हो जाने से उनका ध्यान भंग हो गया और उन्होंने सेवकों की व्यथा देखकर कहा, "वत्सगण, तुम लोग अज्ञानियों के समान ऐसे विकल क्यों हो रहे हो? मैं नित्य तुम लोगों के हृदय में निवास करता हूँ। तुम्हें छोड़कर एक पल भी रह पाना मेरे लिए असम्भव है। अतएव तुम लोग क्यों नारीसुलभ मोह के वशीभूत होकर बालवत् आचरण कर रहे हो?" इस पर समस्त शिष्य एक स्वर में बोल उठे, "हे देववर, यह सत्य है, तथापि आपकी परमपावनी, श्रीनिकेतनी, सर्वसन्ताप-हारिणी, परमानन्द-दायिनी भागवती तनु का अदर्शन हमारे लिये बड़ा दुःसह है। अतः अपनी सन्तानों के प्रति विशेष अनुग्रह व्यक्त करते हुए और भी कुछ काल के लिए इसे रहने दीजिए।"

भक्तों के हृदय में सुख का विधान करना ही जिनके जीवन का स्वाभाविक व्रत था, उन सर्वाभीष्ट-पूरक आचार्यवर ने शिष्यों की प्रार्थना पर और भी तीन दिवस मर्त्यलोक में निवास करने को सहमति दी। उन्होंने समस्त भक्तों को अपने निकट बुलवाकर उन्हें चौहत्तर उपदेश-रत्न प्रदानकर, उन्हें तथा समग्र

जगत् को चिरकाल के लिए ऋणी बना लिया। लौकिक रत्नों की तुलना में वे कितने अधिक मूल्यवान हैं, यह इन दोनों की शक्ति के विषय में थोड़ी चर्चा करने से सहज ही समझ में आ जायेगा। सोना, चाँदी, हीरे, जवाहरात आदि मनुष्य को लौकिक जीवन में किंचित् सुखभोग का अधिकारी बना सकते हैं और वह भी केवल उन्हीं लोगों के लिए सम्भव है, जो दूसरों का अनिष्ट करना नहीं चाहते तथा जिनकी सद्बुद्धि द्वारा परिचालित आत्मा में मलिनता का परिमाण अत्यल्प है; परन्तु जो कोई परम भाग्यवान इन उपदेश-रत्नों में से किसी एक को भी अपना सके हैं, उनके इहलौकिक सुखभोग का तो कहना ही क्या, भावी जीवन में भी वे अविच्छिन्न आनन्द के भोक्ता होकर वास्तव में स्वयं को धन्य बना लेंगे।

भक्तों को सच्चे धन से सम्पन्न करने के बाद यतिराज ने शिष्यों से कहा, "अब तुम लोगों का सारा अज्ञान दूर हो चुका है। तुम्हें सम्यक् बोध हो चुका है कि भागवत, भक्त और भगवान एक हैं। अत: सच्चा भक्त भला कैसे भगवान से पृथक् हो सकता है? इसलिए इस नश्वर शरीर के छूट जाने पर तुम लोग शोक मत करना।" इस पर दाशरथि, गोविन्द, आन्ध्रपूर्ण आदि कुछ शिष्यों ने कहा, "जिन चरणों के स्पर्श से हमारे समान अगणित अज्ञानान्ध-जन मृत्युजननी अविद्या के हाथ से मुक्त हो गए, जो विशाल श्रीधाम उन्नतहृदय जीव के प्रति करुणा से परिपूर्ण श्री विष्णु के चरणों से अंकित है, जिस मुखपद्म से परमपावनी वाङ्मयी गंगा प्रवाहित होकर समग्र भारतखण्ड को वैकुण्ठ-तुल्य बना चुकी हैं; हे समस्त जीवों के शरण, उन समस्त अंगों की समष्टिभूत आपकी सर्व-शक्तिमयी काया नश्वर-बुद्धिवाले जीवों को अनश्वरता प्रदान करके भी क्या नश्वर कही जा सकती है? हमारा जीवदेह नश्वर है, परन्तु आपकी भागवती तनु नित्य है। अतएव ऐसा विधान कीजिए कि हम आपकी श्रीमूर्ति के दर्शन से वंचित न हों।"

शिष्यों की अश्रुवारि-सिंचित ऐसी प्रार्थना सुनकर भक्तजन-हृदय-कमल-उल्लासकारी, भक्ति की प्रतिमूर्ति, अस्तप्राय ज्ञानसूर्य उन सबके अन्तर का अन्धकार मिटाते हुए बोले, "अविलम्ब कुछ निपुण मूर्तिकारों को बुलाकर उन्हें मेरी प्रस्तरमयी प्रतिमा बनाने का आदेश दो।" शिष्यों ने तत्काल इस निर्देश का पालन किया। तीन दिनों के भीतर यतिराज का प्रतिरूप तैयार हो गया। तब यतिराज ने अपनी प्रतिमूर्ति को शुद्ध कावेरी-जल से स्नान कराने के बाद वेदी पर स्थापित करते हुए "ब्रह्मरन्ध्रं समाघ्राय स्वशक्तिं तत्र दत्तवान्"

अर्थात् उसके ब्रह्मरन्ध्र पर निःश्वास छोड़ते हुए उसमें अपनी शक्ति संचरित की और शिष्यों को सम्बोधित करते हुए बोले, "वत्सगण, ये ही मेरे द्वितीय स्वरूप हैं। इनमें और मुझमें कोई भेद नहीं। मैं यह जीर्ण देह त्यागकर सम्मुख स्थित नवीन देह धारण करता हूँ।" यह कहकर महामना रामानुज ने अपना शीश गोविन्द की गोद में और चरणकमल आन्ध्रपूर्ण की गोद में रखकर –

गोविन्दाङ्के विधायाथ शिरः शेते महामनाः ।
आन्ध्रपूर्णस्य चोत्संगे सम्प्रसार्यांघ्रिपंकजे ।।

और अपने सम्मुख स्थापित निज गुरु श्री महापूर्ण की पादुकाओं का दर्शन करते हुए श्री विष्णु के परमपद को प्राप्त हुए। यह घटना १०५९ शकाब्द (११३७ ई.) की माघीय शुक्ला दशमी तिथि, शनिवार के दिन मध्याह्न के समय हुई। कहते हैं कि उसी समय आकाशवाणी हुई – "धर्मो नष्ट" – अर्थात् मूर्तिमान धर्म अब लोकचक्षु से अन्तर्हित हुआ। "अंकस्य वामा गतिः" – इस कथन के अनुसार उपरोक्त वाक्य के ट, न, म तथा ध – इन चार प्रमुख वर्णों से १, ०, ५ तथा ९ की संख्याएँ प्राप्त होती हैं। विद्वानों ने इसके द्वारा यतिराज के तिरोभाव का समय १०५९ शकाब्द निर्धारित किया है।

इसके कुछ दिन बाद ही उनके बाल्यसखा गोविन्द ने भी उनका अनुगमन किया और परमपद में उनके साथ मिलित हुए। अन्य शिष्यगण श्रीमान पराशर भट्ट के अनुवर्ती होकर यतिराज के चैतन्यमय विग्रह की छाया में निवास करते हुए धर्मसुधार के कार्य में लग गए। अपनी भक्ति के बल से सर्वदा अपने गुरुदेव का अपने हृदय में दर्शन पाने के कारण उन्हें विरह-ताप में दग्ध नहीं होना पड़ा।